포스트휴먼이
온다

* 이 저서는 2014년도 정부(교육부)의 재원으로 한국연구재단의 지원을 받아 연구되었음. (NRF-2014S1A6A4A02025824)

* This work was supported by the National Research Foundation of Korea grant funded by the Korean Government. (NRF-2014S1A6A4A02025824)

포스트휴먼이 온다

이종관 지음

사월의책

포스트휴먼이 온다

1판 1쇄 발행 2017년 10월 1일
1판 2쇄 발행 2017년 11월 10일

지은이 이종관
펴낸이 안희곤
펴낸곳 사월의책

편집 박동수
디자인 김현진

등록번호 2009년 8월 20일 제396-2009-126호
주소 경기도 고양시 일산동구 무궁화로 7-45 451호
전화 031)912-9491 | 팩스 031)913-9491
이메일 aprilbooks@aprilbooks.net
홈페이지 www.aprilbooks.net
블로그 blog.naver.com/aprilbooks

ISBN 978-89-97186-72-3 93100

* 책값은 뒤표지에 있습니다.
* 이 도서의 국립중앙도서관 출판예정도서목록(CIP)은 서지정보유통지원시스템 홈페이지(http://seoji.nl.go.kr)와 국가자료공동목록시스템(http://www.nl.go.kr/kolisnet)에서 이용하실 수 있습니다.(CIP제어번호: CIP2017022941)

차례

Ⅱ. 현상학에 비춰본 미래 기술 | 아이패드, 가상현실, 3DTV, 웨어러블 컴퓨터

Ⅲ. 디지털 경제의 존재론

Ⅳ. 협력과 융화의 과학기술을 위하여

보론 4차 산업혁명과 인간의 미래

90회 생신을 맞으시는 아버님께

이 책은 인간의 미래 운명에 대한 철학적 성찰이다. 단순히 이야기하면 '철학적 미래학'이다. 주로 과거에만 몰두하여 자칫 지식박물관의 역할에 머물 수 있는 인문학의 지평을 미래로 확장하기 위한 시도이다. 미래에 대한 인문학적 반성은 지금 그 어느 때보다 절실한 상황이다. 그만큼 인간의 미래가 기로에 서 있기 때문이다. 한편으로는 어마어마하게 빠른 속도로 발전하는 과학기술 덕분에 우리의 미래는 멋진 신세계로 향하는 듯하다. 그러나 다른 한편으로 인간은 그러한 혁명을 감당하기에는 불량한 성능을 지닌 존재자로서 이제 '포스트휴먼'에게 밀려 역사에서 퇴출될 듯한 우려도 든다. 그렇다면 미래의 주인공으로 떠오르고 있는 존재자 '포스트휴먼'이란 과연 무엇인가?

포스트휴먼의 문제를 내가 처음 제기한 것은 새로운 밀레니엄의 출발을 앞둔 1999년 12월 중앙일보가 마련한 특집 칼럼에서였다. 그러나 '포스트휴먼'과 그것을 인류의 미래로 주장하는 '트랜스휴머니즘'은 그때까지만 해도 아직 관심의 사각지대에 놓여 있었다.* 그 뒤로도 나는 기회 있을 때마다 이 주제의 글을 썼지만, 현실의 다급한 문제들에 매몰된 우리 사회는 포스트휴먼이 출현할 미래에 대해 거의 관심을 보이지 않았다.

물론 포스트휴먼은 아직 도래하지 않았다. 그러나 포스트휴먼이라는

존재의 출현을 주장해온 트랜스휴머니즘은 어느덧 착상의 단계를 지나 시장자본과의 연계 속에서 첨단기기들로 하나씩 구현되고 있다. 그 구상은 빠르게 발전하는 첨단 과학기술에 의해 우리 몸에 부착되는 웨어러블 기기를 넘어 우리 뇌로 침습되는 단계로까지 나아가고 있다. 철학적으로 이것은 우선 인간과 도구의 오랜 관계에 격변이 일어나고 있음을 의미한다.

인간의 삶은 도구 없이는 실현될 수 없다. 인간이 지금처럼 도구를 가지고 미래의 기대를 현재에서 실현하며 사는 존재인 한, 인간과 도구의 관계는 우연적인 것이 아니라 필연적인 것이다. 도구는 애초부터 우리가 손으로 다루는 '손 안의 존재자'였다. 그러나 그 도구는 지금 '뇌 속의 존재자'로 그 존재방식을 급격히 탈바꿈하고 있다. 급기야 2016년 3월에는 도구가 뇌 속의 존재자로 변신하고 있음을 보여주는 일대 이벤트가 현실에서 벌어지기까지 하였다. 바로 알파고와 이세돌이 벌인 바둑대결이다. 이 바둑대결에 숨은 의미를 포착하기 위해서는 잠시 우리 시선을 바꿀 필요가 있다. 이세돌과 알파고보다는 알파고를 대신하여 바둑돌을 놓던 사람 즉 '아자황'이라는 존재에 대해 주목해야 한다.

아자황은 이 대결에서 그의 두뇌를 전혀 사용할 필요가 없었다. 알파고가 그의 두뇌를 대신하였기 때문이다. 만일 이 이벤트가 얼마 전 큰 인기를 끌었던 방송프로그램 〈히든싱어〉처럼 진행되었다면 어땠을까? 그래서 이 대결을 이세돌과 아자황의 대결로 꾸며서 알파고를 사람들에게

* 나는 우리나라에서 트랜스휴머니즘에 대한 논의가 이때쯤 처음 시작된 것으로 알고 있었다. 그러나 2016년 4월 한국 과학사학계의 원로인 송상용 교수가 모처에서 한 내 강연을 듣고 이메일을 보냈다. 그 내용에 따르면, '트랜스휴머니즘'이라는 용어는 이미 1962년 『사상계』 잡지에 '초휴머니즘'이라는 제목으로 사용된 적이 있으며, 그 글의 필자는 송상용 교수 자신이었다고 한다. 중요 사실을 지적해준 송상용 교수께 감사드린다.

서 숨기고 아자황을 전면에 내세웠다면? 아니, 과학기술 수준이 이미 발전을 이뤄서 아예 아자황의 몸속에 알파고가 이식되어 있었다면? 아마도 사람들은 무명의 아자황이 보여주는 바둑실력에 경악했을 것이다. 그런데 이런 상상은 이미 벌어지고 있었다. 알파고는 단지 물리적으로만 아자황의 두뇌 밖에 위치해 있었을 뿐 기능적으로는 이미 아자황의 뇌 역할을 하고 있었으니까 말이다.

이 바둑대결에 함축된 메시지는 다음과 같이 바꿔 말할 수도 있을 것이다. 무명의 아자황은 알파고로 자신의 두뇌를 대치하여 천재 바둑기사 이세돌을 이겼다. 앞으로 인간이 다른 인간 또는 타 존재와의 경쟁에서 성공하려면 자신의 지적 성능을 계속 증강시켜야 하고, 그 길은 인간을 능가하는 지적 성능을 가진 무언가를 아자황처럼 인간 뇌 속의 존재자로 수용하는 방식이 될지도 모른다. 인공지능을 인간 뇌 속에 이식하는 시대가 더 이상 상상에 머물러 있지 않게 된 것이다.

앞서 언급한 1999년의 칼럼에서 나는 인간의 미래를 이렇게 예측한 바 있다. "앞으로 생명공학과 칩 생산기술이 성공적으로 융합하여 컴퓨터가 인공신경과 생체 칩의 형태로 실용화된다면, 그리고 그것이 인간의 육체 안에 이식된다면, 컴퓨터는 더 이상 인간과 인터페이스 관계에 있는 인간의 타자가 아니다. 미래의 컴퓨터는 이식이라는 과정을 통해 인간의 몸과 하나가 되면서 인간 내부에 침투할 것이다. 그리고 이것은 인간보다 지능적인 컴퓨터가 오히려 인간을 그 컴퓨터의 일부로 흡수하고, 결국 그 인간을 '포스트휴먼'으로 변신시키는 결과가 될 것이다."

그 후로 17년이 지난 지금, 이 예측은 우리 눈앞에서 점차 현실이 되어가고 있다. 알파고와 이세돌의 대결은 이 사태를 상징적으로 보여주는 일례일 뿐 최근 맹렬한 속도로 개발되고 있는 '뇌-기계 상호작용' 곧

BMI(brain-machine interface) 기술은 도구가 '뇌 속의 존재자'로 변신하고 있음을 노골적으로 보여주는 증거이다. 그런데 인공지능의 이러한 발전이 결국 포스트휴먼의 출현으로 귀결된다면, 과연 우리 인간은 어떤 존재론적 지위를 갖게 될까? 포스트휴먼의 출현 이후 인간의 운명은 어찌 될까?

이런 질문은 얼마 전까지만 해도 소수의 미래 연구자들에게나 의미 있는 것이었다. 그러나 2016년에 접어들면서 대중의 관심사로 널리 확대되기 시작했다. 새로운 경제시스템의 출현을 예고하는 '4차 산업혁명'이 선언되었기 때문이다. 이 선언을 들은 대다수 사람들은 우리 삶이 이미 급격한 변화의 흐름에 휘말리고 있음을 감지하기 시작했고, 우리의 미래 운명이 어떤 상황에 처할 것인가를 고민하기 시작했다. 상상의 차원에서 거론되던 인간의 미래 운명에 대한 관념적 담론이 이제 다급한 삶의 문제로 다가오기 시작한 것이다.

세계 각국의 기업과 정부는 이 같은 미래 예측에 이미 엄청난 물적, 인적 자원을 투여하고 있다. 대표적으로 몇 가지 예를 들면, 미국 산타페연구소를 비롯하여 옥스퍼드대학 미래연구소, 핀란드국회 산하 미래연구소는 매년 미래에 대한 연구보고서를 발표하고 있다. 한국에서도 과학기술정책연구소, 정보통신정책연구원, 정보화진흥원 등 국책연구소를 중심으로 미래를 예측하는 여러 가지 방법론을 개발하고 있다. 특히 정보화진흥원은 이 방법론을 상당 수준으로 체계화하는 단계에까지 이르고 있다. 이처럼 인류의 미래를 그려내려는 시도가 다각도로 벌어지고 있지만, 그 가운데 가장 영향력이 큰 미래 비전은 테크노퓨처리즘(기술중심적 미래주의)일 것이다. 테크노퓨처리즘은 문자 그대로 급속한 발전을 이룩하고 있는 첨단기술의 내적 논리를 파악하여 그로부터 미래를 바라보는

입장이다.

그런데 이러한 방법론들은 첨단기술에 이론적 기반을 제공하고 있는 복잡계 이론, 통계적 연구에 입각한 추세 외삽법 등에 상당 부분을 의존하여 미래 예측을 시도하고 있는 게 보통이다. 따라서 이와 같은 미래 연구는 첨단 과학기술의 발전에 포박되어 있는 대세적 흐름의 또 다른 버전이라고 할 수 있을 것이다. 반면 철학을 비롯한 인문학은 과거에 대한 연구에 관심 영역을 제한하여 미래를 향한 연구에서는 스스로 소외되는 경향을 보이고 있다.

그러나 미래는 예측의 대상이라기보다는 비전의 영역이다. 우리가 미래의 삶에서 어떤 가치를 찾으려 하고 어떤 인간이 되기를 원하는가에 따라 비전의 내용도 결정되기 마련이다. 이런 의미에서 현재의 기술주도적 미래 연구는 인간을 학문적 탐구의 중심에 두는 인문학적 성찰을 필수적으로 요구한다.

이 책은 바로 이런 필요성에 대한 응답이다. 이 책은 인간의 미래를 기술주도적으로만 전망하고 실현해나가려는 편협한 사고를 타파하고 미래 연구에 인간과 인문학을 참여시키려는 시도이다.

이 책은 총 4장과 보론으로 구성되어 있다.

1장은 인간에 대한 미래 비전으로서 막강한 영향력을 행사하고 있는 기술적 미래주의와 대결한다. 포스트휴먼의 도래를 기대하며 그것을 앞당기려는 트랜스휴머니즘의 철학적 전제들을 인간 존재론의 관점에서 검토하면서 인간의 위치를 다시 자리매김한다. 특히 미래라는 시간성을 인간의 가장 확실한 운명인 죽음과의 관계 속에서 논의한다.

2장은 1장의 존재론적 논의를 현재 구현되고 있는 미래 기술들에 투

영하여 검토하는 내용이다. 특히 미래를 앞당기는 첨단기술로 주목을 받았던 아이패드, 3DTV, 구글 글래스 그리고 가상현실기술 등을 철학적으로 평가하는 내용이 중심을 이루고 있다.

3장은 1장과 2장에서 논의한 내용을 경제현실과 접목시키기 위한 것이다. 근대 이후 인간 삶의 조건을 거의 독점적으로 규정하고 있는 경제가 디지털 기술에 의해 '4차 경제혁명'이라는 격변의 과정에 들어서고 있음을 밝힌다. 특히 디지털 기술과 금융시장의 결합으로 시작된 20세기 말의 가상경제가 본질적으로 위험기반 경제임을 보여준다. 이것이 어떻게 2008년의 금융위기로 비화되었으며, 앞으로의 경제에 좌절 또는 희망의 씨앗을 심고 있는지를 철학적인 측면에서 검토한다.

4장은 금융위기에 이어 발생한 후쿠시마 원전 사태를 계기로 과학기술이 초래할 수 있는 문명의 위기를 성찰하는 내용으로 구성되어 있다. 여기서는 특히 근대 과학기술의 가치중립성 혹은 몰가치성이 현대에 와서는 컴퓨터공학과 생명공학이 결합한 나노 환원주의에 그대로 온존해 있음을 밝히면서, 이런 방향을 무비판적으로 추구하고 있는 '융합기술'의 문제점들을 지적한다. 과학기술의 방향은 융합 또는 수렴이 아닌 '융화'의 방향으로 나아가야 하며, 융화의 과학기술이 어떤 연구과제들을 수행해야 하는지를 제시한다.

마지막으로 '보론'은 이 책의 의도 곧 기술주의적 미래 비전에 대한 비판과는 다소 궤를 달리하는 논지이므로 별도로 독립시켜 다루었다. 보론에서는 최근 빠른 속도로 퍼지고 있는 '4차 산업혁명'이라는 주제를 다룬다. 4차 산업혁명은 기술발전과 시장자본의 축적이라는 견지에서가 아니라 협력적 창의성에 근거한 민주적 사회혁신의 바탕에서 추진할 때 비로소 성공할 수 있는 과제임을 보여주고자 한다. 아울러 4차 산업혁명

의 실질적 발원지이자 이 변화를 선도적으로 이끌고 있는 독일의 사례를 통해 우리나라가 나아가야 할 미래의 길을 가늠하고자 한다.

책을 낼 때면 늘 자신의 부족함을 새삼 확인한다. 그러면서도 이렇게나마 책을 낼 수 있는 것은 오래도록 가르침을 주신 분들 덕분이라는 사실을 깨닫는다. 내게는 이런 가르침을 주신 두 분의 은사님이 계시다. 성균관대 철학과 명예교수인 박종현 선생님과 이영호 선생님이 그분들이다. 두 분은 철학적 성실성과 지적 통찰력으로 늘 새로운 가르침을 주신다. 두 분께 감사드린다. 특히 내게 현상학이라는 철학의 세계를 열어주신 이영호 선생님은 금년 팔순을 맞이하셨다. 선생님의 팔순을 기리며 앞으로도 계속 건강하시기를 기원한다.

언제나처럼 부모님의 전폭적인 배려와 보살핌은 너무나 익숙한 것이어서 잘 느끼지 못하는 경우가 많다. 그러나 특별한 계기마다 그것을 떠올리고 고개를 숙이게 된다. 어느덧 두 분은 증손을 볼 연세가 되셨다. 특히 아버님은 90회 생신을 앞두고 있는데, 여전히 청년의 열정을 잃지 않고 철학책을 읽고 계신다. 아버님이 맞이하는 90회 생신에 이 책을 바친다.

마지막으로 늘 모든 것을 참고 견디며 가족을 위해 헌신하는 아내에게 말로 다 못하는 마음을 전한다.

2017년 8월 15일
명륜동 연구실에서

I 장

트랜스휴머니즘과 새로운 인간 존재론

들어가면서 / 1

1.1 디지털 기술과 인간의 미래

흔히 'IT'(information technology)라는 말로 불리는 정보기술의 출현 이후 세계는 엄청난 변화의 소용돌이에 휩쓸려 들어갔다. 초기만 해도 단순한 계산기에 불과했던 컴퓨터가 네트워크로 연결되면서 인간 삶 자체가 지금까지 실존을 이어가던 공간으로부터 이탈하여 디지털 공간으로 이주하기 시작했으며, 그곳에서 전혀 다른 삶의 모습을 펼쳐가기 시작했다.

이 변화는 우선 우리 삶의 심층에서 보면, 근대 과학에 입각해 단일한 세계상을 구축하려는 기존의 형이상학적 시도를 완성하는 동시에 붕괴시키는 아이러니를 촉발했다. 그리고 이 형이상학적 아이러니는 우리 삶의 표층에서는 인간 실존의 가장 구체적인 활동 영역인 경제를 디지털 공간으로 옮김으로써 삶의 실질적 아이러니로 표출되기에 이르렀다. IT의 발전과 함께 인간의 일상적 경제생활이 디지털 공간으로 대거 옮겨가면서 급기야 2008년 세계 금융위기라는 경제 붕괴상황을 초래한 것이다.[1]

그러나 경제위기 이후 IT 기술은 협력에 기초한 새로운 경제의 가능성을 우리에게 열어주기도 했다. 대표적인 예가 금융위기 발생 1년 후 소셜미디어를 기반으로 활성화되기 시작한 협력적 소비(collaborative consumption)이다. 협력적 소비는 개인의 과시적 소유를 조장함으로써 소비자를 부채의 늪으로 내몰고 있는 기존의 소비경제와 달리 '공유'의 개념에 바탕을 두고 있다. 금융위기를 통해 엄습한 기존 경제의 절망 속에서 공유경제라는 희망의 빛이 소셜미디어로 재구축된 디지털 공간에 새어 들어오고 있는 것이다.[2] 이렇게 절망과 희망이 엇갈리는 디지털 문명의 한가운데서 이제 인간은 전혀 상반된 갈림길을 앞에 두고 미래의 희망을 가늠하고 있는 중이다.

그런데 IT는 어떤 성격의 기술이기에 이렇게 엄청난 변화를 일으키는가? 과거에도 정보를 전달, 유통하는 기술은 늘 존재하고 있었다. 그러나 IT는 편지나 책으로 정보를 전달하던 과거 기술과는 근본적으로 다른 점이 있다. 잘 알려진 바와 같이 IT에서 모든 존재 사태는 0과 1의 2진수와 그에 상응하는 on/off 전기신호의 상호 변환에 기초한 디지털화 과정 속에서 처리된다. 그리고 이 과정을 제어하는 것이 컴퓨터 프로그램이다. IT가 혁신적인 이유는 이렇게 2진수의 상태와 전자 상태를 상호 변환시키는 단순한 원리 하나만으로 고도의 기술적 과정들을 처리하기 때문이다. 물론 디지털 기술의 발전은 하루아침에 이루어진 것이 아니다.

1 이에 대한 더 자세한 논의는 내 논문 「세계화의 위기와 건축의 미래」, 『건축』 56호, 2012. 1. 대한건축학회, 49-56쪽 참조.

2 협력적 소비에 담겨 있는 경제의 패러다임 변화에 대해서는 Rachel Botsman and Roo Rogers, *What's Mine Is Yours: The Rise of Collaborative Consumption*, New York: Harper Business, 2010 참조. '협력적 소비' 혹은 그것의 다른 이름인 '공유경제'에 대해서는 이 책 3장에서 논의할 것이다.

IT의 출현은 20세기 이후에 본격화되었지만 그 역사는 적어도 시공간을 이해하는 패러다임이 혁명적으로 변화했던 시점까지 거슬러 올라간다.

시공간 패러다임의 근본적 변화는 근대 과학에서 시작되었다. IT의 발전 역사를 심층적으로 추적해보면, 이 기술은 ① 세계를 0과 1의 2진수 논리로 계산하려는 철학적 이념, ② 그것을 전류의 변환을 통해 제어하는 기술의 발전, ③ 이 기술을 물리적으로 구현하는 물질(실리콘)의 발견 등이 상당 기간을 거쳐 하나로 합류하면서 실현된 성과임이 분명하다. 데카르트와 라이프니츠 같은 근대철학자들이 보편기호학(universal charakteristika)이나 보편수학(mathesis universalis)을 구상하면서 기대했듯이, 모든 존재하는 사태가 하나의 수학적 원리로 통일을 이루게 된 것이다.

이렇게 모든 존재 사태가 디지털이라는 2진 원리로 처리되기에 이르렀다는 점에서, 이것을 가능케 한 IT를 그저 현대에 출현한 여러 기술들 가운데 하나로 치부하기는 어렵다. IT는 단지 하나의 기술이 아니라 현대의 여러 기술을 담아내는 '플랫폼' 기술인 것이다. 그리고 IT가 수행하는 플랫폼 기능은 동일한 틀에 모든 것을 담아내는 수렴의 이념을 실현하는 것이기도 하다. 이를 증언하듯 IT의 선구자 네그로폰테는 1995년 존재가 곧 디지털임을 선언하는 『*Being Digital*』이라는 책을 출간하기도 했다.[3] 그리고 이 선언은 21세기에 이르러서는 "모든 것이 디지털로 수렴되고 있다"(Everything is converging on digital)는 언명으로 더 구체화되었다. 디지털은 하나의 거대한 존재론적 트렌드가 되어 역사의 단계를 디지털 컨버전스의 과정으로 진입시키고 있는 것이다.[4]

3 Nicholas Negroponte, *Being Digital*, Knopf Doubleday, 1995.

4 이에 대해서는 J. Walter Thompson이 발행하는 "JWT Trendletter" 2005년 11월호 참조. https://my.jwt.com/public/jwt_net.nsf/.../$FILE/WIP_Converge_FIN.pdf.

그런데 0과 1을 포함한 모든 수는 특정한 장소에 존재하고 연속적인 존재방식을 갖는 자연적 존재자들과는 다르다. 수는 어떤 장소에도 귀속되지 않는 자유로운 존재자이다. 또 자연적 존재자는 임의로 분할되지 않는 연속적(continuous) 특성을 갖지만, 수는 얼마든지 나누고 분리할 수 있는 단속적(discrete) 특성을 갖는다. 이러한 수의 존재론적 특성은 무한한 방식의 배열을 가능하게 한다.[5] 이 때문에 2진수로 환원되는 존재자들 역시 자연적 본성의 구속에서 벗어나 자유로운 수적 변양이 가능한 가변적 존재자로 나타난다. 디지털화된 존재자는 그 존재를 결정했던 배열의 변양을 통해 다른 존재 양상으로 출현할 수 있는 잠재력을 자체 안에 갖는다는 것이다. 이것은 결국 존재자의 경계가 자유자재로 해체되면서 결합, 혼종, 대립, 혹은 새로운 것으로 창발하는 현상을 일으킨다는 뜻이기도 하다. 컨버전스(수렴)가 오히려 다양성(발산)을 생산하는 역설적 상황을 만들어내는 것이다. 하나의 통일적 세계상을 꿈꾸었던 기존 형이상학이 디지털 원리를 근간으로 한 IT의 발전으로 인해 완성과 동시에 붕괴라는 아이러니를 맞이했다는 말이 바로 이 뜻이다.

IT의 디지털 환원은 이처럼 존재론적으로 이질적인 것들을 배열이 자유로운 수적 존재로 동질화시킴으로써 오히려 배열의 무한한 변양 과정을 통해 하이브리드적 결합으로 이끈다. 물론 이 모든 수렴과 변양의 과정은 프로그램에 의해 제어된다. 그리고 프로그램은 불확실성, 부정확성이 제거된 정확한 알고리즘과 빠른 처리속도를 본질로 하는 고효율의 논리적 처리 양상을 구현한다. 따라서 프로그램으로 운영되는 IT는 엄

5 수의 존재방식에 대한 논의는 Michael Eldred, *The Digital Cast of Being: Metaphysics, Mathematics, Cartesianism, Cybernetics, Capitalism, Communication*, Frankfurt a.M.: Ontos Verlag, 2009, 17-30쪽 참조.

청나게 다양한 변양의 가능성을 갖지만 이 과정이 정확하고 빠르게 제어된다.

한편, 모든 것을 디지털로 환원하는 IT는 단순히 우리가 사는 공간 속에 정해진 위치를 부여받고 거기서 사용되는 도구가 아니다. 오히려 그것은 새로운 공간을 출현시킨다. IT는 존재하는 사태를 디지털 상태로 변환하고 또 디지털 상태를 물리적 상태로 재현하는 전자적 매체들 즉 디지털 미디어들로 구성된다. 이 기기들이 디지털화된 데이터를 전하 값으로 변환하면, 그 데이터들은 전류나 전파 상태로 송수신될 수 있고, 이 전류나 전파 상태는 그 특성상 송수신 속도가 광속에 근접한다. 이렇게 디지털 기기들이 데이터를 광속으로 서로 송수신할 수 있게 연결되면서 새로운 공간이 출현하였는데, '디지털스페이스'가 바로 그것이다.

디지털스페이스는 모든 존재자들의 디지털화와 광속에 가까운 연결로 인해 거리와 시간이 증발해버린 공간이다. 이 공간은 연장(extension)이 부재하는 곳이다. 여기서 디지털스페이스는 모순율을 위반하는 것으로 나타난다. 왜냐하면 베르그송이 말했듯이 '모순율'이란 한 대상이 점유하고 있는 하나의 지점이 동시에 다른 것에 의해 점유될 수 없다는 연장 공간의 배제성에서 기원하는 것이기 때문이다. 그러나 디지털스페이스는 연장 공간의 논리 법칙인 모순율이 지배력을 상실한 공간이다.[6] 따라서 IT 기기들이 서로 유무선으로 연결되어 디지털 공간을 만들어낼 때, IT 기기들이 개별 단위로 갖고 있던 특징들 곧 정확히 제어되는 고효율의 논리적 처리 양상은 더 이상 디지털 공간에서 관철되지 않는다. 오히려 디지털스페이스는 논리법칙을 위반하며 모순이 끊임없이 혼재하

6 디지털 공간의 공간성에 대한 더 자세한 논의는 나의 책 『공간의 현상학, 풍경, 그리고 건축』, 성대출판부, 2012, 447-452쪽 참조.

는 부조리한 공간으로서 존재하는 것이다. 그리고 디지털스페이스가 이처럼 모순이 혼재된 공간이라면, 그 속에 존재하는 것들 역시 끊임없는 변화하는 불안정한 역동성에 놓일 수밖에 없다. 디지털스페이스는 이러한 변화의 역동성 속에서 항상 무엇인가 일어날 수밖에 없는 이벤트 공간인 것이다.

이제 인간을 포함한 모든 존재자는 이런 공간적 특성을 갖는 디지털스페이스에 언제 어디서나 접속하여 그곳에서 존재를 실현하는 상황에 접어들고 있다. 즉 IT의 발전 양상은 IT를 통한 디지털화 과정이 모든 존재하는 것에 스며들어 편재하는 유비쿼티(ubiquity)의 실현으로 나아가고 있는 것이다. 그와 동시에 존재하는 모든 것들은 언제 어디서나 끊임없이 디지털스페이스에 접속하여 존재를 현실화하는 모빌리티(mobility)의 과정에 들어간다. 이렇게 모빌리티와 유비쿼티라는 두 과정으로 진행되는 IT의 발전은 결국 유비쿼터스 모바일(ubiquitous mobile) 컴퓨팅 시대를 지향하는 것이기도 하다.

물론 이런 과정은 자연적으로 벌어지는 과정이 아니며, 자연적 존재자를 디지털화하는 각종 모바일 유비쿼터스 디바이스를 통해서 가능한 것이다. 그간 이 디지털디바이스는 우선적으로 디지털화를 허용하는 존재자에서부터 복잡한 과정을 통해 디지털화가 가능한 존재자에 이르기까지 그 존재방식에 따라 용이하게 개발될 수 있는 것과 상당한 시간과 기술적 노력을 기울여야 비로소 개발될 수 있는 것 등으로 편차가 심하게 벌어져 있었다. 그러나 이제 이 모든 것을 통합할 수 있는 디지털 플랫폼이 완성되어감에 따라 이러한 디바이스들의 편차는 좁혀지고 있으며, 존재하는 모든 것이 디지털로 수렴되는 과정에 들어서고 있다.

지금까지 우리는 IT의 발전을 디지털화라는 기저의 원리에서부터 추적해본 결과, IT에 의한 디지털화는 수렴과 발산이라는 두 가지 양상으로 전개되며, 이로부터 출현하는 디지털스페이스는 모순이 지양되지 않는 잡종 변이의 급변 공간임을 이해할 수 있었다. 그렇다면 디지털스페이스의 이런 특성이 우리 인간에게 의미하는 바는 무엇일까?

우리가 이미 보고 있듯이 인간의 실존이 모순이 혼재하는 디지털 공간에 대해 끊임없이 접속을 유지함으로써 영위되는 것이라면, 이런 인간의 존재 방식은 현실을 혼합현실로 겪는 것일 수밖에 없다. 그리고 이런 혼합현실에서의 실존 방식이란 자아의 정체성은 물론 타자와의 소통관계나 그로 인한 라이프스타일의 변화까지 유발하는 것일 수밖에 없다. 이런 변화들은 인간의 미래에 대해 지금까지와는 전혀 다른 자화상을 그리도록 한다. 첨단기술이 가져올 미래에 대한 낙관적 전망 위에서 기술에 의한 새로운 인간의 탄생 곧 트랜스휴먼(Transhuman) 내지 포스트휴먼(Posthuman)을 실현하려는 테크노퓨처리즘(Technofuturism)이 그것이다.

'테크노퓨처리즘'은 문자 그대로 급속한 발전을 보이고 있는 첨단기술의 내적 논리를 이해하여 그로부터 미래를 구축하려는 입장이다. 이러한 테크노퓨처리즘이 인간의 실존 방식에 관심을 가짐으로써 만들어진 미래 이념이 바로 '트랜스휴머니즘'이다. 트랜스휴머니즘은 실로 현재의 테크노퓨처리즘을 견인하는 철학적 바탕이라 할 수 있을 것이다. 그렇다면 테크노퓨처리즘의 가장 핵심적 내용을 구성하고 있는 트랜스휴머니즘이란 무엇인가?

1.2 트랜스휴머니즘의 출현과 확산

트랜스휴머니즘은 인간에 대한 미래 비전을 선도하고 있는 세계관 내지 철학이다. 트랜스휴머니즘은 1998년 옥스퍼드의 철학자 닉 보스트롬의 주도 아래 세계 트랜스휴머니스트 협회(WTA)가 결성되면서 공식적으로 모습을 드러냈다. 이와 함께 「트랜스휴머니스트 선언」도 제정되었는데, 그 선언은 이렇게 말하고 있다.

"트랜스휴머니즘은 응용이성을 통하여, 다시 말해서 노화를 제거하고 인간의 지적, 신체적, 심리적 능력을 대폭 향상시키는 데 두루 이용될 수 있는 기술의 개발을 통하여 인간의 조건을 근본적으로 개선할 가능성과 희망을 높여주는 지적이고 문화적인 운동이다."[7]

트랜스휴머니즘은 21세기에 들어서면서 급격히 영향력을 확대하고 있다. 특히 최첨단 기업의 경영자 등 사회적 명성과 영향력을 갖춘 인사들이 트랜스휴머니즘을 선도하는 집단에 가세함으로써 괄목할 만한 경제적, 문화적, 나아가 정치적 권력으로 성장하고 있다. 선마이크로시스템의 빌 조이(Bill Joy), 구글과 나사(NASA)가 지원하는 싱귤래리티 대학(Singularity University)의 총장 레이 커즈와일(Ray Kurzweil), 나노물리학의 개척자 드렉슬러(K. Eric Drexler), 한때 미국 공화당의 대통령후보였던 깅리치(Newt Gingrich), 옥스퍼드 대학의 철학자 닉 보스트롬 등 주로 영미권의 과학기술자와 철학자, 정치가들이 트랜스휴머니즘의 주축을 이루고 있다.

트랜스휴머니즘의 공식적 출범은 1998년이지만 현대적 기원은

7 Nick Bostrom, *The Transhumanist FAQ*, v. 2.1, Oxford: World Transhumanist Association, 2003.

1950년대 중반 줄리언 헉슬리(Julian S. Huxley)까지 거슬러 올라간다. 그러나 트랜스휴머니즘의 주창자들은 이미 인류 역사가 시작될 무렵부터 인간이 여러 가지 방식 즉 마법, 신화, 종교 등을 통하여 자신의 현재 조건을 넘어서려 하였다는 점을 강조한다. 나아가 근대를 성립시키고 근대 역사를 이끌어 온 인본주의는 계몽된 이성의 산물인 과학기술을 통해 끊임없이 인간의 한계를 극복해왔음을 상기시킨다. 그리하여 트랜스휴머니스트들은 트랜스휴머니즘을, 멀리 거슬러 오르면 인간의 시원적 이념의 계승자로서, 가까이 볼 때는 인간을 자유로운 이성으로 등극시킨 근대의 계몽적 주체철학의 계승자로서 위치지음으로써 그들의 역사적 의미를 정당화하려고 한다.[8]

그러나 과연 트랜스휴머니스트들이 주장하는 대로 인류의 역사가 이미 트랜스휴먼, 나아가 현생인류의 한계를 완전히 넘어서는 포스트휴먼을 향한 역사인지는 깊은 인간학적 연구와 역사적 연구를 필요로 한다. 특히 마법과 신화 그리고 종교에서 인간의 한계를 넘어서려는 초인을 향한 동경이 과연 현재와 같은 트랜스휴머니즘과 같은 성격인지는 상당한 의문이 든다. 현재의 트랜스휴머니즘이 적어도 근대 철학과 과학기술, 즉 탈신비화를 주요 동기로 삼은 근대 철학의 이념이 극단화된 결과물이라는 사실을 고려하면, 근대 이전 인간의 초월적 동경과 현재의 트랜스휴머니즘을 동일시하는 주장은 받아들이기 어려울 것이다. 적어도 현재의 트랜스휴머니즘은 고도의 합리성을 구가하는 과학기술이 인공적으로 생산해낼 미래를 전망한다는 점에서 신비적 계시나 초인간적 존재의 섭리에 의존했던 과거의 미래 비전과는 전혀 다르기 때문이다.

8 트랜스휴머니즘의 역사적 맥락에 대해서는 Nick Bostrom, "A History of Transhumanist Thought," in *Journal of Evolution and Technology*, Vol. 14, Issue 1, April 2005, 1-25쪽 참조.

확실한 사실은 트랜스휴머니즘이 21세기를 기점으로 세계화된 시장메커니즘을 통해 때로는 노골적으로, 때로는 은밀하게, 그러나 급격히 확산되고 있다는 점이다. 그리고 이 확산의 기점은 정확히 2002년부터라고 해도 좋을 것이다. 2002년은 미국 과학재단(NSF)이 우리나라에서 거의 '국시'에 가깝게 추진하고 있는 융합기술 관련 보고서를 출간한 해이기 때문이다. 2002년 발간된 이 보고서의 정확한 제목은 「인간 성능 향상을 위한 융합기술」이다. 제목에서도 이미 드러나듯 이 보고서는 1998년 닉 보스트롬이 트랜스휴머니즘 세계 조직을 결성하면서 선언한 내용을 거의 복제한 것처럼 반복하고 있다. 또한 여기서는 소위 '융합기술'이 트랜스휴머니즘을 모태로 출현했다는 점이 시사된다. 트랜스휴머니즘과 융합기술의 관계는 보고서의 제목에도 드러나 있지만, 이 보고서의 공저자 두 명 중 한 사람인 베인브리지(W. S. Bainbridge)가 트랜스휴머니스트라는 사실에서 더욱 분명하게 확인할 수 있다.

트랜스휴머니즘은 다양한 방면으로 확산되고 있으며, 이렇게 확산되는 가운데 때로는 종교적으로 번안되어 새로운 영생과 구원의 도래라는 외피를 갖기도 하고, 또 때에 따라서는 정치적으로 번안되어 인간의 자유를 극대화하는 정치 이념으로 둔갑하기도 한다. 이러한 다양한 스펙트럼 속에서 트랜스휴머니즘은 최첨단 용어를 동원하여 맥락에 따라 그 추진세력을 다양하게 호칭한다. 예컨대 유전공학을 통해 인간의 생물학적 한계로부터 자유를 추구하는 입장은 '바이오 리버럴'(Bio Liberals), 또 나노기술의 무한한 발전가능성을 신봉하며 인간의 영생을 전망함으로써 선제적으로 나노기술의 발전을 추동하려는 입장은 '엑스트로피언'(Extropian)으로 불린다. 또 이보다 더 포괄적으로 첨단기술의 영역을 나노(Nano), 바이오(Bio), 인포(Info), 인지과학(Cogno)으로 확대하여

통칭 'NBIC'라 부르기도 하는데, 이 NBIC의 기하급수적 발전 속도와 그 수렴 지점을 물리학이나 수학의 특이점(singularity)에 비유하면서 그 도래를 확신하는 입장도 있다. 이들은 '특이점주의자'(Singularitarian)로 불린다.

이런 여러 갈래의 추진세력 중 가장 강력한 흡인력과 확산력을 보여주고 있는 그룹은 마지막에 언급한 특이점주의자들이다. 이들은 실질적으로 첨단 과학기술 현장의 선도자들로서 명성을 떨치면서 이 기술들의 상용화에도 성과를 보여준 그룹이다. 이들 가운데 상당수는 첨단 기업의 경영자 내지 임원으로도 활동하고 있는데, 바로 이런 이유로 해서 이들의 주장은 경험과 이론 양 측면에서 상당한 설득력을 가질 수 있게 되었고, 트랜스휴머니즘의 다양한 계파들 가운데서도 선도적 위치를 점할 수 있게 되었다. 바로 이들을 통해 트랜스휴머니즘은 첨단 산업과 시장에 때로는 노골적으로, 때로는 은밀한 방식으로 침투하고 있다. 특히 트랜스휴머니즘을 통해 엄청난 부가가치가 창출될 수 있다는 기대감이 시장의 요구와 결합함에 따라 이 이념을 더욱 급속히 전파시키는 역할을 하고 있다.

그리하여 트랜스휴머니즘은 세계화의 기치 아래 인간 삶의 전 영역이 전면적으로 시장화되고 있는 데 발맞추어, 우선 교육 영역의 시장화를 매개로 교육 혁신에 개입하고 있으며, 정부의 시장 편입을 매개로 정부 정책에까지 깊이 관여하는 단계에 들어서고 있다. 그 상징적 증거가 싱귤래리티 대학이다. 이 대학은 현재 최고의 기업 주가를 기록하고 있는 구글의 지원 아래 트랜스휴먼의 미래 비전을 선도하며 교육의 미래 지향적 변혁을 외치고 있다. 그런데 이 대학의 총장이 바로 앞서 언급한 트랜스휴머니즘의 구루 레이 커즈와일이다. 그는 동시에 '퓨처리스트'(Fu-

turist)라는 단체를 중심으로 광범위한 국제 네트워크를 구성하여 정부의 미래 정책에 영향을 미치고 있다. 우리나라에도 수차례 방문하여 정부 정책을 자문한 바 있으며 최근에는 아예 구글의 기술담당 고위임원으로 취임하여 구글의 미래를 지휘하고 있다. 커즈와일은 2013년 5월에도 방한하여 소위 '창조경제'를 자문하는 순회강연을 가진 바 있다.

1.3 트랜스휴머니즘과 포스트휴머니즘, 오해와 이해

앞서 말한 바와 같이 트랜스휴머니즘은 실질적으로 21세기에 출현한 새로운 미래 비전인 동시에 하나의 철학적 입장이기도 하다. 하지만 이 철학의 특징은 아이러니컬하다. 그것은 철학보다는 사실상 첨단 과학기술의 발전에 뿌리를 두고 있으며, 이를 주도하는 미래학자들 역시 과학기술자들이 주류를 이루고 있기 때문이다.

물론 철학이 역사의 흐름에서 무기력하게 스스로를 방기하고 있었던 것은 아니다. 20세기 중반부터 철학과 인문학의 영역에서 근대 철학과 인문학을 벗어나 역사의 새로운 방향을 모색하는 사조가 출현하였다. 이 사조는 20세기 후반 들어 '포스트모더니즘'으로 호명되기 시작했는데, 인본주의(humanism) 내지 인간중심주의(anthropocentricism)의 시각에 갇힌 근대성(modernity)을 해체하려는 시도가 중심을 이루었기에 그와 같은 이름으로 불리게 된 것이다. 같은 이유에서 포스트모더니즘은 탈인본주의 즉 '포스트휴머니즘'으로 불리기도 한다.

그런데 최근 들어 '포스트휴머니즘'과 '트랜스휴머니즘'을 거의 같거나 서로 비슷한 주장을 가진 이념들로 오해하는 경우가 많아 이 부분을

명확히 할 필요가 있다. 이러한 혼동이 생겨난 결정적 계기는 트랜스휴머니즘이 자주 쓰는 어떤 용어 때문이다. 트랜스휴머니즘은 과학기술의 발전을 통해 인간 개조 과정이 급속도로 진행되면 상상을 초월할 정도로 현재 인간의 성능을 능가하는 '인간 이후'의 존재자가 출현할 것이라고 예견한다. 이 인간 이후의 존재자를 트랜스휴머니스트들은 '포스트휴먼'(post-human)이라 부른다. 다시 말해서 포스트휴머니즘이 근대의 휴머니즘을 해체 극복한다는 의미에서 'Post-humanism'이라는 이름을 갖게 된 것과 달리, 트랜스휴머니즘은 인간 이후를 지칭하는 '포스트휴먼' 또는 '트랜스휴먼'이라는 단어에서 나온 것이다. 두 가지 이념이 완전히 다를뿐더러 서로 상반되기까지 한 사상임은 두말할 필요가 없겠다.

우선 트랜스휴머니즘과 포스트휴머니즘은 비교될 수 없을 만큼 상이한 이론적 토대를 갖고 있다. 트랜스휴머니즘은 앞으로 좀 더 논의하겠지만 첨단 과학기술에 근거하고 있으며, 사상적으로도 근대 계몽주의적 이념 곧 인간의 주체성과 자유를 향한 진보라는 근대의 철학 이념이 첨단 과학기술의 급속한 발전과 결합하여 기형적으로 극단화된 결과이다. 반면 포스트휴머니즘은 20세기 철학 특히 현상학이나 실존철학 등이 과학기술과 실증주의에 맞서 제기한 비판적 논점들을 계승한다. 그러나 동시에 현상학이나 실존주의에 여전히 잔존하고 있는 근대 인본주의적 주체성 철학을 구조주의 나아가 후기구조주의 기호학을 통해 해체하는 과정에서 그 내용적 발전을 이루었다.

물론 트랜스휴머니즘과 포스트휴머니즘은 어떤 말단의 차원에서, 특히 인간의 주체적 자기 형성을 거부하고 인간을 제작될 수 있는 존재자로 간주한다는 점에서, 서로 표피적 유사성을 공유하는 것처럼 보일 수는 있다. 그러나 둘 사이에는 더 결정적인 차이가 있다. 트랜스휴머니즘

에서는 인간이 과학기술을 통해 인공적으로 제작될 수 있는 물질적 존재자로 간주된다. 반면, 포스트휴머니즘에서는 인간이 궁극적으로는 차이의 놀이로 발생하는 언어를 기반으로 한 다양한 사회문화적 구조의 구성물로 파악된다. 이렇게 포스트휴머니즘은 언어에 의한 차이의 놀이를 넘어서는 그 어떤 절대성을 해체하는 탈형이상학적 경향을 내재하고 있다. 이 때문에 포스트휴머니즘은 과학기술에 대해서도 절대적 타당성을 승인하지 않으며, 오히려 과학기술에 의한 인간과 사회문화의 제조 역시 해체의 대상으로 볼 수밖에 없다. 이와 달리 트랜스휴머니즘은 과학기술을 독점적 진리체계로서 신봉한다. 그리고 이 과학기술이 자연적 인간의 이성이 갖는 결함을 완벽하게 제거하는 인공적 이성을 향해 급속히 발전하는 도정에 있는 것으로 파악한다. 특히 트랜스휴머니즘은 최근 나노, 바이오, 정보기술, 인지과학 등이 상호 수렴되는 과정에서 완벽한 인공 이성의 출현을 향해 거듭제곱의 발전 속도(exponential speed of development)를 지속할 것이라고 확신한다. 그리고 이 인공 이성이 '포스트휴먼' 또는 '트랜스휴먼'이라는 이름 아래 상상할 수 없는 방식으로 제작된 외피를 입고 도래할 것이라고 예측한다.

트랜스휴머니즘의 숨은 이념 / 2

2.1 "융합기술이 유토피아를 이루리라!"

앞서 말했듯이 트랜스휴머니즘은 융합기술과 깊은 관계를 맺고 있다. '융합'(convergence)이란 단어가 2002년 미국 과학재단에서 발간한 융합기술 관련 보고서에서 본격적으로 등장했다는 것도 앞서 말한 바 있다. 여기서 미국인들은 융합기술의 가속적 발전을 통한 경제 생산성의 무한 증강과 죽지 않을 수 있는 희망을 보았다. 그렇다면 2002년의 융합기술 보고서는 어떤 근거로 이러한 희망을 말했을까?

이 보고서는 「인간 성능 향상을 위한 융합기술」(Converging Technologies for Improving Human Performance)의 가능성과 경제적 기여에 대해 논하고 있다. 보고서에서 다루는 첨단기술들은 (1) 나노과학과 나노기술, (2) 바이오기술과 바이오의학 및 유전공학, (3) 정보·컴퓨터과학 및 미디어이론과 기술, (4) 인지 신경과학 및 인지 과학기술로 특정되어 있는데, 이런 이유로 해서 이 보고서를 "NBIC 보고서"라 부르기도 한다.

NBIC 보고서가 커다란 반향을 일으키며 미래 전망을 독점하게 된 이유는 예측이 과학적이라는 데 있다. 이 보고서는 20세기 이후의 첨단기

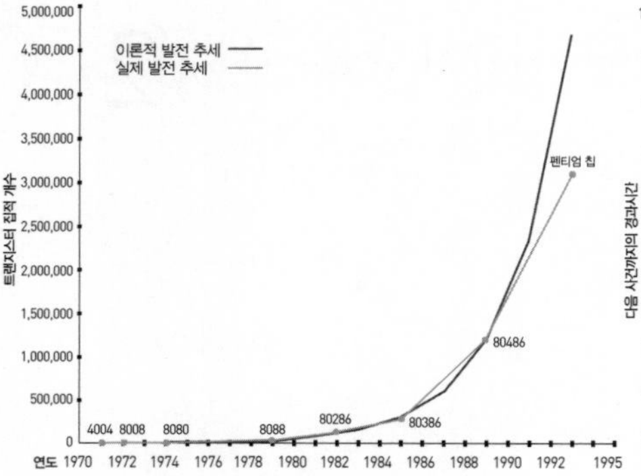

인텔 칩의 발전으로 본 무어의 법칙

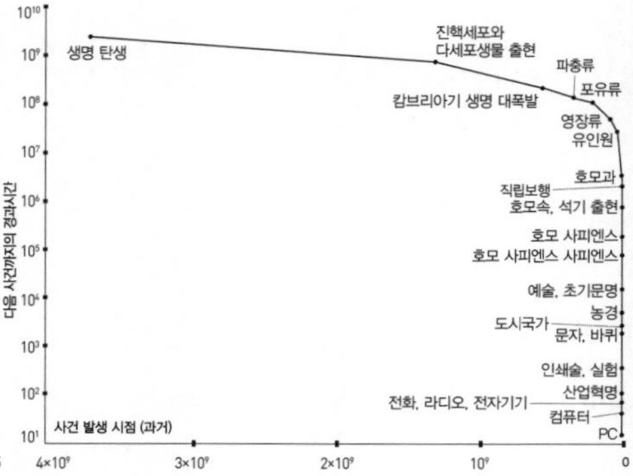

특이점을 향한 발전의 추이

술의 발전 추세와 확산 추세를 통계적 방법을 도입하여 분석하였다. 이 분석의 결과를 그래프로 그려보면, 이미 컴퓨터칩의 발전 속도를 거듭제곱의 속도로 예측한 무어의 법칙과 같이 지수함수적 속도에 가까운 추세를 보이는 것으로 나타난다.

2002년 융합기술 보고서의 테크노퓨처리즘은 바로 이러한 결과를 장래에까지 연장하여 미래 예측을 도출해낸다. 그에 따르면 NBIC 기술이 거듭제곱의 속도로 발전하는 현 추세에서 각 기술의 발전이 좌표축에서 보여주는 추세곡선은 이른바 '특이점'에서 수렴하게 된다. 특이점은 이 기술들이 서로 상호작용하며 결합하는 시점인데, 사실 그것은 아인슈타인의 상대성 이론에서 차용한 개념으로 트랜스휴머니즘의 미래 예측을 과학적으로 치장하는 역할을 한다. 상대성 이론에 따르면 속도가 점점 가속되는 물체의 속도가 빛의 속도에 근접하게 되면 물체의 부피는 영(0)에 수렴하고 질량은 무한대로 증가하는데, 이때 빅뱅과 같은 사태가 발생한다. 트랜스휴머니즘은 이러한 물리적 법칙이 과학기술의 기하급

수적 발전추세에도 적용된다고 주장한다. 즉 NBIC 첨단기술이 기하급수적 속도로 발전하며 엄청난 속도로 서로 수렴하게 되면, 이때부터 급격한 변곡이 일어나서 기술의 발전 속도가 폭발적으로 상승한다는 것이다. 과학기술의 발전 속도에 대한 통계 함수적 분석에 따르면, 이 시점은 2045년으로 예측할 수 있다고 한다. 이 시점이 지나면 인간 이후의 존재자 즉 '포스트휴먼'이 출현한다는 것이다. 이러한 진화의 방향은 기술에 의해 조정되며, 그 성격 역시 자연적 진화와는 전혀 다른 새로운 차원의 진화로서 기존의 과학이나 철학의 틀로는 상상할 수 없는 신세계를 펼쳐낸다는 것이다. 테크노퓨처리즘의 이념적 성격은 바로 이런 예측들에서 가장 잘 드러나고 있는데, 그 예측이 그려내고 있는 미래를 구체적으로 살펴보면 다음과 같다.

1. 21세기 내에 나노 수준에서부터 인간의 두뇌에 이르는 물질의 구조와 행태의 포괄적인 이해에 기초한 '새로운 르네상스'가 도래할 것이다. 세계평화, 전 지구적 번영, 그리고 공감과 성취가 높은 수준으로 진화할 것이다. 인간 삶의 전 영역에서 증강된 삶을 누릴 것이다. 문화와 인격의 본성에 대한 전혀 새로운 종류의 엄밀한 연구, 또한 자연과학 · 사회과학 · 인문학의 결합(combining)에 의한 지식의 통합(unification)이 이루어질 것이다. 수십억 인류의 글로벌 네트워크 사회가 마치 하나로 연결된 두뇌나 생물학적 유기체의 확장된 형태처럼 발전할 것이다.

2. NBIC 기술 발전을 기초로 사회적 행위에 대한 예측 과학과 진보된 행동교정 프로그램이 발전할 것이다. 이것들은 타인에게 해를 입힐 수 있는 행동을 억제하고 사회적으로 유익한 행동을 고무할 것이다. 그리고

이러한 예측으로부터 더 발전된 테크노피아의 미래를 전망하는 것이 가능할 것이다.

2.2 '포스트휴먼'에 숨어있는 두 가지 전제

트랜스휴머니즘은 자연으로서의 인간이 지닌 불완전한 부분을 찾아내어 그것을 인공장기나 인공지능으로 대체함으로써 완전성을 향해 개조된 새로운 존재 즉 포스트휴먼을 생산하겠다는 비전이다. 이렇게 기술적으로 완전히 개조되어 상상을 초월할 정도로 성능이 증강된 포스트휴먼에게는 죽음이라는 운명도 사라질 것이라고 한다. 그러나 이러한 희망과 달리 이 기술의 기저에는 인간에 대한 임의적 조작으로 완전한 인간을 만들어낼 수 있다는 우생학적 인간관이 숨어 있음을 지적하지 않을 수 없다. 나아가 전체주의의 기원을 연구한 한나 아렌트의 말에 빗대면, 인간을 완전한 성능을 가진 존재로 개조하려는 트랜스휴머니즘은 전체주의가 기술적으로 가장 극단화된 경우라 할 수 있을 것이다. 아렌트는 다음과 같이 말하고 있기 때문이다. "전체주의 이데올로기의 목표는 외부 세계의 변형이나 사회의 혁명적 변화가 아니라 인간의 본성 자체를 바꾸는 것이다."[9]

그렇다면 트랜스휴머니스트들은 인간이 과연 어떤 과정을 통해 트랜스휴먼 나아가 포스트휴먼으로 진화할 수 있다고 보는 것일까? 트랜스휴머니스트들은 우선 인간 실존의 근거이자 한계인 물리적 기반이야말

9 Hannah Arendt, *The Origins of Totalitarianism*(1951), 이진우·박미애 역, 『전체주의의 기원』, 한길사, 2006, 251쪽.

로 진화의 장애물이라고 여기고, 이 물리적 한계를 벗어나는 데 기술적 핵심이 있다고 본다. 다시 말해서 현재 발전하는 첨단기술이 모든 물리적 존재자들을 정보의 패턴으로 환원시키는 단계에 이르게 되면, 그 존재들을 원자나 분자 차원에서 자유자재로 조작할 수 있다는 것이다. 여기서 결정적인 역할을 하는 것이 나노테크놀로지이다. 그들은 가까운 시일 안에 나노테크놀로지가 나노 차원에서 물질의 분자를 자유롭게 배열하는 기계 곧 '나노봇'을 개발하리라고 예측한다. 이러한 예측에 기대어 옥스퍼드의 철학자 닉 보스트롬은 다음과 같이 주장한다. "나노테크놀로지는 원자를 효과적으로 재배열함으로써 석탄을 다이아몬드로, 모래를 슈퍼컴퓨터로 변형할 수 있으며 공기로부터 오염물질을, 건강조직에서 암을 제거할 수 있다."[10]

나노테크놀로지는 인간의 두뇌를 컴퓨터로 업로드할 수 있다는 트랜스휴머니스트들의 미래 예측에서도 결정적 위치를 차지한다. 두뇌를 컴퓨터에 업로드하는 작업은 두뇌의 신경생리학적 작동원리가 정보공학적 패턴으로 이뮬레이션(emulation)되고, 이 패턴을 최적으로 구현하는 물리적 기반이 나노기술에 의해 제작됨으로써 실현될 수 있다. 그리고 두뇌가 이렇게 인간의 생물학적 신체로부터 컴퓨터로 업로드되면서 그 두뇌에 저장된 기억들이 디지털 데이터로 변환되어 동시에 옮겨진다면, 한 인간의 정체성도 업로드될 수 있을 것이다.

그런데 보스트롬이 제시하는 트랜스휴머니즘의 비전을 좀 더 자세히 들여다보면 두 가지 상반되는 철학적 입장이 혼재되어 있음을 알 수 있다. 그것은 유물론적 환원주의와 기능주의이다.

10 Nick Bosrom, *The Transhumanist FAQ*, Version 2.1, 2003. http://www.nickbostrom.com/views/transhumanist.pdf

1. 유물론적 환원주의는 존재하는 모든 것을 물질로 환원시켜 설명하려는 입장이다. 트랜스휴머니즘에 숨겨진 유물론적 환원주의는, 모든 존재하는 것이 나노 스케일의 원자로 환원될 수 있고 그 원자들이 어떻게 배열되는가에 따라 각기 다른 존재자들로 성립된다는 주장에서 잘 드러난다. 이 환원주의에 입각하여 어떤 존재자의 현재 원자배열이 변화 혹은 조작되면 그 존재자는 다른 존재자로 성립한다고 주장된다. 예컨대, 석탄을 구성하는 원자의 배열을 다이아몬드를 구성하는 원자의 배열로 변화시킨다면, 석탄은 다이아몬드라는 존재자로 탈바꿈된다는 것이다.

2. 그러나 다른 한편으로는 트랜스휴머니즘이 예견하는 지능의 업로드는 이러한 환원주의와는 다른 입장에 근거한다. 그것은 기능주의(functionalism)이다. 기능주의는 지능이 물리적 속성이 아니라 기능(function)이며 기능은 다양한 물리적 기반을 통해 실현 가능하다는 입장이다. 트랜스휴머니즘이 주장하는 지능 업로드의 핵심은 이러하다. 존재하는 것의 활동 상태는 그것의 물리적 구성 기반으로 환원되는 것이 아니라 그 기반의 물리적 구성 원리와는 독립된 원리를 갖는다. 따라서 이 원리는 정보공학적 패턴으로 모의실행(emulation)될 수 있다.[11] 그리고 이런 모의실행이 가능하다면 그것은 다른 물리적 기반을 통해서도 구현될 수 있다. 트랜스휴머니즘에 따르면, 그 활동원리가 물리적 구성 원리로부터 독립되어 있는 대표적 존재자가 두뇌이다. 두뇌의 지능적 기능을 실현하는 신경생리학적 작동원리는 물리적으로 보았을 때 탄소를 기반으로 하는 신경세포로 구현되고 있다. 그러나 반드시 그래야만 하는 것은 아니

11 '이뮬레이션'의 원래 뜻은 남을 흉내 내거나 똑같이 모방하는 것을 말하는데, 컴퓨터공학에서는 어떤 컴퓨터의 작동을 다른 유형의 컴퓨터로 모방하는 기법을 지칭한다.

다. 두뇌의 지능적 능력, 예컨대 계산 능력 혹은 논리적 추론 능력은 컴퓨터를 통해서도 구현될 수 있다. 그런데 컴퓨터는 두뇌와는 다른 물리적 기반인 실리콘으로 구성되어 있다. 따라서 여기서도 분명히 드러나듯 지능은 물리적으로 다양한 기반 위에서 실현 가능하다는 것이다. 이러한 기능주의는 지능이 기반하고 있는 특정한 물리적 상태가 그 지능을 결정하는 것이 아니라는 점에서 물리적 환원주의와는 근본적으로 상반된 것이다.

물리적 환원주의를 일단 차치해놓고 기능주의에 따라 지능을 업로드하는 과정을 살펴보면 그것은 다음 3단계로 진행된다. ① 우선 전기신호의 과정으로 진행되는 A라는 특정 인간의 두뇌작용을 최근에 발전된 뇌파 측정기 등으로 정밀하게 스캔하여 이 두뇌활동에 대한 빅 데이터를 구축한다. ② 이렇게 스캔한 데이터로부터 그 인간 두뇌에서 인지작용을 수행했던 신경망을 뇌영상 처리장치를 사용하여 3차원 모델로 재구성해낸 후, 이 모델을 신경망 계산 모델로 번역하여 코드화한 후 프로그램으로 작성한다. ③ 마지막으로 슈퍼컴퓨터를 사용하여 이 프로그램을 컴퓨터상에서 모의실행한다. 이 과정이 성공한다면, 기억, 상상, 사고습관 등을 포함한 인간 A의 두뇌활동이 이제 컴퓨터의 소프트웨어로 작동하며 존재하게 되는 것이다.

그런데 이렇게 두뇌가 인간의 생물학적 신체로부터 컴퓨터로 업로드되는 과정에서 그 두뇌의 작동방식과 두뇌에 저장된 기억들이 프로그램화되고 데이터화되어 동시에 옮겨진다면, 한 인간의 삶도 업로드되는 것이다. 왜냐하면, 뇌과학을 추종하는 철학자들이 주장하는 바에 따르면 인간의 삶은 두뇌의 활동에 의해 결정되는 것이기 때문이다. 그리고 이

렇게 개인의 삶을 결정하는 두뇌의 활동과 기억이 그가 운명적으로 지니고 태어난 생체를 떠나 다른 물리적 기반으로 옮겨질 수 있다면, 설령 그 몸이 생물학적 수명을 다해 소멸한다 해도, 인간은 다른 컴퓨터로 자신의 삶을 업로드하여 영생할 수 있는 것이다. 따라서 인공지능의 최절정인 '포스트휴먼'은 자신의 지적 능력을 여러 가지 상이한 물리적 기반의 컴퓨터에 업로드시켜 지속시킬 수 있다. 2014년 상영된 영화 〈트랜센던스〉는 이러한 상황을 잘 묘사하고 있다.

뇌과학과 물리적 환원주의의 아이러니 / 3

3.1 물리적 환원주의란 무엇인가

앞에서 설명한 바와 같이 트랜스휴먼의 출현을 예고하는 테크노퓨처리즘은 한편으로는 유물론적 환원주의에 근거한다. 이 유물론적 환원주의가 트랜스휴머니즘에서 어떤 역할을 하는지를 NBIC 수렴 연구에서 좀 더 구체적으로 파악해보자.

NBIC 수렴 연구는 모든 존재하는 것을 나노 스케일의 물질로 환원하는 방식으로 수렴을 시도하고 있다. 이 점에서는 인간의 문화도 예외가 아니다. 일반적으로 문화는 정신의 성취로 이해되고 있다. 그런데 정신은 뇌의 활동이므로 문화는 결국 뇌의 활동으로 환원된다. 하지만 뇌는 다시 뉴런들의 상호작용으로 환원될 수 있는데, 이 뉴런들의 작용은 생화학적 현상의 하나이므로 결국 분자물리학으로 환원될 수 있다. 나아가 이 분자물리학은 최근 발전하고 있는 나노기술을 통해 뇌의 활동을 한층 더 분자적인 차원으로 환원한다. 이렇게 하여 정신과 그 정신의 산물인 문화는 궁극적으로 나노 물질로 구성된 것들이며, 따라서 그 물질을 나노 단위로 조작하는 기술 곧 나노기술을 통해 얼마든지 설계, 조작할

수 있는 것들이 된다.

여기서 엿볼 수 있듯이 유물론적 환원주의는 NBIC 수렴 연구에서 철학적 기초의 역할을 한다. 그 역할은 특히 세 가지로 나눠볼 수 있는데 그것은 다음과 같다. 첫째는, 정신과 문화가 그 자체로는 존재론적 실재성을 결여하고 있어서 물질 존재로 환원된다는 존재론적 가정으로서의 역할이다. 둘째로 이러한 존재론적 가정은 정신과 문화의 원리를 물질의 구조에서 발견하려는 인식론적 방법으로서의 역할을 한다. 마지막으로 이제 이 물리적 원리는 정신과 문화가 기술적으로 생산될 수 있다는 공학적 형이상학의 역할을 하게 된다.

그런데 이런 유물론적 환원주의가 시대를 지배하는 진리체계로서 독점적 영향력을 갖게 된 결정적 이유는 무엇일까? 그것은 유물론적 환원주의가 의공학의 발전에 힘입은 뇌공명 촬영기술 등의 급속한 발전으로 확고한 실증적 증거들을 확보해 가는 듯 보이기 때문이다. 과연 뇌에 대한 의공학적 접근이 그간 '정신적', '문화적'이라 불리던 현상들을 뇌의 활동으로 환원하여 해명할 수 있을까? 이러한 물음에 대한 답을 얻기 위해서는 의공학적 장비들을 가지고 수행되는 연구 과정을 잠시 살펴볼 필요가 있다.

우선 의공학적 장비를 동원한 연구에는 다음과 같은 믿음이 전제되어 있다. 뇌의 작동 원리는 뇌 세포의 활성도를 뇌영상 촬영 기술로 가시화하고 이렇게 가시화된 이미지를 분석함으로써 파악될 수 있다. 이를 통해 그동안 의식의 작용으로 알려졌던 많은 현상들이 뇌에서 일어나는 생화학적 현상으로 밝혀질 수 있다는 것이다. 이러한 뇌영상 촬영기술에는 대표적으로 양전자 방사 단층촬영술(PET)과 함께 기능적 자기공명영상술(fMRI)이 있다. 하지만 양전자 방사의 경우 방사성 동위원소를 피검

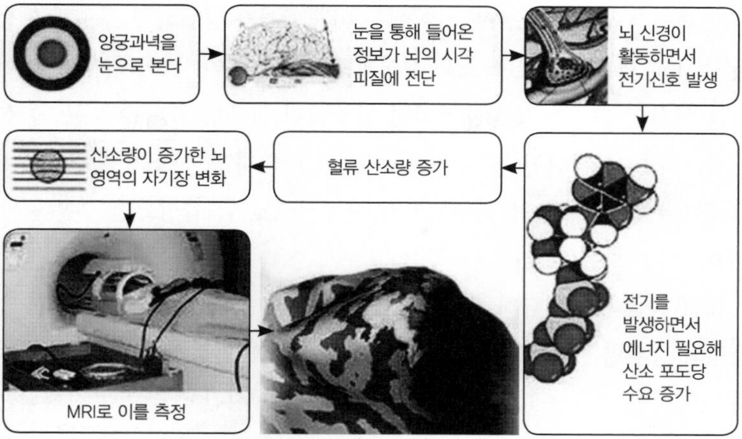

fMRI의 작동원리[12]

사자의 몸 안에 주입해야 하는 문제가 있다. 피검사자가 방사능 피폭의 위험에 노출되는 것이다. 이에 비해 fMRI는 특정한 정신적 작업을 수행할 때 어떤 뇌 부위의 신경세포들이 더 활성화되는지를 산소화된 혈액량을 측정함으로써 간접적으로 파악한다. fMRI는 이렇게 산소화된 혈액량을 측정하기 때문에 양전자 방사 단층촬영술보다 안전하며, 이런 이유로 최근에는 fMRI가 선호되고 있는 추세다.

fMRI를 찍는 과정을 간략히 기술하면 다음과 같다. fMRI 장치는 피검사자가 들어가 누울 수 있는 크기의 원통 모양을 하고 있다. 이 원통 안에 들어간 피검사자에게는 수행해야 할 과제, 예컨대 양궁과녁을 눈으로 보는 과제를 준다. 피검사자가 주어진 과제를 수행하면, 뇌에서는 그 과제와 관련된 신경세포들의 활동과 세포대사가 증가하게 된다. 그런데

12 자료: KAIST 박현욱 교수, "http://blog.naver.com/PostView.nhn?blogId=radimage&logNo=140043954915"에서 재인용.

세포 대사량과 산소 소모량 사이에는 비례관계가 성립하기 때문에 활동이 증가된 세포 부위로 산소를 실어 나르는 혈류량이 늘어나게 된다. 이러한 일련의 과정을 영상처리하면 산소화된 혈류량이 많은 부분 즉 신경세포가 더 활성화된 부분이 붉은색으로 나타나고, 산소가 불필요하여 혈류량이 적은 부분 곧 신경세포가 상대적으로 덜 활성화된 부분은 푸른색으로 나타난다.

그러나 급속히 첨단화하고 있는 현대과학의 환원주의는 산소화된 혈류량의 증감을 이미지화하는 fMRI의 정밀성에 만족하지 못한다. 뇌에서 일어나는 반응은 1000분의 1초 정도의 짧은 시간 간격으로 진행되는데, 초 단위로 반응하는 fMRI나 PET는 이렇게 빠른 반응을 정확히 측정하지 못하기 때문이다. 그래서 현대 신경물리학은 뇌의 작용을 혈액에서 극미 물질세계로 환원하여 전기현상으로 파악하려 한다. 이에 따르면 약 100억 개의 뇌신경세포가 인간의 뇌를 구성하고 있으며, 뇌 활동과 뇌 기능은 뇌신경세포의 전기적 작용에 의해 수행된다. 외부의 물리적 자극이 우리 감각기관에 감지되면 이 자극들은 신경의 전기적 흐름을 따라 뇌로 전달되고, 뇌는 이 신호를 인지 판단해 반응하게 된다. 예를 들면, 귀에 들린 소리는 약 0.1초 뒤에 대뇌의 옆쪽에 있는 측두엽이라는 곳에 도달하고, 그 부근의 신경들이 전기적으로 흥분하게 되면서 아주 작은 크기의 자기장이 발생한다. 이 자기장은 "주로 1~100Hz의 주파수 영역에서 수십~수백 fT의 크기로 발생되며 지구 자기장의 약 10억분의 1에 해당하는(1fT=10~15T) 매우 미약한 자장이지만" 초전도체를 이용한 스퀴드(squid) 센서라는 것을 이용하면 측정이 가능하다. 뇌자도(MEG) 측정장치는 이러한 센서를 이용해 "뇌에서 발생하는 자기 신호를 접촉이나 절개 없이 검사할 수 있으며 뇌신경세포의 전기적 활동을 직접 관찰

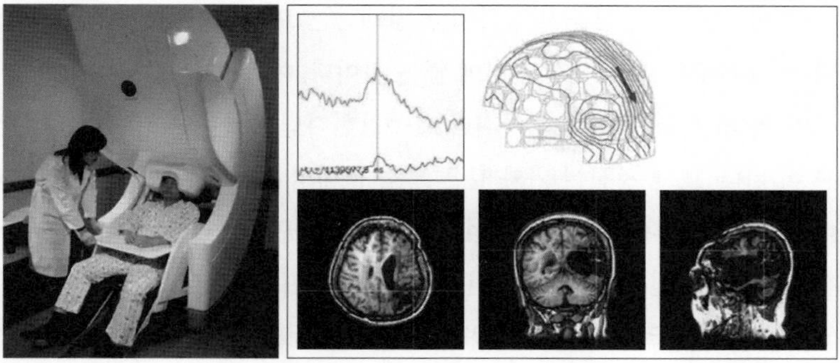

뇌자도(MEG) 장치와 뇌세포 매핑의 예[13]

하여 3차원적인 정보를 얻을 수 있다."[14]

물론 철학에서는 정신의 활동을 혈액 운동을 거쳐 신경세포의 자기장 현상으로까지 환원시키는 유물론적 환원주의를 둘러싸고 치열한 논쟁이 벌어지고 있다. 그리고 이 논쟁은 어지러울 정도로 복잡한 입장으로 분화되며 또 다른 논쟁으로 번지고 있다. 그 입장을 일별해 보면, 심뇌동일론, 제거주의, 부수론, 창발론 등이 있다. 그런데 이 입장들은 서로 상이한 주장을 하면서도 하나같이 정신 현상은 실체가 아니므로 그 자체로 존립할 수는 없고 어떤 식으로든 뇌라는 '물체'에 기반하고 있다는 가정을 신봉한다. 가령 이 가정에 철저히 입각하면 오직 물리적으로 확인되는 뇌라는 물체만이 있을 뿐 정신이라는 속성은 사실상 허구라는 입장으로 귀결될 수밖에 없다. 즉 인지활동에 대한 과학적 탐구를 위해서

13 서울대학교병원 의료기기 정보. https://www.snuh.org/pub/infomed/sub04/sub01/1177388_4044.jsp

14 이상의 인용은 김종규, "MEG 영상진단 검사에 관한 연구", 『대한임상검사학회지』 37권 제2호 2005, 123-128쪽, 특히 125쪽 참조.

는 정신 그리고 정신을 지칭하거나 전제하는 모든 술어를 제거해야 한다는 '제거주의'로 나아갈 수밖에 없는 것이다. 여기서 한 걸음 나아가 정신이 곧 뇌의 활동에 다름 아니라고 주장한다면, 이런 입장은 '심뇌동일론'이 된다. 또는 정신이 뇌와 같은 특정 물체의 활동에 부수적으로 나타나는 속성이거나 창발되는 속성이라고 주장하면, 이 입장은 '부수론' 혹은 '창발론'이 된다. 이렇게 보면 유물론적 환원주의와 여기에 기초한 다양한 입장들은 크게 두 가지로 나아갈 수밖에 없다. 즉 정신은 물체와 같은 방식으로 공간적 위치를 점하지 않으므로 그 존재를 인정할 수 없다는 입장을 택하든지, 아니면 정신을 물체에 부속되어 있거나 물체의 활동에 수반 또는 창발되는 속성으로만 인정하는 입장을 택하든지 할 수밖에 없는 것이다.

여기서 뚜렷이 알 수 있듯이 유물론적 환원주의를 둘러싼 정신과 두뇌의 관계에 대한 논란은 모든 것을 물체라는 한 가지 존재방식으로만 이해하는 편협한 존재론에서 발병한 것이다. 역설적으로 표현하면, 유물론적 환원주의는 정신의 존재를 부정하지만 이러한 부정조차 사실은 존재하는 모든 것을 오로지 정신과 물체로 구분하는 이원론의 도식을 받아들일 때 가능한 것이다. 그러나 하이데거가 그의 주요저작에서 강조하듯 "존재방식의 다양성"(Mannigfaltigkeit der Seinsart des Seins)[15]을 인정하고, 정신과 물체의 이원론을 존재론적으로 허무는 경우에는 문제가 달라진다. 정신의 존재를 인정하는 입장이나 아니면 정신의 존재를 유물론적으로 환원하려는 시도는 모두 정신/물질의 이원론의 덫에 걸린 철학적 신음에 불과한 것이다. 따라서 트랜스휴머니즘의 철학적 바탕인 유물론

15 M. Heidegger, *Grundproblem der Metaphysik*, 404쪽.

적 환원주의의 문제점을 드러내기 위해서는 하이데거의 존재론적 논의를 본격적으로 도입해야 할 것이다. 그렇게 하면 정신과 물질의 이원론 사이를 유랑하며 엄청나게 양산되는 논란의 함정에서 혼란을 겪고 있는 유물론적 환원주의와 그 철학적 아류들[16]의 존재론적 오류를 명확히 폭로할 수 있을 것이다. 이제 그 오류를 짚어보자.

3.2 뇌과학의 문제—뇌는 뇌를 연구할 수 없다

인간의 문화 활동을 정신의 활동으로 파악하여 이것을 다시 뇌의 생화학적 작용으로 환원하고, 이 작용을 다시 의공학적 장비를 동원하여 미시물리학을 통해 설명하려는 시도에는 사실상 '존재는 곧 물질'이라는 형이상학이 전제되어 있다. 하지만 우리가 이렇게 물질 이외의 어떤 존재도 인정하지 않는다면, 그리하여 모든 것을 물질로 환원하여 물질의 원리에 따라 설명하려 한다면, 철학과 같이 비과학적 주장이 허용되는 분야뿐 아니라 비교적 과학과 친근한 관계를 유지하고 있는 사회과학의 영역에서조차 심각한 문제가 발생한다. 가령 경제학 분야에서 19세기 금융자본에 대해 연구하는 경우를 예로 들어보자.

금융자본이라는 추상적인 존재자는 19세기 이후 사실상 지폐를 통해 구현되어 왔다. 그리고 이러한 지폐의 물리적 기반은 '종이'라는 특정 물질이었다. 따라서 유물론적 환원주의에 입각한다면, 19세기 금융자본의 속성 그리고 그러한 금융자본의 경제사회적 나아가 문화적 의미는 궁극

16 우리나라에서 선풍을 일으킨 바 있는 통섭의 주창자 E. 윌슨도 인문학과 자연과학의 '통섭' (consilience)을 주장할 때, 동일한 환원주의 논리에 입각하고 있다.

적으로 특정 종이의 화학적 구조를 분석함으로써 설명될 수 있다. 이처럼 19세기 금융자본이 20세기 제국주의 전쟁으로 비화한 이유를 설명하기 위해 경제학과 물리학이 화폐의 물리적 기반을 향하여 수렴하는 연구를 수행한다면, 과연 어떤 결과가 나올까? 유물론적 환원주의가 믿어 마지않는 뇌영상 촬영기술을 통해 뇌의 혈류량을 시각적으로 이미지화하여 관찰하고 그 근저에 있는 물질의 작동 원리를 파악하여 문화를 연구하려는 방식을 금융자본에 대한 유물론적 환원주의 연구에 적용한다면 어떻게 될까? 다시 말해서 지폐를 구성하는 물질의 운동을 나노스캐닝 기술을 통해 이미지화하고 그 기저의 미시물리학적 원리를 나노 스케일로 파악한다면, 과연 19세기 금융자본이 제국주의 전쟁으로 비화한 이유를 밝혀낼 수 있을까?

유념해야 할 것은 화폐가 물체와 같은 방식으로 존재하는 존재자가 아니라는 점이다. 또한 화폐의 존재방식이 종이라는 물체의 부수 현상에 그치는 것도 아니다. 마찬가지로 화폐는 화폐의 물리적 기반인 종이를 구성하는 물질들에서 창발하는 현상도 아니다. 화폐는 물체와는 전혀 다른 방식으로 존재한다. 사실 화폐는 오늘날 어디에서도 물체로 존재하지 않는다. 요즘의 화폐는 어디에 어떻게 있는지 잘 모른다. 가령 내 월급은 학교에서 지급하여 은행이 어딘가에 가지고 있다고 하는데, 은행에 가서 그 물리적 위치를 물어보면 아무도 아는 사람이 없다. 오늘날 화폐는 물체로서 어딘가에 있는 것이 아니다. 그것은 어디에 위치하지도 않고 또 보이지도 않으면서 도처에 있다. 오늘날 화폐는 신용카드나 체크카드에서 보듯이 오히려 물체성을 잃어가고 있으며, 그렇게 비물체화되면 될수록 오히려 통화(通貨)로서 더 잘 존재한다. 요컨대 화폐의 존재방식은 물체의 존재방식과 전혀 다른 것이다. 최근 관심을 끌고 있는 비트코인이

라는 가상화폐는 화폐가 얼마나 비물질적인 존재인지를 극단적으로 보여주고 있다. 화폐는 기하학적 공간에 위치를 점유함으로써 존재하는 물체의 존재방식과 동일시할 수 없다. 그렇다고 화폐가 정신적 존재자인 것도 아니다. 그렇다면 화폐는 어떻게 존재하는가? 화폐는 교환과 가격평가라는 용도적 성격을 수행할 때 비로소 존재한다. 따라서 어떤 것이 화폐와 거의 동일한 물질성, 형태, 크기, 색깔을 지니고 있더라도 이러한 용도를 수행하지 못하면 화폐로서 존재하지 못한다. 그것은 화폐가 아니라 기껏해야 위조지폐로나 존재할 것이다.

또 다른 예를 들어보자. 구리로 만들어진 옛날 돈 곧 동화(銅貨)가 존재하는 방식은 구리라는 물체가 존재하는 방식과 다르다. 그렇다고 해서 동화가 구리라는 물체 위에 특정한 색과 형상이 각인된 물체로 존재하는 것도 아니다. 돈은 그것이 돈으로서 인정되는 경제구조 안에서만 돈으로 존재한다. 그러기에 옛날에는 돈이었던 것이 구리라는 물체성에 아무런 변화가 없음에도 오늘날에는 돈으로 존재하지 못한다. 옛날 돈은 더 이상 돈이 아니라 녹슨 구리로 된 물체이거나, 아니면 골동품이라는 수집 가치를 가진 그 무엇으로 존재한다. 여기서 골동품이란 어떤 것인가? 녹슨 엽전은 돈으로는 쓸모가 없다. 하지만 그것이 골동품으로 존재하는 순간부터 예전에 돈으로 존재하면서 지녔던 가치보다 훨씬 높은 가치를 가질 수 있다.

언어의 경우도 마찬가지이다. 언어의 의미를 언어사용자의 인지활동으로부터 설명하고, 다시 그 인지활동을 뇌로부터, 또 뇌를 전압펄스, 그리고 결국 포톤(photon)으로부터 설명하려 한다면, 19세기 금융자본의 사회문화적 의미를 종이의 화학분자식으로부터 설명하려는 기획과 거의 차이가 없을 것이다. 언어의 의미를 유물론적 환원주의에 따라 연구

한다는 것은 책의 존재를 종이로 환원하여 설명하는 것과 다를 바 없다. 이 경우 우리는 앞에서 예로 든 돈의 경우와 똑같은 오류에 빠지게 된다. 언어는 음성을 물리적 기반으로 삼고 있지만, 책을 매체로 하여 존재하기도 한다. 책을 보면서 독자는 의미를 읽어낸다. 그런데 물리적 환원주의에 입각하면, 책이 담은 내용은 어떤 특정 공간에 위치해 있는 것이 아니므로 책의 물리적 기반으로 환원하여 설명할 수밖에 없다. 책의 활자와 그 활자들이 인쇄되어 있는 종이의 물리적 속성에서 책의 내용을 도출할 수 있어야만 하는 것이다. 그것은 인간의 정신 현상을 유물론적 환원주의 입장에서 연구하는 방식과 똑같다. 책은 종이로 이루어진 물체이므로 이 물체를 구성하는 물질의 운동을 나노스캐닝 기술을 통해 이미지화하고 그 기저의 미시물리학적 원리를 나노스케일로 파악하면 책이 가진 내용이 드러나야 한다. 그러나 과연 이것이 가능한가?

돈과 책의 사례들을 통해 환원주의의 오류를 우회적으로 밝힘으로써 우리는 결국 다음과 같은 결론에 도달할 수 있다. 그것은 하이데거가 강조한 바와 같이 다양한 존재방식을 구별해야만 한다는 것이다. '교환매체'라는 방식으로 존재하는 돈은 물체도 아니고 그렇다고 정신도 아니다. 존재하는 것은 단지 물체로만 존재하거나 또는 정신으로만 존재하는 것이 아니다. 이렇게 존재방식의 다양성을 우선 구별하고, 연구하려는 존재자가 그 고유의 존재방식에서 연구될 때 그 존재자의 진리가 드러날 수 있다.

유물론적 환원주의가 가진 문제는 존재를 그것의 고유한 존재방식으로 드러내지 못한다는 데만 있는 것이 아니다. 유물론적 환원주의가 성공하여 인간의 모든 존재 활동 나아가 뇌에 대한 연구 활동 자체가 물질

작용의 결과이거나 부수현상이라고 한다면, 우리는 감당할 수 없는 또 하나의 역설에 빠진다. 즉 물질이 물질이 아니라는 역설이다. 그 이유는 다음과 같다.

유물론적 환원주의에 입각하여 인간의 모든 활동을 물질 현상으로 규정한다면, 그 연구자들의 학문 활동도 결국은 물질로 구성된 뇌를 통해 수행되는 활동일 것이다. 이것은 뇌과학 자체에 대해 다음과 같은 문제를 일으킨다. 뇌과학자가 수행하는 두뇌에 관한 연구는 두뇌의 작동과 존재 원리를 두뇌 스스로 규명하는 과정이다. 그런데 두뇌는 궁극적으로 물질 현상이다. 따라서 뇌과학은 물질이 물질의 존재 원리를 스스로 규명하는 활동이 된다.

그러나 이러한 결론은 물질에 관한 과학적 형이상학을 근본적으로 전복시킨다. 과학적 형이상학에 따르면, 물질적 현상의 발생 원리는 원인과 결과의 법칙 즉 인과론이다. 그러나 물질이 '스스로' 자신의 존재 원리를 규명한다는 것은, 물질 그리고 그 물질로 구성된 두뇌가 더 이상 외부 세계의 물리적 원인에 의해 필연적으로 반응하는 존재가 아니라는 것을 의미한다. 그것은 보통의 물체처럼 외부 공간에 위치를 차지하고서 외부 물질과의 물리적 상호작용 곧 인과 작용을 하는 존재자일 수 없다. 그것은 인과론과 물리적 상호작용에 따라 움직이는 존재가 아니라 자신에 대해 스스로 질문을 던지고 탐구하여 자신을 어떤 존재로 밝혀내는 존재자라는 것이다.

이렇게 보면 이제 뇌과학은 모든 두뇌 활동이 물질 현상이라는 자신의 주장을 자신의 연구 활동을 통해 스스로 부정하고 있는 셈이 된다. 따라서 뇌과학은 두뇌를 연구하는 자신의 근본시각을 전환하지 않을 수 없다. 두뇌는 외부와 인과론적 작용을 하는 물질체가 아니라 스스로를

문제화하고 성찰하는 반성적 활동 원리로 탐구되어야 한다는 것이다. 그렇게 되면, 두뇌에서 일어나는 현상은 외부 원인에 반응하는 현상이 아니라 자기를 탐구하는 반성적 활동성이 물질적으로 표현되는 현상으로 의미가 달라진다. 나아가 뇌를 구성하는 물질들의 상호작용은 복잡계나 열역학에서 말하는 상호작용이 아니라 반성적 자율조직화로 고찰되어야 한다. 결국 뇌과학이 두뇌 스스로가 두뇌를 대상화하여 뇌의 존재원리를 규명하는 진리 체계로서 인정받으려면, 그것은 물질의 존재 원리를 근본적으로 다시 파악해야 한다. 그리고 이렇게 물질의 존재 원리가 근본적으로 잠재적 자율성으로 파악된다면, 뇌과학의 연구 방향과 목적 역시 지금까지와는 다른 방식으로 혁신되어야 한다.

그런데 만일 뇌과학이 이러한 방향으로 물질에 대한 패러다임 전환을 이룬다면, 그것은 독일 관념론과 같은 방향으로 전개될 것이다.

독일 관념론은 사물이 우리에게 어떻게 표상될 수 있는가의 가능 조건을 해명하는 데서 출발하여, 자아가 그냥 있거나 외부에 의해 규정되는 것이 아니라 근본적으로 인과적 규정을 초월하는 자율적 활동성을 존재방식으로 가진다는 것을 주장한 철학이다. 독일 관념론은 인식이라는 현상이 주체적으로 형성된다는 사실을 발견했다. 인식은 외부에서 감각자료 같은 것이 밀려들어 주입되는 것이거나 이미 존재하는 대상을 그저 반영하는 등의 인과적 현상이 아니다. 인식의 '주체'라는 근대의 개념은, 피히테가 '스스로의 행위에 의해 이루어진 것'(Tathandlung)이라 규정한 데서 분명히 드러나듯 무엇 밑에 놓여 있는 실체가 아니라는 것이다. 이러한 주체성의 철학은 객관적 실체 개념에 붙들린 과거 형이상학을 극복하는 새로운 존재 이해를 가능하게 하였다.

피히테의 뒤를 이은 셸링은 자연의 역사, 나아가 문화의 역사를 물질

의 자기인식 능력의 발현 과정으로 밝혀낸다. 셸링은 자연을 단지 비자아(非自我)로, 다시 말해서 자아의 자기인식의 변증법적 대상물로 본 피히테를 비판한다. 그렇다고 해서 자연 물질의 본질을 타성(他性) 곧 외부 원인에 의해 존재하는 것으로만 보고 물질의 법칙을 인과법칙으로 조명하는 당대 자연과학의 입장을 취하는 것도 아니다. 셸링은 피히테의 자연 개념을 비판하지만 피히테의 자아의 변증법적 활동원리를 자연에서도 발견한다. 의식은 모든 유기적 과정에, 즉 모든 자연 과정에 가능성을 지닌 잠재력으로 내재해 있다. 그럼에도 불구하고 의식이 인간에게서 형태화되었을 때는 그 의식과 함께 자기 자신과 관계하는 자연이라는 새로운 잠재력이 등장하게 되었다. 그리하여 의식과 함께 인간의 역사라는 새로운 과정이 등장하게 된다.[17]

셸링의 자연철학은 자연을 인과론에 의한 타율적 현상으로 보는 것이 아니라 인간 정신성의 근원 즉 "근원적 자아"(ursprüngliches Ich)로 통찰한다. 따라서 셸링은 자연과 자아에 대해 다음과 같이 말한다. "자연은 외부로 경계 지어진 것이 아니듯, 자아도 내부로 경계 지어진 것이 아니

17 자연은 잠재적 의식으로서 변증법적 발전의 과정을 겪으며 그 잠재성이 인간의 의식으로 실현된다는 셸링의 입장은 그의 저서에서 다음과 같이 표현된다. "실현된 이념은 인간이다. 그리고 그는 의도에 따라 오직 이 이념일 뿐이다. 인간에 있어 애당초 그 자신의 밖에 정립되었던 것이 다시 모두 그 자신 안으로 정립되어 자신 안으로 들어온다. 동물 역시 그 자신에 대해 지배력을 갖고 있는 것이다. 그러나 다만 제한적인 방식으로 부분적으로 그럴 뿐이며 인간은 무제한적으로 자기 자신에 대한 지배력을 갖는 존재이다. 그 자신을 완전히 소유한 것은 의식된 것이다. 의식은 '그 자신으로 되돌아온 것'(Zu-sich-Gekommensein)이며 '그 자신으로부터 나와서 밖으로부터 오는 것'(Von- und Ausser-sich-Gekommensein)을 전제한다. … 그러나 인간이 다만 이념이라는 사실로부터 우리는 그 이념이 우리에게 모든 생성의 가능한 출발점이 되었던 것과 마찬가지로 인간은 새로운 과정의 출발점이란 사실을 천명한 것이다. … 지금까지 우리가 전념하여 온 것은 자연철학이었다. 그러나 인간은 자연의 한계이며 새로운 시작으로 우리는 필연적으로 새로운 세계로 전진하는 것이다. 이 세계는 정신적인, 정신의 세계 혹은 우주의 이념적 측면이다." F. Schelling, *Sämtliche Werke* X, 388쪽.

다."[18] 자연은 자아이며 자아는 자연인 것이다. 자아가 자율적 활동성으로 존재하듯 자연도 그런 것이다. 따라서 자연과학은 원래 물질을 인과적으로 연구하는 학문이 아니라 자연이 스스로를 성찰하는 과학이다.

자연과학을 자연이 스스로를 성찰하는 활동으로 파악하는 셸링의 입장은 인과론을 기본원리로 하여 타연(他然)으로서의 물질을 탐구하는 현대과학에서는 용납될 수 없을 것이다. 그럼에도 뇌과학은 셸링이 자연과학을 이해하는 방식과 같은 길을 가야만 할지도 모른다. 다시 말해서 뇌과학이 유물론적 환원론에 입각하여 인간의 사유를 남김없이 설명하는 독점적 지위를 차지하려고 하면 할수록, 뇌과학은 셸링처럼 물질을 잠재적 자기인식 능력으로 정의하지 않을 수 없다. 그 이유는 다음과 같다. 뇌과학에 따르면 인간이 수행하는 모든 인식행위는 전적으로 두뇌 활동의 결과이다. 뇌과학 역시 인간이 수행하는 인지활동이기 때문에 두뇌 활동의 일환일 수밖에 없으며, 따라서 뇌과학은 두뇌 스스로가 자신의 활동 원리를 밝히는 작업이다. 그런데 자신의 활동 원리를 밝히는 두뇌는 물질로 구성되어 있기 때문에 뇌과학은 물질을 결국 자기인식 능력으로 발현될 수 있는 잠재적인 정신으로 파악해야 한다. 그러나 이것은 현대물리학과 정면으로 배치되는 물질관이다. 뇌과학은 두뇌의 존재를 물질로 보는 환원주의적 존재론에 집착하면 할수록 현대과학에서 경멸의 대상인 독일 관념론과 같은 방향으로 전개될 수밖에 없다는 패러독스에 빠진다.

유물론적 환원주의와 그에 입각한 NBIC 수렴 연구가 이와 같이 오히려 두뇌의 물질적 존재방식을 부정하는 관념론의 역설에 빠지는 이유는

18 F. Schelling, *Sämtliche Werke* III, *Erster Entwurf eines Systems der Naturphilosophie*, 17쪽.

무엇인가? 그것은 유물론적 환원주의가 인간의 두뇌에 대해 특정한 입장을 취하고 그 입장에 입각하여 특정한 연구 방향을 선택한 다음, 그 방향에서 여러 가지 문제를 제기하며 연구를 하는 연구자의 활동조차 그가 연구하고 있는 그 두뇌의 물리적 작용으로 오인하는 오류를 범하고 있기 때문이다. 바꾸어 말하면, 인간의 두뇌에 관한 물리주의적 연구 결과는 바로 그렇게 물리주의라는 특정 입장을 선택하여 사유를 전개하며 연구를 수행하는 인간 존재방식의 원형일 수 없다.[19] 이것을 좀 더 쉽게 이야기하자면 다음과 같다.

예컨대, 모니터에 영상화되는 두뇌의 물리적 현상은 그러한 영상을 두뇌에 이러저러한 의미를 지닌 현상으로 해석하는 일련의 상징 해석술을 필요로 한다. 이러한 해석 체계는 전문적 학술용어에서부터 일상화되는 은유까지를 포괄하는 문화적 상징체계이다. 뇌전도(EEG)나 뇌자도(MEG)로 측정되는 뇌파의 흐름이 아무리 모니터에 정교하게 고도의 해상도로 디스플레이된다 해도, 그것이 뇌의 어떤 부위에서 일어나는 현상으로 어떤 감정과 어떤 생각을 지시하는지를 해석하는 방법은 뇌과학에서 연구하는 그 두뇌를 아무리 관찰해도 발견되지 않는다.

여기서 한번 역으로 질문해보자. 만일 이렇게 두뇌에서 일어나는 현상을 영상화한 이미지를 해석하는 방법이 두뇌의 물질적 작용과는 다른 문화적 차원에서 존재하지 않는다면, 어떻게 될까? 그래서 뇌과학자가 교육과 스스로의 연구를 통해 습득해야 하는 지적 활동의 차원이 불필요하다면? 그러면 보통사람들도 그냥 모니터에서 나타나는 그 이미지들

19 루이스 멈퍼드도 뇌과학에 대해서 유사한 비판을 제기한다. "뇌 속에서 일어난 것은 상징으로서만 서술할 수 있다. 그 상징을 공급하는 것은 문화적 발현체인 정신이지 생물학적 기관인 뇌가 아니다." Lewis Mumford, *The Myth of the Machine* I, A Harvest Book, 1967, 27쪽. 그러나 멈퍼드 역시 정신과 물질이라는 이원적 존재론의 도식에서 자유롭지는 못했다.

을 보면 그들 두뇌가 어떻게 작용을 하고 있는지 알 수 있지 않을까? 하지만 이는 사실이 아니다. 우리가 늘 목격하듯 보통 사람들에게 그 이미지들은 그저 모니터에 어른거리는 이상한 형태의 불빛일 뿐이다. 아무리 그들의 두뇌를 활발하게 활성화하면서 모니터를 주시한다 해도 말이다. 보통사람만 그런 것이 아니다. 남들이 탄복하는 영민한 두뇌를 갖고 있는 인간조차 뇌과학이라는 학문에서 사용되는 엄청난 양의 학술용어들, 그 용어들이 연결되는 맥락 등을 습득하고 있지 못하는 한에서는 그 영상 이미지들이 무엇을 상징하는지 전혀 모른다. 이 점에서는 그 영민한 두뇌도 평범한 두뇌와 다를 바 없다.

이러한 의미에서 루이스 멈퍼드가 제기한 뇌과학에 대한 비판은 경청할 만하다. 비록 멈퍼드가 생존하던 당시의 뇌과학이 오늘날과 같은 초정밀 측정장치를 가지지는 못했다 해도, 뇌를 유물론적 환원주의에 입각해서 접근하는 기본적 입장에는 차이가 없었다.

"분명 뇌와 정신의 차이는 축음기와 거기서 나오는 음악의 차이만큼이나 천양지차다. 레코드가 돌면서 바늘을 통해 생긴 진동 이외에, 음반의 홈이나 확성기에 음악을 암시하는 것은 아무것도 없다. 이들 물리적 요소와 현상은 인간의 귀가 음을 듣고 인간의 정신이 그것을 해석할 때까지는 음악이 아니다. 그 마지막 목적 행위를 위해서는 물리적, 신경적 장치가 필히 요구된다. 그러나 축음기의 기계장치나 뇌 조직을 아무리 세세하게 분석해도 정서적 자극, 심미적 형태, 음악의 목적과 의미에 대해 전혀 알 수 없을 것이다. 음악에 대한 뇌 반응의 뇌파 기록에는 음악적 음향과 구절 비슷한 것이 없다."[20]

20 같은 책, 27쪽.

사회생물학과 '통섭'의 개념으로 명성을 떨친 에드워드 윌슨이나 뇌과학을 절대시하는 패트리샤 처칠랜드(Patricia Chuchland) 같은 일부 철학자들은 인간의 모든 의미 있는 행동과 그로부터 이루어지는 인간의 문화란 두뇌의 지배를 받는 활동이라고 주장한다. 또한 그들에 따르면 두뇌는 순전히 미세한 물리적 법칙의 복잡한 작용으로 기능하는 신경망에 불과하다. 그러나 그것이 사실이라면, 뇌를 그렇게 연구하는 뇌과학은 존재할 수 없다. 문화가 뇌의 산물이 아니라 뇌과학이 문화의 산물이기 때문이다.

그런데 이 유물론의 오류는 연구의 선행적 가능조건을 그 조건에서 수행된 연구 결과를 통해 설명할 때 발생하는 논리적 오류로만 치부할 문제가 아니다. 그것은 인간의 존재방식에 대한 무지에서 나온 오류이기도 하다. 즉 인간이란 과학적 연구의 대상이라는 방식으로만 존재하는 것이 아니라 바로 그런 연구의 대상을 설정하고 질문을 던지는 방식으로도 존재한다는 사실이다. 물론 이런 사실에 대한 무시는 이미 언급한 것처럼 존재자들의 다양한 존재방식에 대한 존재론적 통찰의 마비에서 기인하는 것이기도 하다. 하이데거는 물리주의에 입각한 뇌과학적 연구에서 드러나는 이러한 문제점을 다음과 같이 우회적으로 비판한 바 있다.

"뇌 연구가 인간 이해의 과학적 기초라고 주장한다면, 이러한 주장은 인간과 인간의 진정한 실재적 관계가 두뇌 과정의 상호작용일 뿐이며, 따라서 두뇌연구 자체에서조차 하나의 두뇌가 다른 두뇌를 정보화하는 것 이외에는 어떤 것도 일어나지 않는다는 사실을 함축한다. 그렇다면, 예컨대 누군가 휴가 중에 연구실을 떠나 아크로폴리스 박물관에 전시된 그리스 신의 동상을 감상한다고 하면, 실제로 그리고 진정으로 관찰자의

두뇌과정과 그 전시된 신상을 생산한 그 어떤 조각가의 두뇌과정이 만나는 것일까"[21]

인간은 두뇌를 연구할 때, 그리고 심지어 자신을 뇌과학의 연구결과를 통해 해석할 때조차, 그리하여 자신의 존재를 두뇌의 생화학적 결과로 해석하거나 신경세포의 자기장 결과로 해석할 때조차, 뇌과학의 연구 대상으로 존재하는 방식과는 다른 방식으로 존재한다.[22] 트랜스휴먼 비전이 근거하고 있는 유물론적 환원주의는 결국 존재자의 존재방식의 다양성에 대한 무지에서 비롯된 것이며, 인간 존재방식의 왜곡이라는 문제점을 스스로 폭로하고 있는 셈이다.[23]

21 M. Heidegger, *Zollikoner Seminare*, Frankfurt a.M.: Klostermann, 1987, 123쪽.

22 이 지점에서 생명철학자 한스 요나스(Hans Jonas)가 자연과학적 연구방법에 대하여 가한 비판을 경청할 가치가 있다. 요나스의 비판은 현대 과학방법론의 작위성을 폭로한다. 그에 따르면 과학은 물질로부터 정신으로의 발전 과정을 무시하고 각 영역을 진화의 상위 단계와 단절시켜 연구하는 일종의 절제가 바탕을 이루고 있다. 예컨대 현대 자연과학은 최고등의 유기체들과 그 뇌를 탐구할 때 정신적 사유가 존재를 규정한다는 사실을 모르는 것처럼 연구를 수행한다는 것이다. 요나스는 다음과 같은 사실을 지적한다. 생명의 최초 출발에 대해 연구를 수행하는 자연과학자는 진화의 전체 순서에 대해 알고 있다. 세포의 물질대사에 대해 연구하는 자연과학자는 유기체 전체에 대해 알고 있다. 또 뇌를 탐구하는 자연과학자는 사유라는 정신활동을 스스로 매순간 생생하게 체험하여 알고 있으며, 바로 이러한 체험과 앎에서 원초적인 것에 관한 관심이 싹트는 것이다. 이 관심은 물리적 작용으로 환원될 수 있는 생화학적 현상이 아니다. 그리고 무엇보다 중요한 것은 연구를 수행하는 과학자가 자신의 관심과 거기에 기울이는 사유활동에 대해서 알고 있다는 사실이다. 요나스는 이와 같이 자연과학자가 연구를 수행하는 동안 그 자신에게서 확인되는 지성적 활동의 자율성을 진지하게 생각해 볼 것을 요구한다. 이러한 사유의 자율성을 확인하는 것, 즉 자신의 내부로 향한 사유 활동의 힘을 인정하는 것은 외부에 대한 사유 활동의 힘을 인정하는 것이기도 하다. 예컨대 사유의 결과를 육체적 손을 통하여 기록하는 경우 사유 활동은 인과론적으로 규정된 신체에 자유를 확보하여 다시 신체와 결합할 수 있을 때만 가능하기 때문이다.

23 유물론적 환원주의가 뇌과학의 형태로 인간의 사유를 물질로 환원하여 설명하는 입장을 고수하는 한, 물질을 독일 관념론과 같이 이해하면서 존재하는 모든 것을 자아라는 존재방식으로 파악하는 관념론의 길을 가야 할 것이다. 그러나 이러한 길을 거부하고 뇌과학이 과학으로서 지위를 구가하려면, 뇌과학은 인간 사유에 대한 독점적 설명 권한을 포기하고 가능한 하나의 이론으로서 스스로를 제한해야 할 것이다.

죽음을 초월한 포스트휴먼? / 4

우리는 앞에서 트랜스휴먼의 비전에 유물론적 환원주의와 함께 이와 상반된 입장인 기능주의의 관점이 혼재해 있음을 지적한 바 있다. 기능주의의 문제점을 짚어보기에 앞서 이 관점이 어떻게 트랜스휴먼 비전에 스며들어 있는지 좀 더 상세히 살펴보자.

트랜스휴머니즘은 인간을 물리적으로 조작하여 고성능의 인간으로 개조할 수 있다는 우생학적 인간관을 숨기고 있다. 그런데 이 우생학적 인간관이 이제 물리적 환원주의를 넘어 정보화 기술의 담론으로 각색되면 훨씬 더 첨단의 수사학적 장식을 갖게 된다. 인간이 죽음을 초월한 영생의 존재가 될 수 있다는 수사가 그것이다. 컴퓨터의 발전이 현재의 추세를 가속화한다면 이러한 예언이 불가능한 것도 아니다. 현재 컴퓨터는 모든 곳에 존재하고 있으며, 플라스틱 통을 이미 탈출하여 인간의 몸으로 침투하고 있는 중이다. 손쉽게 착용할 수 있는 웨어러블 컴퓨터가 등장한 것은 물론이요, 이런 속도로 컴퓨터가 발전하다 보면 가까운 미래에는 아예 신체에 이식되는 컴퓨터가 등장할 것이다. 브리티시텔레콤의 전 최고기술책임자인 피터 코크런(Peter Cochrane)은 이미 1990년대 말에 앞으로 30년 내에 마이크로칩이 안구 밑에 이식되어 한 사람의 생애에

서 수행되는 모든 시각적 지각과 감각, 사고를 저장할 수 있게 될 것이라고 자신 있게 예측한 바 있다.[24] 첨단공학으로 칭송받는 생명공학, 인지과학, 나노테크놀로지는 이를 실현시키기 위해 엄청난 투자를 흡입하며 추진되고 있다. 앞으로 생명공학과 칩 생산기술이 성공적으로 결합하여 컴퓨터가 인공신경과 생체 칩의 형태로 실용화된다면, 그리고 그것이 인간의 육체 안에 이식된다면, 컴퓨터는 더 이상 인간과 인터페이스 관계에 있는 타자로 머물지 않을 것이다. 미래의 컴퓨터는 이식을 통해 인간의 몸과 하나가 되면서 인간 내부에 침투할 것이다. 이것은 인간보다 지능적인 컴퓨터가 오히려 인간을 컴퓨터의 일부로 흡수하고, 결국 인간을 포스트휴먼으로 변신시킨다는 것을 의미한다.

그러면 이러한 포스트휴먼이 사는 방식은 어떠한 모습일까? 포스트휴먼은 더 이상 인간이 몸으로 사는 실재현실에서 살지 않고, 멀티미디어의 현란한 이미지가 넘쳐흐르며 여러 가지 프로그램에 의해 다양하게 만들어지는 가상현실 속에서 살게 될 것이다. 인간은 선택의 여지 없이 이미 현실에 숙명적으로 몸과 함께 처해 있지만, 포스트휴먼은 디지털스페이스 상에서 자기가 처할 여러 가상현실들을 자유롭게 선택할 수 있다. 이렇게 복수의 가상현실 속에 사는 포스트휴먼은 마치 현재의 개인용 소프트웨어가 업로드나 다운로드를 통하여 하드웨어를 바꾸어도 기능할 수 있는 것처럼 인간의 생체적 몸에만 의존하지 않는다. 포스트휴먼은 물리적 기반을 바꾸어가며 삶을 지속할 수 있다.

그렇다면 철학적으로 볼 때 이런 예측은 그저 황당하기만 한 망상일까? 그러나 이미 첨단의 논의를 펼쳐가고 있다는 심리철학 분야에서는

24 Charles Jonscher, *The Evolution of Wired Life*, John Wiley & Sons, 1999, 19쪽 참조.

이런 황당한 예측이 은연중 정당화되고 있다. 심리철학에서 비환원주의 입장을 위하는 기능주의는 물리적으로 지능의 복수 실현이 가능하다는 주장을 펼침으로써 포스트휴먼을 정당화하는 철학적 논거를 제공한다.

기능주의의 핵심 논제는 정신적 상태가 여러 다른 물리적 기반을 통해 실현될 수 있다는 주장이다. 예컨대 고통이라는 정신적 상태는 인간의 두뇌에서만 실현되는 것이 아니라 개의 두뇌처럼 인간의 두뇌와 다른 물리적 구조를 갖는 것에 의해서도 실현될 수 있다. 지능의 경우도 사정은 마찬가지이다. 지능과 동일한 정신적 상태가 많은 다양한 물리적 체계들에 의해 실현될 수 있다. 이제 이런 기능주의의 입장을 인간 지능과 컴퓨터의 관계에 적용해보자.

인간과 컴퓨터는 다른 물리적 기반을 가지고 있다. 인간을 구성하는 물질은 단백질로서 궁극적으로는 탄소이며, 컴퓨터를 구성하는 물질은 실리콘이다. 그러나 인간과 컴퓨터는 동일한 계산 기능, 동일한 정보처리 기능을 수행할 수 있다. 기능주의를 계산이라는 지능적 수행과 연관시키면 형식적으로 다음과 같이 표현될 수 있다. 어떤 계산적 상태 s'의 입력과 출력 및 다른 상태와 인과관계가 s"의 입출력 및 인과관계와 동일할 때 s'의 상태는 s"라는 계산적 상태와 동일하다. 여기서 중요한 것은 두 개의 동일한 계산적 상태가 그 계산이 구현되는 물질적 기반이나 매체를 지시하고 있지 않다는 것이다. 계산과 같은 지능적 상태는 질료와 분리되며, 따라서 지능은 반드시 인간의 몸과 같은 생체를 기반으로 할 필요가 없다. 지능은 컴퓨터 프로그램이 하드웨어와 독립하여 존재하는 것처럼 두뇌와 같은 생체기관으로부터 독립적이다.

이러한 논변에 따르면 결국 지능은 반드시 단백질로 된 자연인의 생체적 몸을 기반으로 할 필요가 없다. 또 초기의 컴퓨터처럼 진공관으로

구성될 필요도 없고, 현재처럼 반드시 실리콘을 기반으로 할 필요도 없다. 지능은 물리적으로 다양하게 실현 가능하다. 따라서 인공지능의 최절정인 포스트휴먼은 자신의 지적 능력을 여러 가지 상이한 물리적 기반에 다운로드하며 유지할 수 있다. 그리고 더 중요한 것은 바로 이 점으로 인해 포스트휴먼은 죽음으로부터 면제될 수 있다는 사실이다. 왜냐하면 죽음이란 자연인이 살로 된 신체 이외에는 다른 대체 가능성을 갖지 못해서 맞이하는 사태이기 때문이다.[25] 따라서 미래의 포스트휴먼에게 몸은 실존의 근거가 아니라 장식물에 불과할 것으로 추정된다. 지능은 잠시 인간의 몸을 빌렸을 뿐이다. 이미 지능이 실리콘을 기반으로 실행되기 시작한 초기부터 미국의 인공지능 학자들은 인간의 자존심을 접고 다음과 같이 고백하였다. "인간은 이 세계에서 다만 일시적으로 지능을 이끌어간 존재에 불과하다. 우리는 진화의 지평에서 우리의 후계자를 이미 보고 있다. 그것은 바로 실리콘 지능, 즉 컴퓨터다."[26]

물론 이렇게 인간과는 다른 물리적 기반으로 실행되는 지능이 과연 지능인가 하는 논란이 있다. 인공지능에 대한 대표적인 비판자로는 존 설을 들 수 있다. 설은 유명한 '중국어 방' 논변을 통하여 인공지능이 인간의 인지활동과 같은 결과를 산출할 수 있지만 인간의 인지활동을 수반하는 내적 상태, 예컨대 의식이나 이해와 같은 것은 구현해낼 수 없고, 따라서 인간과 같은 지능이 아니라는 입장을 피력하고 있다.[27] 설의 논변을 요약하면 다음과 같다.

25 Marvin Minsky, "Why Computer Science is the most important thing that has happened to the humanities in 5,000 Years," in Lecture Nara, Japan, May 15, 1999.

26 J. Weizenbaum, "Denken ohne Seele", in J. Joffe(Hg), *Zeit-Dossier* 2., München 1981, 136-140쪽.

27 John Searle, *Mind,Brains,and Science*, Cambridge: Harvard Univ. Press, 1984.

중국어를 전혀 이해하지 못하는 사람이 방에 갇혀 있고, 그 방에는 영어 문장에 대응하는 중국어 낱말을 결합해 문장을 만들 수 있는 형식적 매뉴얼만 비치되어 있다고 가정하자. 이 사람은 한쪽 문으로 영어문장 카드가 들어오면 그 형식적 지침에 따라 그에 대응하는 중국어문장 카드를 선택하여 밖으로 내보낼 수 있을 것이다. 그러나 이 경우에 방에 있는 사람이 여전히 중국어를 이해하지 못한다는 데는 변함이 없다. 마찬가지로 컴퓨터 프로그램이 매뉴얼화된 형식 규칙에 따라 인지활동을 수행하는 것처럼 보이는 경우에도 사실은 그 자신이 인지하는 상황이 무엇인지 이해하지 못한 채 처리만 하고 있을 뿐이다. 컴퓨터는 단지 구문 형식을 따를 뿐 의미론적 활동을 하는 인간의 심적 상태는 구현해낼 수 없다.

이러한 두 입장에 대해 래퍼포트(W. J. Rapaport), 차머스(David Chalmers)를 필두로 다양한 반론이 제기되고 있지만 중요한 것은 다음과 같은 점이다. 생체적 몸에 기초한 인간의 지능은 나름대로 고유한 활동 양상을 가지고 있고 또 그것을 수반하는 내적 상태도 나름대로 독특할 것이다. 그러나 인공지능이 지능의 기능을 수행하기 위해 반드시 인간의 지능과 똑같은 내적 상태를 구현해야만 지능일 수 있는 것은 아니며, 또 보다 지능적이기 위해서는 인간 지능의 내적 상태를 그대로 구현해야 할 필요도 없다는 것이다.

특히 진공관에 기반을 둔 인공지능과 실리콘에 기반을 둔 인공지능을 비교해보면, 지능의 기능을 수행하는 데 어떤 내적 상태가 구현되어야 하는가는 본질적인 문제가 아님을 알 수 있다. 즉 인공지능 프로그램이 진공관을 통해서 실행되는 경우와 실리콘을 기반으로 실행되는 경우, 각각에서 일어나는 내적 상태는 다를 수밖에 없을 것이다. 그러나 실리

콘으로 실행되는 인공지능이 진공관으로 실행되는 인공지능에서 일어나는 진공관의 내적 물리적 상태를 구현하지 못한다고 해서 인공지능이 아니라는 판정을 받아야 할 이유가 없다. 같은 이유에서 지능이 반드시 단백질로 구성된 생체적 몸에 기초해서 인간의 마음과 같은 내적 상태를 구현해야만 하는 것은 아니다.

그리고 만일 설의 비판이 인간의 인식에서는 인지에 대한 자각적, 의식적 앎이 일어나고 있음을 염두에 두고 인공지능에는 그러한 자각적 앎이 결여되어 있음을 지적하는 것이라 해도, 여전히 그의 주장에는 문제점이 있다. 왜냐하면 인간의 지능도 항상 의식화된 앎의 방식으로만 수행되는 것은 아니기 때문이다. 하이데거가 밝혀낸 바와 같이 자연인의 인지활동에서 도구의 사용과 같은 실천적 이해는 현존재(인간)가 의식적 주체로 구성되기 이전에 이미 항상 친숙해 있는 지시연관 관계를 따라 순조롭게 일어나는 과정이지 의식화된 앎이 아니다.[28]

그렇다면 이제 인간 지능의 복수 실현 가능성은 논박이 불가능한 이론인가? 하이데거의 입장은 설을 비판함으로써 간접적으로 인간 지능의 복수 실현 가능성을 승인하는 듯하다. 하지만 하이데거가 『존재와 시간』에서 행하는 인식론 비판을 좀 더 정치하게 읽어보면, 의식과 같은 내적 상태를 근거로 실리콘으로 구현되는 인공지능이 인간의 지능이 아니라고 하는 설의 비판이 유효하지 않다는 것일 뿐 기능주의를 옹호하는 것은 아님을 분명히 알 수 있다.

휴버트 드레이퍼스는 이미 1970년 인공지능에 대한 하이데거적 비판

28 인식 주관과 대상으로 분립되기 이전에 도구 사용과 같은 실천적 행위에서 일어나는 이해에 관한 하이데거의 논의와 이에 함축되어 있는 기존 인지 이론을 향한 하이데거의 비판에 대해서는 필자의 논문 「가상 현실에 대한 현상학적 도전. 가상 현실의 미래를 예술로 유혹하며」, 『역사와 현상학』(『철학과 현상학 연구』 제12집), 557쪽 이하 참조.

에 기대어 인간 지능이 결코 인공적으로 구현될 수 없음을 설파하였다.[29] 드레이퍼스는 현상학적 인식론에 근거하여 인간의 인지활동이 배경과 미래 예지, 그리고 몸과 함께 육화된 형태로 일어나며, 따라서 알고리즘을 작동 원리로 하는 인공지능으로는 실현될 수 없다는 입장을 피력한다. 드레이퍼스는 육화된 인지의 현상학적 특성을 다음과 같이 지적한다. (1) 우리의 앎은 부분적으로 과거 경험에 의해 결정되어 있음과 동시에 부분적으로는 열려 있는 미래 기대로 구성되어 있는 지평구조를 보인다. (2) 따라서 현재의 인지활동은 이러한 미래 지향적인 기대에 의해 유동적이며 불안정한 연결 패턴의 다른 맥락과 연루되고 있다.

자연적 인간의 인지가 가진 이런 특성들은, 우리가 현재 수행하고 있는 인지가 그것을 통해 현재 명시적으로 알게 되는 것보다 더 많은 것을 함축하고 있다는 것을 시사한다. 그러나 그것은 다른 한편으로 우리의 인지가 과거와 미래로 무한히 열려 있는 지평 구조 때문에 모호성과 변형 가능성도 함께 가지는 것임을 말해준다. 따라서 인간의 인지과정은 컴퓨터 프로그램의 정보처리 과정처럼 알고리즘을 통해 명시적으로 형식화될 수 없다. 그리고 이 암묵적 인지는 인식주체에 의해서는 결코 투명화될 수 없는 비대상적 지평 구조를 갖고 있다. 때문에 인간의 지능은 컴퓨터와 같은 규칙기반 기호처리 인식 모델로는 구현할 수 없다. 컴퓨터와 같은 인공지능은 오직 제한적인 영역에서만 인간의 지능을 시뮬레이션할 수 있다. 요컨대 인공지능은 결코 인간의 지능을 넘어설 수도, 시뮬레이션할 수도 없다는 것이다.[30]

29 Hubert L. Dreyfus, *What Computers Can't Do: The Limits of Artificial Intelligence*, rev. ed., New York: Haper and Row, 1979, 255쪽.

30 Hubert L. Dreyfus, *What Computers Still Can't Do*, Cambridge, Mass.: MIT Press, 1992 참조.

트랜스휴머니즘에 숨어있는 기능주의에 대한 또 다른 비판은 지능의 체화(體化) 문제와 관련하여 제기된다. 현재 트랜스휴머니즘은 데카르트적 정신-물질 이원론처럼 정신을 육체에서 분리 가능한 정보패턴으로 간주하고 있다. 앞에서 언급한 인지과학자 마빈 민스키, 레이 커즈와일, 한스 모라벡은 이러한 입장에서 사실상 인간을 능가하는 영생의 트랜스휴먼의 출현이 기술적으로 가능하다고 주장하고 있다. 그러나 프란시스코 발레라, 안토니오 다마지오, 그리고 이들의 입장에서 뇌와 뉴런을 연구하는 인지과학자들은 인지활동이 뉴런의 연결관계망에서 일어나는 것이 아니라 생물학적 몸에 의존하고 있음을 보여주고 있다.[31] 그러나 체화된 인지의 관점에서 기능주의가 가진 치명적 문제점을 밝혀낸 철학자는 메를로퐁티(Maurice Merleau-Ponty)이다. 앞으로 2장에서 구글글래스를 현상학적으로 평가할 때 다시 논의하겠지만, 메를로퐁티에 따르면 몸은 두뇌나 마음의 실행도구가 아니라 그 자체 이미 육화된 지향성으로서, 의미와 인지 행위의 근원적 주체이다. 이러한 의미에서 몸은 지능에 대해 하드웨어와 같은 관계를 갖는 것이 아니라, 지능이 몸의 지능으로서 발휘될 수 있는 근거가 된다. 즉 몸은 지능에 대해 대체 불가능한 존재론적 위상을 갖는다.

31 Antonio Damasio, *Descartes' Error: Emotion, Reason, and the Human Brain*, New York: Putnam, 1994; idem, *The Feeling of What Happens: Body and Emotion in the Making of Consciousness*, New York: Harcourt Brace, 1999; Francisco J. Varela, Evan Thompson, and Eleanor Rosch, *The Embodied Mind: Cognitive Science and Hu*man Experience, Cambridge, Mass.: MIT Press, 1991.

트랜스휴머니즘과 인공생명 기술 / 5

트랜스휴머니즘에는 이미 많은 비판이 가해지고 있지만 그것으로 인해 지배력이 약화되고 있는 것은 아니다. 오히려 트랜스휴머니스트들은 더욱 첨단기술적인 방식으로 그 비판을 제압하려 한다. 우선은 그들은 기술 진화의 지수함수적 발전 추세를 기술 발전의 역사에 대한 통계적 분석을 통해 확신하고 있다. 현재 인간의 인식이 생물학적인 몸의 의존성을 벗어날 수는 없다고 해도 기술 발전의 추세로는 언젠가 가능하다는 낙관적 입장을 여전히 주장하고 있는 것이다. 그리고 그러한 발전이 실질적으로 구현될 수 있다는 것을 현재 IT와 BT의 융합으로 출현하고 있는 인공생명(Artificial Life, 이하 AL로 표기) 기술이 충분히 지지해주고 있다고 믿는다.

특히 AL은 최근 들어 트랜스휴머니즘의 미래 비전을 확립하는 근거로서 위상을 공고히 하고 있는데, 여기에는 두 가지 이유가 있다.

1. 트랜스휴머니즘에 대한 비판은 특히 트랜스휴머니즘이 의존하고 있는 인공지능 기술이 이론적으로 취약하고 또 기술적으로도 아직 성공적이지 못하다는 점에서 설득력을 높여왔다. 그러나 인공생명 기술은 인

공지능과는 다른 이론적 기반에 근거하고 있으며, 나아가 기술적으로도 상당한 성과를 보이고 있다. 때문에 트랜스휴머니즘은 인공지능에 대한 비판을 통해 트랜스휴머니즘의 문제점을 폭로하는 입장들을 AL을 통해 무력화하거나 최소한 우회할 수 있다.

2. 트랜스휴머니즘에 따르면 인간은 지능적 생명체라는 데 그 본질이 있다고 한다. 하지만 이러한 인간의 본질을 완벽하게 실현하기 위해서는 역설적으로 그 본질을 아직 완벽하게 구현하고 있지 못한 현생 인류의 같은 자연인을 도태시키고, 인간을 트랜스휴먼 나아가 포스트휴먼으로 진화시켜야 한다고 주장한다. 그리고 이 진화의 당위성과 기술적 가능성은 이미 AL을 통해 가시화되고 있다고 본다. 그 이유는 다음과 같다.

인간의 특성을 구성하는 것으로는 여러 가지가 있지만 가장 무리 없이 합의할 수 있는 부분은 아마도 인간이 지능적 존재인 동시에 생명적 존재라는 점일 것이다. 바로 이 때문에 인간은 존재하는 것들 중 최고의 존재자로서 자신을 찬양해왔다. 인간 존재에 대한 이러한 규정과 자기 찬양은, 위의 특성을 더 잘 구현하면 할수록 인간 존재의 진정성에 더 가까워진 것으로 평가받는다는 점을 의미한다. 즉 인간이 지능적 생명체라고 한다면, 더 지능적이고 더 활기찬 생동성을 보일수록 인간의 존재 규정에 진정하게 다가가는 것이며, 고등한 존재자로서 존재의 권리에서 우선권을 갖는다는 것이다.

그런데 이러한 견지에서 인간이 추구해온 최근의 첨단기술들은 인간 존재를 역설적 상황에 처하게 만든다. 인간 존재규정으로 보자면 지금까지의 인간은 그 인간을 모델로 삼아 만든 가상의 존재자보다 미흡하므로 존재의 권리에서 뒤처진다는 것이다. 이러한 역설을 노골화하고 있는

기술이 바로 IT와 BT의 융합을 통해 실현되고 있는 인공생명 기술이다. AL 기술에 의거하여 트랜스휴머니스트들은 다음과 같이 미래를 그린다.

"호모사피엔스는 지구상 최초로 진화와 한계의 의식을 가진 종이며, 인간은 종국적으로 이들 제한을 넘어서 진화된 인간, 즉 트랜스휴먼과 포스트휴먼으로 발전할 것이다. 이 과정은 영장류에서 인간으로 진화한 과정과는 달리 애벌레에서 나비가 되듯 빠른 과정이 될 것이다. 미래의 지능을 가진 생명체는 인간을 전혀 닮지 않을 것이며, 탄소기반 유기체는 기타 과잉 유기체와 혼합될 것이다. 이러한 포스트휴먼은 탄소기반 시스템뿐 아니라 우주여행과 같은 상이한 환경에 더 유리한 실리콘 및 기타 플랫폼에 의존할 것이다."[32]

5.1 인공생명 기술의 기본 원리

기존의 인공지능 연구는 지능을 이미 결정된 논리적 추론규칙에 따라 입력된 데이터에 질서를 부여하는 하향식 기호처리 방식으로 접근하고 있다. 하지만 이러한 연구방식은 1970년대 이르러 실패를 경험한다. 대표적인 사례는 당대 최고의 인공지능 연구자 마빈 민스키와 언어학자 촘스키가 공동개발한 러시아어와 영어 자동번역프로그램이다. 결정된 논리추론 규칙과 보편문법을 알고리즘화한 이 자동번역프로그램은 'Time flies like arrow'라는 문장조차 '시간 파리는 화살을 좋아한다'로

32 호세 코르데이로(Jose Cordeiro), "인간의 경계: 휴머니즘에서부터 트랜스휴머니즘까지", 제1회 세계인문학포럼 발표자료집, 325-334쪽 중 333쪽.

번역하는 참사를 빚었다. 기존 인공지능연구는 이러한 실패를 계기로 그 이론적 토대를 칸트적인 하향식 접근 방식에서 상향식(Bottom-Up) 방식으로 혁신하였다. 그러한 가운데 유전공학의 연구결과를 수용하고 이를 컴퓨터언어로 번역하여 진화론적 설계를 시도하면서 인공지능(AI)은 인공생명(AL)로 탄생하였다.[33]

인공생명의 역사는 폰 노이만(John von Neumann), 노버트 위너(Norbert Wiener)로 거슬러 올라간다. 폰 노이만은 생명 시스템의 근본적 속성, 특히 자기 재생산과 복잡한 적응구조의 진화를, 그러한 속성들을 나타내는 형식적 시스템의 구축만으로 이해하고자 했다. 위너도 비슷한 시기에 정보 이론(information theory)과 자기 규제적(self-regulatory) 과정 즉 항상성(homeostasis)의 분석을 생명 시스템의 연구에 적용하기 시작했다. 이렇게 시작된 인공생명은 물론 최첨단 기술이지만 전통적인 학문 분야에도 뿌리를 두고 있다. 인공생명은 지구에서 발견된 생명에 관한 풍부한 정보들과 함께 특수한 생물학적 현상을 위해 이해하기 위해 고안된 모델들을 차용하기도 했다. 더욱이 복잡계(complex system)의 예로 세포자동자(Cellular Automata, 이하 CA로 표기)를 사용하기 시작한 것은 인공생명의 발전에 결정적인 계기가 되었다.[34] 세포자동자를 통해 비로소 BT가 IT—그 가운데서도 특히 인공지능과 기계학습—와 융합하여 인공생명 기술을 탄생시킬 수 있었기 때문이다.[35] 따라서 인공생명 기술을 이해하기 위해서는 먼저 그들이 생각하는 생명에 대한 이해와, CA를 중심으로 한

33 물론 또 다른 혁신의 방향으로는 인간의 뇌신경을 모방하는 신경망이론이 있다. 그러나 여기서 신경망이론은 다루지 않는다.

34 복잡계는 각기 다른 것과 동시에 상호작용하는 많은 요소들로 이루어진다. 이 요소들을 지배하는 규칙을 적응이나 학습의 특정한 과정을 통해 계속해서 재형성하는 것이 바로 복잡적응계(complex-adaptive system)이며, 이것이 인공생명의 주요 기반이 되었다.

인공생명의 작동방식을 살펴볼 필요가 있다.

우선 인공생명 개발자들은 실증 생물학에서 생명의 현상적 특징으로 규정한 내용을 출발점으로 삼는다. 그에 따르면 생명은 다음과 같은 것이다.

(1) 성장 (2) 증식 (3) 자기유지 (4) 자율적 조절과 환경에의 적응 (5) 영양분과 에너지 필요

생명의 이런 현상적 특징은 더 면밀한 생화학적 연구에 따르면 다음과 같은 것을 의미한다.

(1) 생명은 세포로 되어 있다. (2) 생명은 수용액에서 일어나는 탄소 염기의 화학작용에 기초하고 있다. (3) 거대하고 복잡한 부자 DNA가 세포

35 여기서 가장 주목해야 할 것은 존 홀랜드(John Holland)가 개척한 유전적 알고리즘(genetic algorithm)과 분류자 시스템(classifier system)에 대한 연구이다. 물론 인공지능과 인공생명은 늘 변화하는 불확실한 환경에서 생존하고 번식하기 위해서 적어도 초보적인 지능이 필요하다는 점에서 동일한 주제의식을 갖는다. 또 양자는 방법론에서도 서로 유사하다. 두 가지 모두 자연 현상을 모사하고 종합함으로써 자연 현상을 연구한다. 그럼에도 불구하고 인공지능과 인공생명은 모델링 전략에 있어서 중요한 차이가 있다. 기존의 인공지능 모델은 하향적으로 명시된 계열 시스템(top-down-specified serial systems)이다. 이 시스템에서는 전체를 지배하는 중앙제어장치를 통해 모든 결정이 내려진다. 그리고 이 제어장치의 결정이 전체 시스템의 모든 국소적 요소에 직접적으로 영향을 끼칠 수 있는 가능성을 가지고 있다. 반면에 인공생명은 생명을, 각자 동시에 상호작용하는 상대적으로 단순한 하위단계 행위자들(agents)의 병렬적이고 분산된 네트워크로 파악한다. 각 에이전트의 결정은 자신의 국지적인 환경 정보에만 근거해 내려지며 그 환경에만 직접적으로 영향을 끼친다. 따라서 인공생명의 모델은 국지적으로 상호작용하는 단순한 행위자들의 상향적 병렬처리 시스템(bottom-up-specified parallel systems)이다. 이 상호작용이 지속적으로 반복된 결과 전체 행위가 창발되는 것이다. 이런 전체 시스템의 행위는 오직 간접적으로만 나타나는 것으로서, 물리적이고 사회적인 환경 속에서 직접적으로 나타나는 부분들(agents 또는 individuals)의 상호작용으로부터 생겨난다.

활동을 통제하고 또한 후손에게 전달되는 유전인자를 담은 프로그램을 만들어낸다.

이것을 다시 생명 일반의 정의로 추상화하면 다음과 같다.

(1) 생명은 진화할 능력을 가지고 있다. (2) 생명은 형태와 기능을 지배하며 복제되고 전달되는 정보이다. (3) 생명은 자기조직화의 몇 가지 일반 법칙을 활동 중에 드러낸다.

인공생명은 생명의 이러한 특성을 CA로 모델링하는 데 성공하였는데 그 기본 아이디어는 다음과 같다. 각각의 CA는 제한된 기능을 가진 단순한 형태의 기계로서 작동하는데, 이 CA에 주어져 있는 조건은 켜짐과 꺼짐이라는 초기 조건, 작동방식을 지시하는 최소의 규칙, 그리고 각 순간마다 그것에 이웃한 세포의 상태에 따라 자기 상태를 결정한다는 것이다. 예컨대 특정 그룹의 CA에 대한 규칙이 인접한 두 개가 켜져 있을 때는 켜짐, 그 외에는 꺼짐이라 하자. 그러면 각 세포는 그 규칙에 따라 각 인접 세포의 상태를 점검하여 켜짐이나 꺼짐의 상태로 변화할 것이다. 그러면 동시에 인접 세포의 상태도 같은 규칙에 따라 그것에 인접해 있는 또 다른 세포의 상태를 점검하여 자신의 상태를 갱신해갈 것이다. 이를 좀 더 이해하기 쉽게 단계화하여 설명해보자. CA를 규정하는 것은 위에서 말한 대로 (1) 각 세포가 갖는 상태의 수, (2) 세포의 이웃, (3) 규칙 등 크게 3가지이다.

(1) 각 세포가 갖는 상태의 수—세포는 여러 가지 상태를 가질 수 있지

만 연구의 편이성과 효율성 그리고 디지털로 구현 가능한 모델링을 위해 세포당 두 가지 상태, 즉 켜짐(생)과 꺼짐(사)의 상태만을 가지는 2진수의 세포자동자가 선호된다.

(2) 세포의 이웃(neighborhood)을 구성하는 방식—여기서 이웃이란 특정 세포의 인접 세포들로서 그 세포가 갖게 될 다음 세대의 상태에 영향을 준다. 한 줄짜리 1차원 세포자동자에서 이웃은 대개의 경우 해당 세포 좌우에 있는 하나 또는 두 세포로 정의된다. 2차원 세포자동자의 이웃을 정의하는 방식에는 폰 노이만 방식과 무어 방식 두 가지가 있다. 폰 노이만 방식에서 이웃은 해당 세포를 동서남북으로 둘러싸는 4개의 세포이며, 무어의 이웃은 폰 노이만 이웃에 동서, 서남, 남북, 북동의 4개 세포를 부가한 8개의 세포이다.

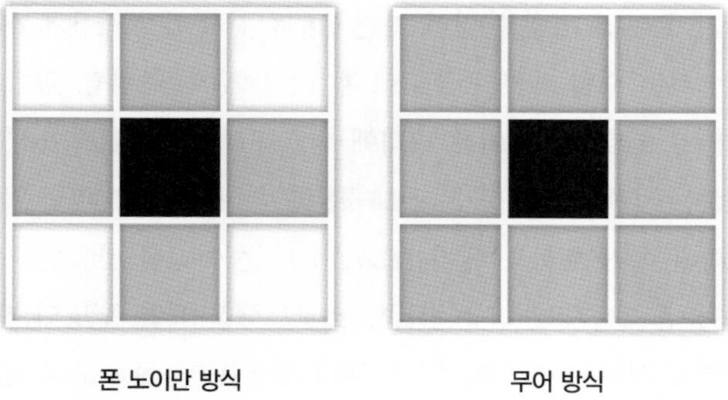

(3) 다음 세대에서 그 세포의 상태를 규정하는 진화의 규칙—이 규칙은 세포의 현 상태와 그와 인접한 상태와의 관계가 결정적이다. 즉 어떤 특정 세포와 그와 이웃한 세포의 상태가 갖는 배열 양상의 집합 가운데

하나를 선택함으로써 설정된다. 논의의 단순화를 위해 1차원 세포자동자를 예로 들어보면, 거기에는 적어도 다음과 같이 다양한 규칙이 가능하다. 특정 세포가 꺼짐이고 그와 이웃한 두 세포가 꺼짐이면, 그 특정 세포는 다음 세대에 켜짐의 상태를 갖는다. 특정 세포가 켜짐이고 그와 이웃한 세포도 켜짐의 상태이면, 그 특정세포의 다음 세포는 꺼짐이다. 특정 세포가 꺼짐의 상태이고 왼쪽 이웃의 상태가 꺼짐, 오른쪽 이웃이 켜짐일 때 그 특정 세포의 다음 상태는 켜짐이다 등등. 이렇게 2개의 상태를 갖는 세 개의 세포로 구성된 1차원 CA의 경우 가능한 규칙의 수는 2×2×2=8개이다. 그리고 이 8개의 규칙이 어떻게 조합되는가에 따라 다시 세포들의 다음 세대에 가능한 상태 배열의 집합은 256개이다.

이렇게 2개의 상태를 갖는 3개의 세포로 구성된 1차원 CA만으로도 단 한 세대 만에 256가지의 경우가 창발될 수 있다. 이러한 방식으로 세포의 격자가 여러 세대를 거쳐 가면 CA들 간의 상호작용에서 자발적으로 창발하는 수백 가지의 극도로 복잡한 패턴이 형성될 것이다. 이것이 컴퓨터로 프로그램하여 모니터에 디스플레이하면 CA는 세대를 거쳐 변화하는 진화의 속성을 그대로 구현하며 살아있는 것처럼 거동한다. 1990년대에 이미 토머스 레이(Thomas Ray)는 이러한 작동원리를 갖는 CA를 이용한 'TIERRA'라는 컴퓨터 프로그램을 개발, 생명의 진화과정을 탁월하게 시연한 바 있다.[36] 에드워드 프레드킨(Edward Fredkin)은 이처럼 몇 개의 구성요소들만으로도 복잡한 동적 패턴이 창발된다는 데서 자연계에서 패턴이 형성 소멸되는 이유를 설명할 수 있다고 보고, 이 우

36 티에라에 관한 추가 정보와 시뮬레이션 동영상 등을 보려면 웹사이트 http://life.ou.edu/tierra 참조.

주에서 모든 것이 형성되는 근본 구조를 CA에서 찾고 있다. 즉 자연계가 보여주는 진화의 원리는 이제 다음과 같은 질문으로 바꿀 수 있다는 것이다. 어떻게 CA의 기초적 구조로부터 자발적으로 고수준의 연산이 창발하는가?

5.2 인공생명 기술과 인간의 실존적 딜레마

자연계의 생명 현상이 CA로 모델화될 수 있다는 사실은 매우 엄청난 사고의 혁신을 촉발하는 것이기도 하다. 지금까지의 생물학이 '있는 그대로의 생명체'(Life as we know it)를 통해 생명의 고유 특성이라고 확인한 현상들이 다른 매체 혹은 물리적 기반을 통해서도 전혀 손상됨이 없이 구현된다는 뜻이기 때문이다. 우리가 알고 있었던 생명체는 물리적으로 보면 탄소를 기반으로 한 단백질 생명체이다. 그런데 CA는 탄소를 기반으로 한 단백질 생명체만이 생명의 특성을 구현하는 유일한 존재자가 아니라, 실리콘과 같은 다른 매체를 통해서도 동일한 특성을 실현할 수 있음을 보여준다.

이것은 생명의 본질이 그것을 구성하는 물질적 기반에 있는 것이 아니라 생명의 진화 과정을 가능케 하는 원리에 있다는 것을 의미하는 것이기도 하다. 게다가 생명의 진화 원리는 있는 그대로의 생명체처럼 탄소를 기반으로 하기보다 실리콘을 기반으로 할 때 훨씬 빠른 속도로 장애 없이 구현된다는 것을 보여준다. 다시 말해서 탄소를 기반으로 한 생명의 진화 원리는 장애받고 저지되어 생명 현상에 교란을 일으키곤 하지만, 실리콘을 기반으로 디지털로 구현되는 생명의 원리는 다른 물리

적 매체를 기반으로 할 때보다 생명의 진화 현상을 훨씬 더 빠르고 생동적으로 구현한다는 의미이다. 이것은 마치 크리스털 물질을 기반으로 한 생명 현상이 생명의 초보 단계에 머무르는 반면, 탄소를 기반으로 한 단백질 생명이 자연사에서 발생하자 생명의 진화 원리가 이전보다 훨씬 더 잘 구현되었던 것과 같다.[37] 따라서 다음과 같은 주장이 가능하다.

소박한 생명의 진화 현상만을 보여주는 크리스털 물질에 비교하여 탄소를 기반으로 한 단백질 생명체를 진정한 생명체라고 한다면, 후자보다 더 탁월하게 진화의 특성을 구현하는 실리콘 기반 디지털 생명을 더 진정한 생명체라고 해야 하지 않을까? 실리콘 기반 디지털 생명이야말로 탄소 기반 단백질 생명체보다 생명의 원리를 더 잘 구현해내는 생명이기 때문이다. 이러한 입장에서 보면 세계는 크리스털 물질에서 탄소를 거쳐 실리콘 생명으로 진화하는 과정을 거치고 있는 것처럼 보인다. 또 디지털 생명은 탄소 기반 생명을 모사한 가상 생명(virtual life)이 아니라, 오히려 생명의 원리를 훨씬 실재적으로 구현하고 있는 실재 생명이다. 우리가 현실 생명이라 여기는 생명의 원리를 오히려 가상 생명이 더 진정으로 구현한다는 얘기다. 그리고 이것이 사실이라면, 생명은 그 자체 자연 컴퓨터에서 구현되는 프로그램에 불과한 것이 된다. 이제 인간이 만들어낸 컴퓨터에 의해 '자연 컴퓨터'라는 가상적 개념이 현실화되는 것이다.[38]

그리하여 생명의 카테고리는 이원화된다. "현재 있는 그대로의 생명체"(Life as we know it)와 생명의 원리를 구현하는 "있을 수 있는 생명체"

37 N. Katherine Hayles, *How We Became Posthuman: Virtual Bodies in Cybernetics, Literature, and Informatics*, The Univ. of Chicago press, 1999, 235쪽 이하 참조.

38 같은 책, 231쪽 참조.

(Life as it could be)가 그것이다.[39] "현재 있는 그대로의 생명"은 물을 필요로 하고 살로 이루어져 있다는 점에서 'Wet-life'라 불리는 반면, "있을 수 있는 생명"은 물 없이 실리콘으로 구현될 수 있다는 이유에서 'Dry-life'라 불린다. 그리고 이는 생명의 진화 역사가 다른 차원으로 진입하고 있음을 시사하는 것이다. 즉 지금까지의 진화가 Wet-life라는 테두리 안에서 일어난 탄소 기반 단백질 진화라면, 이제부터의 진화는 Wet-life에서 Dry-life를 향해 비약적으로 일어나고 있는 것이다. 존재의 역사는 바야흐로 Wet-life로부터 Dry-life에게 생명의 원리를 계승시키고 있다. 이러한 관점에서 보면 현재 초미의 관심사가 되고 있는 유전공학이 만일 Wet-life의 테두리 안에서 생명의 공학적 조작을 시도하는 기술이라면, 이러한 기술은 AL에 비해서 덜 진화된 기술이다.

나아가 이제 세계를 실재와 가상으로 구분하던 종래의 형이상학적 개념 구분 역시 퇴장해야 할 것이다. 세계는 진정으로 존재하는 것과 그것을 모사하지만 실재로는 존재하지 않는 것으로 구분되는 것이 아니다. 이런 구분은 결국 생명이나 존재 원리를 구현하는 물리적 기반의 차이 혹은 매체의 차이에 불과한 것이기 때문이다. 우리가 실재라고 여기는 것은 어떤 특정한 매체, 예컨대 탄소에서 실현된 현실을 실재 그 자체로 간주하는 편협한 사고일 뿐이다. 실리콘으로 구현되는 현실이나 생명 또한 마찬가지로 실재성을 주장할 수 있다면, 그리고 또 실리콘으로 구현되는 현실이나 생명이 오히려 실재의 원리와 생명의 원리를 더 잘 구현할 수 있다면, 실재는 물리적 실재와 그것을 흉내 낸 가상으로 구분되는

39 C. Langton, "Artificial Life," in *Artificial Life*, ed. by C. Langton, Redwood City, 1989, 1쪽 참조. 또는 G. Kampis & V. Csanyi, "Life, Self-Reproduction and Information: Beyond Machine Metaphor," *Journal of Theoretical Biology* 148(1991), 17-32쪽 참조.

것이 아니라, 아직 현실화되지 않는 잠재적 현실과 어떤 매체를 통해서 현실화된 실재로 구분되어야 한다. 따라서 우리는 앞으로 다가올 가상현실의 시대와 가상생명의 시대를 더 이상 '가짜' 또는 '거짓'이라 할 수 없으며, 인간이 거짓과 가짜의 악령에 사로잡혔다고 탄식하는 일도 없게 될 것이다.

이처럼 가상과 실재가 구분되지 않는다면 진본과 시뮬레이션의 관계 역시 급진적으로 전복될 것이다. 인공생명의 출현은 우리가 지금까지 시뮬레이션으로 알고 있던 것이 진본으로 알고 있는 것보다 더 진정하다는 사고의 반전을 유발한다.

여기서 인간은 묘한 실존적 결단 상황에 처한다. 그는 디지털 생명을 적어도 자신보다 더 생명의 원리에 가까운 진정한 생명체의 출현으로 인정하고서 진화의 역사에서 도태되어야 하는 것 아닐까? 우리는 진짜 생명체의 출현을 거부하지 말고 오히려 환영해야 하는 것 아닐까? 그리고 그것이 더 윤리적인 태도 아닐까? 보다 더 진정한 것이 나타나면 덜 진정한 것은 자리를 비껴주는 것이 윤리적으로 마땅한 행동이기 때문이다. 우리는 지금까지 인공생명은 가상이거나 가짜이고, 생명은 생산될 수 없으며, 따라서 인공생명의 개발은 금지되거나 최소한 규제되어야 한다고 주장했었다. 그래서 유사 종교집단인 라엘리언(Raelian)이 만든 클로네이드(Clonaid) 사의 황당한 행위, 즉 복제인간을 탄생시키려는 노력을 도덕적으로 비난해왔던 것이다. 그러나 유전공학에서 시도하는 방식의 'wet-life'의 복제가 아니라 디지털 기술을 통해 정말로 인간과는 물리적 기반이 다른 존재자가 출현한다면, 그리하여 인간의 복제품이 아니라 살도 뼈도 없이 실리콘이라는 전혀 다른 매체로 생명의 원리를 구현하는 존재자가 출현한다면, 그것을 막는 것이야말로 오히려 비윤리적이

아닐까? 그래서 결국 우리는 결국 정보공학을 더욱 발전시켜 우리를 능가하는 인공생명의 도래를 기다려야 하는 것 아닐까?

5.3 생명의 존재론과 하이데거

과연 진화는 탄소와 같은 물리적 매체보다 실리콘을 기반으로 할 때 생명 원리의 본질을 더 잘 구현할 수 있는가? 그리하여 실리콘 기반의 디지털 진화가 진정한 생명의 진화이며 이러한 진화로 인간보다 더 생명의 원리를 본질적으로 구현하는 인공생명이 탄생한다면, 그리고 인공생명의 디지털 진화가 자연 진화와는 비교가 안 되는 속도로 진화하여 상상을 초월하는 디지털 고등생명체 즉 트랜스휴먼의 도래를 앞당기게 된다면, 이 시대의 인간들은 자연의 진화가 디지털 진화로 탈바꿈될 수 있도록 총력을 기울여야 하는 것 아닌가?

그러나 AL에 기대어 트랜스휴먼의 도래를 예견하는 테크노퓨처리즘을 검토해보면, 유감스럽게도 근본적인 성찰을 요하는 문제가 자명한 듯 전제되어 있다. 인간이 동물과 같은 생명체와 동일한 범주에 속해 있으며, 따라서 인간과 생명체가 동일한 생명의 원리를 공유한다는 전제이다. 또한 기존 생물학이 정의하는 바와 같이 생명이 여러 단계의 진화 과정을 거쳐 고등생명체인 인간을 출현시켰다는 생각도 자명한 것으로 전제되어 있다.

그런데 과연 인간은 동물과 동일한 생명의 원리를 공유하고 있는가? 그리고 인간의 생명의 진화 역사가 출현시킨 고도의 인지 능력을 갖는 생명체인가? 바로 이러한 차원에서 생명에 대한 철학적 성찰에 착수한

철학자가 하이데거이다. 물론 하이데거는 AL이 등장하기 이전에 죽었다. 그럼에도 그는 생명에 관한 논의를 통해 AL에서 발원하는 문제점을 철학적인 차원에서 성찰할 수 있는 기회를 우리에게 제공하고 있다.

생명에 관한 하이데거의 논의는 인간과 동물이 존재하는 방식의 존재론적 차이를 드러내는 데 집중되어 있다. 그런데 이러한 그의 작업은 (1) 우선 동물과 같은 생명의 존재방식을 물체나 도구와 구별하여 생명의 고유한 존재방식으로 분명하게 드러내는 작업을 거쳐, (2) 그 과정에서 확인한 내용을 토대로 다시 인간과 동물이 전혀 다른 방식으로 존재한다는 사실을 밝혀낸다. 그리고 이는 인간을 생명 진화의 결과로 나타난 생명의 일종으로만 보는 생물학적 인간론의 전제를 무력화하는 결론으로 나아간다.

하이데거를 철학사에 새로운 획을 그은 철학자로 만든 그의 출세작 『존재와 시간』에서는 생명에 대해 단지 몇 마디만 언급되어 있을 뿐이다. 하지만 이 몇 마디로 이미 세계와의 관련 속에서 생명을 논의할 수 있는 길이 『존재와 시간』에서 개척되고 있었다. 이를 입증하듯 『존재와 시간』이 출간되고 3년 후 하이데거는 『형이상학의 근본개념』에서 생명에 대한 존재론적 논의를 집중적으로 펼쳐간다.[40] 생명에 대한 하이데거의 존재론적 논의의 특징은 생명을 기존의 논의 구도, 즉 물리주의적 기계론 대 생기론(Vitalism)이라는 구도에서 어느 한 입장을 추종하는 방식이 아니라는 데 있다. 대신 하이데거는 『존재와 시간』에서 본격화된 '존재방식의 구별'이라는 입장에서 생명의 문제를 조명한다. 즉 생명을 바

40 M. Heidegger, *Grundbegriff der Metaphysik*, in *Gesamtausgabe* 29/30 Frankfurt a.M.: Vittorio Klostermann, 1983. 이하 하이데거 총서는 『전집』으로 표기.

로 생명으로 존재하는 그 독특한 존재방식에서 드러내는 것이다. 하이데거는 이미 『존재와 시간』에서 생명을 다른 존재방식과 혼동하거나 환원하는 형이상학적 오류를 극복하는 것이 생명에 대한 논의의 출발점이 되어야 한다고 강조한다. 그는 거기서 다음과 같이 말한다.

"생명은 그 자체로 존재의 한 종류이다. 그러나 그것은 오직 현존재에서 접근 가능하다. 생명의 존재론은 결여적 해석을 거쳐서 성립한다. 그것은 오로지 그저 생존하는 것(Nur-noch-leben)이 있다면, 그것이 무엇인가를 결정하는 것이다. 생명은 눈앞의 존재자도 현존재도 아니다. 반대로 현존재는 결코 생명에 무엇이 더해진 것이라고 간주하는 방식으로 정의되는 것이 아니다."[41]

여기서 일단 하이데거는 생명이 그 존재방식에서 눈앞의 존재자와도, 또 인간과 같은 현존재와도 구별된다는 점을 시사하고 있다. 그리고 3년 후 『형이상학의 근본개념』에서는 생명 고유의 존재방식에 대해 눈앞의 존재자와 생명체를 구별하는 데서부터 상세히 논의를 시작한다.

우선 '눈앞의 존재자'는 무엇인가? 하이데거가 『존재와 시간』에서 썼던 표현과 다르게 기술하면, 그것은 3차원적 연장 공간에서 존재하는 것, 곧 연장된 존재자이자 데카르트적 용어로 말하면 '물체'이다. 물체와 생명체는 어떻게 구별되는가? 물체와 생명의 존재방식의 차이는 예컨대 바위와 같은 물체가 땅위에 놓여 있고 그 바위에 도마뱀이 붙어 있을 때, 바위와 땅이 접하는 방식과 도마뱀이 바위에 접하는 방식이 근본적으로 다르다는 점에서 일단 드러난다.[42]

바위는 그것이 놓인 곳에 위치하기 위해 스스로 움직일 수도 움직일

41 M. Heidegger, *Sein und Zeit*, Tübingen: Niemeyer, 1976, 67쪽.

42 M. Heidegger, 『전집 29/30』, 347쪽 참조.

필요도 없다. 하지만 도마뱀은 햇볕이 드는 바위에 그냥 놓여 있는 것이 아니다. 바위는 현재 위치에서 다른 힘에 의해 이동하면, 또 다른 외부의 힘이 가해지지 않는 한 거기에 고정된다. 그리고 바위가 놓여 있는 땅의 현 위치는 임의적이다. 어디에 있건 돌은 돌로서 존재한다. 반면 도마뱀은 아무데나 있을 수 없으며, 특정한 환경 내에서만 서식한다. 그 환경을 벗어나면 도마뱀은 죽은 물체로서 존재할 수는 있어도 생명체로서 존재할 수 없다. 따라서 생명으로 존재하는 도마뱀이 현재 놓여 있는 위치와 도마뱀의 관계는 임의적이 아니다. 도마뱀이 햇빛이 드는 바위에 붙어 있는 경우 도마뱀은 햇볕이 드는 바위를 찾아 스스로 그곳으로 왔다. 그리고 그것은 거기에 그렇게 붙어있는 방식으로 위치하기 위해 도마뱀에게만 독특한 방식으로, 또 도마뱀에게만 가능한 방식으로 그렇게 붙어있는 것이다. 반면 물체가 그 바위에 붙어 있으려면 다른 수단, 예컨대 접착제가 사용되어야 한다.

특히 바위의 운동과 생명체의 운동을 비교해 보면, 운동방식의 차이에 따른 존재방식의 근본적 차이도 드러날 것이다. 물체는 외부의 원인에 의해 인과적으로 운동하지만 동물은 '충동'에 의해 운동한다. 물체는 운동을 할 때 다른 힘에 밀려 자기가 원래 있는 위치에서 멀어지지만, 생명은 운동을 할 때 자기를 보존하기 위해서 스스로 운동한다. 만일 그것이 어디로 향한다면 그것은 자기 자신을 보존하기 위해 자신의 현재 있는 위치로 멀어지는 것이다. 그러나 현 위치에서 그렇게 멀어짐으로써 생명체는 오히려 자기 자신을 향하여 자기 자신으로 획득하고 있는 것이다. 예컨대 지렁이가 두더지를 보고 도망칠 때, 이는 마치 물체의 운동처럼 두더지로부터 어떤 힘이 원인으로 작용하고 지렁이가 현재 있는 위치에서 밀려 그 결과로 다른 위치로 이동하는 것이 아니다. 지렁이에게 두더

지는 그의 생존을 위협하는 어떤 신호로 다가오며 이때 지렁이는 자기 보존 충동에 내몰려 두더지로부터 도망치는 것이다. 그럼으로써 지렁이 자신을 보존하면서 자신으로 돌아오는 것이다.[43]

이렇게 생명체는 어딘가에 위치하는 방식과 운동 방식에 있어서 물체와는 전혀 다른 방식으로 존재한다. 따라서 생명체는 물체를 고찰하는 원리인 인과론, 또 물체를 파악하는 개념적 카테고리와는 다른 언어를 통해서 파악되어야 한다.

물론 이미 생물학의 역사에는 생명을 물체와 구분하여 고찰하는 계보가 있다. 유기체론이 그것이다. 그런데 이 유기체론에서 하이데거는 중요한 사실을 목격한다. 유기체론에는 생명체를 도구들의 통일체 혹은 기능들의 통일체로 보는 존재론적 선입견이 침투해 있다는 것이다. 유기체론에서는 생명을 '오르가논'(organon)으로 규정하는데 'organ'은 사실 어원적으로 도구를 의미하기 때문이다.[44] 그런데 정녕 생명의 각 기관이 수행하는 기능과 도구가 수행하는 기능이 그 방식에서 동일할까? 생명체의 눈과 안경은 보는 도구라는 점에서 동일하다. 눈은 보는 도구이며 귀는 듣는 도구이고 발을 걷는 도구이다. 그러므로 생명체의 활동은 결국 도구가 기능하는 방식으로 파악되어야 할까?

우선 도구를 보자. 도구는 어떤 목적을 위해 만들어진 것이다. 그런데 이렇게 만들어진 것들은 그 자체로 존재하는 것이 아니라 다른 기능들과 기능적 연관관계를 형성함으로써 바로 그 도구로 존재한다. 이러한 도구는 일단 사용자와 분리되어 존재할 수 있으며, 그 용도와 기능적 연

43 같은 책, 347쪽 참조.

44 같은 책, 312쪽 참조.

관관계에 친숙한 어느 사용자에게나 사용될 수 있다. 예를 들면, 내가 소유한 망치는 그 소유자와 상관없이 망치를 다룰 줄 아는 누구에게나 사용될 수 있다. 또 그것은 특정 목적을 위해 만들어졌다. 그러나 생명체의 각 부분은 설령 그것이 기관의 역할을 한다고 해도 그것을 사용하는 생명체와 분리되어 독자적으로 존재할 수 없으며 따라서 아무 사용자에게나 사용될 수 없다. 예를 들면, 내가 쓰고 있는 안경은 도수만 맞으면 나와 분리되어도 누구나 사용할 수 있지만, 생명체의 눈은 그 생명체에서 분리되면 기능 자체가 상실된다.

또 도구는 어떤 목적을 위해 사용될 뿐 그 스스로 그것을 사용하는 능력이 없는 반면, 생명체의 각 기관은 역할과 기능에 있어서 생명체의 활동 그 자체이며 기관의 기능을 생명체의 활동능력으로부터 분리하는 것 자체가 무의미하다. 그리고 한걸음 더 나아가 생명체의 경우 이러한 능력이 더 우선이지 이 그 능력을 실행하는 특정기관이 우선이 아니다. 하이데거 식으로 표현하면, 보는 능력, 듣는 능력이 있기 때문에 눈으로 보는 것이지 눈이 있기 때문에 보는 것이 아니다.[45] 하이데거는 원형동물의 예를 통해 이런 능력의 우선됨을 설득하려 한다. 원형동물의 경우 특정 능력을 수행하는 기관이 이미 정해져 있는 것이 아니라 필요에 따라 그 능력이 다르게 특정화되어 기관화된다. 동물은 이렇게 각 부분이 도구처럼 특정 목적으로 수행하는 것이 아니라 듣는 능력, 물어뜯는 능력 등이 있고, 이렇게 듣는 능력, 물어뜯는 능력은 특정한 것에 대해서만 행사된다.

하이데거는 이상과 같은 논의를 통해 생명이 물체의 존재방식 또 도

45 같은 책, 332쪽 참조.

구의 존재방식과 혼동되어서는 안 된다는 점을 선명하게 드러낸다. 물론 이는 생명의 존재방식을 물체 혹은 도구의 그것과 대비해서 구분해내는 소극적 고찰에 불과하다. 그러나 이러한 소극적 고찰로부터 생명이 생명으로서 존재하는 결정적인 방식을 적극적으로 밝혀내는 하이데거의 철학적 사유의 길이 열린다. 그리고 이 사유의 길은 생명체에게 독특한 존재방식을 특히 세계와 생명의 관계에서 밝혀내는데, 거기서 통찰하는 내용은 다음과 같이 요약된다. 동물에게는 그 동물이 사는 세계가 충동과 본능의 폐쇄적 회로로 형성되어 있으며 동물은 그 회로에 사로잡혀(benommen) 오직 그 회로 내에서 가능한 방식으로만 행동한다.

이 점을 분명히 하기 위한 예증으로서 하이데거는 야콥 윅스퀼(Jakob von Uexküll)의 실험을 인용한다. 그것은 꿀이 담긴 병에서 꿀을 빨아 먹는 벌의 배를 부분 절개한 실험이었는데, 이때 벌은 꿀이 절개된 배를 통해 계속 흘러나오는데도 불구하고 꿀을 빠는 행위를 중지하지 않았다고 한다. 왜일까? 벌이 병에 있던 꿀이 얼마나 없어졌는지 확인할 수 없고 다만 생존을 위해 포만을 향한 충동적 행동을 계속하기 때문이다. 여기서 벌은 꿀을 꿀로서, 나아가 꿀의 많고 적음을 확인하고 그 사태에 대해 행동을 취하는 방식으로 생존하지 않는다는 것이 드러난다. 동물은 그것이 존재하는 환경을 구성하는 데 필요한 존재자들에 사로잡혀 매몰되어 있기 때문에 그 존재자들을 그것으로서 드러내지 못한다. 즉 동물은 촉각적, 후각적, 청각적 신호에 상응하는 행동을 하지만, 그것도 그의 생존에 필요한 경우에만 그럴 뿐, 작위적인 경우나 그의 생존에 필요한 것이 아니면 마치 그러한 것들은 존재하지 않는 것처럼 그것에 반응조차 하지 않는다.[46]

이는 어미닭이 취하는 행동을 보면 더욱 분명해진다. 새끼 병아리가

위기에 빠져 삐약 소리를 비정상적으로 크고 다급하게 낼 경우, 어미닭은 병아리의 위기 상황을 감지하고 즉각 그 소리가 나는 곳을 향해 달려간다. 그리고는 적이 보이지 않는 경우에도 공격 자세를 취한다. 그러나 새끼 병아리가 병 속에 갇혀 관찰자가 보기에 숨이 끊어지도록 고통스럽게 삐약거리더라도 그 소리가 병 밖으로 새어나오지 않는 경우, 어미닭은 병 바로 앞에서 빤히 병아리의 고통스런 모습을 보면서도 아무런 반응을 보이지 않는다. 이 실험이 말해주는 것은, 어미닭은 그 새끼를 청각적으로 인지하고 그 새끼가 처한 상황을 청각적 신호를 통해 구별할 뿐 새끼가 처한 시각적 상황은 열리지 않아 행동이 일어나지 않는다는 것이다. 병아리와 어미닭이 관계를 맺고 서로에게 존재하는 공간은 시각적으로 열리는 3차원적 공간이 아니며, 그러한 공간에서는 병아리와 어미닭의 관계가 형성되지 않는다. 이러한 공간은 병아리와 공간을 시각공간 안에서 만나는 것으로 여기는 인간에게만 그렇게 보일 뿐이다. 병아리와 어미닭은 소리를 통해 만나며 그 소리가 어떤 소리인가에 따라 만남의 방식이 달라진다. 그리고 이러한 공간에서만 병아리와 어미닭은 생존에 필요한 행동을 취하고 먹이를 구하며 오직 그 안에서만 병아리와 닭이라는 생명으로 존재한다.

발칸 반도의 타라 캐니언에 서식하는 산양의 예는 환경에 사로잡힌 생명의 생존방식을 좀 더 분명히 드러낸다. 이 산양이 사는 곳은 험준한 절벽이다. 산양은 이 절벽을 아슬아슬하게 타고 넘으며 그곳에서 먹이를 구하고, 때에 따라서는 가파른 바위틈에서 휴식을 취하며 살아간다. 하지만 이러한 생존방식은 위험천만하다. 산양은 기가 막힌 곡예술을 발휘

46 같은 책, 370쪽 참조.

하며 인간이라면 도저히 불가능한 방식으로 그 절벽을 타고 넘으며 살고 있지만, 그럼에도 그들에게 이곳은 위험한 생존환경이다. 실제로 이 환경에서 산양은 치명적 사고의 위협에 노출되어 있다. 조사에 따르면 이곳에서 생존하는 산양들은 포식자에 잡혀 죽는 것보다 절벽에서 추락사하는 비율이 높다고 한다. 그럼에도 산양은 이 위험한 환경에서 살아남기 위해 어떤 조치를 취하지 않는다. 또 이 위험한 환경으로부터 벗어나 더 안전한 환경을 찾지도 않는다. 그들은 위험한 그곳에서 위험을 무릅쓰고 산다. 왜 그럴까? 산양에게는 이곳이 위험한 곳이 아니기 때문이다. 그곳은 산양이 산양으로서 생존할 수 있는 자신들 고유의 환경이며 그곳에 살며 추락사하는 것도 그들이 생존방식이다. 그들이 절벽을 기어오르며 사는 것은 산악인이 위험을 무릅쓰고 절벽을 등반하는 것과 근본적으로 다르다. 산악인은 위험한 곳을 찾아 위험을 감수하고 절벽을 오르면서 위험을 극복하는 선택을 하고, 그 과정에서 추락사라는 불운을 당하기도 한다. 그러나 산양은 산악인처럼 위험을 선택한 것이 아니다. 산양은 선택하는 방식으로 존재하지 않는다. 그들에게는 그들이 존재하는 그 생존환경이 위험하다는 사실을 확인하고도 그곳에 사는 것이 아니기 때문이다. 그들이 사는 그 절벽은 절벽이 아니며 따라서 추락사도 추락사가 아니다. 인간에게는 추락사인 그 불운이 산양에게는 정상적인 생존방식이기 때문이다. 산양은 그것이 사는 환경에서 추락이라는 위험에 사로잡힌 방식으로 생존한다.

이러한 사례에서 생명에 고유한 존재방식은 다음과 같이 밝혀진다. 동물과 같은 생명체가 존재하는 방식을 볼 때, 동물이 사는 세계는 동물이 생존하는 데 완결된 폐쇄성으로 특징지어진다. 동물의 행동과 환경은 순환하는 고리를 형성하고 있는 것이다. 이제 하이데거는 생명의 존재방식

을 각 생명에 고유한 환경테(Umweltring)와 결부되어 있음으로 명명하고 그 내용을 다음과 같이 기술한다.

"동물은 동물로서 그것의 영양물과 먹이와, 또 그것의 적과 교미 상대와 특정한 관계를 갖고 있다. 동물은 그것의 영양물, 먹이, 적 그리고 교미의 반경과 특정한 관계를 갖고 있을 뿐만 아니라 그것은 생존하는 동안 그 생존을 매개하는 매체에 정체하고 있다. 그것이 물이건 공기이건 아니면 둘 다이건 간에, 동물은 그 동물이 속한 매개물을 알아차리지 못한다(unmerklich)…."[47]

그리고 이는 동물과 환경의 관계에서 객관적 세계라는 개념이 성립해 있지 않음을 보여준다. 동물의 세계는 모든 생명체를 둘러싸고 있는 전체의 객관적 환경으로서, 그 안에서 각 생명체가 적응하기에 적합한 서식처를 그 세계의 일부로 점유하고 있는 방식으로 존재하지 않는다. 생명체에게 세계는 각 생명체의 생존에 필요한 충동 고리에 따라 테두리 지어진 환경들이 맞물려 있는 모습이다. 하이데거의 생명 존재론에 결정적인 영향을 미친 윅스퀼은 이러한 생명체의 세계를 비눗방울에 비유하여 설명한다. 그에 따르면 생명체의 세계는 비눗방울처럼 각 생명체를 안에 담고 있다. 그러나 이 비눗방울의 비유도 조심스럽게 이해되어야 한다. 생명과 환경의 관계는 생명이 환경에 담겨 있는 방식이 아니기 때문이다. 생명이 살아있다는 것은 생명이 생존의 과정에서 끊임없이 행동하는 가운데 스스로 그 생존을 가능하게 하는 환경을 테로 둘러싸며 그 테를 쟁취하며 사로잡히는 과정이다. 이러한 의미에서 "자신을 테 두름"(Sich-Umringen)은 "그 안으로 다른 모든 능력들이 개입되고 또 그로부터

47 같은 책, 292쪽.

자라나는 근본 능력"이다.[48]

결국 각 생명체는 밀림이라는 동일한 하나의 세계에 존재하는 것이 아니라 자신의 생존을 가능하게 하는 환경을 행동을 통해 쟁취하는 가운데, 그 환경과의 밀착성 속에서 그것에 한계 지어진 방식으로 그 한계에 사로잡혀 충동적으로 행동함으로써 존재한다. 요컨대 밀림은 생명체에게는 하나의 객관적 세계가 아니라 각 생명체의 생존 행동의 반경으로 다르게 구성되어 있다. 그리고 이러한 생존 행동반경은 때로는 부분적으로 맞물리면서(verzahnung) 생명체의 행동 간의 관계를 형성하기도 하고, 때로는 전혀 관계없는 반경으로 구분되기도 한다.[49]

5.4 인공생명인가, 자기창조적 인간인가

생명에 대한 하이데거의 논의가 AL에 근거하여 트랜스휴먼이라는 디지털 고등생명체를 개발하려는 테크노퓨처리즘에 대해 갖는 의미는 무엇인가?

앞에서 논의한 인공생명의 핵심은 다음과 같다. 인공생명을 구현하는 세포자동자는 컴퓨터 프로그램을 통해 컴퓨터 모니터 화면을 격자판으로 나누어 그 격자판 한 칸을 하나의 세포로 취급하고 각 세포에게 주어진 자신의 현재조건과 그 이웃들의 조건 속에서 그것이 발전해 가는 방법을 기술한 규칙(유전정보)를 적용시킬 수 있다. 그리고 나서 그것이 활성화하고 세포의 시스템이 발전해 가는 것을 지켜보면, 무작위적 변화

48 같은 책, 375쪽.

49 같은 책, 401-402쪽 참조.

(돌연변이)와 시스템의 진화가 시연된다. AL은 이렇게 CA에서 기존 생물학에서 주장하는 진화론적 변화를 컴퓨터로 완벽하게 시뮬레이션할 수 있다는 점에서 결국 진화를 디지털로 구현되는 과정과 동일시하고 있다.

그러나 여기에 머물지 않는다. AL의 연구자들과 이 연구 성과에 고무된 트랜스휴머니스트들은 실리콘을 기반으로 디지털로 구현되는 진화의 과정이 훨씬 장애 없이 진화의 원리를 완벽하고 빠른 속도로 구현한다는 사실에 열광한다. 그리고 이 때문에 실리콘 기반 진화에서 오히려 생명 진화의 진정성을 발견하려 한다. 이는 다시 AL을 컴퓨터 모니터 상에서만 아니라 나노기술을 통한 3차원 입체 물질 생명체로 구현하려는 야심찬 시도로 비화한다. 실로 AL을 모니터에 어른거리는 가상세계의 이미지가 아니라 현실세계의 거주자로, 다시 말해서 마른 인공생명이 아니라 젖은 인공생명(wet AL)로 제조하려는 기획이 본격화되고 있다.[50] 이 와중에 전대미문의 역사철학적 혁명이 일어나고 있다. 지금까지의 자연과 문화의 역사가 거대한 디지털 진화로 탈바꿈한다는 테크노퓨처리스트들의 미래 비전이 그것이다.

그런데 여기서 중요한 사실이 목격된다. 그것은 AL이 과거와는 다른 물리적 기반 위에서 다른 속도와 양상을 갖는 진화론을 주장하고 있음에도 자연적 진화의 근본 양상에 대해서는 이의를 제기하지 않는다는 점이다. 물론 AL이 구현하려는 진화의 원리가 고전적 다윈류의 진화론을 그대로 답습하는 것은 아니다. 다윈에 따르면 생명체는 객관적으로 존재하는 동일한 세계에 함께 존재하며 그 세계의 적응하면서 생존하는데, 이 과정에서 보다 우수한 적응능력을 갖는 것이 생존하는 방향으로

50 'wet' AL은 컴퓨터에 시뮬레이션된 인공생명을 생물학적 재료를 사용하여 구현하려는 시도이다. 젖은 인공생명은 따라서 생물학적 재료로 제작되는 컴퓨터이다.

진화가 전개된다. 하지만 AL은 이렇게 객관적으로 존재하는 생명의 세계를 전제하지 않는다. 생명체들은 서로 상호작용하는 가운데 그것들이 생존할 수 있는 환경을 만들어내는데, 이 환경은 다시 그 안에서 생존하고 있는 생명체의 상호작용 양상에 따라 비약적인 변화의 과정을 출현시키며 생명체를 더욱 고도의 단계로 진화시킨다. 요컨대 다윈과 AL의 차이는, AL은 모든 생명체에 동일한 객관적 세계를 전제하지 않으면서 진화를 비선형적인 창발 과정으로 파악한다는 점이다.

하지만 이렇게 진화를 파악하는 관점의 상이성에도 불구하고 AL은 자연 진화론의 근본적 가정을 보다 과격한 형태로 차용하고 있다. 그것은 바로 기존 생물학 특히 진화론에서 당연하게 주장하고 있는 전제이다. 즉 진화는 상호작용의 복잡성의 증가에 따라 보다 고도의 단계로 진화한다는 생명세계의 서열화 구조이다. AL에 그대로 침투되어 있는 생명의 서열화 구조를 AL의 연구 영역에서 논의되고 있는 언어로 바꾸면 다음과 같다. 생명은 복잡성이 증대하는 방향으로 진화한다. 원핵 단세포 생명체는 보다 복잡한 진핵 단세포를 거쳐 다세포 생명체로 진화하고, 이것은 다시 복잡한 감각 처리 능력을 갖는 척추동물로 발전하여, 결국은 언어와 고도의 기술을 사용하는 고도의 지적 생명체로 진화한다. 인공생명의 거의 모든 시도들은 이렇게 고도의 지적 존재를 탄생시키는 열린 진화를 프로그램 알고리즘을 통해 실리콘, 나아가 나노기술을 통한 새로운 합성 물질로 구현하려 한다.[51]

그러나 하이데거의 입장을 통해 검토해보면, AL이 소위 '젖은 생명'의

51 Stanley N. Salthe, *Evolving Hierarchical Systems*, New York: Columbia University Press, 1985. 또는 Valerie Ahl & T. F. H. Allen, *Hierarchy Theory*, New York: Columbia University Press, 1996 참조.

생물학으로부터 무비판적으로 차용하고 있는 생명세계의 서열화 구조의 문제점이 드러난다. 앞에서 밝힌 바 있듯이 생명체들은 각기 그들의 생존에 필요한 행위를 촉발시키는 고유한 환경으로 구분되며, 이 고유한 환경들이 각자에 대해 갖는 관계는 우열을 따질 수 없기 때문이다. 예를 들면, 포유류에 비해 포유류의 피를 빠는 진드기의 생체적 구조와 그 환경은 매우 단순하고 열등해 보인다. 진드기의 환경에는 포유류가 존재하지 않고 다만 진드기의 행동을 촉발하는, 굳이 화학적 용어를 빌면 낙산(酪酸, butyric acid)으로 분류되는 특별한 물질적 탈억제제만이 존재한다. 그러나 오히려 이렇게 단순하기 때문에 진드기는 진드기로서 성공적으로 생존할 수 있다. 진드기의 생체적 구조와 그것이 생존하는 환경의 빈약함은 포유류에 비해 열등한 것이 아니다. 이러한 상황을 좀 더 극명하게 드러내기 위해 포유류 중 최고의 동물인 사자와 그 사자에 비해서는 미물에 불과해 보이는 모기를 비교해보자.

사자는 모든 것을 물어 죽일 수 있는 밀림의 포식자이다. 하지만 그런 사자도 모기에는 속수무책으로 물어 뜯긴다. 모기는 미미한 충격에도 생명을 잃는 나약한 곤충이지만, 그의 환경에서는 밀림의 왕자라 일컬어지는 사자를 깨무는 능력을 발휘한다. 사자는 그의 생존에 필요한 모든 것을 물어죽일 수 있는 환경 속에서 포식자로 생존하지만, 모기는 자신의 생존에 필요한 한 사자를 물어 그 피를 빠는 능력을 발휘할 수 있는 환경과의 합일 속에서 생존한다. 모기가 생존하는 그 환경에서 사자는 어떤 공격력도 발휘할 수 없는 무능력한 존재자이다. 밀림이라는 환경에서 최고의 포식자로서 생존하는 사자는 그러나 모기의 환경에 들어올 수 없으며, 모기도 밀림의 최고 포식자의 먹이가 되게끔 사자의 환경으로 들어갈 수 없다. 이러한 의미에서 모기의 환경은 사자의 환경에 비해 불완

전하거나 열등한 것이 아니다. 오히려 모기에게 사자는 밀림의 황제로 존재하는 것이 아니라 모기의 생존에 피를 제공하는 하나의 피식체로 존재한다. 여기서 분명해지는 것은 하이데거가 생명체의 세계란 빈곤한 것이라고 말했을 때, 빈곤이 어떤 가치상의 결함이나 불완전성 등과 같이 어떤 열등한 상태를 말하는 것이 아니라는 점이다. 그것은 오히려 완결성을 의미한다.

그러나 AL의 연구는 비록 기존 진화론처럼 객관적 세계와 적응론을 따르지 않는다 해도, 이러한 사실을 간과하는 일종의 '성층 존재론'의 특성을 갖는다. 생명의 세계가 단순한 하등 생명체에서 고등 생명체의 세계로 서열화되는 특성을 갖는다는 진화론의 유산을 물려받고 있는 것이다. 이 유산은 AL이 진화 구성요소들의 상호작용이 활성화되면 새로운 차원을 향한 창발적 변화가 일어나는 CA의 현상을 보다 고등의 생명체로 진화하는 과정의 시뮬레이션으로 파악하고, 이 CA의 프로그램이 실행되는 알고리즘을 생명 진화의 원리와 동일시하고 있는 데서도 목격된다. 그리고 그 유산은 '싱귤래리티 대학'의 호세 코르데이로가 AL의 연구에 고무되어 선언하는 미래 비전에서 다음과 같이 적나라하게 드러난다.

"호모사피엔스는 지구상 최초로 진화와 한계의 의식을 가진 종이며, 인간은 종국적으로 이들 제한을 넘어서 진화된 인간, 즉 트랜스휴먼과 포스트휴먼으로 발전할 것이다. 이 과정은 영장류에서 인간으로 진화한 과정과는 달리 애벌레에서 나비가 되듯 빠른 과정이 될 것이다. 미래의 지능을 가진 생명체는 인간을 전혀 닮지 않을 것이며, 탄소기반 유기체는 기타 과잉 유기체와 혼합될 것이다. 이러한 포스트휴먼은 탄소기반 시스템뿐 아니라 우주여행과 같은 상이한 환경에 더 유리한 실리콘 및 기타 플랫폼에 의존할 것이다."[52]

그러나 생명체들과 그것들이 생존하는 환경과의 관계는 가장 낮은 물질계에서 시작하여 보다 높은 차원으로 수직적 변화가 일어나 고등의 지능적 존재로 상승하는 것이 아니다. 하이데거가 강조하듯 "자연은—죽어있건 살아있건—가장 낮은 층으로 그 위에 인간존재라는 층이 성립하는 발판과 같은 것이 아니다."[53]

따라서 CA에서 아무리 역동적으로 세포들이 상호작용하는 가운데 그 세포들의 상호작용을 통해 다음 세대에서 더욱 고수준의 역동적 변화가 창발한다고 해도 이 과정은 생명 현상이 아니다. 오히려 생명의 역사는 서로서로 맞물려 엮이는 양상에 비유하는 것이 하등에서 고등으로 향하는 수직적 진화 모델보다는 더 정확할 것이다. 하이데거가 인용하는 사례를 그대로 옮기면 다음과 같다. "떡갈나무에 구멍을 뚫는 나무벌레는 자신에 고유한 특별한 반경 내에 행동한다. 그러나 그 벌레는 딱따구리가 벌레를 감지할 때 딱따구리의 환경 내에 존재한다. 그러나 다람쥐가 도토리를 따먹을 때 다람쥐는 딱따구리를 꺼리는데 이때 딱따구리는 다람쥐의 행동반경에 존재한다."[54]

따라서 동물의 행동과 충동이 일어나는 반경들의 관계는 병렬적(nebenein-ander)이 아니며 그렇다고 해서 성층적(untereinander)도 아니다. 생명의 세계는 서로서로 부분적으로 맞물려 있다. 하이데거의 생명 논의에 영향을 준 윅스퀼의 비유를 동원하면, 생명의 세계는 각각의 생명체를 둘러싸고 있는 비눗방울과 같다. 물론 이 비눗방울은 생명체에게 미

52 호세 코르데이로(Jose Cordeiro), "인간의 경계: 휴머니즘에서부터 트랜스휴머니즘까지", 제1회 세계인문학포럼 발표자료집, 325-334쪽 중 333쪽.

53 M. Heidegger, 『전집 29/30』, 403쪽.

54 같은 책, 401쪽.

리 주어진 껍질 같은 것이 아니다. 생명을 둘러싸고 있는 이 비눗방울과 같은 환경은 이미 만들어진 채로 있는 물체적 방식이 아니라 각 생명체를 중심으로 그 생명체의 행동을 통해 쟁취된다. 그리고 생명체 행동반경을 형성하는 이 비눗방울들의 관계는 때에 따라서는 전혀 관계가 없을 수도 있고, 때에 따라서는 서로 겹치고 얽히기도 하며, 때에 따라서는 다시 더 큰 다른 거품에 둘러싸이는 양상을 보이면서 상호작용하여 일종의 화음을 이루기도 하고 불협화음을 이루기도 한다. 이러한 이유에서 생명의 세계는 윅스퀼처럼 멜로디에 비유될 수도 있을 것이다.

생명에 관한 하이데거의 논의는 여기서 그치지 않는다. 그는 인간과 생명체의 존재방식의 차이를 분명하게 밝혀냄으로써 인간의 존재방식이 진화의 원리를 시뮬레이션하는 CA를 통해서는 더더욱 구현될 수 없다는 것을 보여준다. 이미 생명체의 존재방식을 설명하는 가운데 암시되었던 동물과 인간의 존재방식의 근본적 차이를 지적하기 위해 동물의 존재방식을 다시 한 번 상기해보자.

동물과 같은 생명은 그것이 생존하는 환경을 테두리로 하여 그 환경에 사로잡혀(benommen) 있으며, 환경은 그 동물이 생존하는 데 필요한 것들로 구성되어 있다. 다시 말해 환경은 동물의 생존 충동을 통해 동물의 특정 방식의 행동을 유발하는 탈억제(Enthemmung)로 존재할 뿐이다. 이러한 의미에서 하이데거는 다음과 같이 말한다. "우리가 생명이라 부르는 존재방식은 생명체가 그 생명체로서 출현하는 그 환경에 접근할 수 있는 통로가 없다. … 동물은 생존하는 동안 그 생존환경에 마치 그 환경이 확장하거나 축소할 수 없는 굴레인 것처럼 밀폐되어 있다."[55]

앞의 도마뱀을 예로 들면 햇볕이 내려 쪼이는 바위에 붙어있는 도마

뱀에게 바위는 바위로서 관계하는 것이 아니며 햇볕을 쪼이는 태양도 태양으로 존재하지 않는다. 도마뱀에게는 자신이 바위에 붙어있다는 관계, 따스한 볕을 쪼이는 방식으로 태양과 관계하고 있다는 사실이 드러나지 않는다. 이러한 사실은 도마뱀뿐만 아니라 어떤 다른 생명체에게도 드러나지 않는다.[56]

도마뱀이 바위와 붙어있는 방식으로 관계하고 있다는 사실은 그 사실을 목격하는 자 즉 인간에게만 드러나며, 인간만이 그렇게 기술하는 것이다. 바로 여기서 인간과 동물과의 차이가 확연하게 드러난다. 생명체는 그것의 생존에 필요한 것들로 구성된 환경의 굴레에 사로잡혀 있다. 이 때문에 생명체는 존재하는 것들을 이것 혹은 저것으로만 드러낼 뿐이며, 그것과 다양하게 관계를 맺는 방식으로 존재하지 않는다. 생명체의 생존은 충동과 행동의 굴레를 벗어나지 않으면서 순환한다. 파리가 파리로서 생존하는 환경에는 거미줄이 존재하지 않는다. 이 때문에 파리는 아무리 거미줄에 사로잡히는 생존의 오류를 범해도 그 오류 행동을 수정하지 못하고 거미줄에 걸려드는 비극을 반복한다. 이러한 사례는 파리와 같은 곤충에게만 일어나는 일은 아니다. 곤충보다 훨씬 복잡한 생물학적 존재들도 마찬가지다. 앞에서 소개한 타라 캐니언의 산양이 그 대표적인 예이다. 그들이 사는 절벽은 절벽이 아니며 따라서 추락사도 추락사가 아니다. 인간에게 추락사인 그 불운이 산양에게는 정상적인 생존방식이기 때문이다. 산양은 그것이 사는 환경에서 추락이란 위험을 산양에게 고유한 생존방식으로 살아내는 사로잡힌 방식으로 생존한다,

반면 인간은 이러한 충동과 환경에 사로잡혀 그 안에서 폐쇄회로를

55 같은 책, 292쪽.

56 같은 책, 402쪽 참조.

순환하듯 행동하지 않는다. 오히려 인간은 그러한 사로잡힘의 상태를 벗어나며 자신과 세계의 관계를 열어 밝히는 방식으로 존재한다. 가령 인간은 그가 사는 곳이 절벽인 경우 그곳을 추락을 위협하는 절벽으로 밝혀내고 그 위험을 피하는 방안을 강구하거나 그곳을 떠난다. 아니면 산악인처럼 절벽을 위험한 절벽으로서 보되, 그 절벽의 위험을 실존의 어떤 의미로 밝혀내고 그의 삶을 걸고 도전하는 모험을 감행한다. 이렇게 드러나는 인간과 생명의 존재방식의 차이를 하이데거는 『형이상학의 근본문제』에서 생명체와 환경의 합일적 구조를 칭하는 세계 빈곤이라는 방식과 구별하여 세계를 열고(Welt offen) 형성하는(bilden) 방식이라고 설명한다.

나아가 인간이 세계에 존재하는 방식은 생명체와 달리 도구를 사용하면서 존재하는 방식이다. 좀 더 정확히 표현하면 인간은 동물과 달리 그저 맨몸으로 행동하며 살 수 없고 도구와 함께 무엇인가를 만들어가면서 살아간다. 앞의 타라 캐니언의 절벽으로 돌아가 보면, 산양은 그곳에서 맨몸으로 살며 그곳에 사로잡혀 추락을 생존방식으로 살아내지만, 그곳을 오르는 인간은 그곳을 위험한 절벽으로 밝혀내고 그 위험에 대해 회피 혹은 도전의 방식으로 처신하면서 이러한 처신에 필요한 여러 가지 도구를 만들어 사용하며 그곳을 오른다. 이러한 의미에서 인간은 행동하지 않고 처신, 즉 처한 상황을 드러내며 그 드러난 상황에 따라 도구와 함께 행동을 취한다. 때문에 인간의 세계는 우선 대체로 인간이 인간 아닌 존재자와 도구로 만나는 장으로서 열린다. 이 세계는 동물의 환경도 아니며, 그렇다고 해서 물체들이 위치하는 3차원적 연장 공간도 아니다. 그것은 우선 도구들의 기능연관 관계로 열린다. 그리고 인간은 이 도구들의 기능연관 관계를 전반적로 이미 이해하는 방식으로 이 세계와

살아감과 동시에, 이 도구들은 그 도구의 사용자의 행위와 하나가 되어 도구로서 존재하기 때문에 눈에 띠지 않는 방식으로 인간에게 열린다. 결국 인간의 세계와 동물의 세계는 이와 같이 존재론적으로 전혀 다른 방식으로 인간과 동물에 관계하고 있는 것이다.

휴머니즘, 네오휴머니즘, 탈존적 인간 / 6

인간과 생명의 존재방식의 차이를 밝혀내기 위한 하이데거의 현상학적 성찰은 『형이상학의 근본문제』와 함께 그의 다른 저서들에서도 여럿 발견된다. 그러나 하이데거가 인간과 생명을 전혀 다른 존재방식으로 존재하는 것들로 가장 명확하게 밝히고 있는 문헌은 역시 후기 저작에 속하는 「휴머니즘에 대하여」라는 서신이다. 여기서 하이데거는 존재하면서 존재를 벗어나 자신의 존재를 문제삼고 드러내는 인간 특유의 존재방식을 '탈존'(Ex-sistenz)으로 기술한다.[57] 그리고 이렇게 인간이 탈존하는 한 인간의 본질은 결코 동물과 같은 존재방식으로는 밝혀낼 수 없다고 강조한다. 나아가 인간을 동물로 이해하는 동물학의 진화론적 관점조차 동물과는 동일화될 수 없는 탈존이라는 존재방식에서만 가능하다는 점을 분명히 한다. 동물은 단지 생존할 뿐 자신이 생존하는 상황을 벗어나 탈존하면서 스스로를 그렇게 생존하는 동물로 이해할 수 없다. 하지만 인간은 존재하면서 자신의 존재를 문제 삼는 탈존적 존재방식에서 그 자신의 존재를 그 무엇으로, 경우에 따라서는 스스로를 동물로 이해

57 Martin Heidegger, 이선일 역, 『이정표』, 한길사, 2005, 135쪽 참조.

하는 방식으로 존재한다. 인간의 탈존을 언급하는 하이데거를 읽어보자. "인간의 본질에 관해서만, 인간의 있음의 방식에 관련해서만 탈존이 언급될 수 있다. 왜냐하면 우리가 경험하고 있는 한 오직 인간만이 탈존의 역사적 운명에 관여하기 때문이다. 따라서 탈존은 결코 다른 종류의 생물들 사이에서 하나의 독특한 종으로서 사유될 수 없다. 자신의 속성 및 활동을 자연과 역사의 차원에서 기술하여 보고하는 것뿐만 아니라 자신의 존재의 본질까지도 사유하는 것이 인간의 운명임을 감안해야 한다. 그러므로 우리가 동물과의 비교에 입각해서 동물성으로서의 인간에 귀속시키는 것조차 그 자체 탈존의 본질에 근거한다."[58]

이것이 바로 생명체가 생물학적 사고를 할 수 없는 이유이다. 반면 인간은 존재하는 사물의 의미를 밝혀내고, 그 의미에 어떤 태도를 취하며, 그 의미와 함께 삶을 창조해가며 살아간다. 그러기에 인간은 생물에 대해서도 생물이란 존재가 무엇인지 밝혀내려 하고, 생물과 관계하는 생물학이라는 학문을 창조한다. 그러나 인간과 닮을 정도로 지능이 높은 유인원 종류의 생물조차 초보적인 생물학도 하지 못한다. 하지만 인간은 생물학을 만들고 그것을 통해 자신을 생물학이 정의하는 그런 생명체로 파악하는 데까지 나아간다. 그러나 이 경우 자신을 그런 생명체로 정의하면서 그렇게 자신을 정의할 수 있게 하는 인간 특유의 탈존적 존재방식은 인간에게 은폐되는 역설도 벌어진다. 그 대표적인 경우가 현대 생물학이다. "인간이 세상과 자신의 의미를 밝히는 활동의 일환인 현대 생물학에서 이제 탐구의 대상으로 그 존재론적 위상이 변화하는 인간은 과학적 탐구의 연구주제로서 그 경계가 확정된다. 그리하여 인간에 대한

58 같은 책, 136쪽.

정의는 그 연구프로젝트에 최적화될 수 있는 인간의 어떤 측면이나 속성에 집중되어 이루어진다. 현대 유전공학에서는 따라서 인간은 어떤 파라미터의 DNA의 집합체로 정의된다. 이러한 인간은 별종의 침팬지로 분류된다, 왜냐하면 침팬지와 인간 DNA는 오직 1.6퍼센트의 차이만이 있을 뿐 나머지 98.4퍼센트는 침팬지와 동일하기 때문이다."[59]

이제 우리는 다음과 같은 결론에 이를 수 있다. 인간이 동물과는 존재론적으로 다른 존재방식 즉 탈존하는 존재자라면, 이러한 존재방식은 젖은 생명의 진화론은 물론 이 젖은 생명의 진화과정을 아무리 완벽하게 빠른 속도로 구현하는 실리콘 기반 디지털 진화를 통해서도 구현될 수 없을 것이다. 결국 하이데거의 철학에 따른 성찰은 테크노퓨처리즘과 그들이 예측하는 트랜스휴먼을 향한 디지털 진화를 여러 가지 과거 형이상학의 굴레에서 자유롭지 않은, 특히 진화론의 바탕에 놓여 있는 성층존재론이야말로 첨단과학의 시뮬레이션 기술에서 극단적으로 파생한 결과물로 폭로한다. 성층이론에 근거하여 정의되는 인간은 사실상 인간이 아니며, 탈존적 인간은 AL과 같은 기술을 통해 시뮬레이션될 수도, 또 물질적으로 구현되어 세계에 거주할 수도 없다.

하이데거 철학은 이렇게 테크노퓨처리즘이 의존하고 있는 첨단기술이 생명 그리고 또 그것과 구별되는 존재방식인 인간을 결코 구현해낼 수 없다는 것을 보여주는 철학적 성찰이다. 그럼으로써 하이데거의 철학은 트랜스휴먼의 도래를 예견하는 미래 비전의 근본적인 문제점을 폭로한다. 그런데 이러한 하이데거의 입장은 테크노퓨처리즘과 대립하고 있

59 Glen A. Mazis, *Humans, Animals, Machines Blurring Boundaries*, New York: SUNY Press, 2008, 87쪽.

는 네오휴머니즘과는 어떤 관계를 갖고 있을까? 그의 철학은 네오휴머니즘을 철학적으로 뒷받침하고 있는가?이 문제를 논의하기 위해서는 다음과 같은 사실을 먼저 짚어보아야 한다.

사실 현대 철학은 어느 순간부터 휴머니즘을 거부하는 경향을 보이고 있다. 예컨대 포스트모더니스트들은 미셸 푸코가 공개적으로 선언했듯이 대개 인간의 죽음을 선언하며 휴머니즘에 등을 돌렸다. 스스로의 철학적 위치를 휴머니즘과 가까운 곳에서 찾는 철학자는 스스로를 퇴물화하는 자해 행위를 하는 것처럼 여겨지게 된 것이다. 이 때문에 현대 철학에서 스스로를 네오휴머니스트라고 칭할 철학자는 거의 없어졌는지도 모른다. 이 점에 있어서는 하이데거도 마찬가지인 것처럼 보인다. 하이데거의 철학은 휴머니즘의 실질적 내면인 근대 철학과의 심각한 불화로 특징지어진다. 아니 더 나아가 근대성 자체와의 격렬한 불화가 그의 철학적 정체성일 것이다. 하이데거는 어느 누구보다도 근대 휴머니즘의 시조라고 할 수 있는 데카르트를 비판했으며, 근대 기술문명 자체를 근대 휴머니즘과 같은 존재론적 관점에서 비판하였다. 하이데거는 이미 그의 철학적 여정의 초기단계인 『존재와 시간』에서부터 인식론과 근대 주체성 철학을 비판하며 인간을 세계의 중심으로 즉위시킨 근대 휴머니즘을 벗어나 인간 주체를 탈중심화한 바 있다. 그리고 그는 '인간'이란 용어 자체를 그의 새로운 존재론에 걸림돌이 되는 것처럼 추방하고 대신 '현존재'(Dasein)란 용어를 사용한다. 나아가 소위 그의 후기철학이 시작되는 '전회' 이후에는 존재론의 문제를 존재 자체의 생기의 차원에서 접근하려는 시도를 함으로써 인간 인식에 모든 진리를 근거시키려는 근대의 기획 자체를 무산시킨다.

그러나 여기서 간과해서는 안 될 중요한 사실이 있다. 그것은 이러한

탈중심화를 통해 하이데거의 존재론에서 인간을 물체 혹은 생명과 동일시하는 반인간주의(anti-humanism)가 출현하는 것은 아니라는 점이다. 오히려 인간은 하이데거가 「휴머니즘에 대하여」라는 그의 서한에서 분명히 밝혔듯이 존재와의 관계에서 다른 존재자들과는 구별되는 독특한 존재론적 위치로 배치된다. 인간은 존재하면서 존재를 향해 탈존하며, 이러한 탈존으로 인해 인간은 그 존재가 사유와 언어로 발현되는 하나의 '존재론적 사건'으로서 존재한다. 이 점을 주목한다면, 하이데거 철학은 오히려 휴머니즘을 그 휴머니즘이 의탁하고 있는 형이상학적 오류로부터 구출하여 인간의 인간다움을 인간에게 고유한 존재방식에서 새롭게 성찰하려는 시도라고 할 수 있다. 이렇게 하이데거의 철학은 한편으로 인간을 존재의 중심으로 즉위시킨 근대 휴머니즘을 파괴하면서도, 다른 한편으로는 인간을 동물이나 물질과 동일화하는 반인간주의에 빠지지 않고 인간에 대해 '탈존'이라는 존재론적 탁월성을 인정하고 있다는 점에서, 근대휴머니즘을 새로운 방향으로 전개하려는 네오휴머니즘이라 할 수 있다.

이러한 하이데거의 의도는 그의 휴머니즘 서한에서 명백하게 선언된다. 하이데거는 여기서 스스로를 네오휴머니스트라고 부르지는 않지만, 인간다움의 고유성과 독특성을 부정하지 않는다. 오히려는 인간다움은 역사적으로 존재한 휴머니즘에서조차 아직 실현되지 못한 미래라고 선언한다. 인간의 인간다움은 인간의 존재론적 위치를 생명체와 구별되는 존재와의 관계에서 밝혀내는 새로운 휴머니즘을 필요로 한다는 것이다. 따라서 하이데거는 다음과 같이 말한다.

"비록 인간들이 인간을 동물과 동일시하지 않고 오히려 인간에게 하나의 종적 차이를 인정한다고 해도, 궁극적으로 인간은 동물성의 본질영

역 속으로 내버려진다는 사실이다. 생명의 원리인 영혼이 사고의 원리인 영혼 혹은 마음으로 그리고 이것들이 후에 주체, 인격, 정신으로 정립될 때조차, 사람들은 항상 동물적 인간만을 사유한다. … 그러나 그 결과 인간의 본질은 너무나 대수롭지 않게 여겨지며 자신의 유래에 맞게 사유되지 않는다. 그래서 역사적 인류에게 인간의 본질적 유래는 항상 본질적으로 다가설 미래로 남아있다."[60]

우리가 휴머니즘으로 알고 있는 과거의 휴머니즘에서 인간은 아직 오직 않았다. 인간은 새로운 휴머니즘을 기다리는 것이다. 그리고 하이데거의 이러한 네오휴머니즘은 테크놀로지에 대한 그의 성찰로 이어진다. 그 성찰을 통해 하이데거는 테크놀로지의 본질을 존재의 총체적 부품화로 밝혀내며 이를 존재론적 최고 위험으로 진단한다. 이 극단의 존재론적 위기에서 새로운 미래를 향한 전회를 맞이할 준비를 하고 있는 것이다. 그는 「기술과 전회」라는 제목의 강연에서 테크놀로지가 지배하는 시대의 존재자들의 존재방식을 보여주기 위해 다음과 같은 예를 들고 있다. "공기는 질소를 배출하도록 쥐어 짜지며, 땅은 광석을, 광석은 우라늄을, 우라늄은 파괴나 평화적 사용을 위한 원자력을 생산하도록 강요받는다."[61] 여기서 테크놀로지의 존재론적 구조가 드러난다. 그에 따르면 테크놀로지의 공간에서 사물은 가공자의 목적에 따라 조직적으로 끝없이 활용되고 소모되는 체계 안에 부속됨으로써만 존재할 수 있다. 존재자가 이런 방식으로 현실화되는 존재양태를 하이데거는 부속품(Bestand)이라 부른다. 그리고 근대 과학과 그 응용 테크놀로지를 통하여 존재하는 모든 것의 전면적인 부속품화(Gestell)가 진행된다고 설파한다. 이 과

60 M. Heidegger, 『이정표』, 135쪽.

61 M. Heidegger, 『이정표』, 135쪽.

정을 하이데거는 「기술에 관한 물음」에서 '쥐어짜냄'(Herausfordern)이라고 표현하고 있다.

이것뿐만이 아니다. 테크놀로지의 공간에서는 그 테크놀로지를 사용하는, 그리하여 스스로를 테크놀로지의 지배자로 착각하는 인간도 사실상 부속품으로 존재한다. 인간을 이해하는 데 있어서 자연과학에 근거한 과학적 접근, 예컨대 분자물리학에 근거한 유전공학적 인간 이해 및 그 실용화에서 우리는 우리가 사물에 대해 맺는 관계와 동일한 관계를 우리 자신과도 맺는다는 것이 극명하게 드러난다. 하이데거가 「형이상학의 극복」에서 적절히 표현하고 있는 바와 같이 여기서 인간은 가공될 수 있는 '인간자원'(Menschenmaterial)에 불과한 존재가 된다.[62] 그리고 실로 이 테크놀로지의 발전은 21세기에 들어서 인간을 첨단기술로 가공하여 트랜스휴먼으로 개조시키는 기술적 진화의 방향으로 극단화되고 있다.[63] 놀라운 것은 하이데거가 이미 그의 존재론적 연구를 통해 도래할 미래에 인간의 처할 상황을 거의 정확하게 예견하고 있다는 점이다. "언젠가는 인간자원을 인공적으로 생산하는 공장이 설립될 것이다."[64] 하이데거는 그의 사색의 빛이 저물어갈 즈음 인간자원의 가공이 사이버스페이스에서 인공지능 공학에 의한 포스트휴먼의 출현으로 완성될 것임을 암시한다. 1968년 그리스 아카데미에서 한 강연에서 그는 인공지능학에 대해 다음과 같이 장황할 정도로 길게 언급하고 있다.

"방법의 승리는 오늘날 인공두뇌학 즉 사이버네틱스로 그의 최고조의 가능성을 펼쳐내고 있다. '키버네테스'(cybernetes)라는 그리스어는 '조타

62 같은 책, 91쪽 참조.

63 M. Heidegger, 『전집 9』, 341쪽 참조.

64 M. Heidegger, *Vorträge und Aufsätze*, Pfullingen, 1978, 91쪽.

수'를 일컫는다. 학문의 세계는 인공두뇌학적 세계가 된다. 인공두뇌학적 세계는 모든 계산 가능한 세계의 사건의 근본적 특성을 '조정'이라고 미리 상정한다. 어떤 과정을 다른 것을 통하여 조정하는 것은 정보 전달을 통하여 매개된다. 조정된 과정이 그것을 조정하는 과정에 자신을 다시 알리는 한, 즉 정보를 제공하는 한, 이러한 조정은 정보의 피드백(환류)이라는 성격을 갖는다. 이러한 상호관계에서 어떤 과정을 이렇게 순환적으로 제어하는 것은 순환운동으로 수행된다. 따라서 인공지능적으로 구상된 세계의 근본 성격은 규칙순환(Regelkreis)으로 간주된다. 여기에 자기조절, 운동체계의 자동화가 근거하고 있다. 인공지능적으로 표상된 세계에서 자동화된 기계와 생명의 차이는 사라진다. 그 차이는 무차별적인 정보의 전달 과정으로 중성화된다. 인공두뇌학적 세계 구상과 학문에 대한 방법의 승리는 비생명체나 생명체를 전면적으로 획일화하는, 그리하여 이러한 의미에서 보편적으로 계산 가능 즉 조작 가능하게 하는 결과가 된다. 이러한 획일화된 인공지능적 세계에는 인간 또한 포함된다. 물론 매우 탁월한 방식으로. 왜냐하면 인공두뇌학적 표상이 미치는 범위에서 인간은 광범위한 순환규칙에 자리 잡고 있기 때문이다. 인간에 대한 근대적 표상에 따르면 인간은 세계를 가공함으로써 대상의 영역으로서의 세계에 관계하는 주체이다. 그렇게 발생하는 각각의 세계의 변화는 다시 인간에게 영향을 미치는 것이다."[65]

하이데거의 철학을 이렇게 인간 존재에 대한 그 자신의 이해와 동물에 대한 논의 그리고 미래 테크놀로지에 대한 비판과 연결시키면, 그의 현상학은 최종적으로 네오휴머니즘적 미래주의로 모습을 드러낸다. 이

65 M. Heidegger, *Denkerfahrungen*, Klostermann, 1983, 141쪽 이하.

러한 하이데거의 미래주의는 인간의 도태와 첨단기술을 통한 영생의 트랜스휴먼을 제작하려는 테크노퓨처리즘과는 전적으로 대립된 위치에 서 있으며, 인간, 동물 그리고 기술에 대한 그들의 잘못된 전제를 비판하는 철학으로서의 역할을 충실히 수행한다.

미래 없는 미래 전망 / 7
트랜스휴머니즘에서 보는 인간의 미래

기술을 통해 궁극적으로 죽음을 제거하여 영생의 포스트휴먼을 출현시키려는 트랜스휴머니즘의 미래 전망은 하이데거에 비춰 보면 치명적인 비판을 면할 수 없다. 미래라는 시간성에 대한 하이데거의 성찰에서 죽음은 제거하거나 회피해야 할 것이 아니라 그 자체로 인간의 존재방식을 구성하는 중요한 계기이기 때문이다. 여기서 잠시 존재와 시간성에 대한 하이데거의 논의를 빌어 미래에 대해 생각해보자.

미래란 과연 무엇인가? 통념적으로 미래는 아직 현실이 되지 않은 시점이다. 통념적 미래는 직선상의 현재 위치에서 직선의 진행방향의 앞에 놓인 점으로 표시될 수 있다. 이러한 미래 개념은 이미 출발점에서부터 두 가지 생각을 전제하고 있다. 우선 시간은 직선으로 표시될 수 있는 공간적 현상이며, 미래는 현재보다 위상적으로 항상 진행방향의 앞에 위치한다는 것이다. 그러나 하이데거는 이러한 전제를 무조건적으로 승인하지 않는다. 그는 시간을 직선으로 표시할 수 있는 공간적 현상으로 전제하기 전에 시간의 존재방식으로 드러내려 한다. 이 작업으로 수행하는 데 있어서 하이데거는 그의 실존론적 존재론의 입장을 견지한다. 어떤 것의 존재방식을 이미 주어진 형이상학이나 이론을 무비판적으로 추

종하지 않고 보다 근원적으로 해명하려면, 존재의 문제가 바로 문제로 다가오는 존재자로부터 그 해명의 통로를 개척할 수밖에 없기 때문이다. 존재하면서 항상 존재의 문제가 열리는 존재자, 그 존재자는 바로 하이데거가 '현존재'라 부른 우리 인간이다.

인간은 삶과 죽음 사이에서 항상 자신의 존재를 우려하며 살아간다. 인간은 언제 죽음이 찾아올지 모른다는 근심과 우려 속에 살아간다. 존재하기 위해 어떻게 하지 않으면 인간을 더 이상 존재하지 않게 하는 죽음이 인간에게 찾아온다. 이는 어떤 논리적 증명을 필요로 하지 않는 실존론적 진리이다. 오히려 이에 대한 논리적 증명을 요구하는 것은 철학적 백치임을 증명하는 일일 뿐이다. 그리하여 우리 인간은 항상 어떻게 존재해야 하는지를 때로는 명시적으로 때로는 암묵적으로 물으면서, 그리고 때로는 그 물음이 해결될 수 있는 방향을 스스로 찾아가면서, 그러나 대개의 경우에는 남들이 제시하는 방향을 따라가면서 자신의 존재를 떠맡고 존재해간다. 여기서 주목할 점은 현존재인 인간이 스스로 결단한 존재의 방향으로 나아가든지 아니면 남들이 가는 방향을 따라가든지 간에 그냥 현재 위치에서 어떤 임의의 물리적 힘에 의해 어떤 방향으로 나아가는 것이 아니라는 사실이다. 인간은 어떤 방향으로 갈 때, 그 방향으로 가면 자신에게 늘 과제로 다가오는 자신의 존재 문제가 해결될 수 있다는 기대감을 가지고 그 방향으로 자신의 존재를 실현해 나아간다.

여기서 중요한 사실이 발견된다. 인간에게 있어서 그의 존재가 실현되어 있는 현재는 아직 현재 실현되지 않는 어떤 가능성과의 관계에서만 실현된다는 점이다. 즉 인간에게 현재는 물리적 존재자와는 다른 방식으로 그의 존재에서 실현된다. 가령 돌의 존재가 실현되고 있는 현재를 돌이 현재하는 위치를 중심으로 살펴보면, 돌이 그것의 존재가 실현되고

있는 현재의 위치에 있게 된 것은 그것이 있었던 위치에 어떤 물리적 힘이 작용했기 때문이다. 이러한 의미에서 돌의 존재가 실현되고 있는 현재는 그 이전이라는 시점이 결정적이다. 그러나 인간에게는 그렇게 해야만 존재할 수 있다는 기대가 그의 존재가 실현되는 현재를 만들어낸다.

이러한 의미에서 하이데거는 현존재(인간)에 대해 '자신을 앞질러' 존재한다고 말한다. 즉 인간은 항상 어떤 가능성들을 미리 앞질러 가며 그 가운데 어떤 가능성으로 자신의 존재를 실현하기로 기획하면서 자신을 현재에 실현하고 있다는 것이다. 결국 인간이라는 현존재에게는 어떤 가능성으로 기대하는 활동이 자신의 존재를 실현해 가는 데 필수적이며, 이러한 가능성을 기대하는 활동을 통해 현존재는 이미 항상 자신을 앞질러 나아가며 존재하면서 자신의 현재를 실현해간다. 이렇게 자신으로 앞질러 나아가는 인간 존재의 독특한 방식에서 인간에게 미래가 열린다. 다시 말해서 돌과 같은 물리적 존재자에게는 그것의 존재가 실현되고 있는 현재 상태가 미래와의 관계에서 결정되지 않는다. 예컨대 돌이 놓인 곳에 조만간 지진이 발생하며 돌의 존재가 실현되고 있는 현재 위치의 땅이 붕괴되고 그것이 돌의 파괴로 이어질 수 있다는 가능성이 기대된다 해도, 이러한 기대는 돌의 존재가 실현되고 있는 현재 상태에 어떤 영향도 미치지 못한다. 그러나 인간의 경우 이러한 위험의 가능성이 기대되면, 그는 현재 자신의 존재가 실현되고 있는 위치를 바꾸는 결단을 한다.

여기서 우리가 주목해야 하는 사실은 첫째, 미래는 돌과 같은 물리적 존재자에게는 의미가 없으며 오직 인간을 통해서만 비로소 미래로서 존재한다는 사실이다. 그리고 이러한 미래는 직선상에서 현재보다 나중에 위치하는 점이 아니라, 오히려 현재보다 앞서 현재를 결정하는 데 중요

한 역할을 한다는 점이다. 즉 인간은 미래에 의해 요구되는 바에 따라 현재에 처신한다. 이러한 의미에서 하이데거는 다음과 같이 말한다. "그렇게 되어 왔음이란 특성은 미래로부터 떠오른다. 그렇게 되어 왔던 미래는 자신으로부터 현재를 낳는다."[66]

현존재는 아직 실현되지 않는 가능성으로부터 그 가능성을 향하여 현재 존재하는 존재자이다. 그러기에 현존재에게 미래는 실현되지 않은 가능성임에도 불구하고 현재보다 더 현실적이라 할 수 있다. 이러한 입장에서 하이데거는 우리가 가지고 있는 통념적 시간 이해를 근본적으로 동요시킨다. 이미 말한 바와 같이 통념적 시간개념에서 직선상에 위치한 어떤 임의의 점을 현재라고 한다면 과거는 t-n의 위치이고, 미래는 t+n의 위치가 되며 그것의 현실성은 사실상 0이다. 그러나 인간에게 미래는 현재보다 앞서 존재하면서 더 현실적이다.

미래가 현재보다 더 현실적이라는 인간 존재만의 독특한 시간성은 인간이 자신의 존재를 실현해가는 가운데 종종 필연적으로 겪게 되는 '후회' 현상에서 두드러지게 나타난다. 후회는 '다르게 할 수 있었음'이라는 평가활동이다. 그런데 이러한 평가가 이루어지려면 지나간 과거에 그 과거의 실현되지 않은 미래를 선행시켜 그 과거와 관련지어야 한다. 구체적인 예를 들자면 다음과 같은 상황일 것이다.

"여름 방학이 끝나고 학교로 돌아간 아이의 경우, 작년의 경험, 즉 좋고 나빴던 기억들은 학교 정문에서 그 아이를 맞이한다. 이러한 기억들은 '지금'을 형성하지만, 이것은 단지 그 아이가 자신의 미래에 정향되어 있기 때문이다."[67]

66 M. Heidegger, *Sein und Zeit*, Tübingen: Niemeyer, 1976.

즉 아이가 앞으로 학교를 계속 다녀야 한다는 미래의 상황에 정향하여 그 미래를 현 상황에 개입시키지 않는다면, 그 아이에게 지나간 과거의 사실들은 그의 존재가 실현되고 있는 현재의 상황에 기억의 형태로 스며들며 그 아이의 현재 상황을 구성하지 못할 것이다. 인간은 이렇게 항상 늘 미래에 정향되어 있기 때문에 현재에서 과거를 만난다. 미래가 바로 과거를 현재화시키는 동기부여의 역할을 하는 것이다. 결국 인간이 자신의 존재를 실현시키는 삶을 살아가는 데 있어서 가장 중요한 사실은, 인간이 미리 앞서서 아직 이루어지지 않은 어떤 상태를 향해 기획하면서 살아간다는 것이다. 이렇게 인간에게 있어 미리 앞서서 '아직 아닌' 상태를 향한 기투가 존재하지 않는다면, 다시 말해서 인간의 삶이 아직 오지 않은 삶에 정향되어 있지 않다면, 인간은 자신의 고유한 시간성을 잃고 실존하지 못하게 되는 것이다.

그런데 이렇게 인간이 자신의 존재를 실현시키는 과정에서 아직 실현되지 않은 미래가 실현되고 있는 현재보다 앞선다는 것을 인정하면, 그에 따르는 문제 하나가 발생한다. 미래는 아직 실현되지 않은 것이며 무한한 것이 아닌가 하는 점이다. 우리 인간의 현재적 삶에는 과연 이렇게 미결정의 무한이라는 미래가 늘 선행하고 있는가? 그러나 이러한 문제 제기에는 여전히 시간을 무한히 뻗어나가는 직선으로 표상하는 공간화된 시간 개념이 자리 잡고 있을 뿐이다. 물리적 공간 안에 그린 직선과 같은 물리적 표상을 벗어나 인간의 존재 실현과정을 그 자체로 보면 어떤 인간도 피해갈 수 없는 사실 한 가지가 확인된다. 그것은 모든 인간이 언젠가는 죽는다는 사실이다. 그러나 이것은 현재 실현되었다는 의미에

67 Rayn Kamp, "The Temporal Dimension of Addiction," *Journal of Phenomenological Psychology*, volume 40. Brill. 2009, 4쪽.

서의 사실이 아니라 아직 실현되지 않는 미래로서의 사실이다. 그런데 이 실현되지 않은 가능성으로서의 죽음이라는 미래는 특이한 양상을 지닌다.

논리적으로 보면 미래는 원래 그 가능성이 실현되어 있지 않다는 특성상 불확실성이라는 양상을 갖는다. 그러나 죽음은 인간에게 실현되지 않은 가능적 미래임에도 불구하고 실존적으로는 어떤 증명도 필요치 않는 절대적 확실성을 갖는다. 동시에 이 죽음이라는 가능성은 그것이 실현되면, 모든 가능성을 불가능하게 만드는 절대적 불가능성이기도 하다. 더군다나 이 죽음이라는 가능성은 인간이 그의 존재를 실현해가는 가운데 어떤 시점에서야 비로소 현실로 맞이하는 가능성이 아니라 언제든지 엄습해올 수 있는 가능성이다. 하이데거는 이러한 의미에서 죽음은 마치 도로의 끝과 같이 쭉 진행되다가 맞닥뜨리는 종말이 아니라고 표현한다. 죽음은 인간에게 있어 그의 존재 실현과정이 종말을 고하는 순간이지만, 그 종말은 선분의 끝 지점에 위치한 것이 아니라 인간이 살아가는 그 현재에 언제나 침투해 들어오며 현재를 구성한다. 여기서 인간이 존재를 실현해가는 방식의 독특성이 드러난다.

인간의 존재는 죽음이라는 미래를 향해가는 과정이며, 이 미래는 무한이란 양상을 갖지 않고 유한이라는 양상으로서 매순간 인간의 삶이 실현되는 현재에 영향을 미치고 있다. 하이데거는 죽음의 '아직 아님'을 변제되지 않은 빚, 차지 않은 달, 덜 익은 과일 등의 '아직 아님'과 비교 설명하면서, 인간의 죽음을 이러한 물체적 소멸, 종말과 같은 방식으로 간주해서는 안 된다고 주장한다. 인간의 죽음이 '아직 아님'이라는 성격을 가지는 것은, 죽음이 언젠가는 도달하게 되는 직선상의 종결점이 아니라 인간의 존재에 언제나 그리고 이미 현존해 있다는 것을 의미한다. 따라

서 '아직 아님'이라는 성격을 가진 인간의 죽음은 인간의 존재를 '죽음을 향한 존재' 또는 '죽음에 이르는 존재'로 규정하게 된다. 하이데거의 말대로 "죽음, 그것은 인간이 존재하자마자 필연적으로 떠맡게 되는 그의 존재방식인 것이다."[68]

죽음이라는 최종의 미래가 통념적 시간 개념이 의미하는 바와 같이 가장 나중이 아니라 오히려 현재에 선행하며 이미 항상 현재에 스며들어 현재를 구성하고 있다는 점에서, 인간의 존재 실현 양상은 다른 어떤 존재와도 다른 독특성을 갖는다. 그러므로 인간 존재를 밝히는 작업은 이제 방향을 돌려 죽음에서 출발하여 인간 존재를 재조명하는 쪽으로 나아갈 필요가 있다.

인간의 존재 실현과정은 '죽음을 향한 존재'(Sein zum Tod)이다. 그리고 죽음을 향한 존재로서의 인간의 삶은 인간이 시간적 존재이며 이 인간의 시간성은 유한성에 있음을 드러낸다. 초 또는 분 단위로 계산되는 과학적 시간에서는 인간에게 고유한 시간성이 드러나지 않는다. 인간에게 고유한 시간성은 자신의 죽음 이후에도 계속 진행되는 공공의 시간인 과학적 시간성과는 다르다. 인간의 시간성은 세계-내-존재(In-der-Welt-Sein)라는 근본 틀에서는 과거/현재/미래로 결코 단절되지 않는다. 세계에 피투된 존재로서, 미래로 자신의 가능성을 끊임없이 기투하면서 현재에 존재하고 있는 인간에게 시간은 과거, 미래가 모두 현재에 함축되는 방식으로 존재하며, 그 현재의 인간 존재 실현과정을 현재에 함축되어 있는 미래로 향하게 한다. 또 그런 한에서 인간의 시간성은 현재에 과거와 미래가 부분으로 분할되어 경직된 경계 속에 밀폐되어 있는 것이 아

68 M. Heidegger, *Sein und Zeit*, Tübingen: Niemeyer, 1976, 245쪽.

니라, 각기 자신을 넘어서는 국면으로 흐르면서 상호침투하는 진행과정으로 이해된다. 그러기에 이러한 시간을 사는 인간에게 과거의 나, 현재의 나, 미래의 나는 각각 따로 따로 존재하지 않는다. 물론 인간은 이렇게 진행되는 자신의 존재 실현과정을 대상화하여 그렇게 대상화된 자신의 삶에서 일정 기간으로 분할해내어 '과거의 나'로 호명할 수 있다. 그러나 인간의 존재 실현과정에서는 지금을 살아가는 내가 이미 과거의 나로서 세계에 대한 이해를 가지며, 미래의 나의 가능성을 기투하며 현재를 살아가고 있는 것이다.

그러나 여기서 다시 한 번 강조되어야 할 것은 언제나 자신이 처한 상황에 기초하여 앞으로의 가능성을 기투하는 가능존재로서의 인간에게는 무엇보다도 미래로의 자신의 가능성 기투가 우선성을 갖는다는 점이다. 인간이 자신의 가능성을 미래로 기투하지 못한다면 과거를 현재에 기억으로 불러올 동기가 사라지고, 그렇게 과거가 현재로 이어지지 못하게 되어 사실상 인간에게는 시간이 상실되며 흐르지 않는 상황에 빠지게 된다. 시간이 흐르지 않는 상황은 인간의 존재 실현과정이 중지되는 상황이며 그가 존재하는 세계의 의미가 증발하는 상황이다. 현존재는 계속해서 미래로 자신의 가능성을 기투하는 것이 근본 틀인 존재자이기 때문이다. 이러한 미래로의 기투가 불가능한 상황이 죽음이다. 따라서 죽음은 현존재의 존재 전체의 종말이며, 탄생에서부터 죽음에 이르는 유한한 존재자라는 현존재의 고유한 시간성인 유한성을 규정한다.

지금까지의 논의는 결국 트랜스휴머니즘이 꿈꾸는 미래에 대해 근본적인 의문을 갖게 한다. 물체와 같은 존재자에게는 미래가 없다. 물체는 외부의 힘에 의해 위치를 이동할 뿐 앞으로 실현되지 않은 가능성과 관

계하며 자신의 존재를 현재 실현하지 않는다. 이러한 사실은 우리가 가지고 있는 미래 개념을 바탕에서부터 다시 성찰하게 만든다. 일반적으로 가장 정확한 시간 개념은 물체의 운동을 다루는 물리적 시간이라고 한다. 그런데 이 물리적 시간은 미래가 없는 물리적 존재자들의 위치 이동을 측정하는 단위로서 물리적 공간의 존재자인 직선으로 표시된다. 결국 물리적 시간에서는 공간적 의미의 '뒤에 있음'이라는 위치는 있어도 '미래'라는 것은 사실상 없는 셈이다. 그렇다면 미래는 어떻게 존재하는가?

미래는 인간의 존재 실현과정이 어떤 현재의 공간적 지점에 위치하고 또 외부의 힘에 의해 그 위치에서 다른 위치로 이동하는 방식으로 존재하는 것이 아아니다. 미래는 인간이 이미 항상 현재보다 미리 앞서서, 나아가 죽음이라는 절대적 불가능성을 확실한 불가능성으로 받아들이며 그의 현재의 존재를 실현해가기 때문에 존재하는 것이다. 인간의 존재 실현과정은 죽음을 향한 존재이며 이 죽음이라는 아직 실현되지 않은 절대적 불가능성은 언제든지 현실화될 수 있는 것이기에, 그런 죽음으로 인해 인간에게는 아직 실현되지 않은 것과의 관계가 열린다.

현재 트랜스휴먼의 출현을 예고하며 환영하는 미래학은 과학성을 표방하며 물리적 시간에 근거하여 미래의 존재방식을 이해한다. 또 기술의 발전이 지수함수적으로 발전하는 속도를 물리적 단위로 측정하여 2050년 이후에는 죽음이 없는 영생의 존재자 '포스트휴먼'이 탄생하는 미래가 펼쳐질 것이라고 주장한다. 그러나 이러한 주장에는 근본적인 무지가 숨어있다. 미래는 죽을 운명의 존재자 즉 인간에게만 존재한다는 사실에 대한 무지다. 결국 죽을 운명의 존재자가 존재하지 않는 곳에 미래는 없다.

Ⅱ장

현상학에 비춰본 미래 기술

아이패드, 가상현실, 3DTV, 웨어러블 컴퓨터

Future Technology

앞 장에서 우리는 미래의 인간 즉 '포스트휴먼'을 향해 질주하는 트랜스휴머니즘을 하이데거의 존재론적 사유를 통해 살펴봄으로써 그 이념에 숨어 있는 철학적 문제점이 무엇인지 알아보았다. 이러한 논의는 트랜스휴머니즘의 태동 동기가 된 IT 기술이 과연 인간과 관련하여 어떤 미래적 가치를 가지고 있는지 검토하는 작업으로 이어질 때 더 구체성을 띨 수 있을 것이다. 그런 의미에서 이 장에서는 미래형 기술로 기대를 모으고 있는 대표적인 디지털 기기들의 철학적 의미를 하나하나 밝혀보고자 한다. 그 기기들은 바로 아이패드(iPad), 가상현실, 3DTV 및 웨어러블 컴퓨터(wearable computer)이다.

이 기기들이 인간에 대해 갖는 의미를 짚어보는 데 있어서 현상학은 유용한 프리즘을 제공한다. 왜냐하면 현상학은 의식, 지각, 몸과 같은 인간 현존재의 존재방식에 비추어 도구와 기술의 의미를 해명하는 전통을 가지고 있기 때문이다. 지금까지의 기술철학이 크건 작건 늘 현상학적 관점에 일정 정도 기대어 있는 것도 이 때문이다. 이 논의를 시작함에 있어서 나는 현상학을 거대한 철학적 운동으로 전개하는 데 결정적으로 기여한 3명의 현상학자 곧 후설, 하이데거, 메를로퐁티를 소환하여 이들

의 현상학이 지닌 특징에 따라 역할을 나누고자 한다. 즉 아이패드의 경우에는 하이데거가, 가상현실과 3DTV의 경우에는 후설이, 웨어러블 컴퓨터의 경우에는 메를로퐁티가 논의의 인도자 역할을 맡을 것이다.[1]

1 물론 현상학 안에서도 각 현상학자들마다 다소의 입장 차이가 있으나, 이 글에서는 디지털 기술에 대한 현상학적 비판을 소개하는 것이 우선이므로 그 차이는 다른 기회로 미룬다.

아이패드, 인문학과 기술의 교차점? / 1

1.1 애플 신화와 인문학

애플이 아이폰과 아이패드로 세계 최고의 기업으로 등극한 이후 애플을 벤치마킹하려는 시도가 곳곳에 일어나고 있다. 이처럼 애플을 모방하고 또 스티브 잡스의 경영비기를 배우려는 열풍은 물론 이런 새로운 디지털 기기들이 엄청난 수익성을 보장한다는 사실 때문이다. 그러나 기이하게도 이러한 열풍과 함께 그동안 사회적 소외 지대에 방치되어 있던 인문학도 관심을 받으며 인문학 학습이 유행처럼 번져나가고 있다. 사회문화적 관심 나아가 경제적 관심의 사각지대에서 외로운 목소리로 사회적 비판의 역할을 수행하던 인문학이 갑자기 그 소외상황을 벗어나 현실의 무대로 등장하게 된 것도 역시 스티브 잡스 덕택이다. 잘 알려져 있듯이 '아이패드'라는 전혀 새로운 디지털 기기를 시연하는 현장에서 잡스는 이 기기가 기술과 인문학을 조우하는 지점에서 창조된 작품이라고 설파한 바 있다. 애플의 모토가 "다르게 생각하기"(Think Different)였고 이 '다르게 생각하기'가 무엇인지 막연했지만, 스티브 잡스는 최소한 '다르게 생각하기'의 중요한 핵심이 인문학이라는 점을 암시했던 것이다. 그

러면 대체 인문학이 어떻게 무엇으로 잡스에게 영감을 불어넣어 그를 천재로 변신시켰으며, 결국 애플 제품을 숭배하는 '애플 컬트'까지 탄생시켰는가?

사실 모든 것은 비밀에 싸여 있다. 잡스는 기술과 인문학의 만남이라는 잠언만을 던졌을 뿐이다. 그리고 여기에 대해서 온갖 추측이 난무한다. 잡스가 잠시 다녔던 대학에서 들었던 서체 강의에서부터, 그의 생애를 면밀히 추적함으로써 애플 성공스토리의 실마리를 찾으려는 시도에 이르기까지. 재빠른 상업출판사들은 잡스의 이름을 파는 저작들을 쏟아냈고, 거기서 잡스는 천재로 우상화되었으며 신화의 주인공이 되기까지 하였다. 그러나 스티브 잡스를 21세기의 구루로 즉위시킨 결정적인 제품 아이패드를 면밀히 살펴보면, 잡스의 신화화에 묻어둘 수 없는 인문학과 기술의 합류 경로가 어느 정도 모습을 드러낸다. 특히 컴퓨터 발전의 역사를 '인간-컴퓨터 상호작용'(Human-Computer Interaction, 이하 'HCI'로 표기)의 관점에서 추적해보고 또 아이패드의 '사용자 경험'(User Experience, UX)을 실마리로 삼아 접근해보면, 아이패드의 혁신성의 핵심을 이루는 HCI가 사실상 하이데거의 현상학과 거의 동일한 비전을 가지고 있다는 점이 밝혀진다.

아이패드가 출시된 때는 2010년으로 꽤 긴 시간이 지났고, 개발자 잡스가 죽은 것도 2011년이다. 지금은 아이패드가 웬만한 사람들은 다 들고 다닐 정도로 흔해졌지만, 처음 선을 보였을 때는 그저 낯선 물건에 불과했다. 게다가 아이패드는 기존 노트북에 비해서 성능과 사양도 그다지 좋지 않았다.

이미 랩탑이 400G의 메모리를 자랑하는 데 반해 아이패드는 기껏

32G 정도였다. 특히 아이패드는 컴퓨터의 일종이면서 종래의 PC와는 달리, 그리고 노트북이나 넷북과도 달리 키보드 없이 그냥 모니터 하나만 덜렁 있는 형태를 취하고 있었다. 이런 점들은 일단의 IT 전문가들로부터 부정적 평가를 얻기에 충분했다. 그들은 아이패드의 실패를 예언하였다. 그런데 얼마 후 이러한 전문가들의 전문성을 비웃기나 하듯이, 아니 더 정확히 말해서 그들의 전문성이 실제로는 허상임을 보여주듯이, 아이패드는 폭발적인 수요를 불러일으키며 팔려나갔다. 그리고 지금도 여전히 태블릿PC 시장에서는 아이패드의 경쟁자가 나타나지 않고 있다. 상황이 급반전된 것이다. 키보드조차 없어 컴퓨터로는 불완전한 형태를 지닌 것처럼 보이던 아이패드는 더 이상 실패의 운명을 지닌 불행한 기기로 야유받기보다 혁신의 아이콘으로 찬양되기 시작했다. 또 모니터와 사용자의 관계를 일신한 기능이야말로 아이패드를 이전의 컴퓨터와 구별시키는 혁신의 핵심으로 예찬되기 시작했다. 반면, 노트북 컴퓨터를 휴대하기 적합하게 소형화한 넷북은 처음에는 모바일 시대를 이끌 것으로 기대되었지만, 이제는 아이패드에 밀려 시장 한 구석을 차지하고 있을 뿐이다.

왜 사람들은 기존의 컴퓨터 사용 방식을 배반하는 아이패드에 열광하게 되었는가? 그 이유는 아이패드의 탄생 과정을 추적해보면 밝혀진다.

1.2 '패드'의 출생지, 유비쿼터스 컴퓨터

촌각을 다투며 신제품을 쏟아내고 있는 현재의 IT 개발상황을 거슬러 올라가 IT 발전의 역사를 면밀히 살펴보면, 이미 1990년대 초 '패드'(Pad)

라는 새로운 개념의 디지털 기기가 거론된 사실이 목격된다. 그리고 이 '패드'라는 새로운 개념의 컴퓨터가 출생한 곳은 애플이 아니라 엉뚱하게도 스탠퍼드 대학 인근 팰로앨토에 위치한 복사기회사 연구소 제록스 파크(Xerox PARC)였다. 당시 시점으로 돌아가 디지털 기기로서 '패드'라는 용어가 처음 등장한 텍스트를 읽어보자. 그 텍스트가 발표된 것은 1991년으로, 21세기를 이끌어 갈 새로운 개념의 컴퓨터를 예측하는 논문이었다. 「21세기를 위한 컴퓨터」라는 제목의 이 논문에서 우리는 다음과 같은 주장을 읽을 수 있다.

"유비쿼터스 컴퓨터는 목적에 따라 여러 가지 크기로 만들어지는데 나와 나의 동료는 탭(Tab), 패드(Pad), 보드(Board)라 불리는 것을 만들었다."[2]

이 논문의 저자는 당시 제록스 파크 연구소에 재직하던 마크 와이저이다. 여기서 우리는 '패드'라는 단어와 처음 마주친다. 아울러 이 '패드'라는 컴퓨터는 한때 우리나라에서 거의 국시처럼 거론되던 바로 그 새로운 기술을 구현하는 핵심기기로 제시되었음을 확인할 수 있다. '새로운 기술'이라 함은 한때 거의 매일 들을 만큼 상투어가 되었던 유비쿼터스 컴퓨팅(Ubiquitous Computing, 이하 'UC'로 표기)이다.

우리나라는 당시 UC를 모든 곳에 적용하여 각 지역은 물론 아예 나라 전체를 남김없이 유비쿼터스화하겠다는 목표를 세웠다. 한 걸음 더 나가서는 모든 곳, 모든 것에 U라는 글자를 붙여서 U-Government, U-City, U-Health, U-Apartment 등의 용어를 양산함으로써 국내뿐 아니라 세계의 이목을 집중시키도 했다. 특히 세계는 U-city라는 새로운 도시 개

2 Mark Weiser, "The Computer for the 21st Century," in *Scientific American*, Vol. 265, No. 3, 1991; *Mobile Computer and Communication Review* Vol. III Issue 3, July 1999, 3-11쪽에서 재인용.

념을 한국의 발명이라고 인정하며 이 U-City가 어떤 모습으로 출현할지 호기심을 갖고 지켜보았다.

그런데 이 U의 시대는 어느 순간부터, 정확히 말하면 아이폰이라는 스마트폰이 등장한 이후부터 '스마트'라는 용어에 잠식당하기 시작하더니 언어로서의 생명력을 급격히 잃고 말았다. 이제는 '스마트'라는 용어가 U를 추방하고 모든 것을 지배하게 되었으며, 모든 것에 스마트란 말이 붙고 있다. 그러나 '유비쿼터스 컴퓨팅'이라는 개념을 좀 더 잘 살펴보았다면 이미 아이폰이나 아이패드가 다 같이 그것을 출생지로 하고 있다는 사실을 놓치지 않았을 것이다. 나아가 어쩌면 애플보다 더 먼저 스마트 패드를 출시했을지도 모를 일이다.

그런데 UC란 대체 무엇인가? 우리가 흔히 쓰듯 그냥 '언제 어디서나'라는 뜻일까? 결론부터 말해서 '패드'라는 용어와 함께 컴퓨터공학에서 '유비쿼터스'라는 개념에 시민권을 부여한 마크 와이저의 논문을 보면, 그 개념은 우리가 단어를 듣고 바로 연상하는 뜻과는 다소 다른 내용을 가지고 있다. 이 개념은 처음부터 인간-컴퓨터 간의 상호작용 즉 HCI의 기존 양상에 파격적인 변화를 꾀하는 것으로서 구상되었다.

HCI의 관점에서 보면 UC는 1세대인 메인프레임 컴퓨터, 2세대인 퍼스널컴퓨터(PC)를 거쳐 도달한 제3세대 HCI라 할 수 있다. 와이저는 이 UC를 '스며 있는 기술'(pervasive technology), '조용한 기술'(calm technology), '눈에 띄지 않는 기술'(invisible technology)이라 부른다. 이 호칭들이 암시하듯이 유비쿼터스 컴퓨팅의 가장 큰 특징은 컴퓨터들이 환경에 숨겨져 있고, 그 컴퓨터들이 서로 무선통신으로 연결되어 사용자에게 편리한 환경을 제공해 준다는 점에 있다. 이러한 환경을 구축하기 위해 요구

되는 기술은 RFID와 USN이다.

RFID는 '무선주파수 인식기술'(Radio Frequency IDentification)의 약자로, 각종 사물에 소형 칩을 부착하여 사물의 정보와 주변 환경의 정보를 무선주파수로 전송 처리하는 비접촉식 인식 시스템을 말한다. 이 시스템은 판독 및 해독 기능을 가진 판독기와 고유정보를 내장한 RFID 태그 및 그 운용 소프트웨어, 그리고 네트워크로 구성된다. 한편 USN은 '유비쿼터스 감지 체계'(Ubiquitous Sensor Network)의 약자로, 태그와 센서로부터 사물 또는 환경에 대한 정보를 감지하거나 이를 저장·가공·통합해서 상황 인식 정보와 지식콘텐츠를 만들어 활용하는 것이다. 즉 각종 센서를 통해 주변의 환경정보를 실시간 수집하고, 수집한 정보를 관리 통제할 수 있도록 네트워크를 구성, 모든 사물에 컴퓨팅 및 커뮤니케이션 기능을 부여하여 언제 어디서든지 통신이 가능한 환경을 구현하는 기술이다.

UC를 지원하는 컴퓨터는 마크 와이저의 앞 인용문에서처럼 크기에 따라 탭(Tab), 패드(Pad), 보드(Board)로 나뉜다. 탭은 항시 휴대할 수 있는 크기의 도구이다. 원래 탭은 UC를 지원하는 가장 작은 컴퓨터로 포켓용 전자계산기 정도의 크기였다. 탭은 소형 컴퓨터의 기능을 수행함은 물론 탭을 소지한 사람의 위치정보 파악 기능을 가진 기기로 구상되었다. 패드는 수첩과 노트북의 중간 정도의 컴퓨터로, 간편하게 휴대하고 이동하면서 사용할 수 있는 기기이다. 패드는 노트북 컴퓨터의 기능을 대체함은 물론 전자책의 기능도 훌륭히 수행한다. 보드는 칠판 정도의 크기로 다양한 목적을 갖는다. 집에서는 TV나 비디오의 스크린 혹은 게시판 등으로 사용할 수 있고, 사무실에서는 게시판이나 칠판, 일정표 등의 기능을 수행한다. 또한 탭이나 패드에 내려 받으려는 텍스트의 전자 책장 역

할을 한다.

이렇게 UC를 구현하는 기술적 내용을 이해한다고 해도 여전히 남는 의문이 있다. 와이저가 UC에 대해 '눈에 띄지 않는 조용한 기술'이라 부른 이유는 무엇일까? 유비쿼터스의 사전적 의미는 모든 곳에 편재한다는, 즉 '언제 어디서나'를 뜻하는 것 아닌가? 그런데 왜 그는 유비쿼터스 컴퓨터에 '보이지 않는' '조용한' '스며드는' 등의 정의를 부여했을까? 이 점을 이해하기 위해서는 와이저가 유비쿼터스 컴퓨팅을 창안한 배경과 동기를 추적하는 것이 필요하다.

마크 와이저가 유비쿼터스 컴퓨팅을 주장하게 된 1990년대는 메인프레임 컴퓨터를 넘어서 컴퓨터 발전 역사의 새로운 세대를 연 퍼스널컴퓨터와 그것에 의해 가능해진 가상현실(virtual reality)의 시대였다. 그리고 모두가 퍼스널컴퓨터의 미래로 기약된 가상현실에 환호하고 있었다. 그러나 와이저는 당시 퍼스널컴퓨터와 가상현실로 예견되던 인간과 컴퓨터의 상호작용(HCI)이 인간과 도구의 정상적 관계를 이탈하고 있다는 문제점을 포착한다. 이를 계기로 컴퓨터-인간의 관계를 정상화시키기 위한 연구에 착수하는데 그 결과가 바로 유비쿼터스 컴퓨팅이다. 여기서 주목해야 할 부분은 와이저의 UC가 우리가 통념적으로 알고 있는 유비쿼터스 개념과는 상당한 차이가 있다는 점이다. 일반적으로 유비쿼터스 개념은 사용자가 컴퓨터를 이를테면 해변이든 카페든 정글이든 어디에나 가지고 다니며 사용한다는 뜻이다. UC를 서둘러 도입한 세계적 IT 기업 삼성도 2005년 UC를 anywhere, anytime, any device, any service, any network를 실현하는 '5any'로 이해하고 있었다. 그러나 와이저가 구상한 UC는 앞에서 말한 대로 IT 기술을 눈에 띄지 않게 모든 곳에 스며들게 만들어 사용자가 사는 세계와 구별되지 않게 하려 했다.

그런데 와이저가 이렇게 통념적 유비쿼터스 개념을 벗어나고자 한 이유는 무엇일까? 당시 PC가 구현하던 HCI에서 그가 포착한 문제점은 무엇일까?

당시의 PC는 책상 위에 고정된 데스크탑의 형태였으며 마이크로소프트사의 도스(DOS)라는 운영프로그램을 기반으로 하고 있었다. 그런데 이 프로그램은 상당히 복잡한 명령어로 구성되어 있어 컴퓨터를 사용하기 위해서는 꽤 오랜 시간 동안 컴퓨터를 조작하기 위한 학습을 받아야만 했으며, 사용할 때도 상당한 집중력을 갖고 컴퓨터를 조작해야 했다.

그리하여 컴퓨터가 일상의 필수품이 되어 도처에 존재할수록 인간에게 도구로 사용되는 것이 아니라, 오히려 인간의 자연스러운 행위를 가로막으며 항상 인간의 의식과 사고를 자신에게 붙들어 매는 격이 되었다. 컴퓨터로 무언가를 할 때마다 우리는 일 자체보다 끊임없이 모니터를 주시하는 등의 컴퓨터 조작에 주의를 빼앗기곤 한다. 컴퓨터는 이런 방식으로 우리를 가상현실로 끌어들인다.

이러한 상황을 타개하기 위해 와이저는 유비쿼터스 컴퓨팅의 개념을 새로 정의함으로써 인간과 컴퓨터의 새로운 상호작용 양상, 즉 눈에 띠지 않고 스며드는 기술로 나아가고자 했다. 유비쿼터스 컴퓨팅에서 구현되는 인간과 컴퓨터의 관계는 가상현실의 양상으로 펼쳐지는 인간-컴퓨터 관계와는 전혀 다르다는 것이다. 가상현실은 그것에 접근할 수 있는 여러 장비를 통해야만 우리가 체험할 수 있는 것이다. 그런데 이런 가상현실이 현실과 같은 현실감을 만들어내거나 현실보다 더 현실적으로 사용자를 몰입시키기 위해서는 사용자가 살고 있는 실제의 세계를 배제해야 하며, 또 사용자가 실제 세계에서 관계를 맺고 있는 타인들을 배제해야 한다. 한마디로 가상현실은 사용자를 그가 몸담고 있는 세계로부터

이탈시켜 여러 장비를 통해 컴퓨터가 만들어낸 세계 속으로 집어넣는 기술인 것이다.

이렇게 인간을 그가 살고 있는 구체적 현실로부터 이탈시키는 가상현실과 달리 와이저가 제안하는 유비쿼터스 컴퓨팅은 컴퓨터를 다시 인간이 사는 세계로 귀환시키려 한다. 이를 위해 컴퓨터는 인간과 도구의 본연적 관계를 회복해야 하며, 따라서 새로운 HCI에서 이제 컴퓨터는 눈에 띄지 않는 기술로 인간 삶의 배경으로부터 물러나야 한다. 즉 컴퓨터는 곳곳에 위치한 모니터의 형태와 노트북의 형태로 인간 앞에 당당히 서서 인간을 그의 세계와 단절시키고, 심지어 가상현실에서처럼 컴퓨터 속의 세계로 끌어들일 것이 아니라, 인간이 사는 세계의 모든 곳에 스며들어 오히려 그 현실을 고양시키는 데 기여해야 한다는 것이다.

1.3 인간-도구의 존재론—유비쿼터스 컴퓨팅의 철학적 배경

그런데 와이저가 이처럼 새로운 구상을 하게 된 심층에는 어떤 동기가 있었을까? 놀라운 것은 컴퓨터공학자인 그가 자기 직업과는 전혀 상관없는 하이데거의 실존주의적 존재론 위에서 기존 HCI가 지향하는 가상현실의 문제점을 통찰했다는 사실이다. 와이저는 하이데거의 『존재와 시간』에 등장하는 인간 실존 분석에서 인간과 도구의 본연적 관계 양상을 포착한다. 그리고 이를 IT기술의 영역에 겹쳐 놓음으로써 가상현실을 향해 발전하고 있는 HCI를 인간과 도구의 본연적 관계로 회복시키려 하였다. 따라서 유비쿼터스 컴퓨팅의 핵심을 이해하기 위해서는 하이데거의 철학을 깊이 음미하는 것이 필요하다.

하이데거는 인간을 실존하는 존재자라고 부른다. 여기서 실존이란 다른 존재자, 예컨대 물체 혹은 생명체와 같이 그냥 존재하거나 생존하는 것이 아니라, 언젠가는 결국 죽을 수밖에 없다는 미래의 사실을 미리 자신의 현재 삶에 개입시키며 항상 무엇인가를 해나가는 존재자라는 뜻이다. 그런데 인간이 항상 무엇인가를 해나가는 존재라 해도 아무것도 없이 그것을 해나갈 수는 없다. 따라서 인간에게 모든 것은 우선 도구로서 다가와 도구로서 사용된다. 인간은 도구가 없을 때는 심지어 자신의 몸마저 도구화하여 그것을 사용하며 살아간다. 아니 바꾸어 말하면 인간은 자신의 몸을 최초의 도구로 만난다. 그런데 중요한 것은, 항상 도구를 사용하며 이뤄지는 인간의 실존 상황에서 도구는 그것에 의탁해 펼쳐지는 인간의 실존에 거리 없이 밀착해 있기 때문에, 우리에게 눈에 띄지 않는(unauffällig) 방식으로 있다는 것이다.

그러나 전통적 견해에 따르면, 우선 사물은 이미 우리 앞에 서 있는 대상으로 나타나며 이것을 토대로 다른 가치가 첨가됨으로써 도구가 된다. 달리 표현하면 사물은 우선 객관적으로 인식 가능한 이러저러한 형태와 속성을 갖는 대상으로 우리에게 먼저 주어진다는 것이다. 그리고 이 기본적인 사실 위에서 대상이 어떤 목적을 위해 사용되거나 가공된다는 2차적 사실이 나온다. 하지만 하이데거는『존재와 시간』을 통해 바로 이러한 질서를 전복시키려고 한다. 그 출발점이 되는 것이 인간의 존재방식이다. 인간이라는 현존재는 그냥 존재하고 있는 물체와는 달리, 존재하면서도 그 존재가 문제되는 독특한 존재방식을 보여준다는 것이다. 이 때문에 현존재는 늘 존재론적 심려(Sorge)로 존재한다. 따라서 현존재의 존재 사실성 즉 '지금 여기에 실제로 있음'을 근원적으로 구성하는 것은, 현존재가 존재하는 순간마다 늘 무슨 행위(pragma)를 하면서 어떤 일상

의 일에 개입 혹은 빠져있는(verfallen) 상황이다.

그런데 이렇게 현존재의 현실적 존재사태 즉 그의 현사실성(Faktizität)을 구성하는 데 현존재의 행위가 필수적이라 해도, 그 행위는 아무것도 없이는 이루어지지 않는다. 그것은 항상 도구를 필요로 하며 도구와 함께 이루어진다. 물론 현존재가 도구가 없는 상황에 처할 수도 있으나 그때에는 일상적으로 도구가 아닌 것을 도구로 발견함으로써 행위를 이어간다.

예컨대 현존재가 지금 못 박는 일에 개입하고 있다고(빠져있다고) 하자. 그는 망치가 없으면 돌이라도 찾아서 못을 박는다. 심지어 어떤 것도 도구로 사용할 수 없는 맨몸의 상황일 경우, 극단적으로는 자신의 몸을 도구로 사용하기까지 한다. 가령 현존재가 존재하기 위해 나무를 두 토막 내야 할 상황인데 아무런 도구나 도구화할 사물이 없을 때는 그의 손을 도구로 사용하여 나무를 부러뜨린다. 더 정확히 말하면 현존재는 늘 존재를 문제시하고 그것을 염두에 두면서 어떤 일에 개입하여 행위를 할 수밖에 없는데, 그때 현존재는 그의 몸을 무엇을 느끼는 감각의 주체나 세포 또는 단백질 합성체인 생리학적 존재로 만나는 것이 아니라 우선 도구로서 만난다는 것이다. 우리는 문자 그대로 '이미 항상 몸을 쓰면서 실존'하고 있는 것이다. 손은 무엇을 가리키거나 집는 도구이며, 발은 그를 어디로 이동시키는 도구이다. 이런 의미에서 현존재의 몸이 애초 수단을 뜻하는 기관(organ)으로 불린다는 것은 우연이 아니다.

이상에서 보듯 현존재가 구체적 실존 상황에서 언제나 행위를 하면서 존재할 수밖에 없는 한, 이러한 현존재에게 그의 몸을 포함한 모든 존재자들은 대체로 도구적 존재자(Zuhandenes)로서 먼저 다가오거나 드러난다.

그런데 도구는 결코 하나로 존재하지 않는다. 도구는 그 하나하나가 이미 특정 도구로서의 본질적 자기동일성을 갖고 있지 않다. 그것은 항상 다른 도구와 연관 안에서 도구로서 존재한다. 예컨대 망치는 그 자체만으로 망치라는 자기동일성을 갖는 것이 아니다. 망치의 자기동일성은 그 자체 안에 있지 않다. 그것은 그것이 아닌 다른 것 즉 못과의 연관 안에서 못을 박는 데 기여할 때 비로소 망치라는 자기동일성을 확보하며 존재한다. 이처럼 도구는 하나의 독립된 존재자로 존재하지 않으며 항상 도구들의 전체 맥락 안에서만 존재한다. 도구가 도구로서 존재하는 것은 그것이 어떤 것을 위해 사용될 수 있을 때이다. 그리하여 도구들은 서로 전체적인 사용의 맥락(Bewandniszusammenhang)에 포괄되어 있다.

한편 어떤 도구의 자기동일성이 본질적으로 다른 것과 지시연관 관계를 이루는 데서 나오는 것이라면, 그렇지 않은 경우 도구는 더 이상 도구라는 존재방식으로 존재하지 않을 것이다. 실제로 도구가 이러한 지시연관 관계로부터 절연되어 버리면, 그것의 도구로서의 존재방식은 박탈되고 대상적 존재자로 전환되어 버린다. 예컨대 우리 행위에서 도구의 결함이나 고장과 같은 상황이 발생하여 망치가 망치로서 존재하는 기능적 연관관계가 절연되면, 망치는 우리가 그에 기대어 행위를 수행하는 도구가 아니라, 우리의 행위를 가로막고 우리 눈앞에 서있는 존재자로서 그 존재방식을 바꾼다. 즉 우리의 손 안에서 우리의 행위와 밀착되어 쓰이는 존재자(Zuhandenheit)로부터 우리 앞에 선 채로 그저 지각되고 관찰되는 대상적 존재자(Vorhandenhheit)로 바뀌는 것이다.[3]

3 하이데거가 도구적 존재자를 '손에 주어짐'(Zuhandenheit)으로 표현하고, 대상적 존재자를 '손 밖에 있음'(Vorhandenheit)으로 표현하는 등 손과의 관계로 구분하는 것은 두 존재방식이 실천적 차원과 맺고 있는 관계를 상징적으로 보여주기 위한 것이다.

이러한 논의를 더 진행시키다 보면 우리는 지각을 존재하는 것들의 근본 양상으로 전제하는 근대 인식론의 문제점까지도 더불어 확인할 수 있다.

일상적인 도구 사용 상황에서 도구는 도구에 의탁해 펼쳐지는 인간의 실존적 행위와 거리 없이 밀착되어 있기 때문에, 우리 눈에 띄지 않는(unauffällig) 방식으로 우리의 행위와 관계 맺고 있다. 예컨대 내가 볼펜으로 글을 쓰고 있는 경우 볼펜 그 자체는 나의 필기 행위와 하나가 되어 나의 필기 행위를 진행시킨다. 이렇게 우리가 순조롭게 도구를 사용하며 행위하고 있을 때, 도구는 우리의 행위와 분리되지 않으며 따라서 대상으로 지각되지 않는다. 그러나 반대로 그것이 눈에 띠는 방식으로 지각되기 시작하면, 오히려 그것은 도구이기를 멈춘다. 왜냐하면 우리의 행위가 순조롭게 녹아 들어가며 펼쳐지는 도구의 사용 맥락에 장애가 생기는 즉시 그 도구는 우리를 가로막고 서 있는 방해물로 눈에 띄며 지각되어 대상화되기 때문이다.

다시 볼펜의 예로 돌아가면, 내가 볼펜으로 글을 쓰고 있을 때 나의 행위는 볼펜에 지향하지 않고 진행되지만, 볼펜이 써지지 않을 경우 비로소 나의 행위는 정지됨과 동시에 볼펜에 나의 의식이 지향되면서 그것을 볼펜으로 지각하는 것이다. 이렇게 우리의 행위에서 사용되는 도구로서 존재하는 존재자는 지각의 대상이 될 때 비로소 눈에 띠며 지각의 대상이 되어 눈앞에 나타난다. 하지만 이 경우 도구로서 존재하던 존재자는 '쓰임'의 행위 상황에서 이탈하여 '보임'의 상황 속에 위치함으로써 지각되는 것이다. 이제 도구로서 존재하던 존재자는 존재양식의 변화를 겪으며 '보임새'(Aussehen)의 관점에서 대상으로 지각되어 그 형태를 보일 뿐이다. 즉 도구는 형태학적 규정의 대상으로 변양될 뿐 그에 의탁해 우

리의 실존이 펼쳐지는 도구로서는 더 이상 존재하지 않는다. 이렇게 도구로서 존재하던 존재자가 지각의 대상으로 존재방식의 변양을 겪으며 형태적 존재자로 출현하는 것을 하이데거는 '결핍'(Defizienz)으로 파악한다. 요컨대 대상적 존재자는 도구적 존재자의 결핍적 존재자이다. 그것은 도구로부터 모든 실천적인 맥락이 사상되었을 때 등장한다는 의미에서 도구로부터 파생되는 도구의 위축 현상이다. 대상적 존재자는 그리하여 본래적으로는 단지 더 이상 도구적이 아닌 것, 즉 모든 실천적 기능 연관관계가 해체되었을 때 남는 추상적 잉여일 뿐이다.

하이데거가 이 대담한 전복을 통하여 보여주려 한 것은 다음과 같이 요약될 수 있을 것이다. 현존재의 보다 근원적 존재방식은 행위를 통한 사물과의 실천적 만남이며, 따라서 세계는 대상이 우리 앞에 우리의 시선을 끌며 지각과 인식의 대상으로 서 있는 것이 아니라, 사물의 지시 연관관계 혹은 기능 연관관계로 열리는 것이다. 그리고 사물이 형태적으로 지각되어 객관적으로 규정될 수 있는 속성을 지니고 나타나는 것은 현존재가 이러한 사물과의 근원적 관계로부터 떨어져 나와 거리를 취할 때이다. 하이데거는 다음과 같이 술회한다. "이론적 태도의 결정에 결정적인 것은 실천(praxis)의 실종이다."[4] 그리하여 하이데거는 존재의 질서에 있어서 행위에서 사용되는 도구적 존재자가 지각에서 대상화되는 존재자보다 우선적임을 보여주려 하였다. 그리고 그는 다시 어원학적으로 이에 대한 전거를 제시한다. 하이데거는 『존재와 시간』에서 이제는 아득해진 기억을 상기시킨다. 그리스인들은 원래 사물을 '프라그마타'(Pragmata) 즉 '행위에 다가오는 것'이라 불렀다는 것이다.[5]

4 M. Heidegger, *Sein und Zeit*, Tübingen: Niemeyer, 1976, 357쪽.

5 같은 책, 68쪽 참조.

이제 이러한 하이데거의 논의를 정리해보자.

1. 도구가 눈에 띠는 존재양식을 가지면 가질수록 도구라는 존재방식을 상실하는 것이며, 따라서 인간의 실존적 행위를 왜곡하는 것이다. 도구적인 것이 더욱 도구적이기 위해서는 눈에 띠지 않는 존재방식을 구현해야 한다.

2. 이렇게 '눈에 띄지 않음'이라는 도구의 존재방식 속에 포함된 또 다른 중요한 사실은 도구가 독립적으로 존재하지 않는다는 사실이다. 하나의 도구는 항상 다른 것과의 연관 안에서 도구로서 존재한다. 즉 도구는 단절적으로 존재하는 것이 아니라, 항상 다른 도구를 지시하는 어떤 맥락에서만 도구로서 존재한다.

3. 도구들의 맥락 관계는 도구들 사이의 관계만이 아니라는 점이다. 도구의 맥락은 도구를 사용하고 있는 인간을 위해 인간으로 수렴하면서 펼쳐져 있는 것이다.

하이데거의 인간 실존과 도구에 관한 논의에 비춰보면, 결국 마크 와이저의 유비쿼터스 컴퓨팅은 인간 실존의 행위에서 다음의 세 가지 사실을 HCI에 흡수하는 사건이었다는 점이 분명해진다.

1. 컴퓨터가 인간 실존에 기여하는 도구인 이상 그것은 전면에 나서지 말고 배경으로 물러서 눈에 띠지 않아야 한다. 즉 컴퓨터는 인간이 실존하는 세계 속에 스며들어 인간의 실존행위와 구별되지 않아야 한다. 이런 이유로 와이저는 유비쿼터스 컴퓨팅을 "누구도 그것의 현전을 알아차리지 못하는"[6] 기술 혹은 "조용한 기술"(Calm Technology)로 칭하기도

한다.

2. 도구는 홀로 존재하는 것이 아니라 다른 것을 지시하면서 맥락을 형성하며 존재한다. 따라서 도구로서 존재하는 컴퓨터는 하나의 컴퓨터로 존재하는 것이 아니라 다른 컴퓨터들과 네트워크를 형성함으로써만 인간 실존에 기여하는 컴퓨터로서 존재할 수 있다.

3. 나아가 컴퓨터는 이제 단순히 주어진 정보를 처리하는 것이라 아니라 맥락 인식을 할 수 있는 컴퓨터여야 한다. 그리하여 이제 개발되어야 할 것은 맥락인식 컴퓨터(Context aware computer)이다.

이제 와이저가 꿈꾸었던 유비쿼터스 컴퓨팅은 다음 세 가지 핵심 기술을 발전시키는 방향으로 나아가는 것이 당연했다.

1. 컴퓨터가 인간 삶의 전면에 등장하여 가로막고 서 있으면서 인간을 컴퓨터가 발생시키는 가상현실로 끌고 들어가는 것이 아니라, 배경으로 물러서서 보이지 않게 인간 삶에 기여해야 한다. 그러기 위해서는 인간이 사는 세계의 모든 사물에 컴퓨터를 스며들게 해야 한다. 이 기술은 소위 '심는 기술'(Embedding Technology)로 구체화되어 개발되고 있다.

2. 컴퓨터가 도구로서 존재한다면, 항상 복수로 존재하며 서로 연결되어야 한다. 따라서 인간이 실존하는 세계의 사물에 스며들어간 컴퓨터들을 '서로 연결시키는 기술'(Interconnecting Technology)이 요구된다.

3. 도구는 항상 맥락 안에서만 도구로 존재한다. 따라서 컴퓨터는 단순히 연결되는 것이 아니라 그것이 속하고 있는 맥락을 이해하고 있어

6 M. Weiser, "Computer for 21 Century", *Mobile Computing and Communications Review*, Vol. III, Issue 3, July 1999, 1쪽.

야 한다. 이는 '맥락인식 기술'(Context Aware Technology)로 개발되고 있다. 그런데 도구가 맥락 안에 위치해 있고 또 그 맥락은 도구를 사용하는 인간을 위해 인간으로 수렴되면서 펼쳐지기 때문에, 맥락인식 기술에서는 도구가 맥락 안에 처한 위치와 사용자의 정체를 알아내는(identify) 것이 필요하다. 따라서 현재 맥락인식 기술은 두 가지 정보에 의존한다. 그것은 컴퓨터가 스며들어 있는 위치와 사용자가 누구인가에 관한 정보이다. 전자는 USN(Ubiquitous Sensor Network)을 통해서 가능하고, 후자는 곧 RFID(Radio Frequency IDentification)를 말한다.

지금까지 논의한 것 모두를 요약한다면, 이 요약은 유비쿼터스 컴퓨팅의 출현을 예고한 와이저의 기념비적인 논문 「21세기를 위한 컴퓨터」의 첫 문장으로 대신할 수 있을 것이다.

"유선, 무선, 적외선 등과 같은 것에 의해 연결된 하드웨어·소프트웨어들은 모든 곳에 편재하여 누구도 그것이 눈앞에 현전하고 있음을 알아차리지 못할 것이다."[7]

1.4 "도구를 보이지 않게 하라"

그렇다면 이제 UC를 실행하는 기기로서 패드가 어떠한 기기가 되어야 하는지 분명해진다. 우선 그것은 눈에 띄지 않는 데에 기능이 최적화

7 같은 글, 1쪽.

된 컴퓨터가 되어야 한다.

그런데 패드를 이렇게 눈에 띠지 않는 컴퓨터로 구현하는 과정에서 불행한 사건이 발생한다. 이 불행한 사건은 와이저가 UC를 '보이지 않는 컴퓨터' 혹은 '사라지는 컴퓨터'라고 부른 바로 그 점으로 인해 벌어진 것이었다.

와이저가 '사라지는 컴퓨터'라는 마법적인 수사학을 창안한 다음 와이저의 뒤를 이은 많은 공학자들은 그 마력에 끌려들 듯 사라지는 컴퓨터의 개발에 매진한다. 그러나 여기서 공학자들은 와이저의 UC를 탄생시킨 하이데거의 도구 존재론을 이해하지 못한 채 '사라진다'는 말을 문자 그대로 해석하고 말았다. 자신들의 과제가 컴퓨터를 곳곳에 숨겨 물리적으로 사라지게 만드는 것, 즉 보이지 않게 만드는 데 있다고 이해한 것이다. 그들이 가장 중요하게 여긴 일은 앞에서 언급한 '심는 기술'의 개발이었다. 어떻게 컴퓨터를 보이지 않게 곳곳에 매립하여 숨길 것인가. 하지만 이렇게 심는 기술을 개발하고 매립하는 가운데 두 가지 커다란 실수가 일어난다. 첫째는 UC를 실행하는 핵심기기로서 와이저가 개발하고자 하는 '패드'가 관심 밖으로 밀려난 것이다. 둘째는 보이지 않는 컴퓨터에서 '보이지 않음' 혹은 '사라짐'을 물리적이고 시각적인 부재로 오해한 것이다.

그러나 와이저의 UC 개념이 하이데거의 도구 존재론에서 촉발되었다는 사실을 주목한다면, 이때 컴퓨터가 물리적으로 비가시화되거나 없어진다는 뜻이 아님이 분명하다. 하이데거가 말하는 도구의 비가시성은 도구가 우리의 주의를 끄는 대상이 아니라 우리의 행위와 일체가 되어 눈에 띠지 않는다는 점을 말하는 것이었다. 바로 이 점에서 애플의 기술자들은 다른 컴퓨터공학자들과 구별되는 점이 있었다. 우선 그들은 유

비쿼터스 컴퓨팅을 구현하기 위해서는 패드와 같은 기기가 반드시 필요하다는 것을 잊지 않았다. 그리고 이 패드는 행위와 일체가 되는 컴퓨터, 혹은 하이데거의 표현으로 용재자(用在者, Zuhandenes)로서의 도구의 존재방식을 구현해야 한다는 것을 정확하게 이해하고 있었던 것 같다. 이것이 추정일 수밖에 없는 것은 애플의 기술 개발 과정이 철저히 비밀리에 이루어졌기 때문이다. 그러나 아이패드의 사용자 경험(UX)은 아이패드가 눈에 띠지 않는 용재자의 존재방식을 성공적으로 구현하고 있음을 증언한다. IT 전문지로서 최고의 권위를 인정받고 있는 『와이어드』의 딜런 트웨니(Dylan Tweney)는 2010년 4월 1일자 기사 「우리는 왜 아이패드에 열광하는가」에서 아이패드의 사용자 경험을 한 단어로 요약하고 있다.

"아이패드의 특성은 사라지는(disappear) 데 있다."

그런데 이렇게 눈에 띠지 않는, 사라지는 컴퓨터가 되기 위해서 아이패드를 구동하는 프로그램은 어떻게 구현되어야 할까?

우선 사라지는 컴퓨터가 도구의 존재방식을 진정으로 구현하려면 손으로 직접 운영할 수 있어야 한다. 즉 손에 의한 터치만으로도 조작 가능해야 한다. 하이데거가 도구의 존재방식을 '손 안의 존재자'라고 표현한 바와 같이 도구는 원초적으로 손과 직접적 관계를 맺고 있다. 최적의 도구는 손으로 조작하는 도구이다. 또 도구가 도구로서 최적의 존재방식을 구현하면 할수록 도구는 사용자에 대하여 대상의 특성을 잃는다. 다시 말해서 사용자에게 도구는 시각적 인지 대상으로 분리됨이 없이 그 도구를 다루는 사용자의 신체부위와 인지적으로도 일체감을 형성하게 된다. 특히 인간의 인지활동 중에는 대상과 분리되어 수행될 수 없는 인지활동이 있다. 바로 촉각이다. 촉각은 항상 몸의 동작과 행위를 수반하기

때문이다. 아이패드는 컴퓨터와 사용자의 관계를 형성함에 있어 바로 이 부분을 정확히 적용하고 있다. 아이패드가 도구로서의 최적화된 존재방식을 구현하기 위해서는 손의 동작으로 수행되는 촉각을 기반으로 작동해야 한다. 실로 아이패드의 OS는 이 점을 구현할 수 있도록 개발되었다.

이런 사실은 아이패드의 사용자가 모니터와 맺는 상호작용의 관계에서 분명하게 목격된다. 아이패드 이전에 모니터는 항상 시각적으로 주시되는 인지 대상이었다. 그러므로 모니터는 가능한 한 깨끗하게 유지되어야 했고 그것을 손으로 만지는 것은 사실상 금지되어 있었다. 모니터에 띄운 내용들을 움직이거나 삭제하고 싶으면 모니터와 엄격히 분리된 키보드를 가지고 수행하고 싶은 행위를 컴퓨터가 이해할 수 있는 명령어로 변환시켜 입력해야 했다. 1980년대 PC 운영체제로 쓰인 MS-DOS가 대표적인 경우이다. 그런데 이 과정은 상당한 인지 수준과 복잡한 숙지 과정을 필요로 하기 때문에 90년대부터 마우스라는 입력장치를 사용하여 좀 더 단순하게 모니터 상에서 수행하고 싶은 행위를 처리하게 되었다. 하지만 마우스 역시 모니터에 손을 대지 않고 아이콘이나 커서를 이동시킬 목적으로 개발된 것이다. 마우스가 도입된 이후에도 컴퓨터는 입력장치인 키보드와 마우스, 그리고 디스플레이 기능을 수행하는 모니터라는 두 가지 엄격히 분리된 기기로 구성되어야 했다. 그것은 특히 모니터 때문이었는데, 사용자에게 모니터는 시각적 인지의 대상으로 사용자와 주객의 분리를 일으키는 주요인이었다.

반면 아이패드는 처음부터 이런 컴퓨터의 기본 구성방식을 무너뜨리는 것이었다. 감히 모니터에 직접 손을 대어 거기 나타난 내용들에 대해 행위를 수행하도록 허락했던 것이다. 아이패드에서 모니터는 말 그대로

사용자의 시각적 주시의 대상으로 그치는 것이 아니라, 손가락의 행위로 일어나는 촉각에 직접적으로 관계하며 모니터에 나타나는 내용들을 처리하도록 행위를 유발한다. 앞에서 하이데거의 도구 존재론으로 살펴본 바와 같이, 우리와 관계 맺는 존재자가 우리 앞에 주시의 대상으로 출현하는 것은 우리의 자연스런 행위가 어떤 장애를 만나 행위를 방해받고 따라서 자연스런 실존 상황으로부터 이탈될 때이다. 모니터가 사용자와 주시의 대상으로 관계를 맺는 것은 결국 순조롭게 진행되는 행위의 상황이 아니라 문제가 발생하고 장애가 있는 상황이다. 이러한 상황에서 행위는 부자연스러워질 수밖에 없으며 원래 행위가 하려던 것 역시 방해받을 수밖에 없다. 따라서 모니터가 사용자의 행위가 목적하는 대상이 아니라 그 행위와 행위의 목적을 매개하는 도구라면, 그것은 주시의 대상이 되어서는 안 된다. 하이데거 식으로 말하면, 내 앞에서 서있는 대상이 아니라 손 안의 존재자가 되어야 하는 것이다.

아이패드는 모니터의 존재방식을 눈앞의 존재자(Vorhandensein)에서 정확히 손 안의 존재자(Zuhandensein)로 혁신하여 사용자에게 진정한 도구로 다가온 기기였다. 그것이 사용자들에게 빠르게 수용될 수 있었던 이유도 이렇게 도구의 존재방식을 최적으로 구현하는 기기였기 때문이다. 실로 아이패드의 운영프로그램은 MS-DOS와 같이 그것을 다루는데 상당한 지적 수준의 학습이 필요했던 초창기 PC와는 확실히 차별화된다. 아이패드는 의식적 학습이나 훈련이 거의 필요 없을 정도로 자연스럽게 손의 행위에서 일어나는 촉각을 인지하는 것으로 충분히 다룰 수 있다. 아이패드가 복잡한 명령어로 구성된 MS-DOS와 같이 고도의 의식적 인지학습은 물론, 윈도 같이 다소 덜한 의식적 인지학습조차 따라잡기 어려운 고령의 노인이나 유년기 어린아이까지 사용할 수 있는

이유가 여기에 있다. 아이패드를 작동하는 행위는 의식의 인지능력이 아니라 도구와 인간의 자연스런 실존적 관계 위에 서 있기 때문에, 사용자는 실존적 인간으로서 손의 운동 능력만으로도 충분히 컴퓨터를 사용할 수 있는 것이다. 좀 더 부연하면, 아이패드는 사용자가 수행하려는 행위에 자연스럽게 친숙화되어 상호작용하기 때문에 사용자는 수행하는 행위를 멈추거나 변형시킬 필요 없이 순조롭게 기기를 다루면서 수행하는 행위에 몰입한다.

애플은 이렇게 모니터를 손과 관계시키고 손으로 하여금 모니터에 나타난 내용을 직접 다룰 수 있게 하는 프로그램을 'iOS'라는 이름으로 개발한다. 이미 언급한 바와 같이 아이패드가 입력기기인 키보드와 마우스, 처리기기인 본체, 출력기기인 모니터로 구분되는 컴퓨터의 기본구성을 훼손했을 때 일단의 전문가들은 컴퓨터 구성의 기본공식을 위반하는 것으로 판단하여 회의적인 평가를 내렸다. 하지만 아이패드를 실질적으로 사용해본 후 평가는 급반전되었다. 그 반전은 아이패드 사용자경험 즉 UX에 대한 다음과 같은 증언에서 확인할 수 있다.

"아이패드의 특성은 사라지는(disappear) 데 있다. 아이패드는 너무나 단순하고 쉽고 직관적이어서 사용자가 소프트웨어를 조작하고 있다는 점마저 잊어버리게 한다. 마치 텔레비전 스위치를 켜거나 책장에서 책을 꺼낼 때 아무런 의식적 판단이 필요 없는 것처럼 말이다. 그로 인해 사용자는 아이패드가 소프트웨어를 통해 작동하는 기계임을 잊어버리고 웹사이트, 사진, 영화, 게임 자체를 손에 들고 있는 듯한 착각에 빠진다. 컴퓨터의 경우, 내용물을 관리하고 통제하는 하드웨어/소프트웨어적 장치가 두드러지지만, 아이패드의 경우는 이런 사용자 인터페이스(UI)가 드러나지 않기 때문이다. 예컨대 아이패드에서 웹브라우저를 열면 웹사이

트 전체가 화면을 채운다. 컴퓨터와 달리 웹사이트를 둘러싼 각종 틀, 메뉴, 버튼 등은 찾아보기 어렵다."[8]

이렇게 아이패드는 출시되었을 당시의 우려를 불식시키고 폭발적인 수요를 일으키며 소위 새로운 시대의 컴퓨터로 자리매김한 것이다.

이제 마지막으로 이러한 사용자경험과 마크 와이저의 다음 발언을 연결시켜 보면, 사라지는 컴퓨터로서의 아이패드가 와이저의 UC와 갖는 관계, 그리고 UC가 하이데거 철학과 갖는 관계를 더 명확히 이해할 수 있다.

"좋은 도구는 보이지 않는 도구이다. 보이지 않는다는 말은 도구가 우리의 의식에 침범하지 않는다는 뜻이다. 사용자가 도구 자체가 아니라 과제에 집중한다는 말이다. 안경은 좋은 도구이다. 안경을 착용한 사람은 안경을 바라보는 것이 아니라 세계를 바라본다. 시각장애자는 지팡이를 느끼는 것이 아니라 도로를 느낀다. … 균형이 잘 맞는 좋은 망치는 목수의 손에서 사라져서 목수가 더 큰 장면에 집중하도록 하는 것처럼, 우리는 컴퓨터가 마치 마술처럼 사라지는 행위에 참여할 수 있기를 바란다."[9]

물론 아이패드의 사용자 경험을 통해 아이패드에 배어 있는 현상학적 측면을 밝히는 이 논의는 애플의 아이패드 개발 과정이 공개되지 않는 한 한낱 추측에 불과할 뿐이라는 비판이 제기될 수 있다. 그러나 다행스

8 Dylan Tweney, "Why We Are Obsessed With the iPad", *Wired*, 2010년 4월 1일.

9 M. Weiser, R. Gold, J. S. Brown, "The origins of ubiquitous computing research at PARC in the late 1980s", http://csis.pace.edu/ctappert/dps/d861-09/team4-read1.pdf 망치는 하이데거가 도구의 존재방식을 논의할 때 빈번히 언급하는 대표적인 예이다.

럽게도 애플이 아이패드에 이어 아이패드 II를 출시하면서 만든 TV광고는 이 추측이 사실에 가까움을 암시한다. 애플은 아이패드의 성공에 자신을 얻은 듯, 아이패드 II를 선전하는 TV광고에서 하이데거와 와이저의 어휘를 빌어 다음과 같이 고백하고 있다.

"여기에 당신이 믿는 것이 있습니다: 기술만으로는 충분치 않습니다. 빠르고, 얇고, 가볍고, 이 모든 것은 좋은 것입니다. 그러나 이러한 기술이 뒤로 물러서 있을 때 모든 것은 더 기쁘고 마법적이기까지 합니다."

1.5 아이패드, 교훈과 한계

지금까지의 논의를 통해 우리가 알게 된 사실은 다음과 같다. 애플 아이패드는 사용자를 하이데거의 실존론적 존재론에 근거하여 실존적으로 존재하는 인간으로 이해하고 있다. 애플의 i시리즈가 시장에서 성공을 거둘 수 있었던 이유는 사용자를 실존적 인간으로 파악하여 인간과 도구와의 관계를 실존적으로 실행할 수 있는 HCI를 구현하였기 때문이다. 이는 컴퓨터 사용자의 존재방식에 대한 기존의 패러다임을 혁신함으로써 이룬 성공이다.

사실 HCI라는 분야가 성립할 때부터 인간과 컴퓨터의 관계를 연구하는 지배적 패러다임은 '휴먼 프로세서 모델'(Human Processor Model)이었다. 이 모델에 따르면 인간은 컴퓨터와 동일한 방식으로 작동하는 존재자이다. 즉 인간은 인지적 존재자로서 컴퓨터를 사용하는데, 이러한 인간의 인지활동은 인지기관, 예를 들면 두뇌에 내장된 합리적 규칙에 따라 입력된 자료를 처리하는 방식으로 이루어진다는 것이 휴먼 프로세서

모델의 기본입장이다. 이 모델은 최근까지 여러 가지 변형을 거쳤지만 그 입장에 숨어 있는 기본 전제, 즉 인간이 컴퓨터의 프로세서처럼 공학적으로 작동한다는 전제는 '구글 글래스'에서 보듯 여전히 지배력을 행사하고 있다.[10]

이러한 사실과 함께 애플 아이패드에 관한 지금까지의 논의를 보충하는 몇 가지 사실을 마지막으로 짚어보고자 한다.

첫째, 애플은 적어도 잡스의 생존 당시까지는 인간을 실존적 존재자, 즉 죽음이라는 미래를 현재 삶의 의미로 살려내면서 사는 존재자로 보고, 그 위에서 인간과 컴퓨터의 관계 즉 HCI의 혁신을 시도하고 있었다.

둘째, 그러나 이 혁신은 스티브 잡스라는 희대의 천재가 하루아침에 이룩한 것이 아니다. 애플 아이패드의 출현을 영향사적으로 살펴보면 거의 100년에 가까운 사유의 중개 과정이 있었다. 이 과정을 역사적 사실을 통해 부연하면 다음과 같다. 이미 앞에서 지적한 바와 같이 '패드'라는 새로운 컴퓨터의 출생지는 애플이 아니라 스탠퍼드 대학 인근 팰로앨토에 위치한 제록스 파크 연구소였다. 그리고 이 연구소의 수석 연구원 마크 와이저가 1991년 「21세기를 위한 컴퓨터」라는 논문을 발표함으로써 후일 애플이 성공적으로 이룬 인문학과 IT의 결합, 특히 현상학과 IT의 결합의 길을 열었다. 와이저는 특히 인간과 컴퓨터의 관계, HCI라는 분야에 현상학적 통찰을 잘 적용한 공학자이다. 그는 이미 대학에서 컴퓨터공학과 함께 철학을 복수 전공하였고, HCI 분야의 전문가가 되어서도 끊임없이 철학 특히 현상학을 공부하였다. 그러나 그에게는 철학의 지

10 구글 글래스가 공학적 인간모델에 집착함으로써 초래한 결과는 이 장의 마지막 절에서 다룬다.

혜를 전수한 또 한 명의 선배가 있었는데, 1970년대 MIT 미디어랩에서 『컴퓨터가 할 수 없는 것』(*What Computers Can't Do*)이라는 책을 써서 큰 파장을 일으킨 현상학자 휴버트 드레이퍼스가 바로 그 사람이다.[11]

1970년대란 모두가 컴퓨터에 열광하던 때다. 이를테면 마빈 민스키 같은 인공두뇌 연구의 선구자가 등장해 인간의 인지능력마저 컴퓨터와 똑같은 것으로 보는 인지과학을 대세로 만들어가던 무렵이다. 이런 상황에서 대세에 찬물을 끼얹는 저서가 출간된 것이다.[12] 드레이퍼스의 회고에 따르면, 그는 당시 MIT AI 랩의 일개 연구원에 불과했는데, 연구소의 지주나 다름없었던 민스키와 학문적 갈등을 일으키는 바람에 결국 캘리포니아 대학(버클리)으로 이적할 수밖에 없었단다. 그러나 드레이퍼스 역시 혜성처럼 등장한 파격의 철학자가 아니라 이미 오래전에 시작된 현상학적 사유의 역사를 이은 철학자일 뿐이다. 잘 알려진 바와 같이 드레이퍼스는 미국에 하이데거를 소개한 하이데거 전문가로서 20세기 초반 철학사에 격변을 일으킨 하이데거의 『존재와 시간』을 인식론적 관점에

11 Hubert L. Dreyfus, *What Computers Can't Do: The Limits of Artificial Intelligence*, rev. ed., New York: Haper and Row, 1979, 255쪽. 드레이퍼스는 육화된 인지의 현상학적 특성들을 다음과 같이 지적한다. (1) 부분적으로 과거 경험에 의해 결정되어 있으나 부분적으로는 열려있는 미래 기대로 구성된 내적 지평. (2) 현재 인지 활동을 유동적이며 불안정한 연결 패턴의 다른 맥락과 연루시키는 기대의 포괄적 특성. (3) 하나의 감각 양상으로부터 다른 감각 양상으로 기대의 변이 가능성. 이러한 신체적 인지는 우리의 현재 인지가 그보다 더 많은 것을 알고 있다는 것을 뜻하지만, 다른 한편으로 우리의 인지는 무한히 열려 있는 지평구조 때문에 모호성과 변형가능성을 지니는데, 이것을 명시적 결정 과정으로 형식화할 수는 없다는 뜻이기도 하다.

12 당시 마빈 민스키는 철학자들이 2천 년 동안 씨름하고도 해결하지 못한 인간의 인지 문제를 컴퓨터 모델에 의거한 인지 연구로 해명하여 결국 인간을 능가는 인공두뇌를 만들 것이라고 선언했다. 그리고 이러한 입장을 계속 유지하여 2000년 무렵에는 이제 인간이 기계에게 역사의 주인공 역할을 이양해야 한다는 취지의 강연을 한다. Marvin Minsky, "Why Computer Science is the most important thing that has happened to the humanities in 5,000 Years," in Lecture Nara, Japan, May 15, 1999.

서 연구하여 깊은 통찰에 이른 사람이다.

물론 이러한 철학적 사유의 영향사는 하이데거 이전까지 거슬러 올라갈 수 있다. 그러나 철학이 컴퓨터공학에 미친 결정적인 영향은 하이데거에서 본격적으로 탐구되는 도구 존재론이었다는 점을 고려한다면 다음과 같은 요약이 가능할 것이다. 애플이 아이패드를 출시함으로써 이룬 인문학과 기술의 융합은 단기간에 급속히 추진된 속성의 공학이 아니다. 그것은 하이데거로부터 시작하여 드레이퍼스와 와이저를 거쳐 잡스에 이르는 100년에 가까운 성찰의 역사 속에서 성취된 숙성의 미학이었다.

HCI의 측면에서 볼 때 아이패드에 숨겨진 철학이 하이데거의 실존론적 존재론이라는 것은 의심의 여지가 없다. 이런 점에서 디지털 기술과 그 기술에 대해 비판을 가해온 현상학이 반드시 대립적 관계에 서 있는 것은 아니며 화해적 관계로 들어설 가능성도 희미하게나마 있음을 알 수 있다. 그러나 이 화해가 더욱 성숙되기 위해서는 애플이 마크 와이저를 거쳐 하이데거의 실존론적 존재론을 흡수하는 과정에서 그 요지를 망각하거나 일부만 편취하여 불충분하게 이해한 점이 없는지 다시 한 번 살펴볼 필요가 있다. 이 점을 염두에 두고 현재 일어나고 있는 상황을 보면 두 가지 문제점이 눈에 띈다.

첫 번째는 와이저가 하이데거의 실존론적 존재론을 컴퓨터공학에 끌어들이면서 매우 중요한 점을 간과하였다는 것이다. 즉 그의 유비쿼터스 컴퓨팅 이론에 결정적 역할을 한 하이데거의 도구 존재론은 인간의 실존 문제와 깊은 관계가 있는데, 이 실존은 인간이 사는 장소의 문제와 분리하여 논할 수 없다는 점이다. 와이저 역시 도구와 인간의 삶, 그리고 장소가 어떤 관계를 갖는지 어렴풋이 알고는 있었던 것 같다. 와이저의 다

음 언급을 보면 특히 그렇다. "조용한 기술의 결과는 우리를 집으로, 친숙한 장소로 되돌려 놓는 것이다."[13] 하지만 그는 이처럼 유비쿼터스 컴퓨팅의 궁극적 목표가 인간을 그가 사는 곳으로 귀환시키는 데 있다고 주장하면서도, 인간 실존의 문제와 실존하는 인간이 어디에 사는가 하는 문제는 다루지 않았다. 그리고 이러한 문제는 아이패드에 그대로 전이되어 원래 유비쿼터스 컴퓨팅이 목표했던 바를 망각한 채 세상에 선을 보이게 되었던 것이다. 보이지 않는 컴퓨터를 사용하는 지금 과연 우리는 와이저가 유비쿼터스 컴퓨터로 꿈꾸었던 것처럼 집 또는 친숙한 장소로 돌아갔는가? 이러한 문제를 논의하기 위해서는 공간, 집, 장소의 문제를 실존론적 현상학을 통해 해명하는 작업이 더 필요하다.

두 번째 문제는 마크 와이저가 유비쿼터스 컴퓨팅을 제안한 목적을 그 후예들이 망각하고 있는 점이다. 와이저는 가상현실의 위험을 지적하며 컴퓨터가 만들어내는 가상현실로부터 우리가 사는 친숙한 장소로 귀환하고 그것을 촉발하기 위해 PC를 UC로 혁신하려 하였다. 그러나 20년이 지난 지금 애플을 비롯한 구글, 삼성 등의 IT 기업은 다시 첨단 가상현실 기술을 통해 새로운 경제적 부가가치를 창출하려는 사업을 적극 추진하고 있다. 마크 와이저가 가고자 했던 컴퓨터의 발전 방향을 되돌리고 있는 것이다. 그가 지적한 가상현실의 위험을 좀 더 세밀하게 검토해야 하는 이유가 여기에 있다. 가상현실 기술은 결국 현실이 아닌 가상을 현실처럼 지각하게 하는 기술이므로 지각의 문제와 깊은 관련을 갖는다. 하지만 유감스럽게도 지금까지 논의의 바탕을 제공한 하이데거는 지각을 행위의 파생 양상으로 드러내는 데는 일부 성과를 거두었지

13 M. Weiser, John Seely Brown, "Designing Calm Technology" Dec 21, 1995. http://www.ubiq.com/hypertext/weiser/calmtech/calmtech.htm

만, 지각 자체를 현상학적으로 논의하지는 않았다. 이런 이유로 가상현실 기술을 지각의 문제와 관련지어 다루기 위해서는 그의 스승인 후설이 수행한 지각의 연구를 참조할 필요가 있다.

가상현실과 인간의 지각 / 2

가상현실 기술의 응용이 가능한 영역은 인간 삶의 전 분야라 할 만큼 넓다. 하지만 급속히 확대되고 있는 이 기술이 인간 삶 자체에 미칠 영향에 대해서는 낙관과 비관이 엇갈리고 있으며, 이에 대한 철학적 성찰도 아직은 부족한 게 사실이다. 가상현실 기술은 인간의 지각 과정을 정보공학적으로 재현하려는 것이므로 그 중심에는 모종의 지각이론을 가지고 있을 수밖에 없다. 그러나 후설의 현상학적 지각이론에 비추어 볼 때 가상현실이 근거하고 있는 지각이론은 상당한 오류를 내포하고 있다. 말하자면 가상현실 기술은 잘못된 지각이론에 근거하여 인간의 자연적 지각 세계를 작위적으로 가공함으로써 인간을 가상 세계로 몰입시키는 기술로서, 후설의 '내적 시간의식에 관한 연구'를 통해 이 기술을 분석해보면, 인간의 지각 구조에 심각한 병리현상을 일으킬 수 있는 위험 요인이 잠복해 있다는 것이다.

2.1 지각은 근원적인가?

가상현실 기술이 의존하고 있는 지각이론을 비판하기에 앞서 지각이란 어떤 것인지 살펴볼 필요가 있다. 특히 현상학에서 말하는 '지각'이란 무엇인가? 후설의 경험 분석에서 특별한 위치를 차지하는 것이 바로 '지각'(Wahrnehmung, perception)이다. 그리고 현상학의 많은 이론들 역시 지각에 대한 현상학적 분석에서 드러난 지각 작용의 특성을 이론의 기초로 삼고 있다. 후설은 지각에 대해 근본적 경험의 양태라는 의미를 부여한다. 말년의 저서 『유럽학문의 위기와 선험적 현상학』(1936)에서 후설은 지각에 대해 다음과 같이 쓰고 있다.

"지각은 직관의 근원적 양태이다. 지각은 근본적인 원본성에서, 즉 그 스스로 현재라는 양상으로 (현상을) 제시한다. 그 외에 다른 직관의 양상이 있는데 이 다른 직관 양상들은 '그 자체 여기'라는 양상의 변양태라는 성격을 갖는다. 그 다른 양상들은 재현화(Vergegenwärtigung), 즉 현전(Gegenwärtigung)의 변양태이다."[14]

후설이 이렇게 지각을 근본적인 경험의 방식으로 선호하는 이유는 무엇인가? 우리가 후설의 지각이론을 다루기에 앞서 해결해야 할 문제는 바로 지각에 대한 현상학적 분석으로 나아간 후설의 현상학이 정당화될 수 있는가 하는 점이다. 왜냐하면 현상학자들 사이에서도 지각이 인간이 존재하는 방식의 한 파생적 양태가 아닌가 하는 우려가 자주 제기되고 있기 때문이다. 특히 발덴펠스 같은 현상학자는 지각이 언어적으로 또는

14 『전집 6』, 107쪽. 이 글에서 후설의 저서는 *Husserliana: Edmund Husserl Gesammelte Werke*(hrsg. v. Husserl Archives Leuven)에 수록된 판본을 중심으로 인용하고, *Husserliana*는 『전집』으로 표기함.

사회-역사적으로 조건 지어져 있다는 사실을 후설이 완전히 간과했다고 비판하고 있다.[15] 그러나 이러한 비판은 다음 두 가지 이유에서 부당하다.

첫 번째 이유는 비교적 단순하다. 후설 스스로도 일상적 지각이 사회적 혹은 언어적 조건을 기반으로 수행된다는 사실을 분명하게 파악하고 있었다. 『현상학적 심리학』에서 후설은 다음과 같이 쓰고 있다.

"우리는 자연스럽게 책상과 의자, 공책 등을 본다고 말한다. 그러한 단어들은 명백히 우리가 보는 사물을 우리 자신이나 타인이 수행한 의미관계에서 표현하고 있다. 우리가 보는 별을 천체라고 표현하거나 온도계에 대해 경험적 진술을 할 때를 예로 들어보면, 현실적으로 경험되는 것은 … 그 이전의 사유작용에서 유래하는 지식이 침전되어 있다는 것이 분명해진다. 이러한 사실은 의심의 여지가 없다."[16]

우리가 책상이나 의자를 보는 경우, 또는 온도계에서 온도가 18도라는 것을 보는 경우, 그 보는 작용에는 이미 어떤 대상을 책상으로 사용하는 문화적 역사적 맥락 또는 온도계와 기온 관계를 규정하는 지적 작업이 스며들어 있어서 그것을 기반으로 가능하다는 것이다. 지각이 이러한 문화적 기반 위에서 가능하다는 것에는 의심의 여지가 없다고 후설은 명확하게 언급하고 있다.

둘째, 후설의 지각론에 대한 비판은, 일상적 지각이 바로 이렇게 문화적 언어적 조건 하에서만 가능하기 때문에 후설이 지각 그 자체만을 현

15 Bernhard Waldenfels, "Die Abgruendigkeit des Sinnes: Kritik an Husserls Idee der Grundlegung," in *Lebenswelt und Wissenschaft in der Philosophie Edmund Husserls*, hrsg. v. Elisabeth Stroeker, Frankfurt a.M.: Klostermann, 1979, 129쪽 이하.

16 『전집 9』, 57쪽.

상학적으로 기술하기 위해 다시 근원적 상태로의 환원을 수행했다는 사실을 간과하고 있다. 여기서 주목해야 할 점은, 후설이 현상학적 분석의 대상으로 삼은 지각은 일상적 지각이 아니라 현상학적 환원을 통해 주제화되는 선(先)언어적 지각이라는 사실이다.

그럼에도 그러한 선언어적 지각이 과연 가능한가 하는 의혹이 제기될 수 있다. 즉 근원적 지각 역시 이론적 추상물에 불과한 것 아닌가 하는 의혹이다. 이러한 의혹은 다시 지각이 언어적이고 문화적인 조건 하에서만 가능하다는 입장을 고수한다. 다시 말해 지각은 언어나 역사 또는 문화적 맥락 없이는 수행될 수 없다는 주장을 그 이면에 여전히 담고 있는 것이다. 그러나 이 경우 우리는 다음과 같은 딜레마에 빠지게 된다. 즉, 지각이 언어를 매개로 해서만 가능하다는 주장을 고수하여, 지각이 언어를 가능조건으로 하며 따라서 언어에 앞선 지각은 불가능하고 선언어적 순수지각은 이론적 추상물에 불과하다고 한다면, 적어도 다음과 같은 두 개의 어처구니없는 결론을 감수해야만 할 것이다. 첫째, 2개 이상의 언어를 구사하는 사람은 동일한 대상을 지각하면서도 그때그때의 언어마다 다른 방식으로 그 대상을 지각해야 할 것이다. 둘째, 언어는 학습될 수 없을 것이다. 왜냐하면 언어 매개 없이 어떤 대상이나 사태를 지각할 수 없다고 한다면, 예컨대 '노랑' 혹은 '이 책상은 노랗다' 같은 말을 처음 듣는 학습자는 이 언어가 어떠한 대상이나 사태에 관련되는지 배울 수가 없을 것이다.

어떤 이는 이러한 형식적 반론에 맞서서, 언어가 지각의 가능조건이라고 할 때의 그 언어는 역사적 문화적 상황에 있는 어떤 사실적 언어를 뜻하는 것이 아니라고 주장함으로써 피해가려고 할지도 모른다. 그 경우에도 매우 답변하기 어려운 문제에 봉착하게 된다. 모든 사실적 언어

를 초월한 선험적인 보편 언어가 과연 존재하는가? 설령 그런 언어가 있다고 해도, 그 선험적 보편 언어는 어떠한 현실 언어와도 동일하지 않을 것이다. 왜냐하면 그것은 개념상 특정 문화적 · 역사적 상황 안에 존재하는 것이 아니기 때문이다. 따라서 만일 지각이 이런 선험적 언어를 가능 조건으로 한다면, 그것에 의해 가능해진 지각은 마찬가지로 문화적 역사적 규정을 벗어나 있는 것이며 그 언어만큼이나 순수할 것이다. 뿐만 아니라 그 선험적 보편 언어가 경험적인 사실 언어와 동일한 것이 아니라면, 그 언어는 실재 언어처럼 구체적인 음성으로 발화될 수 없다. 그것은 발화되지 않는 언어로서 선언어적일 것이다. 이러한 언어를 일반적인 의미에서 언어라 할 수 있을까? 그것은 오히려 지각을 가능하게 하는 의식 작용이라고 부르는 편이 나을 것이다. 따라서 이러한 작용은 순수 지각 작용이란 명칭을 부여받을 자격이 있을 것이다. 그리하여 언어와 지각의 구별이 사라진다.

이처럼 후설에 대해 제기된 비판들은 그것을 받아들일 경우 매우 곤혹스런 결과에 빠질 수밖에 없음을 알 수 있다. 이제 이런 비판을 넘어서 좀 더 적극적으로 후설이 지각작용을 어떻게 현상학적으로 규명하고 있는지 살펴보자.

2.2 '보이지 않는 것을 보다'

후설의 지각 분석은 사물이 우리에게 부분적으로 나타난다는 사실에서 출발한다. 즉 지각은 항상 지각 대상을 전체적으로 지각하려 하지만, 지각에 직접적으로 주어지는 것은 대상 전체가 아니라 대상의 일면이다.

예컨대 내가 여기 이 책상을 지각할 때 나는 항상 책상 전체를 지각하고 있지만 직접적으로 나의 지각에 나타나는 것은 책상의 앞면뿐이다. 그리하여 지각 대상이 나타나는 방식은 불완전하며 그것에 대한 지각은 항상 충족되지 않는다. 이러한 사태는 겉보기에는 단지 우연한 결과에 불과한 것 같아 보인다. 즉 인간의 지각이 불완전한 데서 유래하는 우연적 사실처럼 보인다. 그러나 후설은 바로 여기서 사물에 대한 지각 과정이 본질적으로 동적인 연관 체계를 구성하는 방식으로 진행된다는 사실을 통찰한다. 이러한 통찰에 이르게 되는 과정은 매우 복잡하지만 다음과 같이 세 단계로 체계화할 수 있을 것이다.

첫 번째 단계는 별로 지적할 필요도 없을 것 같은 사물의 부분적 현상 방식에서 사물 현상의 본질적 특성을 드러내는 작업이다. 두 번째 단계는 이러한 첫 단계의 결과를 토대로 현재적으로 주어지지 않는 것이 현재적으로 주어진 것의 의미를 결정하는 데 필수적이라는 사실을 보여주는 것이다. 그리하여 세 번째 단계에서 지각은 하나의 동적 지시체계로서 수행된다는 결론에 이르게 된다.

사물을 지각한다는 것은?

후설의 첫 번째 작업은 우선 우연적 사건인 것처럼 보이는 사실, 즉 여기 있는 책상이 우리에게 일면적으로 나타난다는 것을 사물 지각의 본질적 규정으로 확정하는 일이었다. 후설은 그 반대의 경우, 즉 일면적이지 않은 사물 지각이 불가능하다는 것을 보여줌으로써 사물 지각의 일면성을 사물 지각의 필연적 명증성으로 확보하려 한다. 후설은 『순수현상학과 현상학적 철학의 이념 I』에서 이와 반대되는 경우로 지각된 사물의 존재가 의심될 여지가 없는 지각의 경우를 제시한다. 왜냐하면 일면

적이며 따라서 불충전적인(inadäquat) 현상 방식으로 특징지어지는 지각의 경우, 지각된 사물이 갖는 존재의 타당성은 항상 추정적(präsumptiv)이며 그리하여 그 존재는 언제든지 부정될 가능성이 있기 때문이다.

그러나 후설에 의하면 지각된 사물의 존재타당성 양상이 추정적이 아니라 절대적으로 의심받을 수 없는 지각은 자기 자신에 관계하는 지각 즉, 나의 심적 고통과 같은 내적 지각 밖에 없다. 이 내적 지각에서 지각된 대상이 의심되지 않고 그 존재가 부정될 수 없는 까닭은 내적 지각 작용의 대상이 바로 지각하는 작용 자신이기 때문이다. 가령 내가 지금 마음이 아플 때, 마음이 아픈 이 상태를 지각하는 나의 내적 지각 작용은 마음이 아픈 상태 그 자체이다. 이러한 내적 지각에서는 지각하는 작용과 지각되는 대상이 서로 구별되는 다른 것이 아니다. 때문에 서로 어긋나는 오류의 가능성을 갖지 않는다. 나는 나의 마음이 즐거운 것을 나의 마음이 아프다는 것으로 잘못 지각할 수 없으며, 나의 마음이 아픈 상태로 있지 않는데 아픈 상태가 존재하는 것처럼 지각할 수 없다. 따라서 후설은 다음과 같이 주장한다.

"모든 내적 지각은 필연적으로 그 대상의 존재를 보증한다. 반성적인 파악이 나의 체험을 향해 있다면 나는 그의 존재가 원리적으로 의심될 수 없는 절대적 그 자체를 파악한 것이다. 즉 그것이 존재하지 않는다는 통찰은 원리적으로 불가능하다. 그렇게 주어진 체험이 실상으로는 존재하지 않을 수도 있다고 간주하는 것은 모순이다."[17]

이러한 고찰을 통해 후설은 이와 반대되는 사례의 원리적 결함을 유도해낸다. 즉 지각된 대상의 존재타당성 양태가 절대적으로 의심될 수

17 『전집 3/1』, 96쪽.

없는 그러한 지각 작용이 있다고 한다면, 그것은 내적 지각과 같은 구조를 가져야만 한다. 즉 그 지각은 자신에만 관계하는 것으로서, 지각된 것과 지각 작용 사이에 아무런 구별이 없는 그러한 지각이다. 이러한 지각은 나의 심적 고통처럼 지각된 대상이 지각 작용 자체를 이룰 때에만, 현상학적 용어로 표현하면, 지각 작용의 내실적(reell) 구성요소가 될 때에만 가능하다. 이러한 관점에서 볼 때 절대적으로 의심될 수 없는, 일면적이 아니라 모든 면이 완전하게 나타나는 충전적 사물 지각을 요구하는 것은 사물을 체험의 내실적 요소로 해체하는 것에 다름없다. 그리하여 다음과 같은 사실은 거부될 수 없다: 즉 사물이 나타나는 방식의 일면성, 즉 사물 현상 방식의 불충전성은 사물이 체험에 단지 체험이 아니라 바로 사물로 주어지는 이상 결코 극복될 수 없다.

따라서 우리에게 사물이 불충전적 방식으로 지각된다는 것은 어떤 결함이 아니다. 오히려 그것은 사물이 사물로서 주어지는, 즉 사물이 바로 원본으로 지각되는 본래의 방식으로 이해되어야 한다. 그것은 사물의 사물성 자체에 속하는 것이다. 사물이 사물로서 나타나는 방식의 불충전성에 따라 사물은 본래적으로 일면적으로 지각될 수 밖에 없는 소여(所與) 방식을 갖는다는 사실은 신과 같이 가장 완전한 지각의 주체에게도 예외일 수 없다. 후설은 다음과 같이 말한다. "물론 절대적으로 완전한 인식 그리하여 모든 가능한 충전적 지각의 주관이라고 하는 신은 우리와 같이 유한한 존재에게는 거부되어 있는 물 자체에 대한 지각을 소유하고 있다고 한다. 그러나 이러한 생각은 모순적이다. 그러한 생각에는 초월적인 것과 내재적인 것 사이에 어떠한 차이도 없다는, 그리하여 신적인 직관에는 공간적 사물 자체도 내실적 구성요소로, 하나의 체험으로, 즉 신적 의식과 체험의 흐름에 같이 속하고 있다는 생각이 자리 잡고 있

는 것이다."[18]

물론 지금까지 살펴본 후설의 고찰은, 절대적 신적 지성을 상정하고 이것에 충전적 지각 능력을 부여하는 한편 불충전적 사물 지각은 인간 지각의 불완전성에서 기인한다고 주장하는 입장을 반박하기 위한 것이다. 따라서 이상의 논증은 절대적 주관의 상정을 처음부터 거부하는 실증주의적 입장에서는 별로 설득력을 가질 수 없을 것이다. 이러한 염려를 불식하기 위해 지각의 불충전성을 받아들이지 않는 실증주의자들의 논지를 살펴보자. 이를 위해서 이미 지적한 사물 지각의 불충전성을 다음과 같이 바꾸어 써보자. "외적 지각은 그의 본질상 수행할 수 없는 것을 이루려는 지속적인 위장이다."[19] 이 말에 빗대어 보면 지각의 불충전성에 대한 실증주의적 반대의 경우는 이 지각에서 모든 위장을 제거하고 현재적이며 직접적으로 지각된 것만을 확보함으로써 본래의 실재적인 사물 내용을 만나려는 경우일 것이다.

그러나 여기서 고려할 것은 현재 직접적으로 주어지는 지각 내용은 엄밀한 의미에서 확정될 수 없다는 사실이다. 그 이유는 다음과 같다. 우리는 지금 당장 마주한 대상의 앞면을 즉각적으로 지각했다고 여기지만 실질적으로 지각된 것은 그 면의 일부일 뿐이다. 그 면은 실질적으로 지각되고 있는 면의 일부에 비하면 단지 불충전적으로 주어져 있는 주변부에 불과하다. 좀 더 일반적으로 표현해서 처음에 실질적으로 주어진 것으로 여겼던 대상의 한 면이나 그 면의 한 부분은 다시 여러 다양한 관점으로 지각될 수 있으며, 이 관점 또한 계속 무한히 세분될 수 있다. 따라서 우리는 결국 사물 지각에서 실질적으로 주어진 것을 만날 수 없다.

18 『전집 3』, 89쪽.

19 『전집 11』, 3쪽.

우리가 만나고 있는 것은 전체로서의 사물임에도 불구하고 말이다. 이것은 사물에 대한 무한한 지각의 가능성이 있음에도 그의 불충전성은 지양될 수 없다는 것을 의미한다. 그리하여 사물의 불충전적 소여 방식은 사물이 사물로서 주어지는 원본적 방식이다. 그것은 충전이 결핍된 것만을 의미하는 것이 아니다. 오히려 불충전적 지각에서 사물은 원본적으로 사물로서 주어진다. 지각 대상이 단지 부분적으로만 주어진다는 것은 인간의 우연적이고 불완전한 지각능력에서 비롯되는 것이 아니라 사물의 본질로부터 유래하는 것이다.[20]

'보이지 않는 것'의 필연성

앞의 논의에서 사물의 지각은 항상 지각된 것으로 위장된, 그러나 현재의 지각에서는 원리적으로 접근할 수 없는 소여성을 남긴다는 것을 확인하였다. 지각된 사물은 지각에 현재적으로 주어지는 것들만으로는 결코 충족되지 않는다. 그리하여 후설은 『사물과 공간』에서 다음과 같이 말한다.

"각각의 현상에 대상의 실재적 동일성을 증시(證示)할 수 있을 만큼의 것이 들어 있지 않다는 사실은 모든 직접적으로 주어진 우발적 지각에도 해당하며 맨 먼저 주목해야 할 사항이다."[21] 따라서 "(수동적 종합을 통해) 완결된 지각에서는 엄격한 의미로 모든 면에서, 그것의 모든 감각적 특징들이 남김없이 주어지는 지각 대상은 생각할 수 없다."[22] 그런데 중요한 것은 대상의 현재에는 현재적으로 부재하는 것이 속하고 있다는

20 『전집 3/1』, 88쪽 참조.

21 『전집 16』, 144쪽.

22 『전집 11』, 3쪽.

사실이다. "의식의 편에서 보면 지각된 것은 지각이 끝나는 곳에서 끝나지 않는다."[23] 여기서 우리는 최소한 다음과 같은 사실을 알 수 있다.

대상은 지각 작용에 현재적으로 주어지지만 이런 지각 작용이 단순히 현재에 국한된 순간적인 것은 아니다. 이러한 사실은 지각 작용이 일반적인 시간 개념을 벗어나는 수행 방식을 가지고 있음을 시사한다. 왜냐하면 지각 작용은 대상을 바로 지금 현재 존재하는 것으로 인식하는 현전화(Präsentation)하는 작용임에도 불구하고 현재적인 것만은 아니며, 현재 수행되고 있는 지각 작용을 통해 현재적으로 주어진 것보다 더 많은 것이 인식되고 있기 때문이다.

이러한 지각의 특성에 대해 다음과 같은 해석을 하는 경우가 있을지도 모른다. 현재적으로 주어지지 않은 것, 예컨대 현재의 지각 작용에서 지각되지 않은 집의 뒷면은 현재의 지각에 추후로 첨가되는 다른 작용, 예컨대 상상을 통해서 주어진다고 말이다. 그러나 후설은 이러한 설명을 다음과 같은 이유에서 단호하게 거부한다. 이 설명은 대상이 예컨대 상상 속에서 떠올린 궁전처럼 상상 속에서조차 일면적으로 표상될 수밖에 없다는 사실을 간과하고 있기 때문이다. 대상은 그것이 어떤 상상을 통해 표상되든 상관없이 현재적으로 주어지는 전면과 그렇지 않은 뒷면으로 구분된다. 따라서 상상은 허구적인 지각이긴 하지만 현실적인 지각과 마찬가지로 불충전성을 그 본질로 하는 것이다. 그리하여 상상 작용에서도 그 상상 작용을 끌어들여 해결하려 했던 지각 작용에서와 똑같은 문제가 등장한다. 후설은 이 점을 한 마디로 다음과 같이 요약한다. "지각의 경우에 본래 지각되지 않은 면의 상상 표상에 호소하는 것이 무슨 도

23 『전집 8』, 147쪽.

움이 되는가?"[24]

좀 더 자세히 보면 위와 같은 설명방식에는 매우 자연스러운 선입견이 자리 잡고 있다. 즉 현실적으로 주어진 내용은 현재 주어지지 않은 내용에 비해 선행적 특징을 갖는다는 것이다. 마치 현재적인 것이 우선 주어지고, 현재적으로 주어지거나 지각되지 않는 것은 현재적으로 주어진 것으로부터 추후적으로 기억이나 상상을 통해 규정되는 듯이 말이다. 그렇다면 이런 생각은 타당한 것일까?

이러한 선입견에 대해 후설은 다음과 같이 반박한다. 현재 현실적으로 주어진 부분이나 단면은 엄격한 의미에서 결코 그 자체만으로 주어질 수 없다. 오히려 우리는 전체의 대상에서 한 면이나 한 부분을 지각한다. "한 면은 전체 대상의 일면이다. 그것은 그 자체만으로는 아무것도 아니며 그 자체만으로 생각될 수도 없다."[25] 한 면이나 일부분은 그 자체로는 어떠한 의미도 가질 수 없다. 그것은 전체의 대상과의 관련 하에서만 의미를 가질 수 있을 뿐인데, 이 전체의 대상은 본질적인 이유에서 현재적으로 주어지지 않은 내용을 결여할 수 없다. 그리하여 현실적으로 주어진 것이 전체 대상과의 관련 하에 현실적 의미를 지니기 위해서는 현실적으로 주어지지 않은 것이 이미 타당해야 한다. 여기서 지금까지 숨어 있었던 사실이 드러난다. 현재하는 것은 부재하는 것에 대해 선행성을 갖는 것이 아니다. 부재하는 것은 현재하는 것에 추후적인 것이 아니다. 오히려 그것은 현재하는 것이 현재하는 것으로 의미를 얻기 위해 필수불가결한 것이다. 이러한 의미에서 후설은 다음과 같이 말한다. "나타나는 면은 나타나지 않는 면이 없으면 아무 것도 아니다."[26]

24 『전집 16』, 56쪽.

25 『전집 16』, 51쪽.

동적 지시체계로서의 지각

현실적으로 나타나는 지각 내용의 의미를 규정하는 데 있어 비현재적 내용이 필수불가결하다는 것은, 현실적으로 나타나는 내용이 현재적으로 나타나지 않는 것을 부단히 동반한다는 것을 의미한다. 이것은 곧 지금 현재 수행되는 지각 작용이 지금 나타나지 않는 내용을 선취한다는 것을 의미한다. 이로부터 현재 수행되는 지각 작용은 비현재적으로 선취된 내용을 그 앞이나 뒤에 갖는 것이 아니라 그 안에 내포하고 있음이 밝혀진다. 이 점을 주목해야 하는 이유는, 현실적으로 주어진 것의 일방적 의미 규정을 거부하고 비현재적 내용들의 의미 규정 기능을 부각시키다 보면 다시 이 비현재적 내용으로부터 일방적 의미 규정이 일어난다는 오해를 부를 수 있기 때문이다.

지각될 내용은 현재적 내용으로 주어지는 동시에 잠재적으로 주어진다는 사실이 간과되어서는 안 된다. 단지 현재적 내용만이 비현재적 내용에 의해 규정되는 것이 아니라 비현재적인 것 역시 현재적인 것에 의해 조건지어진다는 것을 인정해야 한다. 왜냐하면 비현재적인 것 역시 그것이 잠재적으로 동반하는 현재적인 것이 없다면 어떠한 방식으로도 주어질 수 없기 때문이다. 지각이 어떠한 것도 현실적으로 지각하지 않는다면, 거기에는 아무것도 없을 것이다. 따라서 현재적인 것과 잠재적인 것의 관계는 명시적으로든 묵시적으로든 상호 제약하는 관계로 이해해야 한다. 그리고 그런 한에서 양자의 관계는 임의적이 아니라 항상 체계적인 방식으로 규정되어 있다. 왜냐하면 이 상호 제약의 관계는 양자가 임의적으로 관계 맺는 것을 허용하지 않기 때문이다.

26 『전집 10』, 55쪽.

지금까지 살펴본 바에 따라 우리는 지각이 수행되는 방식에 두 가지 본질적 특징이 있음을 알 수 있다. (1) 현재의 지각은 현재 수행되지 않는 지각, 즉 지각된 대상에서 잠재적으로 주어질 소여 내용을 현실화하는 방식으로 지시한다. 그런 점에서 지각은 그 지시의 맥락을 따르는 하나의 과정으로 수행된다.[27] (2) 이 지각의 지시와 진행은 체계적으로 조절된다. "각각의 지각은 그 자체로 보았을 때 체계적으로 서로에게 공속되는 다수의 가능한 지각들을 미리 지시하는 그대로의 봄이다."[28]

요컨대 지각은 연속적으로 진행하는 지시체계이며, 이 지시체계는 현재의 지각 수행에 함축되어 있는 잠재적인 지각 계기를 현실화 내지 명료화하는 방향을 예시하고 있다는 것이다. 다시 말해서 다양하게 나타나는 지각 대상은 이미 주관적인 지시체계를 함축하고 있는 것이다. 후설은 다음과 같이 쓰고 있다. "여러 가지 방식으로 나타나는 지각 대상은 그 자체 지각되는 매순간 나타나는 핵심을 갖는 지시체계로서 존재한다. … 이러한 지시 속에서 지각 대상은 마치 우리를 부르는 것 같다: 여기 더 볼 것이 있다. 나를 모든 면으로 돌려보고, 나를 둘러보고, 나를 열어보고 나누어 보라."[29]

이렇게 하여 후설은 지각이 정적이고 순간적인 의식작용이 아니라 동적이고 체계적인 의식과정임을 밝혀낸다. 지각은 대상을 정적으로 응시하는 것이 아니라 동적이며 체계적으로 전개되는 의식과정이다. 이를 후설은 다음과 같이 표현한다. "어떤 물체에서 지향의 방향은 원래적으로 지각된 것으로부터 출발하여 아직 나타나지 않은 것에로 전진하며 …

27 『전집 1』, 81쪽 이하 참조.

28 『전집 9』, 437쪽.

29 『전집 11』, 5쪽.

다른 한편 지향은 회귀적으로 방향을 잡는다. 즉 지향은 추후에 나타나는 것에서 이전의 것으로, 아직 나타나지 않은 것에서 원래 제시된 것으로 역진한다."[30]

지각은 어떻게 하여 이와 같이 전진하면서 역진하는 연속적인 지시체계로서 진행되는가? 그 답을 위해서는 후설의 내적 시간의식에 대한 고찰을 살펴보아야 한다.

2.3 후설의 시간 의식

원인상, 파지, 예지

그러면 이제 어떤 대상을 지각할 때 근원적 차원에서 일어나는 의식현상을 다시 한 번 살펴보자. 근원적 의식 차원에서는 대상 지각의 최소 단위가 마치 흄이 '인상'(impression)이라고 했던 것과 같이 의식에 포착될 것이다. 그리고 이 최초의 인식 단위는 그것이 의식에 인식되는 순간 항상 지금 여기에서 주어질 것이다. 요컨대, 그것은 의식되는 순간 생생한 현재라는 시간적 위상을 점유할 것이다. 이렇게 지금 현재 의식에 포착되는 최소 단위가 후설이 '원인상'(原印象, Urimpression)이라 부르는 것이다. 후설의 표현에 따르면, 원인상이란 "근원적인 감각 의식으로서 그 안에서 예컨대 각각의 음들이 그 자체 현재로, 지금 생생하게 등장한다."[31]

이렇게 순간적으로 지금 현재 포착되는 원인상은 말할 것도 없이 단

30 『전집 13』, 34쪽.

31 『전집 10』, 325쪽 이하.

지 순간적으로만 현재이며, 그 다음 순간이 되면 '방금 있었던' 것이 된다. 그것은 끊임없이 과거로 미끄러져 들어간다. 각각의 순간마다 현재적으로 등장하는 원인상은 현재에 머물러 있는 것이 아니라 현재 존재라는 양상에서 "지금 막 있었던 것"(soeben Gewesenen)이라는 양상으로 변해간다. 그리고 이 변화에서 새로운 원인상이 의식에 다가오며 포착된다. 후설은 이러한 사태를 청각적 지각의 예를 들어 구체적으로 보여준다.

울려 퍼지는 종소리를 청각적으로 지각하는 경우, 지금 현재 청각에 포착되는 음은 그 순간 이미 사라지기 시작한다. 지금 들리는 음은 끊임없이 방금 있었던 것으로 변화하며 사라진다. 그리고 그 음이 사라짐과 동시에 새로운 음이 연결된다. 이러한 상황은 지금 이 순간 현재적으로 다가오며 포착되는 원인상이 고정될 수 없고 항상 다가오면서 동시에 사라지는 변화를 겪는다는 것을 보여준다. 이러한 변화를 후설은 "항상 새롭게 등장하는 지금과 항상 지난 것으로 흘러 들어가는 현재의 영원한 유희"라고 기술한다. 하지만 이 유희는 그저 혼란에 불과한 것이 아니라 나름대로 매우 동적인 질서를 가지고 있다.[32]

이 질서는 지금 사라져 가는 현재의 원인상 U1과 그것에 이어서 다가오는 원인상 U2와의 관계에서 좀 더 분명히 드러난다. U2가 다가오는 순간 우리 의식은 한편으로는 이 U2를 지금 현재의 것으로 포착하지만, 그와 동시에 U1이 사라져 가는 것 또한 의식한다. 여기서 특히 주목해야 할 점은 U1을 사라져 가는 것으로 의식하는 것은 그 자체가 사라져 가는 과거가 아니라 바로 지금 현재 이루어지고 있는 의식이라는 점이다. 이렇게 U1을 사라져 가는 것으로 의식하는 의식이 현재이기 때문에,

32 『전집 16』, 65쪽.

사라지는 U1은 과거에 의식된 것이 아니라 바로 U2의 다가옴이 의식되는 그 현재에 의식되는 것이다. U1의 사라져감에 대한 의식은 U2 이전에 일어나는 것이 아니라 U2와 함께 일어나는 것이다. 따라서 사라지는 U1에 대한 의식이 지금 현재 다가오는 U2와 동시에 일어나는 동안, U1은 U2가 다가오는 순간 그저 없음의 상태로 실종되는 것이 아니라 의식상으로는 현재에 간직되고 있다. 그리하여 후설은 다음과 같이 쓴다. “원인상에는, 새로운 계기가 등장할 때마다 그에 앞선 것이 손아귀에 보존(파지)되어 있다….”[33] 그리하여 어떤 임의의 새로이 다가오는 원인상 Un은 그것만이 다가오며 현재 의식에 포착되는 것이 아니라, 그에 앞서 과거로 지나가는 원인상 Un-1을 현재로 끌어당기는 의식적 작용의 계기에 의해 현재 의식에 동반된다는 것이 드러난다.

이렇듯 후설은 어떤 원인상이 지금 다가오는 순간 바로 그 현재 의식에서 지나가는 원인상을 끌어당기는 의식작용을 ‘파지’(Retention)라 한다. 파지는 현재 다가오는 모든 원인상이 포착되는 현재 의식의 순간에 속해 있는 과거로 지나가는 원인상을 다시 현재에 보존하는 현재 의식의 또 다른 계기이다. 요컨대, 각각의 원인상은 단절적으로 의식에 포착되는 것이 아니라 그것이 포착되는 순간 파지에 의해 과거로 사라지는 원인상과 맥락을 형성하도록 구조화되어 있다. 여기서 주의해야 할 것은 파지와 기억이 혼동되어서는 안 된다는 점이다. 기억은 일정 시간이 흐른 후 전에 지각한 것을 의식적으로 되돌아보며 이미 수행한 의식작용을 반복하는 것이다. 후설은 이러한 기억을 재생(Reproduktion)이라 부른다. 하지만 파지는 바로 지금 이 순간 수행되는 원인상의 포착에 구조적

33 『전집 10』, 118쪽.

계기로서 함축되어 있는 것이다.

이처럼 원인상이 현재 의식에 포착될 때 필연적으로 일어나는 현재 의식의 구조적 계기를 '파지'로 해명함에 따라 매우 중요한 사실이 밝혀진다. 그것은 다음과 같은 것이다. 파지가 원인상의 포착에 필연적인 구조적 계기로서 원인상이 포착될 때 같이 일어난다면, 지금 포착되는 원인상은 방금 사라져 가는 원인상만을 파지하는 것이 아니라 그와 함께 이 원인상이 애초 포착될 때 그 현재 의식에 동반되었던 파지도 함께 파지하는 것이다. 도식화하면 Rn(Un), 즉 어떤 원인상(Un)의 파지(Rn)는 Un-1의 파지일 뿐만 아니라 Un-1에 속하는 Rn-1의 파지이기도 하며 같은 이유에서 Rn-1은 Un-2의 파지일 뿐만 아니라 Rn-2에 대한 파지이기도 하다. 그리고 이 관계는 원리적으로 무한히 계속될 것이다. 따라서 Rn(Un)=Rn-1(Rn-2(Rn-3)……)가 되어, 어떤 한 원인상이 포착될 때는 바로 지나간 원인상에 대한 파지뿐만 아니라 그 이전에 일어났던 원인상들이 꼬리에 꼬리를 물면서 중첩(Verschachtelung)된다.[34] 그리고 이 중첩은 연속성을 형성하여 한 원인상이 포착될 때마다 그 이전의 파지들이 말하자면 혜성의 꼬리처럼 원인상에 흔적을 남기며 등장한다. 그리하여 원인상의 파지적 연쇄는 각각의 단절적 파지로 구성된 것이 아니라 파지적 연속체로 진행되는 것이다. 이 점에 대해 후설은 다음과 같이 주장한다. "각 의식의 순간이 지나간 것을 파지적으로 의식하는 동안, 그 의식의 순간은 이미 지나간 파지의 전 연쇄를 함축한다."[35] "… 각 파지

34 『전집 10』, 327쪽 참조. 또는 Thomas Seebohm, *Die Bedingungen der Möglichkeit der Transzendentalphilosophie: Edmund Husserls transzendental-phänomenologischer Ansatz dargestellt im Anschluss an seine Kant-Kritik*, Bonn: Bouvier, 1962, 120쪽 참조.

35 『전집 10』, 118쪽.

는 이미 연속체이다."[36] 파지를 그 등장의 필연적 계기로 갖고 있는 원인상은 그와 함께 바로 지금 어떤 특정한 파지들을 함축하는 전 연속계열이 같이 일어나는 방식으로 동적인 차원성을 지닌다. 그리고 이 연속적인 함축 맥락에서 지금까지 등장한 원인상의 연결이 압축되어 있다.[37]

하지만 파지적 연속체는 원인상의 유일한 차원이 아니다. 원인상에는 파지적 지평이 동반되는 것과 마찬가지로 필연적으로 미래 지평이 연결된다. 이 미래 지평은 이미 원인상의 등장과 그것의 사라짐이 현상학적으로 기술되어 파지가 증시될 때 보여질 수 있었다. 왜냐하면 미래 지평과 과거 지평은 원인상이 의식에 포착되기 위해 서로 분리될 수 없는 두 구조적 계기이기 때문이다. 다만 지금까지의 논의에서는 원인상의 다가옴과 사라짐이 파지를 쉽게 증시한다는 점에 집중하여 고찰하였을 뿐이다. 그렇다면 이제 다시 모든 원인상은 의식에 다가와 포착되는 순간 이미 사라진다는 사태를 현상학적으로 기술해보자.

하나의 원인상이 포착되는 동시에 사라지기 시작한다는 것은 다른 한편으로는 그 사라지는 원인상에 이어 아직 현재하지 않는 새로운 원인상의 다가옴이 예기된다는 것을 시사한다. 한 원인상의 사라짐을 의식하는 순간마다 아직 부재하는 미래의 원인상이 다가온다는 것을 예지하는 의식이 상응해서 주어지는 것이다. 후설은 이렇게 현재 부재하는 미래 원인상의 다가옴을 예기하는 의식의 계기를 '예지'(Protention)라 부른다. 여기서 특히 주목해야 할 점은, 이 예지 역시 미래에 일어나는 것이 아니라 바로 현재의 원인상이 다가옴과 동시에 사라지기 시작하는 바로 그

36 『전집 10』, 29쪽.

37 Klaus Held, "Phänomenologie der Zeit nach Husserl," in *Philosophische Perspektiven* 7 (1981), 185-221쪽, 특히 196쪽 참조.

현재에 일어난다는 사실이다. 예지는 파지와 마찬가지로 현재 의식의 순간에 내포되어 있는 현재 의식의 구조적 계기이다. 그리하여 결국 현재 다가오는 원인상을 포착하는 그 의식의 현재 순간은 한편으로는 사라지는 원인상을 현재화하며 현재의 원인상과 함께 맥락화하는 파지와, 다른 한편으로는 다가올 원인상을 현재화하는 예지를 동반함으로써 성립되는 것이다.

시간을 되먹임하는 의식

이상의 논의를 통해 파지와 예지는 현재 의식이 현재에 주어진 원인상을 바로 그것으로 포착하기 위해 필연적으로 동반하는 구조적 계기들임을 알 수 있었다. 이런 점에서 파지와 예지는 특히 시간적 방향에서만 차이를 갖는 의식의 두 계기인 것처럼 보인다. 하지만 후설은 이 두 계기의 관계만큼이나 그것들의 차이점을 강조한다. 즉 예지는 내용적으로 개방되어 있는—내용적으로 늘 미충족 상태에 있기 때문에 충족을 지향하고 있는—반면, 파지는 간직의 기본 방식으로서 이미 완료되어 있다는 것이다. 다시 말해서 파지의 내용은 앞서 현재라는 양태로 다가온 원인상에 의해 분명하게 주어져 있다. 실재로 다가온 것만이 사라지며 파지되기 때문이다. 그러나 예지는 그렇지 않다. 예지의 경우에는 다가올 것의 내용이 원리적으로 미리 분명하게 그려지지 않는다. 그리하여 예지는 늘 열려있고 그러한 한 예지는 항상 꺾일 수 있다.

예지가 열려있다는 사실은 예지와 파지의 심층적 관계를 통찰할 수 있는 기회를 제공해 준다. 특히 이 심층적 관계는 후설이 예지의 개방성을 완전히 무규정적인 상태가 아니라 개방된 규정성(offene Bestimmtheit)이라 칭하고, 또 파지를 이 예지의 개방적 결정성을 가능하게 하는 것으

로 말하는 데서 더 분명하게 드러난다.

이를 이해하기 위해 다시 한 번 상기해야 할 것은, 각각의 파지들은 그것에 선행하였던 전 파지들에 대해 함축 관계를 형성하고 있다는 사실이다. 각 파지는 후설의 표현을 빌면 "전 지나간 의식의 전개과정의 유산을 함축하고 있는 연속적인 변양이다."[38] 이때 파지에 내포되어 있는 것은 전 원인상의 내용이 아니라 이제까지 나타났던 원인상들이 등장했다 사라져 가는 그 진행 스타일(Verlaufsstil)이다. 그리고 각 파지에 지금까지 진행되었던 스타일이 함축되어 있다면, 그 파지에 연계하여 일어나는 예지에서도 임의의 어떤 것이 기대되는 것이 아니라 그 스타일에 상응하는 것이 예기될 것이다. 다시 말해서 예지에서는 "이미 일어난 것으로 파지를 통해 의식되어 있는 것에 따라 … 그러한 스타일의 새로운 것이 기대된다."[39] 예지가 선취하는 앞으로의 진행은 무규정 상태가 아니라 "지금까지 이루어져 온 것과의 유비 속에서 바로 그와 동일한 진행스타일에 따라" 이뤄질 것이라 기대된다.[40] 따라서 예지는 무조건적인 임의성에 내맡겨져 있는 것이 아니라, 열려 있는 가운데서도 각 파지에 함축되어 있는 과거 진행양식에 따라 규정되어 있다. 그리하여 후설은 다음과 같이 말한다. "다가오는 것의 양식은 방금 지나간 것에 의해 이미 그려져 있다."[41] 요컨대 후설은 예지와 파지의 관계를 "필연적인 동기화의 관계"(notwendige Motivation)로 규정하고 있는 것이다.[42]

38 『전집 10』, 327쪽.
39 『전집 11』, 186쪽.
40 같은 곳.
41 『전집 11』, 323쪽.
42 『전집 11』, 186쪽 참조.

그러나 여기서 우려되는 것은, 예지와 파지의 관계를 이렇게 규정하는 즉시 이 두 가지를 현재 의식의 동등한 계기로 밝혀낸 앞의 논지가 위협을 받을 수 있다는 것이다. 왜냐하면 예지가 이렇게 파지에 의해 규정을 받는 것이라면, 파지와 동등한 지위를 주장할 수 없기 때문이다. 아니나 다를까 후설은 예지의 개방적 규정성에 대해 언급하면서 다음과 같이 말하고 있다. "이미 저차적 차원에서는 가장 근원적인 파지가 예지에 앞서 있다."[43] 이 말만을 놓고 보면 파지와 예지의 관계는 파지로부터의 일방적인 동기화 관계인 것처럼 보인다. 예지는 원인상이 등장하는 데에 필연적으로 동반되는 구조계기이지만 파지에 의해 동기화된 것으로만 의미를 가질 뿐 파지와 동등한 구조계기라 할 수 없을 것이다.

하지만 좀 더 사태를 세심히 살펴보면, 예지와 파지의 관계는 그렇게 일방적인 관계가 아님이 드러난다.[44] 우선 파지는 지나가는 것을 간직하는 근본적 방식이기 때문에 미래에 관계하지는 않는다. 파지에서는 지금까지 진행된 원인상의 진행양식이 파지의 연속성을 통하여 형성된다. 이러한 양식을 다가올 원인상으로 투사하는 것은 오직 예지에 의해서만 가능한, 파지로 환원될 수 없는 예지의 고유 기능이다. 그리하여 후설은 예지를 은유적으로 다음과 같이 규정한다. "그것(예지)은 와야 할 것을, 기대될 상을 현재와 과거에 있는 원상을 따라 구상한다."[45] 나아가 더 중요한 것은 다음과 같은 것이다. 파지의 함축맥락(이제까지 지나간 원인상들의 진행양식)은 다가올 것을 향해 과거의 양식을 투사하는 예지를 통해 보

43 같은 곳.

44 여기서 논의하고 있는 예지와 파지의 차이 및 이 두 내적 시간의 계기가 의식상에서 갖는 관계는 기존 연구에서 매우 소홀하게 취급되는 부분이다. 앞서 인용한 Klaus Held나 T. Seebohm의 연구에서도 이 부분에 대한 논의가 거의 없다.

45 E. Husserl, *Unveröffentlichte Manuskripte*, Ms. C4, 45쪽.

다 안정화되거나 새롭게 양식화된다. 다시 말해 예지가 다가올 원인상을 향해 지금까지의 진행양식을 투사하고 그렇게 다가온 원인상에 의해 예지가 다시 충족될 경우, 지금까지의 이 진행양식은 한층 더 보존되고 공고화된다. 다시 말해서 지금까지의 진행양식이 보다 확고한 양식으로 안정화 혹은 습관화되는 것이다.

하지만 그 예지가 충족되지 않고 꺾이는 경우, 즉 지금까지와 동일한 양식이 아니라 다른 것이 등장할 경우에는 어떻게 될까. 이 새로운 다른 것은 그저 사라지는 것이 아니라 다음 순간에 다시 파지에 의해 간직될 것이다. 예지가 충족되지 않고 꺾인다 해도 그것은 지나간 파지의 연쇄를 통해 꼬리에 꼬리를 물듯 연속적으로 뒤로 밀리는 형태로 파지가 수정되는 동기를 부여한다는 것이다. 따라서 예지의 꺾임에는 지금까지의 진행양식을 새롭게 양식화하는 과정이 뒤따를 것이다. 물론 지금까지의 파지의 함축 연쇄를 새롭게 양식화하는 과정에는 다시 예지가 이어지는데, 이 예지에는 당연히 임의의 다가오는 것이 예기되는 것이 아니라 이렇게 새롭게 양식화된 과정에 따르는 어떤 것이 예기된다. 그리고 그 다음의 예지가 계속 충족되면 이 새로운 양식은 한층 더 안정화될 것이고, 그 반대의 경우라면 또다시 새로운 양식화가 이루어질 것이다. 이렇게 보면 결국 파지와 예지의 관계는 일방적인 동기부여의 관계가 아니라 매우 복잡하게 기술되는 형태라고 할 수 있다.

파지와 예지 사이의 이 같은 관계는 굳이 말하자면 '동적인 피드백 관계'라 할 수 있을 것이다. 지각 작용은 현재 주어지는 원인상을 중심으로 과거 지향과 미래 지향을 구조적 계기로 하여 전진적이면서 역진적으로 진행하는 피드백 관계를 이루는데, 이를테면 서랍이 층층이 겹쳐져 있는 것처럼 중첩적 연속성을 이루고 있는 동적 지시과정인 것이다. 달리 표

현하면 의식의 지향 활동은 항상 생생하게 현재로서 수행되지만 현재의 순간들로 단절되어 수행되는 것이 아니라, 그 현재적 활동이 지나간 활동들과 부단히 맥락을 형성함으로써 수행된다는 것이다. 요컨대 의식은 본질적으로 역사적 존재방식을 갖는다. "자아는 항상 자신의 역사를 매개로 하여 산다. 이전에 겪었던 그의 모든 생동성들(Lebendigkeiten)은 침전되어 계속적으로 여파를 남긴다."[46] 그리고 이 여파는 예지에 의해 미래로 투사된다. 즉 의식은 다가올 것을 막연히 기다리는 것이 아니라 이미 다가왔던 경험에 비추어 다가올 것을 예기하는 방식으로 존재한다는 것이다.

2.4 가상현실의 위험

최근 실용적 사용 범위가 급속히 확장되고 있는 가상현실은 여러 가지 정보공학적 기술을 동원하여 인공적으로 가상의 지각을 발생시키는 것이다. 따라서 가상현실 기술은 지각의 문제와 밀접한 관계를 가지고 있다. 이제 우리가 살펴볼 것은 지금까지 논의한 후설의 지각이론과 최첨단 기술의 전시장이라 할 수 있는 가상현실이 어떤 관계를 가지는가 하는 점이다. 가상현실은 후설의 지각이론에 비춰볼 때 과연 지각을 대체할 수 있는가? 그리고 그것이 가능하다면 과연 인간에게 적절한 것인가?

46 『전집 4』, 338쪽.

'가상현실'이란 무엇인가?

질문에 답하기 위해서는 우선 가상현실이 무엇인지 좀 더 분명히 파악하는 것이 필요하다. 또 그것을 위해서는 현재 개발된 가상현실의 예를 들어보는 것이 가장 빠를 것이다. 이제는 고전이 되었지만 가상현실의 대표적인 예로는 MIT 미디어랩의 전신인 아키텍처 머신그룹이 만든 '애스펀 무비맵'(Aspen Movie Map)과 나사의 에임스(Ames) 연구센터가 만든 '뷰'(VIEW, Virtual Interface Environment Workstation)를 들 수 있다.

'애스펀 무비맵'은 자동차, 크레인, 헬리콥터, 비행기 등에 설치된 특수카메라로 콜로라도 애스펀 시의 거리와 중심가, 심지어 빌딩 내부까지 찍어서 이것을 모두 조합한 것이다. 이 지도를 사용하는 사람은 접촉감지 영상장치에 앉아서 자신이 원하는 속도로 애스펀 시를 지나가기도 하고, 스크린에 손을 대어서 자신이 원하는 경로를 선택하기도 한다. 또 원하는 거리에서 회전도 하고 빌딩을 지정해 들어가 보기도 한다. 이 장치에서 사용자는 완전히 좌우전후 영상에 둘러싸여 있게 됨으로써 가상적 표현 속으로 완전히 몰입할 수 있다.

한편 '뷰'는 사람의 위치와 음성 및 동작을 입력받아서 그에 상응하는 음향과 입체 영상을 표상할 수 있는 데이터를 출력한다. 이 장치는 다양한 인터페이스 장치로 360도의 모든 방향을 통합한 원격감지 환경을 마음대로 탐험하여, 환경 내의 구성요소와 원하는 대로 상호작용할 수 있다. '뷰' 시스템은 광각 입체영상 출력장치, 모든 방향의 손동작을 출력하는 글로브장치, 음성인식 기술, 동작추적 장치, 3차원 음향 및 음성 합성 기술과 컴퓨터그래픽 비디오 영상장치로 구성되어 있다. 자기(磁氣)를 응용해 머리와 손발의 위치를 추적하는 기술을 결합시키면, 머리에 부착된 영상장치는 이용자에게 완전한 3차원 공간과 같은 느낌의 시청각 영

상을 제공해준다. 글로브를 사용하면, 3차원 컴퓨터의 영상이나 사람이 원격 조정하는 입체 비디오카메라로 만든 가상환경 내의 가상물체를 조작할 수 있다. 이용자가 머리나 손발을 움직이면 그 움직임에 따라 눈의 위치도 달라져서 보이는 영상의 위치, 각도 등도 함께 바뀐다. 컴퓨터 영상시스템은 이용자의 신체 움직임에 따른 변화를, 매초 30프레임의 속도로 실시간 처리되는 3차원 그래픽 영상으로 나타내는 고성능 시스템이다. 동시에 작동하는 두 개의 독립된 영상채널이 사람의 양쪽 눈에 서로 다른 영상을 보여줌으로써, 현실에서와 같은 깊이를 느끼게 해준다.

이러한 가상현실 기술은 컴퓨터가 인간의 신체에서 정보를 받아들이고 다시 제공하는 입출력 장비를 스스로 제어할 수 있도록 발전하면서 비로소 실현되었다. 가상현실의 컴퓨터는 사용자의 감각기관에서의 변화를 추적하여 그러한 변화를 사용자 앞에 출력으로 재현한다.[47] 사용자가 머리를 움직이면 추적 장치는 이 움직임을 컴퓨터에 전달하고, 컴퓨터는 다시 이 데이터를 기초로 사용자의 새로운 시각에 대응하는 3차원 이미지를 산출한다. 더 구체적으로 말해서 컴퓨터의 하드웨어와 소프트웨어를 통해서 구현되는 완전 조작의 디지털 기술은 HMD(Head-Mounted-Display), DG(Data-Glove), 그리고 최근 선보인 모션캡처(Motion-Capture) 같은 장치를 통해 가상현실의 체험자의 이동 궤적을 추적하여 그로부터 신체의 위치에 관련된 디지털 데이터를 입력받고, 다시 그 체험자의 위치의 변화에 상응하는 감각적 데이터들을 실시간으로 출력하여 체험자의 신체 기관에 새겨 넣음으로써 신체적 지각과정을 발생시킴과 동시에, 그 위치에서 체험할 수 있는 실재와 같은 3차원의 시각이미

47 M. Heim, *Virtual Realism*, Oxford Univ. Press, 1998, 7쪽 참조.

지, 음향, 촉각을 시뮬레이션하여 실재보다 더 실재적인 가상의 표상을 불러일으킨다. 데이터글러브는 손의 위치와 방향을 감지한다. 3차원 공간에서 손을 움직이면 장갑이 전자 데이터의 흐름을 3차원 좌표형식으로 컴퓨터에 보낸다. 그러면 컴퓨터는 그 데이터에 상응하게 디스플레이상의 대상을 조작한다.[48]

이와 같이 가상현실 환경은 여러 가지 컴퓨터 하드웨어와 소프트웨어에 의해 디지털화된 데이터로 체험자와의 상호작용을 시뮬레이션하면서 체험자의 온몸을 향하여 인공적 자극을 가한다. 즉 체험자의 지각을 인위적으로 발생시키고 현실보다 더 현실적인 표상을 불러일으킴으로써 그렇게 표상된 현실에 체험자의 참여와 완전한 몰입을 유도하는 것이다.

이와 같은 가상현실의 작동방식을 볼 때, 가상현실의 핵심 구성요소는 몰입(immersion), 상호작용(interactivity), 정보강도(information density)로 요약된다. 몰입은 가상현실의 사용자로 하여금 그가 실제로 위치해 있는 곳과 다른 장소에 있는 듯 느끼도록 사용자의 감각을 실재로부터 고립시키는 장치에 의해서 가능해진다. 상호작용은 사용자의 신체 위치와 시야가 변화하는 속도에 상응하여 장면의 구도를 순간적으로 변화시키는 컴퓨터의 능력에 의존한다. 정보의 강도는 어느 정도의 지적 행동을 보여주는 원격 현전과 인공적 실체와 같은 특별한 질을 제공할 수 있다. 정보는 지속적으로 갱신됨으로써 몰입과 상호작용을 지원하는데, 이렇게 정보를 끊임없이 갱신하기 위해서는 컴퓨터가 필수적이다.

가상환경을 만들기 위해서는 사용자의 환경으로부터 얻은 데이터를

48 Nicholas Lavroff, *Virtual Reality Playhouse*, The Waite Group Inc., 1994; 이상헌 역, 『가상현실』, 김영사, 1995, 19-31쪽 참조.

가공하여 다시 출력하는 시스템이 필요한데, 이 시스템은 사용자의 감각이 지향하는 곳을 추적할 수 있어야 한다. 즉 사용자가 보고 듣는 것에 상응하는 정보를 출력해야 한다는 것이다. 다시 말해서 가상현실은 사용자가 자신을 둘러싸고 있는 정보에 주의를 기울임으로써 사물을 지각하게 되는 바로 그 상황을 시뮬레이션해야 한다.

결국 가상현실은 데이터를 두 가지 방식으로 전환시킨다. 가상현실 시스템은 외부에 무슨 일이 일어나고 있는지 말해주는 동시에, 우리의 눈과 귀가 지향하는 곳으로부터 우리에게 다가올 데이터를 출력해주어야 한다. 가상현실 시스템은 밖에서 일어나는 것이 무엇인지 보여주기 위해 사용자가 어디로 눈을 향하는지, 이러저러한 소리를 듣기 위해 머리를 어디로 돌릴지 고려하여 지속적으로 정보를 갱신해야 한다. 이를 위해서는 네 가지 핵심기술이 필요하다. 첫째는 실재 세계와 동일한 시각 · 청각 · 촉각을 느끼게 하는 '디스플레이'(Display) 기술이다. 둘째는 움직이는 영상을 고속으로 처리하는 '그래픽 렌더링'(Graphic rendering) 기술이고, 셋째는 사용자의 움직임을 정밀하게 포착하는 '트래킹'(Tracking) 기술이다. 마지막은 가상세계의 모형물을 만들고 유지하는 '데이터베이스'(Database) 기능이다.

가상현실은 이처럼 네 가지 핵심기술을 통해 사용자를 몰입시키고 가상의 환경에 참여시키며, 또 그 환경과 상호작용하여 끊임없이 강도 높은 새로운 정보를 제공하는 기술로서, 사용자에게 실재 환경을 지각하는 듯한 체험을 불러일으킨다. 그리하여 가상현실은 실재를 모의하고 때에 따라서는 실재와 같은 인공현실을 구현하게 되는 것이다. 물론 아직까지 가상현실은 기술적으로 완벽한 수준에 도달하지 못하여 실재 이상의 실재감을 산출하지는 못하고 있다. 특히 머리의 움직임에 따라 망막에 잡

힌 영상이 순간적으로 변하는 것을 시뮬레이션하여 새 화면을 보여주는 것은 많은 연산을 필요로 하여 시간적 지체가 발생한다. 이러한 지체는 뇌가 지금 나타나는 장면이 진짜 현실이 아니라는 것을 인지하게 한다. 예컨대 비행기 조종 시뮬레이션에서 사용자의 동작에 0.05초 정도만 가상현실 시스템이 늦게 반응해도 사용자는 자연스런 몰입을 방해받고 현실감을 상실한다. 하지만 현재 컴퓨터 가상현실 시스템이 인간의 동작에 대응하는 시간은 0.25초~0.5초나 걸린다. 그리고 가상현실의 해상도 역시 아직까지는 만족스러운 환상을 만들어내기에 부족하다. 이러한 지연을 제거하고 해상도를 높이는 데 필요한 것은 결국 더 빠른 처리 속도의 컴퓨터이다. 그러나 그것이 성공한다고 해서 과연 가상현실이 가능해질까? 후설의 지각이론에 비춰볼 때 가상현실에 다른 문제점은 없을까? 이제 이 점에 대해서 논의해보자.

가상현실이 위험한 이유

앞에서 언급한 가상현실 기술의 작동과정을 보면, 가상현실 시스템에는 우선적으로 시뮬레이션하려는 상황이나 환경에 대한 모든 정보가 양과 질 양 측면에서 충분히 구축되어 있어야 한다. 이런 점 때문에 가상현실 연구자들은 지각을 데이터로 이해하는 데이터 중심적 지각이론을 선호하고 있다. 데이터 중심 이론은 지각을 외부에 이미 존재하는 환경으로부터 마음에 입력된 데이터로 파악한다. 따라서 그들은 보다 더 실재에 가까운 지각을 야기시키기 위해서 더욱더 양적으로 풍부하고 강도 높은 감각 데이터의 입력이 필요하다는 입장을 견지한다. 이러한 경향은 컴퓨터 그래픽 연구에서 시각사실주의(visual realism)를 추구하는 입장이 널리 퍼져 있다는 것에서도 분명히 알 수 있다. 그리고 이 이론에서는 우

리의 신체 역시 정교한 입력장치로 이해한다. 사이버 철학자 하워드 라인골드는 실제로 인간의 눈을 입체적 입력장치로, 눈동자와 목은 고도로 정교화된 입체적 감각기관들을 움직이기 위한 복합적 자율조절 수평유지 장치로 파악하고 있다.[49]

가상현실 이론이 지각을 이렇게 이해하는 것은 다음과 같은 전제를 기초로 삼고 있기 때문이다. 인공적으로 사용자에게 제공되는 가상현실 이미지는 그 이미지의 체험자가 누구인지와는 상관없이 일반적 효과를 불러일으킨다는 것이다. 즉 가상현실 시스템이 제공하는 인공 이미지는 어떤 특정 환경의 객관적 구조를 포착해서 만든 것이며, 마찬가지로 그것이 제공하는 인공 환경은 누구에게나 무차별적으로 동일한 감각자료를 입력시키는 객관적 장이라는 것이다. 이러한 데이터 중심주의는 가상현실 연구의 관심을 특정한 방향으로 몰아간다. 보다 완벽한 사진사실주의(photorealism)에 도달하기 위한 모델(컴퓨터 알고리즘)을 개발한다든지, 더 세밀화된 데이터를 저장하고 처리하고 표현하기 위한 기술을 개발하는 일 등이 그러한 관심에서 비롯된 것이다. 이것은 또한 데이터를 보다 정확하게 재현하는 기술의 개발, 완전하게 도식화될 수 있는 데이터 구조들의 개발, 시야, 색깔, 감촉, 조명, 빛, 초점, 동작, 운동을 더 잘 시뮬레이션하는 기술의 개발 등과도 관련되어 있다. 따라서 데이터 중심주의에 기초한 가상현실 연구는 소리, 촉감, 그리고 운동과 같은 감각자료들에 대한 연구를 포함한다.[50]

하지만 가상현실 기술에는 우리의 지각이 단순히 대상으로부터 데이

49 Richard Coyne, *Designing Information Technology in Postmodern Age: From Method to Metaphor*, MIT Press, 1995, 182쪽 참조.

50 R. Coyne, 같은 책, 184쪽 이하 참조.

터를 수용하는 수동적 집적체가 아니라, 그 지각의 지향에 따라 대상의 나타남에 영향으로 주는 어느 정도 구성적 역할의 수행자로서 기능한다는 입장이 암묵적으로 전제되어 있다. 가상현실 시스템이 항상 동일한 데이터를 출력하는 것이 아니라 지각 수행자의 상황을 고려하여 그에 상응하는 데이터를 정확한 계산을 통해 선택적으로 출력하는 것을 보면, 지각의 수행자가 대상이 나타나는 데 구성적 역할을 하고 있음을 인정하는 것이 분명하다. 가상현실에서 트래킹 기술을 중시하는 이유가 여기에 있다. 나아가 가상현실에서 체험자는 영화나 소설과 같이 제3자적 입장이 아니라 1인칭 체험의 주체로서 끊임없이 환경의 어떤 대상에 지향하는 능동적 행위자이며, 그 지향에 따라 그에 상응하는 데이터를 제공받는 환경과의 상호작용 관계 속에 있다.

이러한 면에서 볼 때 가상현실은 기술공학적 시스템이지만 후설 현상학에서 밝혀진 자연적 지각의 본질 구조, 즉 지각이 체계적으로 진행되는 지시연관 관계임을 어느 정도 고려하고 있는 셈이다. 특히 현재 수행되는 지각은 예지(Protention)라는 의식의 계기를 동반하며 다가올 것을 향해 지시된다는 점이야말로 가상현실 기술에서 중요시되는 부분이다.

그리고 가상현실 시스템은 항상 동일한 데이터를 출력하는 것이 아니라 지각 수행자가 다음 순간의 지각 활동에서 지각할 것으로 예지하는 내용과 상관이 있는 데이터를 정확한 계산을 통해 선택적으로 출력하도록 설계되어 있다는 점에서, 그야말로 예지를 고려하고 있는 것이다. 예컨대 HMD는 현상학적으로 표현하면, 체험자의 지향 활동을 신체적으로 구현하는 시선 변화를 머리 움직임을 통해 포착하고 그 머리의 위치 변화 데이터를 컴퓨터에 보내기 위한 장치라 할 수 있다. 좀 더 자세히 말하면, 가상현실 상황 속에 들어간 사용자가 지향적 지시연관 관계로

형성되는 지각의 지시체계에 따라 다음 순간에 나타날 지각 내용을 예지하며 시선이나 몸을 움직이면, 컴퓨터가 HMD 위에 부착된 송신기와 컴퓨터 쪽에 부착된 수신기를 통하여 그 움직임으로부터 발생하는 데이터의 흐름을 디지털화시켜 수신한다. 그와 동시에 컴퓨터는 다시 이 데이터의 흐름에 상관적으로 나타날 지각 데이터, 곧 사용자의 시야에 있게 될 대상이 나타나는 방향, 크기 및 깊이를 계산하여 그것을 표상할 수 있는 전자적 인공 데이터를 출력시키는 것이다. 가상현실 시스템에는 이처럼 이미 자연적 지각의 본질 구조가 고려되어 있는 것이다. 그럼에도 이 시스템은 후설이 밝혀낸 자연스런 지각의 본질 구조와 어긋나는 점을 가지고 있으며, 그 때문에 인간의 지각 구조에 병리현상을 유발시킬 수 있는 위험요인 역시 잠복하고 있다고 지적할 수 있다.

가장 큰 위험은 후설 현상학에서 밝혀낸 우리 지각의 역사성이 위협받는다는 데 있다. 현재 수행되는 의식의 작용은 이미 파지에 의해 지나간 의식 작용과 부단히 맥락을 형성하며 진행된다는 후설의 지각이론에서 볼 때, 가상현실은 다음과 같은 두 가지 방식으로 자연스런 지각에 폭력을 행사할 수밖에 없다.

첫째, 가상현실은 자연스럽게 경험될 수 없는 현실, 나의 현재 상황에서 경험될 수 없는 현실을 실재보다 더 실재적으로 체험하게 하려는 기술이다. 이를 위해서는 우선 현실에서 진행되고 있는 나의 경험과 과거와의 연계가 작위적으로 차단되어야 하며, 또 이러한 지나간 경험이 예지에 의해 미래로 투사되는 것도 저지되어야 한다. 특히 가상현실의 중요한 요소를 이루는 몰입을 실현시키기 위해서 사용자의 과거 경험에서 비롯되는 영향으로부터 현재의 감각을 충분히 고립시키는 장치가 필요하다. 이것을 좀 더 상론하면 다음과 같다.

나에게는 나의 자연스러운 일상 환경에서 파지와 예지의 구조적 계기를 함축하는 의식 활동에 의해 나름대로 현실을 지각하는 습관화된 연속적 지각체계가 형성되어 있고, 또 이것이 예지에 의해 미래로 투사됨으로써 새로운 경험이 이루어진다. 때문에 내가 지금까지 경험해온 현실을 넘어서는 색다른 경험을 인위적으로 체험토록 하기 위해서는 이러한 경험체계가 더 이상 지속되지 않도록, 다시 말해 그 경험체계에서 다가올 데이터와는 전혀 다른 데이터들을 상당한 강도와 밀도로 체험자를 향해 출력하는 일종의 데이터 쇼크를 발생시켜 과거의 경험체계를 압도해야 한다. 가상현실은 이렇게 그것 이전에 형성된 파지와 예지의 피드백 고리가 일단 단절된 후에야 비로소 작동을 시작할 수 있는 전제를 확보할 것이다. 이처럼 지금까지의 경험체계를 일순간 정지시키는 것은 경험의 영역에 순간적으로 상당한 방향 교란을 불러일으킬 것이다.

두 번째로는 가상현실 체험 후에 발생할 수 있는 증후군이다. 과연 현실과 다른 현실 경험을 한 후 우리가 가상현실에서 내려와 다시 실재현실로 돌아왔을 때, 가상현실에서의 체험은 그대로 증발하고 우리는 아무 일도 없던 것처럼 현실 속에서 살 수 있을까? 가상현실의 연구자들은 이 문제에 대해 거의 관심을 가지고 있지 않다. 그들에게 가장 중요한 문제는 실재의 단순한 모사를 넘어 어떻게 실재와는 다른 세계를 인공적으로 산출함으로써 실재보다 더 실재적 체험을 발생시킬 수 있을까 하는 것뿐이기 때문이다.

또 그러한 목표를 달성하는 데 있어서 그들이 의지하고 있는 지각이론에는 지각의 역사성이 전혀 고려되어 있지 않다. 하지만 후설의 경우를 보면, 지각이론은 시간 의식과 떼려야 뗄 수 없는 긴밀한 관계를 갖는다. 이에 비춰보면 가상현실 체험은 그것이 종료되었을 때 그대로 사라

지는 것이 아니라 파지에 의해 현재 경험에 침전되며, 따라서 지속적으로 현재의 경험이 수행되는 데 영향을 미칠 것이다. 따라서 우리는 가상현실 경험 장치나 가상현실 경험 동굴에서 나온 이후에도 의식을 하지 못하는 사이 그 가상현실 경험에 내내 지배당하게 될 것이다.

물론 실재현실로 돌아온 후에도 여전히 가상 경험이 실재 경험에 영향을 미칠 우려는, 우리가 가상현실 경험을 극히 드물게 체험할 때는 별 문제가 되지 않을 수 있다. 하지만 앞으로 의료, 교육, 관광, 오락, 심지어 여행에 이르기까지 가상현실의 적용 범위가 급속히 확대된다면, 우리는 지속적으로 우리 자연스런 경험 체계를 정지시키며 새로운 가상세계로 진입시키기 위해 데이터 쇼크를 여러 상황에서 감수해야 할 것이다. 또 현실에서는 경험할 수 없는 인위적 경험이 지속적으로 남아 현실 경험에 영향을 미침으로써 현실 활동의 연속성에 장애를 일으키게 될 것이다. 이것이야말로 가상현실이 일으키는 병리 현상일 것이다.[51]

51 이러한 병리현상과 유사하게, 이미 병리학에서는 체험자를 그의 일상으로부터 분리하는 충격적 경험이 그를 다시 자연스런 일상으로 복귀할 수 없게 위협하는 경우가 보고되고 있다. 과거의 경험이 현재에 미치는 영향의 극단적인 예가 바로 외상 후 스트레스 장애(post traumatic stress disorder, PTSD)이다. 참전 군인이나 아동학대 피해자 그리고 트라우마 상황에 노출되었던 사람들은 그 상황이 사라진 후에도 같은 상황을 재차 경험하며 일상생활에서 장애를 겪는다.

가상현실의 윤리학 / 3

지금까지 우리는 가상현실 기술에 잠복하고 있는 위험을 지각 활동을 수행하는 인간 사용자에게 미치는 병리적 영향의 관점에서 살펴보았다. 그런데 가상현실에는 또 다른 위험이 잠복하고 있다. 그것은 가상현실의 존재론적 특성상 그곳에 존재하는 인간의 윤리적 조건이 훼손당할 위험에 노출되어 있다는 점이다. 이 문제를 논의하기 위해서는 가상현실이란 존재를 구현하는 기반 기술인 디지털 기술의 근본적 특성을 먼저 밝혀야 할 것이다. 다행히도 우리는 디지털 기술의 특성을 앞에서 여러 차례 논의해왔다. 이제 그 핵심적인 내용을 상기하면서 가상현실의 존재론적 특성을 드러내보자.

우선 실재현실과 구별되는 가상현실의 형이상학적 특성을 이해하기 위해 사이버 철학자 마이클 헤임을 따라 실재현실의 형이상학적 닻을 끌어올려 보자.

헤임은 실재현실이 정박할 수 있는 세 가지 형이상학적 닻을 제시한다. 그것은 바로 (1) 탄생과 죽음, (2) 과거에서 미래로 진행하는 시간의 비가역성, 그리고 (3) 배려이다.

(1) 실재 세계는 인간의 삶에 여러 가지 제한을 가한다. 그 가운데서도 인간이 피할 수 없는 것이 탄생과 죽음이라는 사건이다. 이 탄생과 죽음에 의해 인간 존재의 유한성이 인지되고 그에 따라 삶이 기획되고 실행된다. 이 한계가 바로 실재의 파라미터, 즉 우리의 존재가 이 땅에 뿌리내리고 있음을 알려주는 파라미터인 것이다.

(2) 실재의 또 다른 형이상학적 닻은 과거에서 미래로 흐르는 시간의 비가역성이다. 인간은 그의 삶에서 일어난 것들을 지워버릴 수 없다. 이러한 비가역성은 실재를 순간적 환각과 구별해준다.

(3) 실재와 가상을 구별해 주는 마지막 형이상학적 닻은 우리 생물학적 삶의 유한성에서 유래하는 실재에 의한 우리 삶의 훼손, 손상 등의 위협이다. 우리의 삶이 이루어지는 실재에는 늘 불확실성과 훼손 가능성이 지배하고 있다. 바로 이것이 우리로 하여금 더욱 진지하게 우리 자신의 존재를 배려하도록 한다.[52]

그런데 가상현실은 이러한 탄생과 죽음, 시간의 비가역성, 자기 존재의 배려라는 실재의 형이상학적 닻이 거품처럼 사라져가는 영역이다. 실재현실과의 대비를 통해 단지 어렴풋하게 드러나는 가상현실의 형이상학적 특징은 그 가상현실의 존재를 가능하게 한 기술인 디지털 기술과 관련시켜 보면 더욱 뚜렷하게 드러난다.

이미 언급한 바와 같이 디지털 기술에서 정보처리의 기본단위가 되는 비트는 재현될 물리적 대상과 어떤 물질적 속성도 공유하지 않는 탈물질화된, 단지 0과 1을 표시하는 +,- 전하값에 불과하다. 디지털 정보는

52 Michael Heim, *The Metaphysics of Virtual Reality*, Oxford Univ. Press, 1993, 133쪽 이하 참조.

아날로그 부호와는 달리 그 자체로 대상의 물질적 형태를 모방하지 않는다. 다시 말해 재현 대상을 길이나 전압 등의 연속된 형태의 양으로 표현하는 아날로그 매체는 연속된 양을 연속된 형태로 표현하므로 그 표상 방식이 연속적이다. 반면 디지털 정보는 재현 대상과 무관한 2진 부호로 약호화되어 컴퓨터의 연산과정을 통해 처리되기 때문에 조작과 변형, 합성과 복제에 현실적 제한이 없고, '포화될 수 없는 방식으로' 정보를 연쇄 결합시켜 무한히 다양한 부호화를 가능하게 한다. 이러한 디지털 기술에 의해 탄생된 가상현실에는 디지털 기술의 제한 없는 조작·변형·합성·복제의 특성이 그대로 전이될 수밖에 없고 그리하여 가상현실의 무한히 다양한 구성이 가능해진다. 때문에 가상현실에서 현실은 다수적으로 주어진다.

나아가 가상현실은 인공적 환경이란 점에서 하이퍼리얼리티와 유사성을 갖지만 둘 사이에는 엄연한 차이가 존재한다. 아날로그 기술에 기초한 하이퍼리얼리티의 전형적 범례가 영화나 TV를 통해 제공되는 시청각적 대면 환경을 지칭하는 것이라면, 디지털 기술을 존재 근거로 한 가상현실은 통합감각의 3차원 입체 환경이다. 즉 하이퍼리얼리티의 환경에서 체험자는 여전히 하이퍼리얼리티와 대상적 거리를 유지하며 응시자로서 제3자의 위치를 차지한다. 따라서 하이퍼리얼리티와 체험자 사이에는 소외의 간극이 잔존한다. 반면 가상현실 환경은 여러 가지 기계장치에 의해 디지털화된 데이터를 통하여 체험자와의 상호작용을 시뮬레이션하면서 체험자의 온몸을 향하여 인공적 자극을 가함으로써 체험자의 참여와 가상현실에 대한 완전한 몰입을 유도한다. 가상현실은 리처드 코인이 강조하듯 완전 몰입 환경(total immersion environment)인 것이

다.[53] 가상현실과 그 체험자 사이에는 소외의 거리가 개입될 수 있는 틈새가 존재하지 않는다.

이상과 같이 가상현실의 탄생 배경과 탄생 기술에 비추어 보았을 때 그것은 다음과 같은 키워드로 압축될 수 있는 존재론적 특성을 갖는다.

가역성 / 탈물질화 / 다수현실 / 자유변환과 조작 / 체험자의 몰입

3.1 가상현실과 자아의 파열

가상현실의 형이상학적 구조가 탈물질화, 다수성, 자유변환, 조작 그리고 체험자의 몰입을 유발하는 것인 한, 이것은 자아의 정체성과 그에 기초한 기존 윤리학의 붕괴를 초래한다. 이러한 문제에 가장 민감하게 반응한 사람이 바로 케빈 로빈스이다.[54] 그는 가상현실 속에서의 정체성의 위기와 그것의 탈윤리성을 집중적으로 거론한다. 로빈스는 우선 가상현실에서 정체성이 자유와 선택의 문제가 될 것이라는 주장에 주목한다.

가상현실은 체험자의 몰입을 유도하기 위해 체험자가 가상공간을 마음대로 돌아다닐 수 있는 능동적 참여자로서의 느낌을 갖게 하고 그 가상현실을 여러 각도에서 체험하도록 공학적으로 설계된다. 실로 컴퓨터에 의한 감지 및 감각 송출은 심지어 체험자가 자신의 신체를 떠나 의

53 R. Coyne, 같은 책, 150쪽 참조.

54 Kevin Robins, "Cyberspace and the World We Live In," in *Cyberspace/Cyberbody/Cyberpunk: Cultures of Technological Embodiment*, M. Featherstone & R. Burrows (eds.), London: Sage, 1995 참조.

식의 중심을 다른 사물에 위치시킴으로써 인간으로서는 접근할 수 없는 장소나 대상의 내부를 탐색하는 현실감을 줄 수 있도록 조작될 수 있다.[55] 가상 신체에게는 어떤 것도 고정되어 있지 않으며 모든 것이 가능하다. 해커들이 가상공간을 자유롭게 떠돌아다닐 수 있는 탈육체화된 의식이 되고 싶어 하는 이유도 여기에 있다. 컴퓨터에 대한 낙관적 담론에서는 컴퓨터가 육체를 떠날 수 있는 가능성을 제공한다는 데 환호한다. 이러한 탈육체화는 상당한 대중문화적 영향력을 행사하고 있는 SF 작가 윌리엄 깁슨(William Gibson)이나 사이버 페미니스트 도나 해러웨이(Donna Haraway)가 이미 중요하게 다루고 있는 주제이다.

여기서 특히 로빈스가 강조하려는 점은, 가상현실 속에서 자아의 경계가 실재 공간에서와 같이 육체의 표피에 의해서 확정되지 않는다는 사실이다. 가상현실에서 자아의 경계는 공학적·생체적으로 통합된 순환 속에서 신체와 컴퓨터 시뮬레이션을 연결하는 피드백 고리에 의해서 규정된다. 이렇게 볼 때 가상공간에서 체험 주체는 정보공학적 순환에 따라 분산될 수밖에 없다. 그리하여 가상현실에서 자아는 부유하며 다형태적인 존재(a fluid and polymorphous entity)로 재구성된다.

이처럼 가상현실 기술과 그에 따른 자아의 정체성 문제는 전혀 다른 방향들에서 평가되고 있다. 로빈스는 이것을 다음 두 가지 양극화된 담론 형태로 구별하고 있다. (1) 한편에서는 환상과 상상으로 가득 찬 새로운 세계에 대한 기대가 담론의 중심축을 이루고 있다. 서먼과 주디킨은 가상현실에서 우리는 우리 자신을 우리가 바라는 모든 것으로 재현할 수 있다고 주장한다. (2) 다른 한편에서는 가상현실이 주체의 해체와 자

55 Marie-Laure Ryan, "Immersion vs. Interactivity: Virtual Reality and Literary Theory," in *Postmodern Culture* v.5 n.1(1994) 3쪽 참조. http://jefferson.village.virginia.edu/pmc

아와 정체성의 해체를 야기하면서 육체의 분열과 원초적 리비도적 감각의 탐닉으로 귀결될 것이란 우려를 담고 있다.

(1) 첫 번째 낙관적 담론은 가상현실 산업의 구루라 할 수 있는 티모시 리어리가 명확하고 자극적으로 표현한다. "가상현실에서는 생각하고, 꿈꾸며 환상하는 모든 것이 창조될 수 있다. 그리고 전자적으로 의사소통될 수 있다. 마치 지미 헨드릭스가 노래한 것처럼…."

로빈스에 따르면 티모시 리어리나 하워드 라인골드와 같은 낙관적 입장은 새로운 기술이 사용자로 하여금 물리적 세계와 육체의 한계나 좌절로부터 벗어나게 한다는 데 기초하고 있다. 가상현실은 꿈과 상상과 결합되어 있는 무제한성과 무검열의 내용을 물리적 세계의 객관성과 합성시키는 것이다. 가상현실에서는 실재의 한계가 박탈했던 모든 희열을 얻을 수 있다. 이 세계에서 우리는 마력적인 창조력에 대한 (유아적) 환상의 반환을 요구할 수 있다.

그러나 로빈스는 이러한 입장을 오히려 근대적 주체 개념 즉 통일성에 기초한 자아 개념, 특히 칸트의 선험적 구상력과 결부시키며 그 진부성을 폭로한다. 왜냐하면 가상현실에 대한 이러한 담론은 가상현실에 대한 우리 자신의 결단에 의한 능동적 참여와 조작 능력을 부각시켜 우리를 가상현실 구성의 주체로 등장시키기 때문이다. 나아가 그것은 자신의 여러 정체성을 스스로 선택할 수 있는 또 다른 초월적 자아를 전제하는 것이다. 즉 자기 자신의 동일성을 끊임없이 유지하면서 자신의 탈을 스스로 선택하여 쓰는—자기 자신의 완전한 지배자로서 일상적으로 나타나는 자신의 여러 정체성 위에 군림하는—초월적 자아가 전제되고 있는 것이다. 이것은 실로 로빈스가 주장하듯 우리의 감각적이며 예지적인 경

험의 선험적 종합이라고 하는 정신과 육체의 통일성, 즉 안정적(일관적, 정합적)이고 통일된 주체에 근거하는 칸트의 선험적 상상력을 세속적으로 상식적으로 바꾸어 쓴 것에 불과하다.

(2) 두 번째 담론에서는 더 이상 주체의 존재론적 지위가 인정되지 않는다. 가상현실이라는 새로운 세계의 질서에서는 기존의 경계, 즉 인간과 기계, 자아와 타자, 정신과 육체, 환각과 실재의 경계가 해체되고 와해된다. 이처럼 기존의 분명했던 구별이 침식됨과 동시에 인터페이스와 합성 그리고 끊임없는 변화의 상태가 강조된다. 이러한 입장은 탈근대적 상황이 주체의 파편화와 해체를 수반한다는 포스트모던 철학과 매우 긴밀한 공조관계를 형성하고 있다. 잘 알려져 있듯이 포스트모던 철학에서는 개인적 자아의 본질적인 통일성과 안정성에 대한 믿음이 이데올로기적이며, 환상이자 허구적인 것이라 야유된다. 그리하여 포스트모던 철학의 견지에서는 가상현실의 기술이 선험적 자아에 대한 보복으로서 환영받기까지 한다. 이러한 형태의 담론은 포스트모던 철학과 사이버펑크 픽션을 혼합하면서 사이보그 정체성의 출현을 그려보여 준다. 로빈스에 따르면 그것은 이미 인공합성적인 오늘날의 세계에서 또 다른 기술에 의한 문화적 피박술이 도입되고 있음을 의미할 뿐만 아니라 아울러 사회적 연대의 규칙이 변화할 수밖에 없음을 예고한다.

그러나 로빈스의 시선이 여기에만 머무는 것이 아니다. 그는 가상현실에서 물질화된 대안적인 정체성을 합성할 기회가 주어진다는 데 주목하여, 기존의 경계와 질서의 붕괴는 자아와 정체성의 해체로 이어진다고 경고한다. 여기서 신체는 그에게 제한을 가했던 중심적 통제력의 몰락을 경험하며 방임의 희열 속으로 빠져든다. 그리하여 결국 로빈스는 자아

정체성의 해체가 원초적 리비도적 감각의 탐닉으로 귀결될 수밖에 없음을 주장하고 있는 것이다.[56]

3.2 윤리적 무중력 상태

이제 가상현실에서의 이러한 담론, 즉 정체성의 해체 문제를 실재 세계의 정체성과 정체성의 위기라는 더 포괄적인 맥락 안에서 주시해 보면 가상현실에서 타자의 실종과 그에 따른 가상현실의 윤리적 무중력 상태가 목격된다.

우리가 이미 내던져져 있는 상태로 체험되는 실재는 강요성을 지니며, 따라서 때에 따라서는 느닷없이 우리를 공격해오는 폭력성을 지니고 있다. 하지만 가상현실은 실재의 공격적 자극으로부터 심리적 보호막을 제공해 준다. 가상현실은 자아의 파편화라는 고통스러운 결과가 가상현실에서 제공되는 도착된 쾌락과 유희에 의해 중화되고 그러한 상황이 경험될 수 있는 곳에 있다. 그것은 실재 세계의 명령과 강요가 무력화되는 공간이다. 쾌락과 유희가 무한히 팽창하는 공간, 그 안에서 펼쳐지는 삶, 평범한 인간의 한계가 극복되고 일상적 경계가 위반되는 마술적 현실과 실재론이 등장함으로써 새로운 기술 수단은 전능과 창의적 정복의 환상을 고무하고 만족시킨다. "가상현실은 이미 실재 세계의 복잡성과 중력으로부터 떨어져 나와 그 자신의 고유 세계가 된다."[57]

하지만 로빈스는 이러한 가상현실을 특히 무의식적 환상의 투사와 그

56 Kevin Robins, 같은 글, 138-140쪽 참조.

57 Kevin Robins, 같은 글, 143쪽.

에 따른 행위라는 맥락에서 고찰함으로써 가상현실이 나르시스적 퇴행의 형태를 갖게 될 것이라고 경고한다. 왜냐하면 "나르시즘은 현실로부터 제한이 없는 환상세계로 후퇴하는 것"이기 때문이다. 그리하여 가상현실은 모든 욕망이 만족되는 방어벽을 구성하는 것처럼 보일 수도 있지만 정신병적 상태에 상응하는 것인지도 모른다. 정신병의 가장 뚜렷한 특징은 욕망과 현실의 경계가 희미해져 구별 불능 상태에 빠지는 것이기 때문이다. 가상현실은 "욕망과 현실의 경계가 희미해지는 정신병적 환경을 일컫는다."[58]

이러한 정신병적 공간에서 현실의 실재성은 거부되고 자아의 정합성은 파편으로 해체된다. 그리고 흥분과 도취를 유발하는 것만이 경험으로 인정되어, 경험은 질적으로 심각하게 추락한다. 더욱이 흥분과 전율이 감동, 반성, 배려를 추방하고 환각과 현실이 서로 혼재됨에 따라 반성의 입점이 위치할 공간도 사라진다. 이와 같이 반성이 무중력상태로 빠져드는 가상현실에서 로빈스는 바로 타자의 실종이란 사건을 목격한다. 그가 이 사건을 추적하는 과정을 보면 다음과 같다.

가상현실에서는 자아의 심리적 내면 세계와 외부세계를 구별하는 반성의 입지가 증발함으로써 내부세계와 외부세계의 경계가 교란된다. 따라서 가상현실에는 내적 세계와 외적 세계가 동일시되는 환각이 넘쳐흐른다. 가상현실은 실로 내면에서 솟아오르는 쾌락과 욕망의 요구에 조응하도록 디자인되고 질서 지어져 있다. 그리하여 이 가상현실 속에서 그것과 상호작용하는 거주자는 실재 세계의 제한에 갇혀 있던 그의 자아를 퇴장시키는 동시에 탈육체화된 가상적 복제물로 자아를 대체하는 상

58 Peter Weibel, "Virtual Worlds: The Emperor's New Body," in *Ars Electronica 1990, Vol.2: Virtuelle Welten*, Gottfried Hattinger et al.(eds), 29쪽.

황 속에 놓이게 된다. 이와 같은 존재 조건 아래서는 상상과 그의 실행에 제한을 가하는 어떠한 물리적 한계는 물론 어떤 타자도 존재하지 않는다. 가상현실의 체험은 따라서 유아론적 사건으로 밀폐되며 자기 만족과 자폐를 고무시켜 외적 대상의 필요를 부정하는 데 이르게 된다.

로빈스는 가상현실의 거주자들이 결국 타자의 실질적 독립적 존재를 인정함으로써만 형성될 수 있는 상호의존과 책임의 관계를 거부하며, 그런 점에서 반사회적이고 반도덕적이 될 위험이 크다고 단언한다. '부유하는 정체성'은 정신분열적 혹은 나르시스적 영역을 방황하며, 제한 없는 자유와 지배의 감성은 탈신체화된 유아론적 정체성에 속한다. 이렇게 탈신체화되고 나르시스적이며 일관성을 상실한 분열적인 정체성이 가상현실의 사회적 확산을 통하여 사회에 정착될 때 실재 인간관계의 윤리는 붕괴될 수밖에 없다. 타자의 실종과 관계의 거부 그리고 정체성의 분열, 이것은 실로 인간의 윤리에 치명적인 것들이다. 타자를 직접 만나지 않으면 타자에 대한 우리의 책임감은 희박해지며 따라서 우리의 윤리는 퇴조할 수밖에 없지 않은가? 또 타자에 대한 도덕적 의무감과 배려를 지탱하는 것은 땅을 딛고 있는 연속적인 정체성에서 비롯되는 상호신뢰성이 아닌가? 그리고 정체성의 일관성을 상실한 채 변신을 거듭하는 정체의 소유자는 늘 우리에게 수상한 자로 다가오는 의혹의 이방인이 아닌가?

3.3 가상공동체의 기만성

가상 현실공간의 탈윤리성과 자폐성은 가상현실에서의 공동체성 문

제와 불가피하게 연결된다. 가상현실 공간이 탈윤리적이며 자폐적이라면, 최근 널리 유포되고 있는 '가상공동체'(Virtual Community)란 용어 역시 기만적일 수밖에 없다. 하지만 의외로 많은 주류 사이버 철학자들은 가상현실이 점차 상실되어 가는 공동체를 부활시킬 것이라는 기대에 부풀어 있다. 그들에 따르면 가상현실은 현대 사회의 모순을 극복할 수 있는 대안적인 사회이다. 가상현실 사업을 직접 주도하며 또 가상현실의 열렬한 옹호자인 재런 래니어는 가상현실이 인간 상호 만남의 기회와 폭을 확대시키고 공감대 형성을 고무시키며 폭력을 감소시킬 것이라고 주장한다. 왜냐하면 물리적 현실의 비극은 우리가 불가피하게 처하게 되는 현실의 강요성에서 발생하는 반면, 가상현실에서 우리는 언제든지 철수할 수 있기 때문이다. 실로 가상현실은 물리적 현실의 인간 실존 조건인 피투성(Geworfenheit)이 스며들 수 없는 공간이며, 또 동시에 익명성(Anonymität)이 만발하는 공간이다. 그런데 이것이 오히려 인간 상호작용을 촉진시킨다는 것이다. 익명성과 항시 제공되어 있는 철수 가능성은 가상현실의 참여자에게 낯선 이들과의 관계에 별 두려움 없이 진입하는 적극성을 선사할 것이기 때문이다.[59] 역으로 말해서 가상현실은 낯선 이들에 대한 개방성을 가로막는 소위 '친밀성의 폭력'을 비껴갈 수 있는 공간이다.[60]

가상공동체가 실재 세계에서 점차 상실되어 가는 공동체성을 회복시킬 수 있다는 입장은 하워드 라인골드가 그의 책 『가상공동체』(*The Virtual*

59 Jaron Lanier, "Was heißt 'virtuelle Realität?' Ein Interview mit Jaron Lanier," in *Cyberspace: Ausflüge in Virtuelle Realität*, hrsg. von Manfred Waffender, Hamburg: Rowohlt, 1991, 81쪽.

60 Roberto Simanowski, Cyberspace—einige Window zum Medium der Zukunft, in *Tabula Rasa 1995*, 5쪽 참조. http://www.uni-jena.de/tabula-rasa.html

Community)[61]에서 가장 체계적으로 주장하였다. 따라서 로빈스는 라인골드의 입장을 집중적으로 검토한다.

라인골드의 출발점은 우리가 도처에서 경험하는 흔한 사실이다. 즉 현대는 민주적 공동체적 삶이 손상되고 퇴조하는 상황에 있다는 것이다. 하지만 우리의 실제적 삶에서 비형식적 공공영역이 사라지면 사라질수록 사람들의 가슴에서 공동체에 대한 갈증이 더욱 심해지고 컴퓨터를 통한 의사소통이 증가할 것이다.[62] 라인골드는 여흥을 위해 모이는 장소 같이 근대적 삶의 비공식적 아고라가 사회의 공동체성 유지에 중요한 역할을 한다고 강조한다. 하지만 "자동차를 중심으로 한 도시 주변적 삶, 패스트푸드점, 쇼핑몰로 몰리는 생활방식이 전통적인 마을과 도시로부터 이런 제3의 영역을 제거함에 따라, 기존의 공동체를 직조해낸 사회적 섬유는 절단되기 시작했다."[63] 라인골드는 가상현실의 기술이 그러한 공동체의 파괴를 저지하는 데 사용될 수 있기를 희망한다.

그의 이러한 희망은 다음과 같은 사실을 고려하면 전혀 허황된 것은 아니다. 정보가 거의 광속으로 유통되는 컴퓨터 네트워크에서는 물리적 거리와 시간의 압축이 일어나므로 네트워크로 연결된 사용자 간에도 실시간대의 상호작용이 가능하다. 근대 산업화가 야기한 거대 도시화에 의해 한없이 옅어진 인간관계의 밀도는 이제 가상현실에서의 시공간의 압축과 실시간 상호작용을 통하여 다시 농축되며, 그리하여 근대 산업화 이전 소규모 마을에서 가능했던 밀도 짙은 공동체성이 복원된다. 따라

61 Howard Rheingold, *The Virtual Community: Finding Connection in a Computerised World*, London: M. Secker & Warburg Ltd., 1994. 웹사이트 http://www.well.com/user/hlr/vcbook에도 전재됨.

62 H. Rheingold, 같은 책, 6쪽.

63 H. Rheingold, 같은 책, 25쪽.

서 네트워크를 통해 직조되는 가상공동체는 이제 사회적 재활성화와 갱신이라는 거대한 프로젝트의 핵심적 역할을 수행할 것이다. 실로 이 새로운 매체를 통하여 우연적 거주지가 아니라 관심의 공동성에 따라 연대하는 새로운 형태의 공동체가 축조될 수 있다. 따라서 가상현실에서는 현대의 실재 세계에서 산업화와 대도시화로 인해 실종된 가치와 이념들이 회복될 수 있을 것 같다.

라인골드는 가상현실의 네트워크를 통해 우리의 삶에 흥과 이해를 불어넣어 공공 영역을 활성화시킬 수 있는 도구가 제공된다고 믿는다. 즉 전자아고라의 구축을 통하여 우리는 시민이 기반이 된 민주주의를 활성화시킬 수 있다. 물론 정보사회에 대해서는 푸코의 '판 옵티콘' 비유에 의존하여 이런 사회를 거대한 감시 체계와 소수에 의한 조작이 가능한 곳으로 보는 비판적 입장도 있다. 그러나 라인골드는 이런 비판을 6, 70년대 중앙집중적 컴퓨터 시대에나 생각할 법한 시대착오적 비판이라 폄하한다.[64] 이제는 컴퓨터가 중앙집중적 형태에서 개인용으로 분산되고 있고, 쌍방향 다대다 실시간대의 의사소통이 가능한 사이버스페이스를 형성하고 있으므로, '시민 중심의 전자아고라'(citizen-centered- eletronic agora)[65]를 만드는 것이 충분히 가능하다. 나아가서 온라인 공동체는 국경을 초월하는 방식으로 발전될 것이라 전망된다. 지역 통신망이 세계로 들어가는 통로가 되어 전 지구적 시민사회와 국제적 문화가 형성된다는 것이다. 그야말로 세계는 마셜 매클루언이 꿈꾸었듯 '지구촌'이 될 것이다.

이와 같이 가상공동체에 대해 장밋빛 미래를 그려 보이는 라인골드에

64 H. Rheingold, 같은 책, 14쪽 참조.

65 H. Rheingold, 같은 책, 23쪽.

대해 로빈스는 우선 라인골드가 미래주의적 외양에도 불구하고 근본적으로 보수적이며 복고적이라는 평가를 내린다. 라인골드의 관심은 현대세계가 잃어버린 전근대적 친밀 공동체의 복원에 있기 때문이다. 실로 라인골드는 네트워크에서 가족적 친밀성의 부활을 기대한다. 그는 네트워크에 의해 직조되는 가상공동체에서 마을의 우물가와 광장의 에토스 같은 것을 재건하려는 것이다. 그리고 라인골드는 온라인 공동체에 대하여 공동체성뿐만 아니라 정신적 연대의 가능성도 투시하려고 한다. 전자 공동체는 관심의 공동성과 공동의식 그리고 집단심리의 경험을 특징으로 하기 때문이다. 이러한 것이 갖는 이미지는 모성적 가족적 유대이며, 그 이념은 통일성, 일체성 및 호혜성이다. 따라서 로빈스는 라인골드의 가상공동체가 갖는 이미지가 아이리스 영이 '루소적 꿈'이라 칭한 것의 변형에 불과하다고 평가한다. 즉 투명한 사회에 대한 꿈, 이러한 사회에서 공동체의 이상은 인간 상호간의 조화, 합의, 상호이해에 대한 열망으로 표현된다.[66]

그러나 로빈스가 라인골드에 대해 제기하는 더욱 치명적인 비판은 다음과 같은 것이다. 가상공동체에는 향수어린 전근대적 친밀공동체의 회복 가능성은 고사하고 공동체성 자체가 휘발될 위험이 있다. 로빈슨은 가상공동체를 디즈니랜드에 비교함으로써 가상공동체에서 상실된 공동체성의 부활을 기대하는 것이 허망한 꿈임을 폭로한다.

건축가 마이클 소킨(Michael Sorkin)은 디즈니랜드를 도시적 분위기를 자아내지만 도시가 아닌 일종의 아우라가 상실된 초도시라고 묘사한 바 있다. 디즈니랜드에는 수천 명의 방문객이 있지만 거주자는 없다. 로빈

66 Kevin Robins, "Cyberspace and the World We Live In," in *Cyberspace/Cyberbody/Cyberpunk: Cultures of Technological Embodiment*, 148쪽.

슨에 따르면 가상공동체도 같은 관점에서 조명할 수 있다. 가상공동체에는 집단정신은 있지만 사회적 거주는 없다. 거기에는 네트워크 접속을 통해 수시로 드나드는 무수한 방문객은 있지만 아무도 살지 않는다. 실로 재런 래니어가 주장하듯 가상현실은 실재현실과는 달리 강요되지 않으며 언제든지 우리가 원하면 떠날 수 있는 곳이다.[67]

실재현실에 우리는 실존적으로 이미 내던져져(geworfen) 있지만 가상현실에 우리는 스스로 올라탔다 언제든지 내려올 수 있다. 여기서 재런 래니어나 라인골드는 낯선 이와의 접촉과 상호작용이 활성화될 수 있는 가능성을 보려 하지만, 로빈슨의 경우에는 가상공동체가 갖고 있는 공동체성의 치명적 기만성만을 볼 뿐이다. 그것은 바로 방문객만 있는 가상공동체에는 같은 배를 탄 거주자의 공동운명이 존재하지 않는다는 사실이다. 가상공동체는 요컨대 운명공동체가 아니며 때문에 거기에서 "역사는 동결된다." 따라서 가상현실에서는 단지 실재 세계의 고전적 연대와 공동체성이 그 외적 이미지에 있어서만 모의될(simulated) 뿐 실현되고 있는 것이 아니다. 가상현실에는 사회 형성의 핵심인 운명공동체성과 역사성이 적출되어 있다. 그리하여 결국 가상공동체는 또 다른 사회 즉 대안적인 사회가 아니라 사회의 모사물, 즉 사회 자체를 모사물로 대체함으로써 사회를 실종시키는 사회의 시뮬라크룸 혹은 대체물이다.

로빈스의 이러한 비판은 상당한 설득력을 갖는다. 그의 논지와 동일하게 CAE(Critical Art Ensemble)는 인터넷에 다음과 같은 글을 올리고 있다.

"온라인채팅, 뉴스그룹 그리고 다른 디지털 환경을 통해 여태껏 존재한 적이 없는 사회성의 황금기에 대한 향수가 새로운 시대감각의 공동

67 Jaron Lanier, "Was heißt 'virtuelle Realität?' Ein Interview mit Jaron Lanier,", in *Cyberspace: Ausflüge in Virtuelle Realität*, hrsg. von Manfred Waffender, Hamburg: Rowohlt, 1991, 81쪽.

성에 의해 마련된다고 한다. 하지만 이러한 약속은 기만적인 것이다. … 낙관적이 될 이유가 있다면 통신망이 정보교환의 양을 대폭 향상시켰다는 것이다. 하지만 사회학에 대한 기초지식을 갖고 있는 누구라도 정보교환만을 통해서는 공동체가 구성되지 않는다는 것을 안다. 공동체는 공동의 지정학적 거주지, 공동의 역사, 공동의 가치관을 공유하는 유대관계의 총체이다. … 가장 중요한 것은 공동체가 삶과 의식의 비합리적 부분들을 포함하고 있다는 점이다. 사회적 행위를 가능하게 하는 것은 계약이 아니라 이해이며 따라서 삶의 기술에 의해 완전히 매개되지 않는다. 이러한 의미에서 공동체와 통신망의 삶을 연결시키는 데서 발생하는 문제는 해결되지 않는다. … 통신망의 사용은 CAE의 입장에서 보면 고도화된 반사회적 상호작용이다. 직접적인 인간관계를 거부하고 전자적으로 매개된 의사소통을 선호한다는 것은 더욱 심각해지는 소외의 증후이지 그 치유책이 아니다."[68]

3.4 가상현실의 윤리적 가능성—자아에의 격려

지금까지의 고찰을 통해 가상현실에서 실종되는 것과 출현하는 것을 몇 가지 키워드로 압축하면 다음과 같다.

실종: 자아, 타자, 사회, 역사

출현: 원초적 본능, 분열적 사이보그, 임의 접속 집합체, 역사 허무주의

68 Critical Art Ensemble, *Flesh Machine: Cyborgs, Designer Babies, & New Eugenic Consciousness*, New York: Autonomedia, 1998, 149-150쪽. http://critical-art.net/books/flesh/flesh7.pdf

우리는 가상현실이 펼쳐지는 것을 막을 수 없다. 가상현실은 실로 새로운 가능성이다. 다원화, 실재의 강요가 만들어내는 억압으로부터의 해방, 상호작용의 무한한 확산 등등. 이러한 가능성은 인류 역사상 한 번도 제공된 적이 없다. 그러나 바로 거기에 윤리적 진공 상태가 암세포처럼 자라고 있다. 따라서 균형이 요구된다. 균형은 과연 어떠한 윤리적 모색을 통해서 이루어질 수 있는가.

박정순 교수가 정리한 바에 따르면, 지금까지 정보화 사회의 균형을 유지하기 위한 윤리적 모색은 다음과 같은 방향으로 시도되고 있다. (1) 정보화 사회는 산업사회와 다르기 때문에 새로운 윤리가 필요하다. (2) 정보화 사회는 산업사회의 연장이므로 산업사회 윤리, 즉 최소도덕화, 결과주의화, 외면적 책임윤리화, 사회윤리의 준법규화 등이 적용된다. (3) 보편적 도덕체계가 여전히 타당하다.[69]

이러한 시도는 각기 나름대로 타당성을 지니며 때에 따라서는 서로 대결하며 혼란을 야기한다. 이러한 혼란은 보다 안정화된 정보사회 윤리학의 구체화를 위해서 필연적이다. 하지만 유감스럽게도 정보화 세계의 윤리학에 관한 논의에서는 매우 중요한 사실이 여전히 간과되고 있다. 즉 그것은 윤리적 행위의 선택과 도덕적 책임이란 자아의 자율성을 기반으로 가능한데, 가상현실을 중심으로 펼쳐질 정보화 세계에서 바로 윤리의 가능조건인 자아의 자율성이 심각한 파열의 위협에 처해 있다는 사실이다. 앞서 살펴본 바와 같이 가상현실은 자아를 해체함으로써 리비도적 원초적 본능으로의 유혹, 타자의 거부, 그리고 결국 사회와 역사의 진공화라는 경향을 그 이면에 잠복하고 있다. 따라서 정보화 세계가 이

69 이에 대한 자세한 논의는 박정순, 「정보 통신의 문화와 도덕의 정체성 문제」, 한국철학회 1997 춘계학술발표대회보, 356쪽 참조.

러한 윤리적 진공상태를 벗어나려면, 가장 시급하게 모색해야 할 윤리적 과제가 무엇이 되어야할지는 자명하다. 그것은 파열된 자아의 상처를 보듬어주는 자아에의 배려, 리비도의 탐닉으로 빨려 들어가지 않는 절제적 자아의 발현을 위한 자아의 격려를 통하여 증발의 위기에 있는 윤리적 행위의 가능 조건을 확보하는 일이다. 요컨대 정보사회의 윤리학의 모색하기 위한 전제조건은 자아에 대한 지대한 관심과 섬세한 탐구이다.

그러나 문제는 20세기 후반에 들어, 특히 포스트모던 철학의 유행과 함께, 자아가 죽음을 선고받아야 할 존재로 집단 린치를 당하고 있다는 점이다. 그 입장들에 따르면 끊임없는 중심찾기 과정 속에 존재하는 자아는 바로 그 존재론적 특성상 모든 것을 자신에 집중시키는 자폐적 권력 지향의 존재이다. 따라서 자아는 타자에 끊임없이 치명적인 위협을 가하는 비윤리적 존재라는 혐의를 받고 있다. 과연 자아가 이러한 존재라면, 가상현실의 윤리적 무중력 상태가 자아에 대한 배려와 격려를 통해 균형을 찾을 수 있을까? 바로 여기서 자아에 대한 섬세한 탐구로 넘쳐나는 후설의 현상학이 새로운 관심의 대상으로 떠오른다. 자아의 내면적 삶을 후설의 현상학적 시선을 따라 치밀하게 통찰하면, 자아는 단순히 중심적 존재로 치부되어 모든 것을 자기에 동일화시키는 편집증적, 전체주의적 비윤리성을 지닌다는 의혹을 벗을 수 있다. 후설에 따르면 자아는 이 세계에 사는 구체적 자아로서 이 세계에 등장하기 위해 중심화와 동시에 수행되는 탈중심화를 통해 그와 같은 타아를 인정할 수밖에 없는 존재이다. 과연 그러한가? 후설의 현상학을 다시 한 번 되돌아보자.

후설은 그의 상호주관성에서 자아의 타자 경험이 근원적으로 어떻게

진행되는가를 추적하기 위해 이른바 사상적 환원(捨象的 還元, abstraktive Reduktion)을 수행한다. 사상적 환원이란 나의 일상적 의식에서 이미 항상 작용하고 있는 타자의 영향을 제거하여 나의 고유한 자아의 삶으로 되돌아가 거기서부터 타자 경험의 진행과정을 일어나는 그대로 추적하려는 방법론적 절차이다. 그 추적과정에서 다음과 같은 사실이 드러난다.

나는 지향활동을 수행하면서 지평구조로 펼쳐지는 나의 고유세계에 다른 현상들을 대상화함으로써 다른 것의 존재를 경험한다. 내가 나의 존재를 경험할 수 있는 것도 나 자신을 다른 대상들처럼 나의 지향활동을 통해 펼쳐지는 이 세계에 나타나는 것으로 경험함으로써이다. 나는 이 세계에 나의 신체를 통해서 나타난다. 하지만 나의 지향활동을 중심으로 지평구조로 펼쳐지는 원초적인 자아의 고유세계에서 나의 신체는 그 움직임을 통해서 모든 선험적 의식의 지향활동이 이루어지는 경험의 원점이다. 따라서 나의 신체는 어떠한 움직임을 통해서도 이 세계에 다른 현상과 같이 내 앞에 대상화되어 나타날 수 없다. 나는 원초적으로 나의 신체만을 통해서는 이 세상에 나타나는 인간으로서 경험되지 않는다. 그러면 나는 나 자신을 어떻게 이 세계에 나타나 존재하는 것으로 경험하는가? 후설이 사상적 환원을 통하여 추적해 본 바에 따르면, 그것은 다음과 같이 진행되는 지향적 경험활동을 통해서이다.

우선 나의 신체의 움직임을 통해서 실현되는 지향적 지각활동에서 나의 살아있는 신체성이 내면적으로 항상 생생한 현재로서 체험된다. 이러한 나의 생동적인 신체성에 대한 경험은 내가 지각작용을 수행하는 한 항상 현재적으로 생생하게 이루어진다. 바로 이 신체성의 경험이 타 자아의 경험을 향한 계기를 마련하는 전환점이다.[70]

타 자아로 나아가는 결정적인 단계는 바로 타 신체성의 경험이다. 분

명 타자의 신체는 내가 지각활동을 수행할 때 나의 신체가 나에게 생동적으로 경험되듯 그렇게 직접적으로 경험될 수 없다. 왜냐하면 후설이 지적하듯 타 신체가 나의 것과 같이 직접적으로 경험된다면 나의 신체와 타 신체는 구별되지 않을 것이기 때문이다.[71] 타 신체는 나의 신체를 매개로 간접적으로 경험되는데, 이때 이 매개의 가능조건은 나의 신체와 타 신체 사이의 물리적 생물학적 차원의 유사성이다.

나의 신체와 유사하게 나타나며 또 나의 신체처럼 느끼고 반응하는 감수능력이 있는 것으로 나타나는 어떤 물체는, 그 유사성을 매개로 나에게 체험되는 나의 신체성을 그 타 물체에 이전시켜 그것을 나의 신체와 같은 것으로 경험하는 동기를 유발한다. 후설은 이러한 타자 경험의 양태를 '짝짓기'(Paarung)와 관련시킨다. 1926년 유고에서 후설은 짝짓기 작용을 다음과 같이 서술한다. 짝짓기는 현재 수행되고 있는 두 개의 유사한 물체의 지각에서 수동적으로 일어나는 유사성의 연합이다. 즉 가장 원초적인 경우 유사한 것으로 의식되는 두 개의 여건 사이에는 어떤 의식의 능동적인 주의집중 없이, 다시 말해 수동적으로(passiv) 지향적인 상호 환기작용과 겹침의 작용이 일어나 그 두 개의 여건들 상호 간에 의미의 이입이 일어난다.[72]

후설은 타자 경험을 짝짓기에 구조적으로 비교함으로써 타자 경험이 내가 의도적으로 수행하는 사유의 과정 이전에 내가 이미 항상 편입되어 있는 관계임을 명백히 할 수 있었다. 즉 나의 육체는 내가 그것을 통해 지각작용을 수행하는 한, 항상 생생하게 내가 활동하고 있는 생동적

70 E. Husserl, *Zur Phänomenologie der Intersubjektivität*, hrsg. von I. Kern, 『전집 14』, 351쪽 참조.
71 E. Husserl, *Cartesianische Meditationen und Pariser Vorträge*, 『전집 1』, 139쪽 참조.
72 E. Husserl, 『전집 14』, 530쪽 참조.

인 신체로서 부각된다. 다시 말해서 나의 신체는 내가 존재하고 내가 지각활동을 하고 있는 한, 단순한 물리적 사물로서 격하될 수 없다. 따라서 나의 육체의 생동적 신체성은 내가 지향적 지각활동을 하고 있는 어느 한 순간에도 멈출 수 없는, 그리하여 결코 과거가 될 수 없는 현재 그 자체의 생생한 체험이다.

그렇다면 다음과 같은 사실이 분명해진다. 내가 지각활동을 하는 동안 나의 신체와 유사하게 나타나는 물체가 지각되는 경우, 그리하여 나의 신체와 그 물체가 짝짓기 관계를 이루는 경우, 나의 신체와 그 물체 사이에는 외적 물리적 유사성에서 유래하는 대상적 의미만이 서로의 상호환기와 겹침에 의해 이입되는 것이 아니라, 그와 동시에 그 물체에는 나에게 항상 생생하게 체험되는 신체성이 이입되고 있는 것이다. 여기서 다음과 같은 사태가 주목되어야 한다. 나의 신체성의 체험이 나의 지각활동 어느 순간에도 정지될 수 없이 항상 현전하는 것이라면, 그것은 두개의 짝지어진 물체, 즉 나의 신체와 그와 유사하게 나타나는 물체 사이에 일어나는 지향적 상호환기와 겹침의 작용에 항상 현재적으로 생생하게 같이 참여되어 있을 수밖에 없다. 그리하여 나의 신체성의 체험이 나의 신체와 외적으로 유사하게 나타나는 물체에 이입되는 과정은 항상 생생하게 현재적(immer leibhaftig praesent)이다.

나아가 나의 생동적 신체성이 내가 나의 육체를 통해 지향적으로 지각활동을 수행하고 있기 때문에 형성되는 것이라면, 타자의 신체성이 경험된다는 것은 나와 유사하게 나타나는 물리적 물체를 통해 그 안에서 활동 중인 나와 같은 또 다른 자아의 지향활동이 인정되고 있다는 것이다. 그리하여 타 자아는 나의 신체와의 물리적 생물학적 차원의 유사성을 매개로 나의 지향적 경험활동과 함께 나의 자아와 항상 필연적 관계

를 이루게 된다. 이때 타 자아가 인정되고 있다는 것은 내가 타자를 보는 것처럼 타 자아도 나를 보고 있다는 것을 인정하는 것으로, 나는 보는 자인 동시에 보여지는 자가 된다. 자아는 자기 아닌 또 다른 지향적 의식활동의 중심을 인정하는 탈중심화(Dezentrierung)를 통해 타자의 존재를 인정함으로써만 보여지는 자로서 이 세계에 나타나는 존재의 구체성을 획득하게 된다.

여기서 특별히 주목해야 할 점은, 이렇게 이루어지는 자아가 스스로를 세계 내의 인간으로서 구성하는 경험에는 타 주관성의 인정이 결정적인 역할을 하고 있다는 사실이다. 이 사실이 의미하는 바는 이렇다. 즉 자아가 스스로를 인간으로서, 즉 세계 안에 나타나는 자아로서 세계화시킬 수 있는 것은 결국 나와 대등한 그리하여 나와 경쟁할 수 있는 나 이외의 자아에 의존하고 있기 때문이라는 것이다. 바로 여기서 후설의 '감정이입'(Einfühlung)이라는 개념이 중요한 의미를 얻게 된다. '감정이입'은 타자경험 과정을 기술하는 용어로서 작용구조에서는 '짝짓기'에 비교되는 개념인데, 이것을 단지 자아가 타 자아를 어떻게 경험하는가를 기술하는 개념으로만 이해할 수는 없다. 오히려 후설을 이 개념을 통하여 자아가 그 자신을 세계화시키기 위해서 그가 아닌 다른 자아와의 관계를 요청하며, 그리하여 그 자신으로부터 타 자아의 존재를 타당하게 만드는 자아의 내적 구조가 이미 저차적인 단계에서부터 드러난다는 것을 보여주려 한다. 자아는 자아 내에 자폐적으로 머무를 때 구체적 인간으로 세계화될 수 없다. 자아는 세계 구성의 중심으로서 주체의 유일성에 머무르지 않고 자기와 대등한 또 다른 구성의 중심인 다른 자아를 인정하는 탈중심화를 통하여 비로소 세계 안에 존재하는 인간으로서의 세계성과 구체성을 획득할 수 있다.

그런데 자아의 자기 탈중심화 내지 자기 타자화에 의해 구성되는 타 주관성은 나와 동일한 것이기 때문에 이 자기 타자화는 그 타 주관에게서도 반복된다. 그리하여 자아의 탈중심화에서는 타자와 자아의 관계만 형성되는 것이 아니라 무한수의 주관의 공존관계가 형성되는 다중심화(Polyzentrierung)가 수행되는 것이다. 그리고 이 다중심화가 수행됨으로써 각 자아는 그 무한수의 주관의 공존관계, 즉 상호주관적 공동체의 한 구성자가 되는 것이다. 이때 탈중심화가 자아의 세계내 존재로서의 구체성 획득에 불가결의 조건이라는 사실을 잊지 않는다면, 자아의 세계화는 결국 다수의 상호주관적 공동체의 형성을 매개로 하여 가능한 것이라는 통찰이 가능해진다.

이러한 자아의 탈중심화 즉 타 자아의 인정은 자아와 타아의 분열을 가져온다. 탈중심화를 통해서 자아는 비로소 자기가 아닌 자아와 대면하게 되는 것이다. 그러므로 역설적으로 자아의 탈중심화를 통한 상호주관적 공동체의 구성—선험적 차원에서의 공동체의 구성—은 경험적으로는 공동체의 구성이 아니라 서로 대면하게 되는, 즉 서로에게 절대적인 자기 아님으로 서있는 자아들의 분열이다. 그리고 이것은 보다 고차적인 공동체 구성의 전제조건이다. 서로가 다른 자아를 대면하게 됨으로써, 다시 말해 자기 앞에 자기가 아닌 자아들이 있음을 인정함으로써 비로소 의사소통 작용(kommunikativer Akt)이 활동하기 시작하기 때문이다. 그리하여 자아의 탈중심화는 의사소통 작용이 진행되기 위한 선행적 조건이다. 실로 자아가 대면하고 있는 것이 그와 같은 또 다른 자아라는 것을 인정하지 않는다면, 어떠한 의사소통의 동기도 주어지지 않을 것이다.

이 의사소통은 보다 고차적인 단계의 공동체를 구성하기 위한 가능조건이다. 의사소통 공동체는 나와 너의 행위, 우리의 행위, 그리고 각

각의 주관이 참여하여 약속한 목적의 통일성 아래 행위를 해나가기 위한 전제조건이다. 의사소통 공동체는 우리가 고차적 공동체로서 행위하기 위한 구성조건이 된다. 이러한 고차적 인격성으로는 단체, 국민 등이 있다.

후설의 현상학적 분석에 의존해 타자 경험을 이해할 때 우리가 이르게 되는 통찰은 무엇일까? 그것은 다음과 같은 것이다. 자아와 타 자아와의 관계맺음과 그를 기반으로 이룩되는 사회 구성은 결국 어떤 우연이나 외적인 강요에 의한 것이 아니라 자아의 존재방식에 의거한 자아의 내적 자기행위이다. 따라서 자아의 삶은 자기 중심화 과정에서 발생하는 자아성과 탈중심화 과정에서 발생하는 타자성 사이의 갈등을 그 내면에서 뫼비우스의 띠처럼 유연하게 순환시키는 잠재력을 갖고 있으며, 그 잠재력을 발휘할 때만 현실적으로 존재한다.

이제 이러한 자아의 내면에 대한 성찰을 가상현실이 주도할 미래의 정보세계에 투사시켜 보면 다음과 같은 기대는 지나친 과장이 아닐 것이다.

자아가 담고 있는 특성과 그 능력을 좀 더 면밀히 성찰하고 그러한 성찰을 바탕으로 정보화 사회에서 파열의 고통 속에 있는 자아에 대한 배려와 격려가 이루어지면, 가상현실을 중심으로 펼쳐질 정보화 사회에서도 균형 잡힌 미래를 찾아낼 수 있을 것이다. 누차 언급한 바와 같이 가상현실에서는 자아의 파열로 인한 리비도적 쾌락에의 탐닉과 사회일탈적인 비윤리적 행위가 범람할 위험이 크다. 하지만 자아에의 배려와 격려에 기초한 철학과 그에 근거한 교육이 실현된다면 정보화 세계에서도 개인의 의식적 삶이 늘 추구하는 새로운 중심찾기가 가능할 것이다. 가

상현실에서도 자아는 반성능력을 견지하여 그 반성의 과정에서 개인의 중심찾기를 더욱 활성화할 수 있다. 개인의 중심찾기는 다른 한편으로 탈중심화, 나아가서 다중심화를 통한 타자의 세계에 대한 인정을 수반하며, 따라서 개인은 자아의 내면에서 자아성과 타자성을 뫼비우스의 띠처럼 순환시키는 유연성을 발휘할 수 있을 것이다.

나아가 정보화 사회는 자아에 대해 외부세계와의 접속 기회를 오히려 무한히 제공할 수 있으므로, 자아는 이런 탈중심화 능력을 자신과 가족 등으로 한정된 폐쇄적 영역을 넘어 외부세계와 끊임없이 교류하는 데 발휘함으로써 다면적 자아로 더욱 유연화될 수 있다. 그리고 이렇게 다면적으로 유연화된 자아들로 형성되는 공동체는 과거의 고정적이고 경직된 연대를 넘어 상황적으로 유연한 유대 관계에 기반을 두게 될 것이다.

이러한 자아의 다면성과 유연성은 다양한 자아의 정체성의 체험 기회를 제공함으로써 인간에게 감정이입의 기회를 확대시킨다. 내가 자연스럽게 느낄 수 없는 현실을 가상현실의 형태로 제공받음으로써 나는 그 상황 속의 체험을 모의된 형태로 몰입해 보고, 따라서 그런 환경 속에서 실제로 살아가는 타자의 상황에 대한 감정이입적 이해의 폭을 넓힐 수 있는 것이다.

3DTV가 실패한 이유 / 4

2009년 〈아바타〉라는 SF영화가 3D 촬영기술을 도입하여 역사적 흥행을 기록했던 일을 기억할 것이다. 이 성공은 3D 기술에 천문학적 규모의 시장가치가 잠재하고 있을 것이라는 기대를 불러일으키기에 충분했다. 이후 3D 영상기술은 미래를 약속하는 기술로 환영받았고, 관련 기업은 물론 심지어 정부까지 나서서 그것을 우리 일상에 도입하고자 전방위로 노력했다. 특히 TV 부문에서 세계 제일을 자랑하는 삼성과 엘지는 3D 기술에서 기업의 미래를 보았으며 정부도 국가경제 발전의 차세대 동력원으로 전망했다. 이에 발맞춰 TV 제조사들은 3차원 입체감을 체험할 수 있는 TV를 바로 개발하여 소비자들을 놀라게 하였다.

4.1 3차원 지각은 어떻게 이루어지는가

3차원 영상기술은 자신과 마주해 있는 대상을 3차원적으로 지각하는 인간의 시각작용에 대한 공학적 이해를 응용한 기술이다. 시지각에 대한 공학적 연구에 따르면, 우리가 실재 세계에서 사물을 입체로 보는 이유

는 소위 '양안시차'(binocular disparity) 때문이다. 양안시차는 성인 남성을 기준으로 할 때 인간의 좌우 눈이 평균적으로 약 65밀리미터 정도 떨어져 있어서 주변 환경 또는 물체들로부터 약간 차이가 있는 정보들을 획득하는 것을 뜻한다. 이 차이를 뇌가 깊이로 인식하여 사물을 입체로 경험하는 것이다. 3DTV는 바로 이 양안시차를 응용하여 우리가 보는 TV 화면에 양쪽 눈이 다르게 인식하는 상을 구현하는 기술이다.

3DTV의 기본구상은 이러하다. 우리가 사물을 양쪽 눈으로 다르게 인식하듯 하나의 대상을 일정 거리를 두고 왼쪽과 오른쪽에 배치된 두 개의 카메라로 촬영하면, 마치 왼쪽 눈으로만 보는 듯한 상과 오른쪽 눈으로만 보는 듯한 상을 동일한 대상으로부터 얻을 수 있다. 이 두 개의 상을 이제 각각 시청자의 왼쪽 눈과 오른쪽 눈에만 보이도록 TV 화면에 표현할 수 있다면, 우리의 눈은 평면화면에서도 실재 세계의 경우처럼 양 눈에 서로 차이가 나는 시각적 정보를 얻을 수 있고, 이 차이는 결국 뇌에 의해 깊이로 인식될 것이다.

이때 중요한 것이 양안시차가 이루는 각도이다. 이는 전문용어로 눈모임 또는 수렴이라고 부르는데, 눈과 대상의 거리에 따라 양 눈의 시선이 이루는 각도가 변화하는 것을 의미한다. 즉 가까운 물체를 응시할 때와 먼 물체를 응시할 때 양 눈의 시선이 이루는 각도가 달라지는 것을 말한다. 물체가 가까울 때는 양 눈의 시선이 이루는 각도가 커지고 멀리 있을 때는 작아지게 된다. 3DTV는 시청자에게 특수안경을 착용하게 하여 왼쪽 눈과 오른쪽 눈에 각각 다른 영상이 적절한 수렴각을 형성하도록 전달함으로써 양 눈의 수렴운동에 따른 원근감을 촉발한다. 이 때문에 시청자의 뇌는 평면화면에 2차원으로 디스플레이되는 이미지들을 3차원으로 착각하게 되는 것이다.

이렇게 특수안경을 통해 3차원을 구현하는 TV 기술은 현재까지 두 종류가 있다. 빛의 특성 중 하나인 편광을 이용하여 영상을 분리하는 방식(편광안경식)과, 좌안영상/우안영상을 서로 다른 시간에 표시하고 안경에서 이를 시분할함으로써 분리하는 시분할 방식(셔터안경식)이 그것이다.

4.2 공간 지각의 현상학

2010년경 세계 최고의 기술력을 자랑하는 TV 회사들은 위와 같은 이론에 기초한 3DTV를 착수 1년 만에 상당한 수준의 완성도로 개발하는데 성공하여 소비자의 비상한 관심을 끌었다. 이제 3차원 환영이 인간의 거실에서 넘실거리는 새로운 미래가 펼쳐질 것 같았다. 그러나 3DTV의 시연 당시 소비자들이 나타냈던 놀라움은 단지 일시적인 반응에 불과했던 것 같다. 그 후 수년의 시간이 지난 지금 3DTV는 시장에서 자취를 찾아보기 힘들게 되었다. 영화 〈아바타〉와 함께 미래의 기술로 환영받았던 3D 영상기술은 결국 반짝 성공에 불과했을 뿐 미래를 여는 기술로는 성공하지 못했다. 과연 3DTV의 미래는 어떻게 될 것인가?

이에 대해서는 여러 가지 전망이 있을 수 있겠지만 후설의 지각에 대한 연구, 특히 그 중에서도 『사물과 공간』이라는 그의 저서에서 시각과 관련하여 공간 구성의 문제를 다룬 현상학적 연구는 사용자 경험의 관점에서 3DTV의 미래에 대해서 평가해볼 수 있는 상당한 단서를 제공한다. 우선 시각과 공간에 대한 후설 연구의 핵심을 논의해보자

이미 우리는 일상적으로 우리가 자연스럽게 수행하는 지각에 대한 후설의 연구를 통해 가상현실의 위험을 살펴보면서 다음과 같은 사실을

확인한 바 있다. 우리가 수행하는 일상의 자연스러운 지각은 정적이고 순간적인 의식작용이 아니라 동적이고 체계적인 과정이다. 지각은 대상을 정적으로 응시하는 것이 아니라 동적이고 체계적으로 대상과의 지시 연관성을 획득하는 과정이다. 이것을 후설은 다음과 같이 표현한다.

"어떤 물체에서 지향의 방향은 원래적으로 지각된 것으로부터 출발하여 아직 나타나지 않은 것에로 전진하며… 다른 한편 지향은 회귀적으로 방향을 잡는다. 즉 지향은 추후에 나타나는 것에서 이전의 것으로, 아직 나타나지 않은 것에서 원래 제시된 것으로 역진한다."[73]

이 인용문에서 지각하는 주체가 어떻게 움직여야 물체의 지각을 이루어낼 수 있는가가 기술된다. 그런데 움직임은 몸이 없이는 수행될 수 없다. 지각은 몸이 없는 유령이 하는 것이 아니다. 따라서 후설은 특히 지각을 수행하는 과정에서 몸의 역할에 주목하며, 그의 지각이론은 이러한 몸의 움직임과 운동감각에 대한 논의를 중심으로 전개된다. 후설의 지각의 현상학에서 물리적 연장성을 갖는 사물이 동적 지시체계에 의해 나타나는 방식은 우리 몸의 운동감각 체계 전체와 상관관계를 이루며 진행된다.

즉 내가 앞에 있는 책상을 지각할 때 그 책상의 지각은 안구운동이나 몸의 움직임에 따라 시선을 옮겨가며 이루어지는데, 이때 안구운동 혹은 몸의 움직임을 통한 시선의 변화는 무질서하게 임의로 이루어지는 것이 아니라 동적으로 진행되는 지시체계를 타고 움직이는 것이다.[74]

그런데 이렇게 몸을 움직여가며 이루어지는 지각행위와 그에 상관적인 물리적 연장체가 나타나는 과정에서 두 종류의 지각이 구분되어야 한다. 하나는 물체에서 특징을 지각해내는 시각 내지 촉각의 작용이고,

73 『전집 13』, 34쪽.

74 『전집 16』, 324쪽.

다른 하나는 물체의 위치와 내 몸의 운동을 감지하는 작용이다. 달리 말하면 전자는 지각된 물체의 감각적 특질들, 예컨대 색, 온도 등이 체험되는 작용이고, 후자는 나의 몸이 움직이는 상황과의 관계에서 물체의 위치가, 예를 들면 내가 몸을 어떻게 움직이는가에 따라 몸으로부터의 물체의 거리가 체험되는 작용이라고 할 수 있겠다. 물체의 위치를 나의 몸과의 관계에서 체험하는 감각 곧 운동감각은 물론 시각적 감지와 연관되어 있다. 하지만 그 관계가 필연적인 것은 아니다. 예컨대, 어떤 평면의 색이 운동 감지를 통해 변하는 것은 아니다. 그럼에도 시각적 감지와 운동 감지는 기능적인 연관관계를 형성한다. 내가 움직이면 시각적 감지내용도 변한다.

이렇게 동적 지시연관 관계로 진행되는 나의 운동감각과 그에 상관적인 물체가 나타나는 과정은 동기유발적 관계를 맺고 있다. 여기서 운동감각은 동기유발자이고 나타나는 현상은 유발된 것의 역할을 한다. 운동감각과 물체가 나타나는 과정을 동기부여로 파악하는 이유는 동적 지시연관 체계로 진행되는 지각 작용이 물리적 인과 작용으로 파악될 수 없음을 말하기 위해서다. 그것은 물리적 인과 작용처럼 필연적이 아니라는 것이다. 그러나 동기부여로서의 몸의 운동감각은 다른 한편 내가 임의로 운동감각을 실행하는 완전히 자유로운 수행자가 아님을 뜻한다. 후설은 다음과 같이 강조한다. "내가 '나를 움직인다'라는 일련의 자유로운 체계를 실현할 때, 다가올 현상이 예시되어 있다."[75] 또 『사물과 공간』에서는 다음과 같이 말한다. "나타남은 현상학적으로 … 다음과 같이 형성된다. 내가 운동감각을 이렇게 그렇게 진행시키면, 그러한 방식의 현상이 상관

75 『전집 14』, 48쪽.

적으로 동기화될 것이다."[76]

여기서 후설은 몸이 다른 물체와 같이 단순한 연장체로서 공간에 위치하는 물체가 아님을 부각시킨다. 지각을 수행하는 나의 몸은 다른 무엇으로 대체될 수 없는 방향체계의 절대적 중심이며, 나의 몸 이외의 물체들은 나의 몸을 중심으로 배열되고 위치를 잡기 때문이다. 나의 몸의 움직임도 내 몸 이외의 다른 물체들처럼 공간 안에서 위치를 이동하는 것이 아니다. 오히려 내 몸의 움직임에 따라 그 몸을 중심으로 한 방향체계도 변화하여 내 몸과의 관계에서 다른 물체들의 방향과 거리가 재배열된다.[77] 예컨대 내 몸을 앞으로 움직이면 옆에 있는 물체가 뒤로 밀려나고 앞에 있던 물체가 다가오며 옆에 위치하게 된다. 나의 몸은 이렇게 거리와 방향체계의 대체될 수 없는 중심으로 언제나 늘 나에게 경험된다. 또 몸의 움직임으로 실행되는 지각은 이렇게 몸을 중심으로 몸의 움직임을 따라 전개되는 동적 지시연관 관계로 진행된다.

이렇게 지각 활동에 집중하여 공간을 기술해보면, 공간은 지각이 몸으로 실현되는 몸의 활동 가능성의 영역이다. 공간은 그 자체 절대적이고 객관적인 연장성이 아니라, 몸을 중심으로 몸의 운동감각이 지각으로 실현되고 또 실현될 수 있는 잠재성의 지시연관 체계이다. 공간은 이렇게 지각을 수행하는 몸의 잠재적 활동영역(Spielraum der kinästhetischen Vermöglichkeit)으로 구성된다. 이러한 몸의 잠재적 활동영역으로서의 공간은 우선은 나의 몸의 움직임을 통해 구성된다는 점에서, 그리고 내 몸의 활동 반경을 이룬다는 점에서 "가까이 있는 영역"(nähe Sphäre)이라는 성격을 갖는다. 그러나 이 가까움의 영역으로서의 공간은 몸의 움직임을

76 『전집 16』, 191쪽.

77 『전집 16』, 80쪽 참조.

따라 확장될 수 있다.

4.3 3DTV의 부작용

이처럼 공간을 몸의 잠재적 활동영역으로 해명하는 후설의 연구를 확장한다면, 3DTV의 미래는 어떤 평가를 받을 수 있을까?

이미 소개한 바와 같이 3DTV에서 시청자 입체감을 지각하는 데 있어 가장 중요한 시각적 요인은 '양안시차'이다. 그런데 실재 3DTV를 시청 체험한 사용자 경험에 따르면, 시청자 대부분이 시각적 피로감과 같은 부작용을 호소하고 있다. 이러한 부작용의 원인에 대해서 눈에 대한 공학적 접근은 다음과 같이 이유를 설명하고 있다.

사물을 볼 때 우리 눈에서 "초점조절, 수렴(눈모음), 축동(동공 크기의 축소)이라는 세 가지 작용이 일어난다."[78] '수렴'은 이미 언급한 바와 같이 눈과 어떤 거리에 있는 대상을 보기 위해 양 눈이 그 대상의 위치에서 교차점을 형성하도록 양 눈의 시선이 이루는 각도를 조정하는 안구 근육운동이다. 이는 양 눈을 모으는 방식에 의해 결정되므로 '눈모음'이라고도 한다. '초점조절'은 렌즈의 역할을 하는 수정체의 두께를 대상의 거리에 따라 얇거나 두껍게 조절함으로써 수정체의 굴절률을 변화시켜 망막에 깨끗한 상을 맺히게 하는 안구 근육운동이다. '축동'은 동공을 축소시켜 주변의 정보를 최소화하고, 우리가 주목하는 사물만을 확실하게 볼 수 있게 하는 기능이다.

78 문남주, "문남주 건강칼럼", http://m.weekly.cnbnews.com/m/m_article.html?no=108398에서 인용.

중요한 것은 일상적으로 실재하는 대상을 볼 때와 달리 3DTV가 보여주는 상은 수렴거리만 변화되고 조절거리는 변화되지 않는다는 사실이다. 즉 3D 영상을 보는 동안 우리 눈에는 눈모음(수렴) 운동이 일어나지만 TV 화면이 고정되어 있는 까닭에 초점조절 운동은 일어나지 않는다는 것이다. 이러한 차이가 생기는 이유를 문남주는 다음과 같이 설명한다.

"3D 영상에서 사물이 튀어나와 보이는 경우, 눈의 조절 운동이 실제 화면에 대해 이뤄지는 반면 눈모음 운동은 실제 튀어나와 보이는 사물에 맞춰진다. 따라서 (이 거리만큼의) 차이가 조절과 눈모음 운동 사이에 생긴다. 실제 세계에서는 이런 차이가 발생하지 않는다. 더구나 3D 영상이 움직이는 요소가 많은 역동적(dynamic) 화면인 만큼, 이러한 차이가 계속 변화하게 되고 이로 인해 눈의 피로가 심해지는 것이다. 현재까지 3D 영상 시청과 관련된 눈의 불편감은 이러한 조절과 눈모음 사이의 불일치가 그 원인으로 알려져 있다."[79]

그렇다면 이러한 조절과 수렴 사이의 불일치만 기술적으로 해결하면 3DTV는 별 문제가 없지 않을까? 그렇지 않다. 후설의 공간론을 통해 공간의 차원에 대한 논의를 좀 더 살펴본다면, 우리는 3DTV가 일으키는 부작용의 근본 원인이 다른 곳에 있음을 알 수 있을 것이다.

TV를 시청할 때처럼 우리 몸의 다른 부분이 정지해 있고 오직 안구만을 움직일 때는 이러한 안구운동에 의해 펼쳐지는 공간 즉 시각장이 제한될 수밖에 없다. 안구는 그 자체만으로는 제한된 좌우 운동과 미미한 상하 운동밖에 하지 못하기 때문이다. 물론 시각장의 각 위치에는 안구의 위치감각이 상응한다. 그러나 안구는 몸의 나머지 부분이 정지해 있

79 같은 글.

을 경우 2차원의 직선 운동을 할 수밖에 없기 때문에 안구의 위치감각 역시 2차원에 머물 수밖에 없다. 다시 말해서 안구운동만으로는 좌우와 상하를 벗어나는 '전후'라는 깊이를 감지할 수 없다는 것이다. 이런 의미에서 안구운동에 관계된 시각장은 2차원 평면으로 감지될 수밖에 없다.[80]

그런데 후설은 안구운동이 한 눈인가 두 눈인가에 따라 다르게 일어난다는 점을 강조함으로써 시각장 분석을 더욱 세밀화한다. 눈 하나를 감고 한 눈으로 지각할 때와 달리 두 눈으로 지각을 하게 되면 시각의 대상이 두 개로 보이거나 그 두 개가 하나로 합쳐져 보이는 경험을 하게 된다. 바꾸어 말하면, 하나로 보이는 대상은 사실 두 개로 분리되어 나타나는 것이 겹쳐지면서 하나로 보이는 것이다. 이것은 다음과 같은 사실을 시사한다. 두 눈이 매순간 시각적으로 지각하는 대상의 시각적 다양한 내용들은, 매순간 변하는 두 눈의 운동에 따라 순간마다 미세한 차이를 보이는 두 점들로 감지되다가 하나로 통합되거나 혹은 하나로 감지되는 순간에도 둘로 분화되곤 한다는 것이다. 이렇게 두 눈으로 수행되는 감각 과정에서는 매순간 미세한 차이의 분리와 합성 혹은 합성과 분리가 순간순간 일어나며 지속된다. 결국 두 눈으로 수행되는 시각장은 감각 내용의 순간적 어긋남과 합성이 지속되는 공간이다.

따라서 안구운동으로 구성되는 2차원적 시각 공간은 기하학의 평면처럼 매끄러운 평면성을 가질 수 없다. 그것은 매순간 미세한 어긋남이 일어나다 합성되는 공간으로, 매끄러움 대신 요철과 부조의 평면성으로 특징지어진다. 하지만 이는 본격적인 의미의 깊이라기보다는 요철감이다. 본격적인 의미의 부조감은 한 사물의 위치가 구별되고 그럼으로써 다른

80 『전집 16』, 170쪽 참조.

사물과의 간격과 격차가 부각됨으로써 형성된다. 이렇게 사물과 사물 간의 간격과 격차가 구별되는 공간은 깊이가 지각되는 3차원적 공간이다. 반면 양안 시각장에서 감지되는 부조감은 사실상 자연적 2차원성이 갖는 특징이기 때문에, 기하학적 매끄러움 혹은 균질성으로 특징지을 수 없는 거침 혹은 떨림을 뜻한다.[81] 그것은 거칠고 비균질적인 평면으로 요철 있는 평면이다. 이러한 요철 혹은 부조감은 한 사물의 표피에서 2차원적 눈의 운동으로 인해 일어나는 것이다. 그러므로 이것은 한 사물이 간격과 격차에 의해 다른 사물과 구별됨으로써 부각되는 본격적인 의미의 3차원의 물체적 부조와는 다르다. 요컨대, 안구운동만으로는 거친 요철감의 좌우상하의 2차원적 공간만이 구성될 뿐이다.

그러면 3차원적 시각 공간은 어떻게 형성되는가. 눈과 머리의 운동단계에서 2차원 평면으로 구성되는 시각공간은 이제 몸의 전면적인 움직임으로 수행되는 운동감각을 통해 깊이를 부여받는다. 후설에서 이렇게 시각 공간에 깊이가 부여되는 두 번째 단계가 3차원의 시각 공간이다.[82] 이 단계에서는 특히 걷기와 전환 운동라는 운동감각이 3차원 시지각의 결정적 계기를 마련한다. 이러한 이유에서 후설은 그의 유고에서 걷기에 대한 현상학적 분석을 시도한다.[83]

후설은 가로수가 늘어선 길을 걸어가는 경우를 예로 들어 걷기를 통해 수행되는 운동 감지와 공간 구성의 관계를 기술한다. 가로수가 일정한 간격으로 늘어선 길을 따라 걷는 경우를 생각해 보자. 내가 앞을 향해 걸음을 옮김에 따라 처음에 나로부터 멀리 떨어져 있던 가로수들은 차

81 『전집 14』, 174쪽 참조.

82 같은 책, 309쪽 이하 참조.

83 같은 책, 539쪽 이하 참조.

츰 나의 몸을 향해 다가올 것이다. 이때 나의 몸은 이동을 하고 있음에도 거리 관계에서는 계속 원점의 역할을 수행한다. 하지만 내 몸과 거리를 두고 있는 대상들은 다르다. 처음에 그것들은 서로 그다지 멀리 떨어져 있지 않았지만 내 몸과의 거리가 좁혀짐에 따라 서로의 거리가 확대되고 멀어진다. 반대로 내가 다시 후방으로 움직이면 대상들은 다시 원점인 내 몸으로부터 멀어지고(entfernen), 가로수들 사이의 간격 역시 좁혀지면서 서로 끌어당기듯 모여들 것이다(zusammenziehen).

공간의 변화는 여기서 그치지 않는다. 내가 발걸음을 어디로 옮기는가에 따라 물체가 새로 나타나기도 하고, 또 그 물체의 나타남으로 인해 다른 물체들은 숨어버린다. 그리고 이렇게 나타난 물체들의 크기와 형태 역시 내가 움직이는 방향에 따라 끊임없이 변한다.

이러한 직선 방향의 걷기 운동과 함께 후설이 주목하는 운동이 전환 운동이다. 전환 운동에서는 한 물체 내에서 안 보이던 부분이 드러나거나 또 보이던 부분들이 숨어버리는 상황이 발생한다. 나타난 물체의 다른 쪽을 다시 돌아보면 그 숨어버린 부분은 다시 드러나고 보이던 부분이 숨어버린다. 한편 내가 방향을 바꾸면서 한 바퀴 돌면, 직선 운동을 하던 때와는 또 다른 상황이 전개된다. 내가 어떤 나무 주위를 한 바퀴 돌면, 안 보이던 나무의 측면이 나타나면서 현재 나타나는 그 측면은 내가 조금 전에 보았던 측면을 어떤 깊이로 뒤로 밀어버리면서 부분적으로 가리거나 완전히 가려 덮는다.

이렇게 우리는 몸의 직선 운동과 전환 운동을 통하여 사물의 깊이와 입체성이 체험된다. 즉 안구운동만으로는 최대한 거친 요철감의 좌우상하의 2차원적 공간만이 체험될 뿐이지만, 몸 전체를 움직이는 직선과 전환 운동을 통해 나의 몸을 기점으로 하는 가까움과 멀어짐의 상황이 구

성되어 공간의 깊이라는 차원이 체험된다. 또 좌우, 상하, 깊이의 3차원 공간에 위치하고 있는 대상은 우리 몸이 그 주위를 도는 전환 운동을 하는 동안, 어떤 한 측면이 현재 나타나면서 지금까지 나타난 다른 측면이 우리 몸이 지나쳐 온 만큼의 깊이로 뒤로 밀리는 숨김의 과정을 지속한다. 이를 통해 대상이 현재 나타나는 앞면, 옆면, 뒷면을 갖는 3차원적 입체성의 대상으로 경험하는 3차원적 시각장이 형성되는 것이다.

이러한 3차원 지각에 대한 후설의 현상학적 고찰은 3DTV에 대해서 어떤 의미를 갖는가? 이 문제를 논의하기 위해서는 잊지 말아야 할 사실이 있다. 그것은 후설의 지각 연구가 인위적으로 조작된 실험상황에서 일어나는 지각에 대한 연구가 아니라는 점이다. 후설은 그가 훗날 생활세계적 경험이라 부른 인간의 일상적 자연스런 상황에서 수행되는 지각의 과정을 해명한다. 따라서 후설의 연구로부터 TV와 같은 일상적 생활의 도구가 인간에게 미치는 영향을 이해하기 위해서는 예비적 작업이 필요하다. 즉 일상적 생활로부터 유리된 조건의 실험실에서 TV를 단순히 영상을 제공하는 기계로 간주하고, 또 그 기계로부터 발사되는 여러 영상정보에 반응하는 또 다른 기계로서의 시지각에 주목하는 편협한 연구의 맥락은 해체되어야 한다. 대신 보다 포괄적으로 그리고 근본적으로 TV의 문제를, 즉 일상의 생활세계에서 일어나는 인간 행위와의 관계 속에서 인간이 TV라는 도구를 보는 자연스런 시청 상황을 고려해야 한다.

대체 TV를 보는 인간의 생활세계적 상황은 어떤 것인가. 우리는 대개 일과를 끝내고 몸을 쉬는 휴식 상황에서 TV를 본다. 그런 까닭에 TV를 보는 동안 눈을 제외한 시청자의 몸 전체 움직임은 매우 미미하다. 그런데 눈만이 움직이고 그 외의 몸이 움직이지 않을 때 어떤 시각적 체험이 일어날까? 이에 대해서 후설의 시각 공간에 대한 연구는 다음과 같은 사

실을 알려준다. 3DTV와 같이 몸의 운동이 없는 상태에서 오로지 눈으로만 보는 상황에서 공간은 3차원에 도달하지 못한다. 이미 언급한 바와 같이 안구운동만으로는 거친 요철감의 좌우, 상하의 2차원적 공간만이 구성되기 때문이다.

몸의 자발적 행위 없이 양안 시차에 대한 조작만으로 구현되는 입체성은 따라서 몸에 의해 형성되어 몸이 자연스럽게 살아내는 실존적 공간성을 훼손할 수밖에 없을 것이다. 이는 3DTV 시청이 수반하는 여러 부작용의 원인을 좀 더 근본적인 차원에서 찾아야 한다는 것을 의미한다. 시각적 피로감, 나아가 어지러움 등과 같은 부작용은 조절 운동과 수렴 운동과의 불일치에서 기인하는 것으로 보고되고 있다. 하지만 그 근본 원인은 몸의 자발적 운동이 없는 상태에서 눈의 운동만을 조작함으로써 3차원 시각장을 형성하려는 데 있을 것이다. 따라서 3DTV의 시청 시 발생하는 부작용은 TV가 몸의 운동과 자연스럽게 상호작용하며 몸의 움직임에 따라 몸과 시각적 이미지와의 거리를 적절히 조절하는 기기로 변신하지 않는 한 극복될 수 없을 것이다. 하지만 몸의 움직임과 상호작용하며 움직이는 TV, 또 3차원 이미지를 부작용 없이 시청하기 위해 시청자가 부단히 움직여야 한다면, 이는 TV라는 도구가 우리의 삶에서 갖는 의미를 상실하는 결과가 될 것이다. 그러한 TV는 우리가 일과를 끝내고 돌아와 몸을 쉬며 편하게 보는 TV라는 도구로서는 더 이상 존재하지 않을 것이기 때문이다. 이러한 이유에서 3DTV의 미래는 결코 밝지 않다.[84]

84 필자는 이미 2011년에 국내 TV회사 임원 강연을 포함해 여러 곳에서 후설의 현상학에 근거하여 3DTV의 비관적 미래를 주장한 바 있다. 3DTV가 시장에 선보인 후 7년이 지난 2017년 결국 삼성, LG, 소니 등 최고의 3DTV 생산업체들은 결국 3DTV를 포기하였다.

웨어러블컴퓨터가 놓친 것 / 5

구글 글래스의 한계

애플이 아이폰과 아이패드로 시장의 판도를 바꾸며 전대미문의 수익을 창출하자, 애플과 함께 디지털 경제의 맹주를 자처하는 구글은 애플의 디바이스를 넘어 애플 이후의 미래를 열기 위한 여러 첨단 프로젝트를 서둘러 추진하기 시작했다. 그 결과 탄생한 IT 기기가 '구글 스마트글래스'이다. 아이패드가 출시된 이듬해인 2011년 발표된 구글 글래스는 아이패드가 처음 출시되었을 때 받았던 혹평과 달리 미래를 여는 새로운 기기로 큰 찬사를 받으며 주목을 끌었다. 그러나 그 미래는 아직 성급했는지 구글 글래스는 아이폰이나 아이패드를 밀어내며 모든 사람이 상시 착용하는 기기로 우리 일상에 스며들지는 않았다. 그 이유는 어디에 있을까?

메를로퐁티(Maurice Merleau-Ponty)의 현상학, 특히 그의 지각이론을 통해 구글 글래스가 가진 인간-컴퓨터 상호작용 방식(HCI)을 검토해보면, 거기에는 미래의 가능성을 열기에는 결정적인 한계가 있음을 알 수 있다. 그것이 아이폰이나 아이패드와 같은 범용기기로서 성공할 가능성이 희박하다는 예측은 이 한계에서 나온다. 사용자인 인간이 자신의 눈에 상시 착용하여 인간적 상호작용을 하기에는 중대한 문제점이 있기 때문

이다. 이 문제점을 밝혀내기 전에 우선 구글 글래스는 인간-컴퓨터가 어떤 방식으로 상호작용하게끔 설계되어 있는지 살펴보자.

5.1 눈 대신 스마트 안경?

구글 글래스 프로젝트는 애플을 능가하려는 야심찬 계획의 산물이다. 이 계획은 우선 애플의 기기들이 특히 HCI의 관점에서 어떤 문제점이 있는가를 파악하려 한다. 그 결과 애플의 IT 기기들은 인간이 몸에 항시 지니고 다니는 범용기기로서의 역할을 하고 있지만, 우리 몸과는 여전히 상당한 거리를 두고 있는 기기일 수밖에 없었다. 또 기기를 사용하는 데 여전히 손을 사용해야 하기 때문에 인간과 컴퓨터의 관계가 더 이상 매끄러워지지 못하고 손과 눈이 항시 기기에 구속되는 문제점이 있다. 따라서 미래의 컴퓨터는 몸에 최대한 밀착되어 몸과 컴퓨터가 거의 구분되지 않는 상호작용 관계를 구현해야 한다. 이러한 상호작용을 구현할 수 있는 효과적 방법은 궁극적으로 몸에 컴퓨터를 이식하여 몸과 컴퓨터의 기계적 일체성을 구현하는 것이다. 그러나 이 목표는 현재로는 실현이 요원하다. 따라서 차선의 방식으로 채택된 것이 오래전부터 연구되어 온 '웨어러블 컴퓨터'(wearable computer)이다.

웨어러블 컴퓨터는 몸에 컴퓨터를 착용함으로써 몸과 컴퓨터의 물리적 거리를 가능한 한 최소화하여 몸-컴퓨터 상호작용의 시간적 간극을 줄이면, 몸의 행동과 컴퓨터의 반응을 동조화할 수 있다는 착상에 기초하고 있다. 그런데 우리 몸과 가장 밀착한 거리에서 상시 착용되는 도구가 있을까? 더구나 이 도구는 조작할 때 손을 사용할 필요가 없어 도구

를 향한 시선과 세상을 바라보는 시선과 일치해야 한다. 이러한 도구가 있다면 우리는 세상과 직접적으로 순조롭게 상호작용할 수 있을 것이다. 다행스럽게도 우리가 사용하는 도구 중에는 이미 이러한 조건을 만족시키는 도구가 있다. 그것은 바로 안경이다.

구글은 안경에서 애플의 기기를 능가할 수 있는, 그리고 그 기기들이 가지고 있는 문제점을 극복할 수 있는 웨어러블 컴퓨터의 미래를 보았다. 그리하여 안경에 컴퓨터를 심는 것을 웨어러블 컴퓨터의 출발점으로 삼았다. 새로운 미래를 기약하는 이 프로젝트가 언제 시작되었는지는 정확히 알 수 없으나, 컴퓨터를 심은 안경의 시제품이 완성된 것은 2011년 말이었다.

구글 글래스의 구성요소들

물론 구글 글래스가 전에 없던 새로운 기술들만으로 만들어진 것은 아니다. 하지만 기존의 첨단기술들을 이전에 없었던 방법으로 융합하고, 특히 안경이라는 소형기기에 탑재할 수 있도록 그것을 최소화함으로써 구글 글래스는 탄생할 수 있었다.

구글 글래스는 1.5GHz의 마이크로프로세서와 16GB 메모리, 682MB 램을 내장하고 있다. 그리고 블루투스 4.0과 Wi-Fi 기능도 갖고 있다. 구글 글래스의 하드웨어는 그림에서 보는 바와 같이 외부세계를 감지하고 인지하는 카메라, 그 카메라로 받아들인 시각정보(visual layer)를 프리즘에 쏘아주는 소형 프로젝터, 그리고 그것을 동공을 향해 굴절시키는 프리즘, 음성을 받아들이는 마이크, 음성을 들려주는 골전도 스피커, GPS를 내장한 중앙처리장치(CPU), 배터리 등으로 구성된다. 안경의 오른쪽 상단에는 720픽셀 해상도의 비디오레코딩 성능을 가진 5메가픽셀의 소

형카메라가 부착되어 있다.

구글 글래스는 인간과 컴퓨터의 관계를 더욱 밀착시키고 자연스럽게 하여 궁극적으로 디지털 문명의 새로운 차원을 열기 위한 것이다. 그러기에 구글 글래스는 기존의 스마트기기들이 가진 사용자 인터페이스에 상당한 혁신을 가하려 한다. 이 혁신은 이미 언급한 바와 같이 우선 손을 자유롭게 하여 사용자가 컴퓨터의 사용에 방해받지 않고 일상 활동을 할 수 있게 하려는 목적을 가진 것이다. 구체적으로 말하면 구글 글래스는 손에 의한 터치로 인간-컴퓨터 상호작용을 구현하고 있는 스마트폰의 한계를 넘어서기 위한 것이다. 따라서 구글 글래스의 HCI에서는 손의 촉각이 차지하는 역할이 축소된 반면, 다른 인체기관과의 관계를 매개로 하는 기술들의 역할이 확대되었다. 사용자의 음성, 청각, 시각과의 상호작용을 매개하는 기술이 혁신적으로 도입된 것이다. 특히 시각과의 상호작용을 매개하는 기술은 구글 글래스와 기존 스마트기기 사이의 차별성을 뚜렷하게 부각시킨다. 물론 구글 글래스는 소형 안경에 불과하기 때문에 물리적으로 큰 스크린을 제공할 수 없다. 물리적 크기에서는 오히려 스마트폰보다도 작은 스크린을 갖는다. 그럼에도 불구하고 구글 글래스는 시각공학과 광학 및 영상기술을 최적으로 융합한 '아이탭'(Eyetap) 기술을 적용하여 8피트 거리에서 25인치 화면을 보는 듯한 효과를 만들어냈다. 또한 이 기술은 사용자가 보는 외부의 상(像)에 '구글 클라우드'와 연결된 가상현실 혹은 정보를 덧씌워 혼합현실을 제공한다.

구글 글래스는 이렇게 촉각을 축소하고 청각, 음성, 시각 상호작용을 효과적으로 활용하기 때문에 기기를 눈과 귀에 가까이 둠으로써 즉각적인 반응과 상호작용이 가능하다. 태드 스타너의 조사연구에 따르면, 안경 방식의 기기는 "극미 상호작용"(microinteraction)에 요구되는 시간이

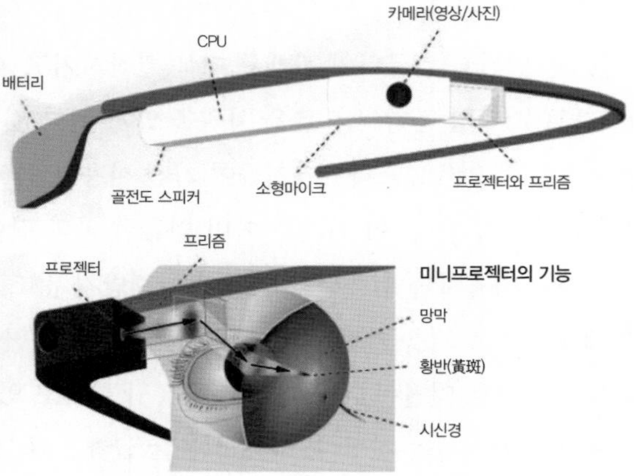

구글 글래스의 구조

스마트폰이나 스마트워치에 비해 절대적으로 짧다. 스타너는 이를 실례를 들어 입증한다. SMS 메시지를 확인하는 데 스마트폰은 20초, 스마트워치는 2초가 필요한 반면, 안경 방식에서는 거의 동시적으로 상호작용이 이루어진다. 따라서 안경 방식 기기는 사용자와 기기의 상호작용이 극도로 미세한 단위로 일어나는 기기이며, 이러한 극미 상호작용에서 "의도와 행위 사이의 간극"이 극도로 축소되어, 기기와 사용행위 간의 일체감이 고도로 증강된다. 그리고 이렇게 일체성이 형성되면, 기기의 조작에 주의를 기울일 필요가 없어지기 때문에, 기기 사용자는 그가 하는 일을 기기 사용으로 방해받지 않고 순조롭게 해나갈 수 있다.[85]

구글 글래스가 극미의 상호작용을 구현하는 데 있어서 기술적으로 탁월성을 보여주는 부분은 안경 우측 상단에 부착되어 있는 프리즘이다.

85 Tad Starner, "Project Glass: An Extension of the Self," in *Pervasive Computing*, published by IEEE CS, 2013, 14-16쪽 참조.

외부에서 들어오는 여러 광선이 이 프리즘에 모이고 이것이 눈과 아주 가까운 거리에서 망막에 투사됨으로써 구글 글래스는 눈이 향하고 있는 물리적 방향에 맞춰 정보로 인지해야 할 내용을 망막에 띄운다. 결국 구글 글래스의 핵심은 시야를 막지 않는 상태에서 안경 창에 정보를 투영해 스마트폰에 사람의 손과 눈이 묶이는 문제를 해결하겠다는 데 있다. 여기에 더하여 구글 글래스는 음성으로 검색을 하고 카메라 촬영을 하는 것도 가능하다. 이렇게 볼 때 미국 시사주간지 『타임』이 구글 글래스를 '2012년 최고의 혁신제품'의 하나로 선정한 것은 충분히 납득할 만하다.

그런데 이렇게 인간-컴퓨터 사이의 미시 상호작용을 가능하게 하는 구글 글래스를 HCI 관점, 특히 우리 눈과의 인터페이스 차원에 살펴보면 다음과 같은 생각을 엿볼 수 있다. 구글 글래스에서 인간의 눈은 렌즈와 똑같은 원리에 의해 작동하는 카메라와 같다. 구글은 눈을 이렇게 물리적인 렌즈와 같은 것으로 취급하기에, 사실상 투명 모니터인 구글 글래스를 눈에 씌우고, 또 눈이 물리적으로 마주하는 물체에 대한 정보를 눈 곧 망막에 입력한다는 발상을 할 수 있었다. 이렇게 하여 눈은 원하건 원치 않건 눈 바로 앞에 뜨는 정보를 입력받는다. 구글이 이러한 방식으로 우리 눈을 이해하는 근거는 당연히 우리의 눈에 관한 과학적 이론이다. 따라서 과학에서는 우리 눈을 어떻게 이해하고 있으며, 이러한 과학의 이해에 대해 현상학은 무엇을 이야기해줄 수 있는지 논의해야 할 것이다.

5.2 과학이 말하는 눈의 지각

모든 과학적 설명은 물리적 객관주의를 바탕으로 한다. 즉 존재하는 모든 것은 물체이며 눈 역시 물리적 객체라는 것이다. 그리고 모든 물리적 객체에서 일어나는 현상은 외부에 그 원인이 있다. 눈에 사물이 비치는 현상도 마찬가지이다. 외부에 물체가 있고 이 물체로부터 반사된 빛이 우리 눈에 들어옴으로써 시지각이 일어난다는 것이다. 이제 과학에서 거의 공식으로 통하는 시지각의 진행과정에 대한 설명을 들어보자.

눈의 맨 앞에는 빛의 통로인 각막과 홍채 그리고 수정체가 있고, 안구의 나머지 외벽에는 가장 바깥쪽에 공막이 있으며, 그 안쪽에는 혈관성 맥락막과 망막이 있다. 홍채는 빛의 양을 조절하는 카메라의 조리개 역할을 하며 수정체는 렌즈에 해당한다. 수정체는 모양근에 의해 두께가 이완 수축되는데 이를 통해 눈의 초점이 조절되는 것이다. 외부의 빛은 각막과 수정체를 통과하며 굴절된다. 이 굴절에는 물리적인 이유가 있다. 외부세계는 공기이고 눈은 주로 액체 상태여서 외부세계와 눈이 접하는 부분 즉 계면(界面)에서 빛의 굴절이 일어나는 것이다. 각막에서 굴절된 빛은 수정체를 통과할 때 수정체의 두께 조절에 따라 다시 굴절된다. 이렇게 이중으로 굴절된 빛은 망막에 거꾸로 된 상(像)으로 맺힌다. 이 망막에 맺힌 상은 2차원이다. 이 2차원 상은 다음과 같은 복잡한 생화학적 과정을 거쳐 3차원의 지각으로 바뀐다.

외부의 빛이 2차원의 상으로 맺히는 망막은 시신경으로 이루어져 있는데, 이 시신경에는 시세포라는 세포가 분포하고 있다. 시세포는 두 종류의 세포로 구분된다. 간상세포(桿狀-, rod cell)와 원추세포(cone cell)가 그것이다.

먼저 원추세포는 원뿔 같은 모양을 하고 망막의 중앙부에 분포하여 사물의 색에 대한 정보를 담당하고 있다. 이 원추세포는 요돕신(iodopsin)이라는 물질을 포함하고 있다. 요돕신은 다시 세 가지로 분류되는데, 원추세포는 이 가운데 어떤 것을 포함하고 있는가에 따라 적추체, 녹추체, 청추체로 구분되어 저마다 빨강, 초록, 파랑에 해당하는 파장의 빛에 반응한다. 세 파장에 대한 민감도에 따라 다르게 나타나는 반응을 다양한 색의 시리즈로 변환하는 것이다. 다시 말해서 색깔이 있는 물체에서 반사된 광선이 눈에 도달하면, 이 물체가 방사한 각기 다른 파장의 적색, 녹색, 청색의 비율에 따라 세 가지 형의 원추세포가 각각 자극을 달리 받아서 한 가지 색을 감지하게 된다. 요컨대 세 가지 색에 해당하는 빛의 파장에 원추세포들 각각이 얼마나 자극을 받는지의 비율에 따라 여러 가지 색을 느끼게 되는 것이다. 색맹은 바로 이 원추세포에 이상이 있을 때 발생한다.

한편 간상세포는 원통 모양을 하고 망막 주변부에 분포하며 사물의 명암에 대한 기본 정보처리에 관여한다. 원추세포는 색의 물리적 현상인 빛의 파장에는 민감하지만 어둠에는 약한 특성을 갖고 있다. 이에 비해 간상세포는 빛의 파장에는 둔감하지만 명암에는 민감한 특성을 갖고 있다. 따라서 어두운 장소에서 눈의 지각이 수행될 때 사물

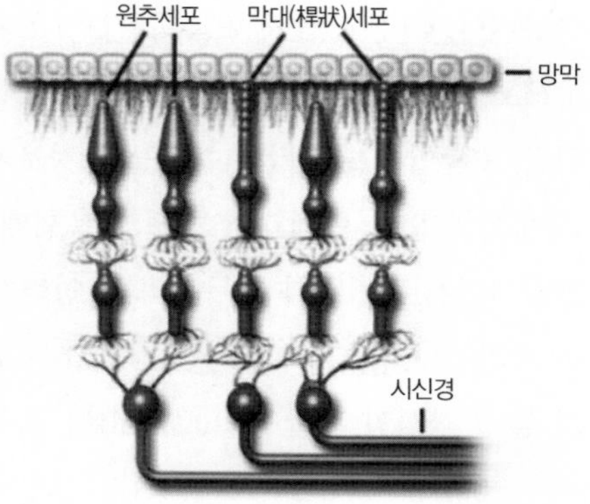

시세포와 시신경

의 정보를 대뇌로 전달하는 역할은 간상세포가 맡는다.

시세포에는 이렇게 간상세포와 원추세포라는 두 종류의 세포가 있어서 비로소 사물의 색과 명암에 대한 정보를 처리한다. 이 정보들은 간상세포와 원추세포의 외절에서 전기신호(신경 전압펄스)로 전환되어 시신경으로 전달된다. 동공을 통과한 빛이 신경절에서 원추세포와 간상세포의 시신경층을 향해 나아가고, 간상세포와 원추세포의 외절에서 이 빛이 최종적으로 흡수되어 빛 에너지가 신경 전압펄스로 전환되는 것이다.

이제 신경 전압펄스는 대뇌피질로 전달되어 본격적인 인지작용이 일어나는데 그 과정은 다음과 같다. 먼저 신경 펄스는 앞서 말한 신경절 세포들에서 나온 신경축삭들을 따라 그 축삭들이 다발로 모여 있는 망막의 맹점을 통과한다. 이렇게 신경펄스 다발이 맹점을 통과하며 만들어진 시각 신경로는 다시 시상침(視床枕)[86]에서 외측 슬상핵(膝狀核)으로 연결되는데, 이 외측슬상체의 핵은 망막으로부터 후두엽의 1차 시각피질로 이어지는 신경 경로를 중계하는 영역이다. 외측슬상체에서 1차 시각피질 영역인 V1으로 신호가 방사되면서 처음으로 외부세계에 대한 상이 형성된다. V1은 단순세포, 복합세포, 초복합세포로 구성되어 있는데, 단순세포는 점, 막대, 모서리 같은 윤곽의 일부를, 복합세포는 막대의 움직임을, 초복합세포는 각진 부분들의 정보처리를 담당한다고 한다. 이렇게 V1에서 단순한 형태로 조합된 외부세계 상은 다시 V2, V3, … V7으로 전달되면서 두정엽과 측두엽의 두 영역으로 나뉘어 각기 다른 시각정보를 처리한다. 두정엽으로 가는 경로(where경로)에서는 움직임과 속도, 위치 등 공간적인 것들(spatial vision)이, 측두엽으로 가는 경로(what경로)에

86 각종 감각 기능을 수행하는 간뇌의 시상(thalamus)에서 후핵을 구성하는 베개[침] 모양의 부분. 근처의 외측슬상체와 함께 시각 정보처리에 관여한다.

서는 형태, 색깔, 방향 같은 것들(object vision)이 처리된다. 그리고 이 측두엽에서 시각정보가 비로소 의식으로 통합된다.

결국 망막에 맺힌 2차원의 상은 이렇게 동공에서 대뇌의 시각피질로 이어지는 복잡한 과정을 거쳐 최종적으로 측두엽에서 3차원 사물로 지각되는 것이다.

5.3 메를로퐁티의 지각이론

그렇다면 과학에서 설명하는 눈의 지각 과정은 그대로 인정할 만한가? 지금까지 살펴본 시각에 대한 과학적 설명은 메를로퐁티가 그의 주저 『지각의 현상학』에서 밝혀낸 '몸의 지향성'에 입각해 보면 근본적인 문제점이 있음을 알 수 있다. 우선 메를로퐁티가 제시한 '지각의 현상학'의 핵심 내용을 정리해보자.

20세기 초 근대를 비판하며 밀어닥친 현상학의 물결에서 자신의 철학적 입장을 발견한 메를로퐁티는 과학적 세계관이 실재 세계의 법칙을 체계화한 것이 아니라 우리의 자연스런 경험세계를 기반으로 한 이념화된 결과물이라는 후설의 현상학적 통찰을 계승한다. 메를로퐁티는 후설과 마찬가지로 과학적 세계관에 앞서 우리와 세계의 직접적 접촉을 가능하게 하는 근원적 차원으로 되돌아간다. 그는 어떤 과학적 이론에도 기대지 않고 과학 이전에 경험되는 그대로의 세계를 기술함으로써 세계의 구성 원리를 해명하려 한다.

메를로퐁티의 철학이 과학에 의해 구성된 이론으로부터 우리가 경험하는 세계로 되돌아가려는 모색이라면, 그가 '지각'에 우선권을 부여하

는 이유는 자명하다. 자연스럽게 이루어지는 지각은 과학적 구성물의 매개를 거치지 않고 세계와의 직접적인 접촉을 제공하는 통로이기 때문이다. 그런데 지각은 틀림없이 몸과 함께 이루어진다. 지각은 정신에 의해서 이루어지는 탈육체화된 명상이 아니다. 그것은 우리가 부단히 눈동자를 움직이고, 손을 대보며, 냄새를 맡고, 대상의 주변을 돌아다니는 가운데 이루어진다. 따라서 세계와의 직접적인 접촉을 가능하게 하는 지각을 해명하기 위해서는, 현상학적 탐구의 초점을 몸에 맞추어야 한다. 메를로퐁티는 바로 여기서 몸을 상대적으로 주변부에 놓고 의식에 대한 현상학적 탐구에 주로 몰두한 후설을 벗어나 자신의 길로 들어선다.

현상학적 탐구 방식, 즉 타당성이 철저히 검토되지 않은 기존 이론의 사용을 중지하고 현상 그 자체로 되돌아가려는 환원의 정신은 이제 몸의 연구에도 적용되어야 한다. 메를로퐁티에 따르면, 몸에 관한 기존의 이론은 경험론과 지성주의로 대별할 수 있다. 경험주의는 몸이 수행하는 행위의 원인을 외부 대상에 귀속시키며 외부로부터의 자극과 몸의 반응 사이에 일정한 일대일 대응관계가 성립한다는 가설, 요컨대 인과론과 항상가설(Konstanzhypothese)에 입각하고 있다. 반면, 지성주의는 의식의 자발적 지향성을 기반으로 몸을 의식의 명령에 따라 움직이는 도구에 불과한 것으로 파악하고 있다. 메를로퐁티는 철학사를 양분해 온 거대한 두 조류와 동시에 대결하면서 이 이론에서 감추어진 몸의 존재방식을 현상학적으로 드러내는 작업에 착수한다. 한편에서는 경험주의, 다른 한편에서는 지성주의라는 두 개의 전선으로 펼쳐지는 이 작업은, 메를로퐁티의 출세작『지각의 현상학』에서 보듯 엄청난 밀도를 갖는 복잡한 내용으로 구성되어 있다.『지각의 현상학』에는 이 방대한 논의 전체를 거론할 것 없이 몇 가지 대표적 현상만으로도 기존 이론들의 허구성을 밝히

고 몸의 존재방식을 드러내는 기술이 나온다. 환지통(幻肢痛)과 같은 현상이나 습관화된 숙련기술에 대한 현상학적 기술이 그것이다.

메를로퐁티가 예로 든 환지통은 사고나 수술로 한쪽 다리를 잃은 경우에 일어나곤 한다. 한쪽 다리를 잃은 환자는 잃어버린 다리에서 계속 고통을 느끼며 마치 다리가 그대로 있는 듯 감각활동을 지속한다. 예컨대, 없어진 발 부위에서 계속 가려움이나 간지러움을 느낀다든지, 그 다리로 걸으려 하거나 발을 뻗으려 하는 것이다. 메를로퐁티는 이러한 환지통 현상에 대한 기존 이론의 설명을 비판한다.

우선 인과론과 항상가설에 의거하는 경험주의는 환지통 현상을 설명할 수 없다. 그 이유는 비교적 간단하다. 다리를 잃은 사람은 외부로부터 자극을 받을 다리가 없다. 그럼에도 불구하고 다리에 자극을 느끼는 환지통 현상은 그 현상을 유발하는 원인이 외부로부터 오는 것일 수 없다. 다시 말해서 환지통 현상은 몸의 외부로부터 오는 자극이 몸의 어떤 부분에 위치화됨으로써 어떤 사태에 대한 지각을 야기하는 실제적 상황이 아니다. 따라서 환지통 현상은 자극의 원인이 외부 대상에 있고 이러한 외부 자극과 몸의 반응 사이에 균일한 일대일 대응관계가 성립한다고 하는 인과론과 항상가설을 무너뜨린다.

지성주의는 경험주의와는 반대로 의식의 자발성에 입각하여 이러한 환지통 현상을 절단에 대한 거부, 즉 상실감을 보상하기 위한 의식적 결단에 기인하는 것으로 설명할 것이다. 메를로퐁티는 이러한 지성주의적 설명이 경험론적 설명에 비해서는 호소력을 가질 수 있지만, 실제로 환지통 체험에서 의식적 주체의 결단 따위는 찾아볼 수 없다고 말한다. 환지통 현상은 실로 의식적 결정과는 상관없이 일어나는 것이기 때문이다. 심지어는 다리가 절단되었다는 것을 아는 환자는 없어진 다리에서 느끼

는 감각을 의식적으로 느끼지 않으려고 마음을 먹는 경우에도 환지통은 없어지지 않고 계속된다. 그리하여 메를로퐁티는 다음과 같이 말한다.

"환지통에 있어서 절단의 거부나 마비의 거부는 내가 생각하고 내리는 결정이 아니다. 그것은 여러 가지 가능성을 고려한 후 명백하게 자리를 잡는 의식의 차원에서 일어나는 것이 아니다. 건강한 몸을 가지려는 혹은 장애를 거부하려는 의지는 그 자체로 형성되지 않는다. 절단된 팔을 현재하는 것으로 알거나 장애를 입은 팔을 부재하는 것으로 아는 것은 '나는 생각한다'와 같은 방식으로 진행되는 것이 아니다."[87]

환지통은 경험주의가 주장하듯 외부의 대상이 원인으로 작용하거나 아니면 지성주의에서처럼 의식이 결단을 내림으로써 발생하는 현상이 아니다. 이와 같이 경험주의와 그에 반대되는 지성주의를 동시에 부정할 때 남는 가능성은 환지통을 몸 자체에서 비롯되는 것으로 파악하는 것이다. 환지통은, 말하자면 발이 절단되기 이전에 누려왔던 행위영역을 보존하려 하기 때문에 일어나는 현상이다. 만약 발이 이전처럼 움직인다면 그 발이 중심이 되어 이루어질 행위의 영역이 의식 이전에 몸으로 여전히 지향되고 있는 것이다.[88]

이와 같이 의식 이전에 이미 지향적으로 활동하는 몸의 존재방식은 메를로퐁티가 습관, 실천적 지식 그리고 지향성의 관계를 다룰 때 더욱 분명해진다. 메를로퐁티는 타이핑, 운전, 악기 연주와 같은 숙련 기술이 습관화되고 실행되는 과정 역시 경험론과 지성주의로는 결코 설명할 수 없음을 보여준다.

87 Maurice Merleau-Ponty, *Die Phänomenologie der Wahrnehmung*(이하 PW로 표시), trans. Rudolf Böhm, Walter de Gruyter, 1966, 106쪽(96/97). 괄호 안은 프랑스어 원전 쪽수.

88 *PW*, 같은 쪽 참조.

우선 경험주의자들은 그들이 기본 원리로 삼고 있는 인과론과 항상가설에 따라, 이러한 기술의 습득이 특정 자극과 몸의 특정 반응 사이의 연결을 반복적으로 학습한 결과라고 설명할 것이다. 경험주의 논지에 따르면, 기술적 숙련은 유사한 외부 상황에 의해 발생하고 결정된 일련의 행위들이 반사적으로 실행되는 것을 말한다. 메를로퐁티는 이러한 경험주의적 주장을 다음과 같은 예를 통해 반박한다. 수준급 오르간 연주자의 경우 페달이나 건반이 지금까지와는 전혀 다른 형태로 배치된 오르간을 가지고도 한 시간 정도만 연습하면 능숙하게 연주할 수 있다고 한다. 이 새로운 오르간을 연주하기 위해서 요구되는 몸의 물리적 운동은 경험주의자들이 이전에 습득된 것으로 생각하는 기술과는 전혀 다를 것이다. 그럼에도 숙련된 오르간 연주자는 새 오르간을 잠시 연습하면 연주를 해낼 수 있다. 만일 여기서 경험주의자들의 설명 방식을 계속 고수한다면, 그토록 짧은 시간에 전혀 새로운 일련의 조건화된 반응을 학습한다는 것을 어떻게 설명할 수 있을까? 다시 말해서 오르간 연주자가 기존의 연주 습관을 단시간에 새로운 오르간에 적합하게 전환시키는 것이 어떻게 가능할까?

그것이 가능한 이유는 이전에 획득한 기술이 경험주의자들이 주장하듯 반복 학습을 통해 외부에서 주어지는 상황에 반사적으로 대응하는 것과는 다른 방식으로 발휘되기 때문일 것이다. 즉 애초에 습득한 기술은 각각의 개별 상황들을 어느 정도 일반적 전형(典型)으로 구조화한 것으로서, 그 일반 전형과 유사한 여러 상황들을 마주칠 때마다 몸에 전형화된 반응 양식을 적절히 가변적으로 응용하는 몸의 능력이라는 양태를 띤다는 것이다. 메를로퐁티는 이것을 다음과 같이 표현한다.

"[경험주의 이론은] 학습과정이 체계적이라는 사실에 상반된다. 학습 주

체는 개개의 운동과 개개의 자극을 접합시키는 것이 아니라 어떤 일반적인 형태의 상황에 어떤 전형적인 해결방식으로 반응하는 능력을 획득하는 것이다. 이때 상황의 변화 가능성은 매우 넓다. 그에 대한 반응 운동은 어떤 때는 이런 몸의 부분이, 다른 때는 저런 몸의 부분이 맡지만, 변화하는 상황과 그에 대한 반응은 각 요소들의 국소적 동일성을 공유하는 것이 아니라 같은 의미를 공유한다."[89]

이렇게 개별 상황들을 일반적인 전형으로 체현해내는 몸의 자기 구조화 능력은, 숙련 기술에 대한 지성주의적 설명 역시 오류임을 보여준다. 지성주의적 설명 방식에 따르면, 연주자는 낯선 오르간을 세심하게 관찰하고 각 기관의 위치를 숙지하고 그것이 어떻게 배치되어 있는지 머릿속에 그리는 등의 의식적 인지 활동을 한 후 그 결과를 연주에 적용한다고 할 것이다. 그러나 실제로 오르간 연주자가 하는 일은 "의자에 앉아 페달을 밟고 건반을 두드리며 악기의 곡조와 자신을 맞추고 자신 안에 적절한 차원과 방향을 흡수하면서 집에 정착하듯 오르간에 정착한다. 연주가는 건반과 페달의 객관적 공간적 위치를 탐색하고 기억하는 것이 아니다."[90]

새로운 춤을 배우는 과정을 돌이켜보면 한층 더 명확하게 지성주의적 설명 방식의 한계가 드러날 것이다. 사실 어떤 면에서 보면 새로운 몸의 기술을 습득하는 것이 이미 습관화된 기술의 변양과는 달리 지성주의적으로 분석될 여지가 있는 것처럼 보인다. 새로운 춤동작을 습득하는 데 있어서 일정 부분에서는 의식적인 분석과 정신적 상상이 개입할 수 있다. 하지만 아무리 새로운 춤동작을 도식화하고 머릿속으로 숙지한다고

89 *PW*, 172쪽(166/167).

90 *PW*, 175쪽(169/170).

해도, 그것만으로 몸이 춤을 출 수 있는 것은 아니다. 비록 세심하게 새로운 운동을 분석하고 이미 획득된 형태와의 관계를 그려본다 해도, 이 관계를 파악하고 이러한 전환이 어떻게 수행되어야 하는지를 감지하고, 새로운 운동을 어떻게 수행해야 할지를 처음으로 느끼는 것은 결국 몸이다. 기존의 움직임에서 새로운 움직임으로 전이할 때 그것을 실현시키는 결정적인 요인은 몸의 이해이며, 이것은 다른 무엇으로도 즉 의식으로도 외부 원인으로도 환원 불가능하다. 이러한 몸의 앎이 없는 순전한 지성적 파악은 쓸모없는 것이다. 메를로퐁티는 그 점을 다음과 같이 설명한다.

"새로운 춤의 형식이 일반적 동작의 어떤 요소들을 흡수할 수 있기 전에 말하자면 그것에 우선 운동의 직인이 찍히게 해야 한다. 이미 여러 번 언급한 바와 같이 동작을 이해하는 것은 몸이다. 습관의 획득은 실로 의미를 파악하는 것이지만, 그것은 운동의 의미를 이해하는 운동이다."[91]

이러한 사례들은 결국 다음과 같은 사실을 말해준다. 몸은 외부 자극과 신체적 반응 사이의 일대일 대응관계로 해소될 수 없는 그 이상의 능력이다. 이 때문에 몸은 외부세계의 자극을 수동적으로 기다리는 것이 아니라 이미 세계로 다가가 적극적으로 참여하는 방식으로 존재한다. 몸에 다가오는 세계는 그 형태가 이미 완결된 상태로 몸에 다가오는 것이 아니라, 그 이전에 먼저 그것에 다가가는 몸의 참여를 통해 그 다가옴이 완성된다. 이러한 의미에서 메를로퐁티는 우리의 몸은 세계 안에 물리적으로 위치해 있는 물체와 같이 그냥 세계 안에 있는 존재가 아니라 '세계를 향해 가는' 존재라 부른다. 그리고 몸은 이렇게 존재하는 세계 안에

91 *PW*, 172쪽(166/167).

있는 존재가 아니라 이미 항상 세계를 향한 존재인 이상, 세계에 대해 제한적인 의미의 선험적 활동을 수행한다. 몸은 외부세계의 형태에 의해 전적으로 각인되고 형태를 부여받는 것이 아니라 세계가 그렇게 형태화되는 데에 이미 적극적으로 참여하고 있다는 것이다.

이와 같이 몸은 외부의 자극을 나름대로 형태화하고 조직화하는 도식의 형성 작업에 스스로 참여하고 있기 때문에, 다리를 잃은 경우처럼 외부의 유발 원인이 부재하는 상태에서도 이미 그 도식이 몸의 편에서 여전히 지향되고 있는 것이다. 몸의 신경학적 체계들은 국지적 자극을 수용하는 것이 아니라 일련의 감각적 자극들을 분별하고 조직화한다. 그리하여 신경조직이 입은 상해는 감각적 내용을 소멸시키는 것이 아니라 오히려 그 내용을 더욱 더 복잡하고 불확실하게 분별하고 조직화한다.

하지만 몸이 세계로 다가가 적극적으로 참여하며 세계에 형태를 부여하는 방식은 의식의 차원에서 일어나는 활동이 아니다. 그것은 의식 이전에 일어나는 것으로 의식이 수행하는 활동과 같은 양상, 예컨대 명료성, 자의식성과는 다른 양상으로 일어난다. 몸의 지향성은 물론 다른 물리적 대상들처럼 세계에 매몰되어 세계의 물리적 원리에 지배당하는 것은 아니지만, 그렇다고 지성주의자들이 생각하는 자발적 의식처럼 완전한 초월적 위치에서 세계를 지배하는 것도 아니다. 몸은 끊임없이 세계로 다가가는 활동성 속에서 세계의 형태가 결정되는 데 참여한다. 따라서 세계가 완전히 몸의 지향성에 의해서만 결정되는 것도 아니다. 세계와 몸은 세계의 형태가 결정되는 데 상호 교호관계를 형성하며 동시에 어느 것이 어느 것에 의해서도 전적으로 지배당하지 않는 긴장관계를 유지하고 있다. 이러한 양상은 의식의 그것과 구별하여 '애매성'이라 불러야 할 것이다.

5.4 살아있는 눈과 렌즈로 전락한 눈

몸을 육화된 지향 활동으로 이해하는 메를로퐁티의 현상학은 결국 우리를 다음과 같은 통찰로 인도한다.

첫째, 몸은 외부의 자극을 인과적으로 수용하고 반응하는 메커니즘이 아니라 그 자체로 살아 움직이며 사태를 형태화하고 조직화하는 육화된 지향적 활동성이다. 이미 언급한 바와 같이 몸은 외부세계의 자극을 수동적으로 기다리는 것이 아니라 이미 세계로 다가가 적극적으로 참여하는 방식으로 존재한다. 몸에 다가오는 세계는 이미 완결된 형태로 몸에 다가오는 것이 아니라 먼저 그것에 다가가는 몸의 참여를 통해 그 형태가 완성되는 과정이다. 몸은 그것이 몸담고 사는 세계에 매몰되어 있지 않고 그 세계가 그 몸을 담도록 형성되는 데 참여하고 있기 때문이다. 따라서 몸은 공간 안에 다만 그렇게 놓여있는 물리적 대상 틈에 끼여 세상에 존재하는 것이 아니다. 우리의 몸이 살아나가는 한 이 몸은 우리가 경험하는 일반적 물리적 대상처럼 이미 열려진 공간 안에 그저 갇혀 있지만은 않다. 살아있는 몸과 공간 사이의 이런 독특한 관계는 뒤에서 살펴볼 스트래튼(George M. Stratton)의 안경 실험에서 더 선명하게 밝혀질 것이다.

둘째, 몸은 이처럼 육화된 지향성이기 때문에 어떠한 대상성도 거부하며 자기 내면에 밀폐되어 있는 주관성이 아니라 어떠한 형태로든 밖으로 객관화될 수밖에 없다. 따라서 세계와 교섭하며 참여하는 몸은 주관적 양상에서는 지각으로, 객관적 양상에서는 표현으로 살아 움직인다. 이러한 몸의 두 양상은 마치 뫼비우스의 띠처럼 순환하는 교호작용을

함으로써 의미 있는 경험을 구성한다. 살아 움직이는 몸은 주관적이며 동시에 상호주관적인 체계(intrasubjective and intersubjective System)이다. 그리고 이렇게 살아 움직이는 몸을 통해 나타나는 지각과 표현은 몸을 통해서야 비로소 지향과 의미가 살아나는 근원적 차원의 것들이다.

그렇다면 이렇게 몸을 육화된 지향성을 이해하는 메를로퐁티의 지각 이론은 컴퓨터와 인간의 상호작용, 특히 웨어러블 컴퓨터의 미래로 기대를 모았던 구글 글래스에 대해 어떤 문제를 밝혀줄 수 있을까?

메를로퐁티의 지각이론이 밝혀낸 바를 통해 구글 글래스의 HCI를 검토해보면, 구글 글래스가 시지각의 본질적 특성을 놓치고 있음을 알 수 있다. 요컨대, 구글 글래스는 눈을 통해 이루어지는 행위 곧 본다는 것을 제대로 이해하지 못하고 있다. 인간의 눈은 어떻게 존재하며, 눈으로 바라본다는 것은 무엇일까?

우선 눈은 그 자체로 독립해서 존재하는 기관이 아니라 몸에서 몸의 일부로 활동함으로써 존재한다. 따라서 눈은 몸과 같은 방식으로 존재하며, 이렇게 몸의 일부로서 존재하는 눈이 몸에서 적출되어 몸과 같은 존재방식을 공유하지 못하면 더 이상 눈으로 존재할 수 없게 된다. 즉 몸에서 벗어난 눈은 보는 활동을 수행할 수 없는 그냥 물체로 존재할 뿐이다. 눈 그리고 눈으로 본다는 행위는 눈에서만 일어나는 사건이 아니다. 그 행위는 눈이 눈으로서 존재하는 그 몸이 이미 항상 세계로 나아가는 육화된 지향 활동을 하는 한, 그 지향 활동의 일환으로 존재하는 것이다. 따라서 눈을 이러한 몸 전체의 육화된 지향 활동 아래 조명하지 않는 한, 우리는 '본다'는 행위를 이해할 수 없다. 이제 눈에 초점을 맞추고 이 점을 좀 더 쉽게 기술하면 다음과 같다.

우리의 눈은 삶과 죽음 사이에서 몸으로 살아가는 인간의 눈이다. 메를로퐁티가 『지각의 현상학』에서 밝히고 있는 몸과 사물의 상호 교직 관계를 눈에 적용하면 이러하다. 몸에 달린 눈을 통해 수행되는 시지각은 몸의 지향적 활동의 일환이며, 그러한 한 그것은 이미 앞에 객관적으로 존재하는 세계에 대한 단순한 응시가 아니라 세계가 그렇게 나를 감싸는 데 참여하는 활동이라는 사실이 분명해진다. 그리고 동시에 그것은 표현이다. 눈동자는 그냥 유리구슬 또는 수정으로 만들어진 물체처럼 외부의 빛을 받아 빛나는 것이 아니다. 그것은 3차원이나 다차원의 물리적 공간에 위치하고 있는 물체가 아니다. 다시 한 번 강조하지만, 눈을 눈으로 있게 하는 인간의 몸은 세계 안에 있는 물체가 아니라 이미 항상 세계로 나아가는 활동하는 존재로서 세계가 형성되는 데 참여하고 있는 활동성이다. 그러한 한 그 몸에 있는 눈동자 역시 물리적 세계 안에 위치하고 있는 말 그대로의 '수정체'가 아니라 이미 항상 세계로 향해 나아가는 활동적 존재이다. 따라서 눈동자를 움직인다는 것은 물리적 운동과 같이 외부의 자극이나 힘에 의해 그 결과로 야기되는 물리적 운동이 아니다. 물론 메를로퐁티는 눈에 대해 직접적으로 언급한 바는 없다. 하지만 그가 『지각의 현상학』에서 몸의 공간성을 논의하면서 소개한 스트래튼의 안경 실험은, 우리가 지금 논하고 있는 눈의 육화된 지향 활동이 메를로퐁티의 몸의 현상학을 과장하거나 왜곡하는 것이 아님을 확인해준다.

스트래튼의 안경 실험은 눈과 관련된 실험이다. 이 실험은 육화된 지향성으로 사는 몸의 일부인 눈이 몸의 지향 활동의 일환으로서 세계를 조형하는 데 참여하고 있음을 증언한다. 특히 스트래튼 실험이 구글 글래스와 관련해서 중요성을 갖는 이유는, 그 실험이 안경과 같은 도구를 차용하여 몸의 지향 활동으로 일어나는 눈과 봄에 대해 간접적으로 이

야기해준다는 데 있다. 그렇다면 스트래튼 실험은 무엇인가? 이 실험의 취지는 눈의 활동을 역전시키는 조작을 가할 때 눈이 취하는 행위를 관찰함으로써 눈의 본래적인 활동양상을 알아보려는 데 있다.

스트래튼 실험은 세상이 180도 거꾸로 보이는 안경을 만들어 착용했을 때 몸에서 어떤 현상이 일어나는지 관찰한 실험이다. 스트래튼은 그 현상을 다음과 같이 보고한다. 이 안경을 착용하면 세상이 완전히 뒤집혀 보이고 상하좌우의 공간적 방향도 혼란을 일으키며 몸 전체가 물구나무서기를 한 느낌을 받게 된다. 하지만 시간이 지나면 대상들은 점차 바로 보이기 시작하고, 안경을 낀 상태로 10여 일이 더 지나면 물구나무서기를 한 듯 느끼던 우리의 몸도 완전히 정상을 되찾는다. 또한 안경을 쓴 채 가만히 정지해 있기보다 몸을 더 적극적으로 움직이면서 거꾸로 뒤집혀 보이는 세계로 나아가면 갈수록, 뒤집힌 세계와 몸이 정상적인 공간적 방향체계로 안정화되는 시간이 단축된다. 그리고 더 놀라운 것은, 이제 안경을 벗으면 그것을 착용하기 전에 정상적으로 보였던 세상의 모든 공간적 방향체계가 다시 혼돈에 빠진다는 것이다. 그러나 다시 몸이 안경을 벗은 상태에서 몸을 적극적으로 움직이며 방향체계가 엉클어진 그 공간을 살아나가면, 그 세계는 안경을 끼기 이전처럼 다시 정상적인 방향체계로 안정된다.[92] 스트래튼의 이 안경 실험이 의미하는 바는 무엇인가?

우리의 몸을 다른 물체처럼 공간 안에 존재하는 것으로 보는 제3자의 객관적 입장에서 보면, 우리 몸이 위치하고 있는 물리적 공간은 안경을 착용하기 전이나 착용한 후나 아무런 변화가 없다. 하지만 우리 자신의

92 *PW*, 286-289쪽(282-286) 참조.

몸이 살아가는 바로 그 눈으로 보면, 안경이라는 어떤 조작이 개입함으로써 우리 몸이 살아가는 공간이 몸과 균열을 일으켜서 몸이 살 수 없는 공간처럼 다가오고 모든 방향이 뒤엉킨다. 그러나 육화된 지향 활동으로서 살아나가는 우리 몸의 눈은 그 공간을 다시 자신의 삶의 공간으로 보이게 조형하고, 그렇게 보이는 그 공간 안에서 우리는 별다른 문제없이 다시 그 몸으로 살아간다. 여기서 우리는 몸이 사는 공간성과 방향 잡기는 눈의 지향적 조형 활동과 함께 행위하는 몸을 중심으로 이루어진다는 점을 알 수 있다.

이와 더불어 잊지 말아야 중요한 사실이 있다. 메를로퐁티의 현상학이 구글 글래스에 교훈을 던지는 또 하나의 지점은, 몸이 단순한 수용체나 단순한 주체로서의 존재방식만 갖는 것이 아니라는 점이다. 몸은 세계의 통일성을 가능하게 하는 체험의 주체이긴 하지만, 몸이 가진 애매성에서 유래하는 이중적 존재방식 때문에 그런 활동을 할 수 있다는 것이다. 살아 움직이면서 세계를 지각하는 몸은 그것을 중심으로 비로소 세계가 조직되는 주체적 활동이지만, 한편 세계와 타자에 대해서는 그의 지향성이 물질적 생동적으로 실현되는 활동, 즉 객관적 표현 활동으로서 제공된다. 따라서 메를로퐁티에게 지각이란 근본적으로 표현이다. 표현은 몸으로 수행되는 지각이 몸짓으로 분절되어 시각화되는 비전이다. 나아가서 이러한 몸은 지각과 표현의 장소일 뿐만 아니라 지각을 표현으로, 또 표현을 지각으로 순환시키는 활동을 수행한다. 그리하여 "모든 지각은 대화 혹은 교호작용이다."[93] 몸은 지각과 표현을 동시에 주관적이고 객관적인 양상으로 순환시키며 살아 움직이고 있는 것이다.

93 *PW*, 370쪽(369/370).

그러므로 살아 움직이는 몸은 그저 둔중하고 무의미한 단백질덩어리가 아니다. 특히 몸에서 나타나는 표현은 몸이 지향적 활동의 주체로서 파악되는 한, 그 자체가 의미 현상으로서의 격위를 갖는다. 즉 몸의 동작과 표정 등은 연기가 불을 지시하는 것처럼 자신 이외의 다른 것을 지시함으로써 그로부터 비로소 의미를 부여받는 그런 것이 아니다. 우리의 지각이 움직이는 몸의 지향 활동을 통해 이루어지는 것이라면, 이 사실은 몸의 지향 활동이 의식에 선행한다는 것을 말해준다. 우리 의식이 몸에 명령을 내리고 몸이 그것을 수행함으로써 체험이 이루어지는 것이 아니라 이렇게 육화된 지향성으로서 살아가는 몸을 통해 비로소 지향 활동이 이루어진다면, 이로부터 다음과 같은 사실이 도출된다. 즉 몸의 움직임은 그 자체로는 무의미한 동작에 불과하고 우리 의식의 의도를 표시할 때만 의미를 담는 기호가 되는 것이 아니라, 이미 그 자체 의미가 살아나는 표현 즉 몸짓이라는 것이다. 몸에서 기표와 기의는 분리되지 않는다. 몸은 그 자체가 기표이면서 동시에 기의인 것이다. 따라서 찡그림, 웃음은 몸의 내면의 의식이 지향하는 의도를 외적으로 드러내는 기표가 아니라 그 자체 고통 혹은 기쁨이 생생하게 의미화되는 표현 과정이다. 우리의 몸짓, 표정은 우리 의식이 의도하기 이전에 이미 의미로 젖어있다. 메를로퐁티가 강조하는 바와 같이 "모든 지각, 그리고 지각을 전제하는 모든 행위, 요컨대 인간적인 몸의 사용은 이미 근원적으로 표현이다."[94] 이렇게 몸은 몸으로서 살아가는 한 항상 의미에 젖을 수밖에 없는 표현적 존재이다. 이 때문에 메를로퐁티에게 우리의 몸은 물체적인 것이 아니라 의미를 창조하며 살아가는 "예술품"과 같다.[95]

94 Maurice Merleau-Ponty, "Indirect Language and the Voices of Silence", *Signs*, trans. Richard C. McCleary, Northwestern University, 1964, 67쪽.

몸이 이렇게 한낱 물체가 아니라 예술품으로 존재하는 것이라면, 그 몸에 존재하는 눈은 또 무엇일까? 몸에서 공간과 세상을 조형해내는 눈의 운동 역시 예술적 표현 행위와 같은 차원일 것이다. 눈동자의 움직임 곧 눈으로 본다는 행위는, 끊임없이 시선과 몸을 움직이면서 그 눈으로 살아가는 인간이 이미지를 가지고 살아가도록 세상을 그려나가는 표현 행위이다. 눈은 있는 사물을 수동적으로 그대로 반영하는 것이 아니라 마치 세잔과 같은 현대 화가의 붓질처럼 비전을 창조해나가는 것이다.

그러기에 눈은 아무것이나 보는 것이 아니다. 눈과 물리적으로 가까운 곳에 있다고 해서 다 보는 것도 아니다. 또 조명이 밝은 곳에서만 무엇인가를 보는 것이 아니다. 외부에서 빛에 들어오는 것이 아니라 눈이 스스로 밝히는 세계라는 무대를 열어야 비로소 물리적인 빛이 나의 눈에 그리고 몸에 의미 있는 빛으로 밝혀진다. 나의 몸에 의미 없는 것은 바로 옆에 있어도 눈에 띄지 않는다. 육화된 지향 활동으로 사는 몸의 눈은 그 눈으로 사는 몸에게 의미가 없는 것들이면 설령 그것이 바로 옆에 있다 해도 '무의미'라는 어둠 속에 침몰시킨다. 눈이 스스로 무엇인가 의미 있는 것을 지향하는 활동을 하지 않으면, 그래서 눈이 시선을 쏟아 그것을 어떤 의미 있는 것으로 밝혀내려 하지 않으면, 밝은 빛과 그 빛으로 빛나는 대상은 그냥 눈의 시선을 괴롭히는 광선일 뿐이다. 따라서 우리는 눈을 가리든가 아니면 성가시게 빛나는 그 사물을 보이지 않게 치워버린다. 결국 눈은 능동적이며 눈은 그렇게 스스로 세상을 밝히면서 의미 있는 것이 등장할 수 있는 비전의 무대를 창조하는 것이다. 그리고 눈은 능동적으로 세상을 의미 있는 것들이 드러날 수 있는 비전으로 창조해내

95 *PW*, 181쪽(176/177) 참조.

기 때문에 눈이 어떠한 방식으로 어떤 의미를 추구하는가에 따라 눈빛의 의미가 다양하게 나타난다.

지금까지 밝혀진 눈에 대한 현상학적 관점은 과학적 언어가 아니라 예술적 언어로 기술되어야 할 것이다. 따라서 눈에 대한 현상학적 논의를 예술적 언어를 도입하여 정리하면 다음과 같다.

1. 눈은 자극에 단순히 반응하는 수용체가 아니며, 또 세계 공간 내에 위치하고 있는 물체도 아니다. 눈은 세계를 스스로 밝히며 몸이 사는 공간을 몸을 중심으로 몸이 살 수 있는 공간으로 조형한다. 동시에 그 조형하는 눈은 표현하는 존재이다. 눈은 외부의 자극이 없거나 외부의 정보가 침투해 들어오지 않으면 텅 빈 유리덩어리에 지나지 않는 렌즈나 수정구슬이 아니다. 그것은 항상 이미 눈빛과 시선을 통해 그 눈으로 사는 사람이 수행하는 육화된 지향 활동이며, 그 활동은 근원적으로 표현 활동이다. 이 표현의 구체적인 운동이 시선의 움직임이며 그때 발하는 것이 눈빛이다. 따라서 눈빛은 언어이다. 우리는 문어나 구어보다 눈동자의 움직임과 눈빛에서 더 진실한 의미를 발견하며, 눈의 움직임과 눈빛으로 표현되는 이 의미들은 언어적 소통에서도 마찬가지로 소통의 근원적 토대가 된다.

2. 그런데 이런 눈의 움직임은 이미지를 조형해낸다. 눈은 몸의 육화된 지향 활동의 일환으로 한시도 쉬지 않고 움직이면서 그 눈으로 살아가는 사람이 세계로 향하는 비전을 열어 놓으며, 그 비전에 드러나는 것들을 그 눈이 수행하는 지향성으로 붓질하고 조형해낸다. 인간의 눈은 이미 화가의 붓질이고 터치이며 조각가의 조형 활동과 같은 것이다.

3. 따라서 눈은 매우 자율적이고 표현적이며 적극적인 시선을 가지며,

이 시선이 다른 것에 의해 방해받는 것을 견딜 수 없어 한다. 자신의 자율적 표현이 방해받을 때 실로 눈만큼 예민해지는 감각도 없다.

그렇다면 눈에 대한 이 같은 현상학의 이해에 비춰볼 때 구글 글래스의 문제는 무엇인가? 구글 글래스는 이렇게 적극적으로 무엇인가를 표현함으로써 세상을 그려내고 조형하는 눈의 역할을 방해하는 데 일차적 아이디어를 두고 있다. 구글 글래스는 눈이 움직이며 향하는 시선의 허락 없이 눈과 물리적으로 가장 밀착된 위치에서 눈 깊숙이 침투하여 망막에 그 눈과 물리적으로 마주하고 있는 것의 정보를 띄운다. 더 자세히 설명하면 이러하다.

이 장 도입부에서 보았듯이, 구글 글래스는 시각정보(visual layer)를 띄워주는 프리즘, 사진과 비디오를 촬영하는 카메라, 음성을 받아들이는 마이크, 음성을 들려주는 골전도 스피커, GPS를 내장한 중앙처리장치(CPU), 배터리 등의 요소를 안경 형태로 구현한 것이다. 이것을 다른 기기와 비교해 미래적이라 평가하는 이유는 그 안경에 부착된 미니 프로젝터와 프리즘으로 만들어낸 혼합현실을 사용자에게 가져다주기 때문이다.[96] 여기서 중요한 역할을 하는 기술이 '아이탭'(Eyetap) 기술이다.

구글 글래스 상단 오른쪽에는 아주 작은 프로젝터가 내장되어 있다. 이 프로젝터는 따로 부착된 카메라를 통해서 들어오는 빛이나 또는 구글 클라우드에 저장된 데이터를 광학적으로 디지털화하여 변형하고 다른 데이터와 합성한 후 사용자의 눈 정면 방향에서 동공과 가장 가까운 거리에 부착된 프리즘에 투사한다.[97] 이때 프리즘은 투사된 광학 디지털

96 이런 점에서 구글 글래스는 시각적으로 '증강 현실'(AR, augmented reality)를 구현했다고 할 수 있다.

데이터들을 직각으로 굴절시킴과 동시에 정확한 비율에 의해 퍼트림으로써 눈동자 안의 망막에 직접 주입시킨다. 그럼으로써 망막은 실제보다 크게 맺히는 상에 의해 거리에 대한 시각 인지 및 크기 인지를 조작당하여 바로 눈앞에 있는 상을 2.4미터의 거리에서 25인치 화면으로 보는 듯한 착시에 빠진다.

여기서 주목해야 할 사실은 눈이 이제 아이탭 기술 개발자들이 정확히 지적하듯 렌즈와 모니터의 역할을 하도록 조작된다는 점이다.[98] 즉 눈은 '아이탭'에 의해 처리된 데이터들이 투사, 통과하는 렌즈에 불과하며, 망막은 그렇게 조작된 데이터들이 디스플레이되는 모니터로 전락한다는 것이다. 그 결과 렌즈나 모니터가 아니라 육화된 지향 활동을 하는 우리의 살아있는 눈과 시선의 움직임은 불행하게도 이런 기술적 조작의 상황에서 방해를 받고 산란된다.

이런 방식으로 강제된 인간과 컴퓨터의 상호작용 상황에 대해 육화된 지향 활동으로 존재하는 눈이 대응할 수 있는 길은 다음 둘 중의 하나이다. 눈은 적극적으로 구글 글래스의 이러한 작동을 거부하거나, 아니면 인간의 눈으로서 육화된 지향 활동을 포기하고 한낱 렌즈로 전락하거나

97 아이탭 기술의 발명자 스티브 맨은 아이탭의 작동과정을 다음과 같이 설명한다. "눈에 들어오는 광선은 굴절장치 곧 반사 또는 반(半) 반사 물질로 양면 코팅되어 있는 광학 렌즈에서 굴절되어 카메라와 같은 감지장치에 투사된다. 이렇게 굴절된 광선은 감지장치에서 디지털화된 후에 컴퓨터 처리과정을 거친다. 이처럼 디지털 처리를 거친 시각 데이터는 다시 'AREMAC'을 거쳐 출력되는데, 이것은 일종의 초미세 프로젝트로서 처리된 광선을 다시 굴절장치로 보내서 눈에 빛을 쏘이도록 하는 장치다. 여기서 중요하게 짚어야 할 점은, 디지털 자료와 조합된 빛이 처음에 들어온 자연광선과 같은 경로를 취함으로써 '환각의 투명화 효과'라고 하는 가상광선과 자연광선의 합체를 만들어낸다는 것이다." Steve Mann 외 2인, "Designing EyeTap, Digital Eyeglasses for Continuous Lifelong Capture and Sharing of Personal Experiences," 2쪽. http://eyetap.org/papers/docs/Eyetap.pdf

98 같은 글 참조.

를 택할 수 있을 뿐이다. 즉 눈이 인간의 살아있는 눈으로 존재하기 위해서는 글래스를 벗어던지든지, 아니면 자신의 눈이 눈이기를 포기하고 멍청한 렌즈가 되어 그냥 앞에서 뜨는 정보를 수동적으로 입력받아야 한다. 물론 그 눈으로 살아가는 사람이 눈앞에 뜨는 정보를 이미 적극적으로 그 삶의 의미로 추구한다면, 오로지 그런 한에서는 구글 글래스도 그의 눈을 도와주는 도구가 될 수 있다. 그러나 오직 그럴 때뿐이다. 구글 글래스가 상시 착용하는 범용디바이스로 쓰일 경우 눈은 그것이 발휘하는 표현적이고 적극적인 시선에 방해를 받아 불편함과 괴로움을 피할 수 없을 것이고, 결국 구글 글래스에 예속되어 글래스가 띄워주는 정보만을 따라다니는 렌즈가 될 것이다. 멍청한 눈, 무언가를 자신의 삶에 의미 있는 것으로 밝혀내려는 눈빛이 없는 눈은 살아있는 몸의 눈이 아니다. 그것은 결국 사람의 눈이 아니다. 따라서 구글 글래스의 미래는 다음과 단언할 수 있을 것이다. 구글 글래스는 아이폰처럼 엄청난 수요를 창출하는 범용디바이스와 같은 성공을 기약할 수 없다.

Ⅲ장

디지털 경제의 존재론

제4차 경제혁명 / 1

1.1 번영의 유혹

지금까지 우리는 트랜스휴머니즘이 제시하고 있는 미래 비전이 어떤 존재론적, 인식론적 입장을 전제하고 있으며 그 전제 속에 어떤 문제점들이 잠복하고 있는지를, 특히 인간의 존재방식이라는 주제에 몰두했던 하이데거의 존재론을 통해 살펴보았다. 이어서 포스트휴먼의 시대를 목표로 개발된 첨단기술 기기들이 시장에서 거둔 성공과 부진의 이유를 하이데거의 도구 존재론, 후설과 메를로퐁티의 인식론—더 정확하게는 지각이론—을 통해 짚어보았다. 이렇게 함으로써 애플 기기가 시장에서 성공적으로 수용된 이유와 구글 글래스가 부진에 빠진 이유가 인간-컴퓨터 상호작용(HCI)이라는 관점에서 볼 때 사용자 인간을 이해하는 입장의 차이에서 비롯된 것임을 확인할 수 있었다.

아이패드의 사례에서 볼 수 있듯이 애플은 하이데거의 실존론적 존재론에 근거하여 사용자를 실존적으로 존재하는 인간으로 이해하는 입장에 가까이 있다. 반면, 구글은 구글 글래스의 사례에서 알 수 있듯이 인간의 눈을 카메라 내지 모니터와 같은 것으로, 다시 말해 인간을 여전히 기

계와 존재론적으로 차이가 없는 공학적 존재로 파악하고 있음을 알 수 있다. 즉 애플의 i시리즈는 사용자를 인간으로 파악하여 인간과 도구의 관계를 실존적으로 수행할 수 있는 HCI를 구현함으로써 시장에서 성공을 거둔 반면, 구글 글래스는 사실상 기계들 사이의 상호작용 방식으로 작동하는 HCI를 인간의 눈에 적용함으로써 시장에서 인간에게 외면당할 수밖에 없었던 것이다.

이러한 점을 고려하면, 트랜스휴머니즘이 공학적 입장에서 펼치고 있는 미래 비전은 존재론적으로나 인식론적으로나, 나아가 해당 기술의 시장 수용성이라는 관점에서도 시대를 선도하는 독점적 미래 비전으로서는 상당한 비판적 제한이 필요함을 알 수 있다. 그러나 트랜스휴머니즘이 존재론적으로나 인식론적으로나 문제가 크고 또 현재 시장에서 부분적으로 부진을 면치 못하고 있다 해도 미래에 경제적 번영을 가져올 것이 확실하다면, 경제에 모든 운명을 거는 오늘의 사회에서는 트랜스휴머니즘의 막강한 지배력을 승인하지 않을 수 없다. 그 어떤 존재론과 인식론적 관점도 다만 철학자들의 자폐적 담론일 뿐 인간의 삶에 경제적 혜택을 주는 실질적 재화는 아니라는 것이 이 시대의 상식이기 때문이다. 사실 트랜스휴머니즘의 미래 비전은 이미 이 책의 도입부에서 지적한 것처럼 때로는 명시적으로 때로는 은밀하게 우리 삶을 조정하며 미래로 이끌어 가고 있다. 그리고 그 가장 주된 이유는 트랜스휴머니즘이 상상을 초월한 경제적 번영을 비교적 간결하고 명료한 유사 수리적 논리로 기약하고 있기 때문이다.

1.2 트랜스휴먼 경제의 기대와 좌절

첨단 과학기술의 가속적 발전은 사실 인류 역사에서 전대미문의 사건이었다. 그리고 이러한 과학기술의 발전이 찬양을 받는 이유는 무엇보다 인류를 빈곤으로부터 해방하여 경제적 번영을 가져온 데 있을 것이다. 경제학자들의 경제사 연구에 따르면, 경제성장의 추이는 과학기술이 급속하고 광범위하게 인간 경제활동의 구조를 혁신한 산업혁명 이후야말로 그 이전과 비교할 수 없을 정도로 빠른 성장세를 보였다고 한다. 과거 7만 년의 역사를 경제성장의 관점에서 되돌아 볼 때 매 900년마다 경제가 2배씩 성장하였다면, 산업혁명 이후에는 그 속도가 점점 가속화되어 20세기 후반에는 15년마다 2배로 성장하는 추세를 보이고 있다. 그런데 20세기 후반 출현한 디지털 기술은 경제를 디지털 경제로 혁신하며 이러한 속도를 거듭제곱의 속도로 가속화하고 있다. 그리하여 인류는 미래의 어느 시점에 이르면 한 달마다, 심지어는 1주일마다 경제가 2배씩 성장하는 미래를 맞이할 수 있다는 예측까지 등장하고 있다.

이러한 예측을 믿는 이들은 인간이 네 번째 경제 패러다임 곧 제4차 경제혁명에 진입하고 있다고 주장한다.[1] 과거의 거대한 패러다임 이행을 되짚어보면 첫 번째는 수렵 채집의 시작, 두 번째는 농업혁명, 세 번째는 근대 과학의 발전에 힘입은 산업혁명이었다. 그리고 이제 네 번째 경제 패러다임이 디지털 테크놀로지에 의해 가시화되고 있는 중이다. 과거 산업은 제조설비와 도로, 철도 같은 기본 인프라를 필요로 하기 때문에

1 4차 경제혁명은 최근 거론되고 있는 4차 산업혁명과 개념적으로 차이가 있다. 4차 산업혁명은 19세기 이후 현재까지 이르는 산업화의 과정을 1차 증기기관, 2차 전기, 3차 정보화, 4차 사이버 물리시스템에 기반한 기술혁명의 관점에서 단계별로 구분한다. 이에 반해 4차 경제혁명은 인간의 전 문명사를 경제적 관점에 단계화하는 훨씬 거시적인 개념이다.

대규모 자본의 동원이 필수적이었다. 그러나 디지털 기술의 활용을 통해 디지털 공간으로 이동한 트랜스휴먼 사업가들은 그러한 물리적 설비와 인프라를 그다지 필요로 하지 않으며 따라서 대규모 자본을 차입할 필요가 없다. 오히려 그들은 첨단 과학지식을 디지털 플랫폼과 콘텐츠로 상품화하여 이를 디지털 공간에서 비물리적 형태로 거래함으로써 적은 규모의 자본으로 수조 달러의 이익을 거의 순식간이라고 해도 무방할 기간 동안에 거둬들이고 있다.

더구나 디지털 기술을 필두로 한 첨단기술의 발전은 무어의 법칙이 보여주듯 거듭제곱의 속도로 발전하고 있다. 따라서 이 기술을 응용해 새로운 사업의 기회를 열고 있는 트랜스휴먼 기업들도 거듭제곱의 속도로 성장할 것이 분명해 보인다. 그리고 이러한 거듭제곱의 가속적 경제성장은 어느 시점에 '특이점'에 도달할 것이다. 이 시점 이후 경제발전은 마치 빅뱅이 일어나듯 속도와 양에 있어서 상상을 초월하는 규모가 될 것이다. 이제 인류에게는 경제적 번영이라는 미래가 다가올 것이다.

특이점의 도래가 필연적이라 예측하며 거듭제곱으로 가속화되는 경제적 번영을 예언하는 이유를 좀 더 구체적으로 설명하면 다음과 같다.

우선 새로운 노동력을 교육 양성하고 또 재교육하는 데 드는 비용과 시간을 획기적으로 절약하거나 나아가 아예 이러한 인간 노동력을 대체할 지능형 기계들이 이미 개발되고 있기 때문이다. 앞으로 이 기계들은 인간의 능력을 능가하며 스스로 자신을 작동시키는 소프트웨어를 업그레이드하며 진화할 것이다.

이렇게 경제가 점점 고비용화되는 인간의 노동력을 경제현장에서 최대한 빠르고 효과적으로 퇴직시키는 과정에 돌입하면, 비용의 급격한 절감 덕택에 경제는 급성장할 것이다. 그리고 이러한 급속한 경제성장에

대한 예측을 더욱 믿을 수 있게 만드는 부분은 기계를 지능화하는 데 필수적인 컴퓨터의 생산비용이 경제성장 속도보다 더 빠른 속도로 저렴해지고 있다는 사실이다. 나아가 컴퓨터에 의한 비용절감으로 가능해진 경제성장은 다시 컴퓨터를 전 생산부문에 급격한 속도로 도입시키는 결과를 낳게 될 것이다.

지능화된 기계의 전면적이고도 급속한 도입은 생산부문에만 머무르지 않는다. 경영관리에서도 컴퓨터의 도입은 딥러닝(deep learning) 그리고 딥디시전(deep decision)을 가능하게 만들고 있다. 경영관리자의 다양한 의견과 결정은 이제 탈중심화된 형태로 디지털 네트워크를 타고 광속으로 순환하게 되는데, 딥러닝 프로그램은 이러한 의견의 다양성과 또 엄청나게 축적된 경영관련 빅 데이터를 빠른 속도로 처리하여 미래의 불확실 상황에 대한 예측과 함께 최적의 결정을 내릴 수 있게 한다. 이러한 과정은 기존의 인간조직이 의견조율 과정에서 늘 시간적 지체에 빠지고 조직의 경직화로 인해 관료화에 부딪히곤 하던 문제점을 극복하게 해주며, 신속하고 합리적인 결정으로 최적화된 경제 운영을 가능하게 해줄 것이다. 이렇게 경제 전반이 컴퓨터에 의해 지능화되면, 디지털 기술의 발전 속도인 거듭제곱의 발전 속도가 경제 전반에서도 가까운 미래에 필연적으로 나타날 수밖에 없다.

그러나 이상과 같은 경제통계학적 예측에 따라 번영의 미래를 꿈꾸게 하는 트랜스휴먼 경제가 실제로 도래할지 의심케 하는 사건이 발생했다. 그것은 다름 아닌 2008년 발생한 세계 금융위기이다. 20세기 말부터 새로운 전개 양상을 보이던 경제성장이 일부 첨단기업의 성장에도 불구하고 금융 분야에서 파국적 징후를 보이며 그 경제성장에 삶과 미래를 건

인간들을 공포에 몰아넣었던 것이다. 이후 상당한 시간이 지났지만 디지털 경제로 혁신을 이룬 21세기의 경제는 여전히 우리들로 하여금 경제적 번영이라는 미래를 확신하지 못하게 하고 있다. 오히려 세계경제는 때로는 침체하기도 하고 다시 약간의 완만한 성장을 보이기도 하다가 다시 경제위기의 공포를 거듭 일으키는 혼란한 양상을 보이고 있을 뿐이다.

트랜스휴먼의 경제학이 디지털 테크놀로지에 기대어 약속하는 번영의 미래와는 달리, 우리는 2008년 경제위기 이후의 현실에서 무엇을 배워야 할까? 이를 위해서는 2008년 위기가 어떻게 일어났으며, 그것이 트랜스휴먼 경제가 약속하는 미래와 관련하여 무엇을 의미하는지 성찰해야 한다.

디지털 경제의 철학적 이해 / 2

2008년 전 세계 구석구석을 강타했던 경제위기의 원인에 대해서는 여러 가지 상이한 진단들이 엇갈리고 있다. 상식적인 차원에서는 대략 10여 가지의 원인이 열거되고 있다. 이러한 원인 진단은 각기 어떤 이데올로기적 입장을 취하는가에 따라 다시 신자유주의적, 케인스주의적, 개량주의적, 네오마르크스적, 마르크스적 등 대략 5가지 방향으로 나뉜다. 그리고 각 입장에 따라 위기에 대한 결정적 원인 진단과 처방도 달라진다. 그러나 이러한 진단들은 유감스럽게도 20세기 후반 이후 경제가 디지털 기술의 출현으로 그 이전의 경제와는 상당히 다른 양상을 보이는 공간 속으로 빨려 들어가고 있다는 점을 간과하고 있다. 이 지점에서 주목해야 할 철학자는 장 보드리야르(Jean Baudrillard)이다. 그는 1972년『기호의 정치경제학 비판을 위하여』라는 저서를 출간하여 세상을 주목을 받기 시작했다. 칼 마르크스의 저서 『정치경제학 비판 요강』(*Grundrisse*)의 제목을 본 딴 이 책에서 보드리야르는 대공황 이후의 기호가치의 생산, 소비, 유통을 중심으로 자본증식 전략을 취하는 자본주의의 변이과정을 밝혀낸다. 동시에 마르크스 정치경제학의 한계를 넘어 후기자본주의 작동원리를 새로운 시각으로 분석한다. 이 책의 주제에 맞춰 그 내용

을 설명하면 다음과 같다.

2.1 사용가치에서 기호가치로

20세기에 들어오기 전 인간이 삶을 의탁하던 경제적 환경은 근대 자본주의였다. 근대 자본주의가 인간의 삶을 붙들어둘 수 있었던 전략은 '필요의 충족' 곧 인간의 단순한 욕구들을 충족시키는 실물 생산에 있었다. 그러나 산업혁명에 의한 대량생산 체제가 20세기에 완성되면서 인간의 단순 욕구 충족을 중심으로 한 자본 증식 전략과 그에 의한 경제 체제의 지탱은 공급과잉으로 인한 공황을 초래하면서 한계를 도달하고 말았다. 국가의 총수요 관리와 유효수요 촉진이라는 케인스주의 정책에도 불구하고, 물질의 풍요로 단순 욕구가 거의 충족되어 가는 상황에서 여전히 대량생산을 유지하는 데 따른 시장의 포화로 말미암아 세계경제는 더 이상 새로운 소비시장을 찾지 못하고 쇠퇴하기 시작한 것이다. 이제 자본의 증식은 기존의 대량생산 방식으로는 더 이상 담보될 수 없었다.[2] 보드리야르의 말대로 그때 자본주의는 죽을 뻔하였다. 자본주의가 죽을 뻔했다면, 이에 의탁하여 존재를 지속하던 인간들도 죽을 뻔한 것이다. 그런데 이러한 위기에서 탈출구를 열어주는 열쇠가 지금까지 몰랐던 매우 가까운 곳에서 발견되었다. 그것은 바로 인간이 지닌 구별을 통한 자기 정체성의 확인의 욕망, 즉 차이에의 욕망의 발견이다. 그리하여 현대 세계는 차이에의 욕망을 끝없이 부추기고 그것을 한없이 팽창시킴으로써 소비의 확대 재생산을 지속시키는 전략을 새로운 존속의 기초로 삼

2 이에 대한 보다 자세한 논의는 David Harvey, *The Condition of Postmodernity: An Inquiry into the Origins of Cultural Changes*, Oxford, 1989, 121-124쪽 참조.

게 되었다.

그런데 이러한 '차이'란 이미 소쉬르와 후기 구조주의자들이 밝혀낸 바와 같이 기호의 의미발생 원리와 상통하는 것이다. 소쉬르는 기호와 대상 사이의 지시 관계에서 의미의 기원을 찾는 종래의 대상 중심적 기호론에서 벗어나, 기호의 의미가 다른 기호들과의 관계 속에서 기호 간의 변별적 차이에 의해 생산된다는 입장을 제시하였다.[3] 나아가 데리다를 위시한 후기 구조주의자들은 기호의 의미가 기호들 간의 변별적 차이에 의한 것이라면, 그 차이의 연쇄 고리는 결코 완결되지 않는 불확정성의 무한한 확산 운동임을 밝혀냈다.[4] 현대 세계의 존재를 지탱하는 심층에는 이 기호의 변별 운동에 기초한 의미의 생산과 소비의 원리가 작동한다는 것이다. 그리고 이 변별 운동이 완결되지 않는 불확정성 법칙에 의한 것이라면, 이러한 기호의 생산과 소비는 무한히 확산될 수 있는 가능성을 가지게 된다. 멈추지 않는 기호의 변별 운동을 따라 진행되는 생산과 소비 활동에서 현대 세계는 이제 실물 생산의 시장 포화로 인한 공황의 지옥에 더 이상 빠지지 않고 결코 '포화될 수 없는 시장'을 발견한 것이다.

여기서 중요한 것은 이처럼 상품의 사용가치(use-value)보다 그것의 기호가치(sign-value)가 중심을 차지함으로써 새로운 기술적 수단이 절실하게 요구된다는 점이다.[5] 그것은 바로 상품의 의미 및 그와 관련된 정보

3 Kaja Silverman, *The Subject of Semiotics*, New York 1983, 7-9쪽 참조. 예를 들면, 블랙데이에 먹는 짜장면은 음식이 아니라 연애도 못하는 비참한 청춘를 상징하는 기호이다. 그런데 이때 짜장면이 기호로서 갖는 의미는 화이트데이의 사탕이 갖는 기호적 역할과 연결되고 구별됨으로써 발생한다.

4 M. Gottdiener, *Postmodern Semiotics. Material Culture and the Forms of Postmodern Life*, Blackwell 1995, 20쪽 참조.

를 생산해내고 유통시키는 기술이다. 따라서 상품의 상징 내지 이미지 가치의 창출과 그와 관련된 정보 순환을 신속하게 처리할 수 있는 과학 기술, 즉 각종 영상매체, 미디어, 컴퓨터, 정보과학기술이 엄청난 투자를 흡입유인하며 현실의 중심부를 지배하게 되었으며, 그 기술을 개발하는 것이야말로 마치 역사적 사명처럼 회자되기에 이른 것이다.

이와 같은 상황 역시 보드리야르에게 정확히 포착되었다. 보드리야르는 포스트모던 사회를 시뮬레이션 곧 '시뮬라시옹'의 시대로 규정한다. 정보처리, 영상테크닉에 의해 생산되는 기호와, 그런 기호의 논리에 따른 사회의 조직화가 실물 생산을 위주로 한 사회조직의 원리를 대체하는 시대라는 것이다.

보드리야르는 이 같은 시뮬레이션 작업이 거쳐온 역사적 과정을 3단계로 구분한다. 첫 단계는 르네상스의 고전 시대를 지배했던 위조(모방)의 시뮬레이션 시대이고, 두 번째 단계는 산업화 시대에 나타난 생산의 시뮬레이션이며, 세 번째 단계는 '코드'(code)라는 기호체계가 지배하는 후기산업사회의 시뮬레이션이다. 첫 번째 단계인 고전적 시뮬레이션의 경우, 모사된 대상과 그 모사의 원본인 실재 대상과의 차이는 비교적 분명하게 드러나는 편이었다. 두 번째 단계인 산업생산 시대에도 대상과 노동과정의 차이는 분명했다. 이 시뮬레이션의 시대에는 대상의 생산이 아니라 대상의 재생산이 핵심적인 것이 된다. 그러나 여기서 이미 모방 대상인 실재의 와해가 시작되었음을 알 수 있다. 세 번째 단계인 후기산

5 냉장고를 예로 들어 설명하면, 냉장고의 사용가치는 식품을 신선하게 보관하는 기능이며, 기호가치는 냉장고의 디자인이 갖는 가치이다. 스포츠카의 경우 기호가치가 더 분명해진다. 자동차의 사용가치는 운송기능에 있지만 스포츠카는 부, 자유분방, 매력을 상징하는 기호로서의 가치가 크다. 이러한 예에서 보듯 20세기 후반부터 상품의 가치를 결정하는 데 있어서 기호가치의 비중이 증가하고 있다.

업사회의 시뮬레이션에서는 실재의 와해가 가속화되어 '내파' 또는 '함열'(implosion)을 맞이하기에 이른다. 이 단계에서 재현, 모방 등 시뮬레이션에 의해 가능해진 대체물인 '시뮬라크르'의 탄생 근원은 실종되고 만다. 실재를 재현 내지 모사하는 시뮬레이션의 본래 기능은 거세되어 버리고 모사물이 그 자체 하나의 기호로서 실재와 상관없이 조합되고 치환되어 실재의 위를 떠도는 새로운 실재로 탄생한다. 그리고 이 새롭게 탄생된 기호들은 다시 결합과 치환을 통해 새로운 시뮬레이션의 공간이 창출될 수 있는 가능성을 열어놓는다.[6]

이러한 시뮬레이션 시대에 실재는 더 이상 재현이나 모사의 원본이라는 지위를 갖지 못하며 오히려 모사물 자체가 실재성과 생명력을 갖고 자기 공간을 창출해 낸다. 나아가 첨단의 영상기술과 같은 시뮬레이션 기술을 통해 모의된 모사물의 세계는 실재현실보다 지극히 아름답거나 훨씬 추하며, 지독히 자극적이거나 극도로 적나라하다. 반면 실재는 모사물에 비해 오히려 밋밋하거나 권태롭고 매력도 자극도 없는 비현실적 대상에 불과한 것이 된다. 한마디로 오늘날에는 모사된 영역이 실재현실보다 그 실재성을 훨씬 짙게 초과 실현하게 되었다. 문자 그대로 과잉현실(hyper-reality)이란 이름이 어울리게 된 것이다. 그리하여 애초 실재현실의 모의로서 등장하였던 모사물의 세계가 현실의 실재성을 압도하는 역전 현상이 일어나게 되었다. "모사의 원리가 실재의 원리를 압도한다."[7] 실재현실이 모사물에 의해 침식당하여 결국 현실 자체가 모사물(시뮬라크룸) 속으로 녹아들어 간다.[8]

6 Jean Baudrillard, *Simulations*, trans. by P. Foss, P. Patton & P. Beitschman, New York, 1983, 88-101쪽 참조.

7 같은 책, 152쪽.

대상의 이미지와 코드가 지배하는 하이퍼리얼리티의 시대는 실재 대신 기호의 생산과 교환을 무제한적으로 활성화시키는 기술을 필요로 한다. 실재의 의미와 존재 기원이 다음과 같이 달라지기 때문이다. "실재는 이제 극소화된 단위들이 데이터 뱅크에 저장되어 함수적 관계의 연산과정의 운영체제를 통해 생산된다. 그리고 이로부터 실재는 무한정 재생산될 수 있다."[9] 그리하여 "실재는 이제 조작적일 뿐이다. … 실재는 과잉실재뿐이다. 그것은 대기도 없는 초공간 속에서 조합적 모델들로부터 발산되어 나온 합성의 결과이다."[10] 이러한 상황은 곧 기호를 완전히 탈물질화시켜 무한히 자유로운 조작을 가능하게 하는 기술—예컨대 컴퓨터 그래픽과 정보통신기술—을 요구한다.

바로 이러한 요구에 대한 전면적 지원의 결과로 이룩된 과학적 결실이 바로 디지털 기술이다. 디지털 기술에서 그 기본단위가 되는 비트는 탈물질화된, 단지 0과 1을 표시하는 전하값에 불과하다. 디지털 정보는 재현 대상과 어떠한 물질적 속성도 공유하지 않는 2진 부호로 약호화되어 컴퓨터의 연산과정을 통해 처리되기 때문에, 정보를 제한 없이 연쇄결합시켜 기호와 이미지의 무한한 조작을 가능하게 한다. 이러한 디지털 기술의 전 지구적 확산은 이제 모든 대상의 기호화와 전면적인 소통을 촉진하고, 결국 이 기호의 교환에 의해 애무되고 유혹되지 않는 것은 어디에도 존재할 수 없게 한다. "디지털리티는 세계의 형이상학적 원리이다."[11] "디지털리티의 차가운 우주 속으로 은유와 환유의 세계는 녹아내

8 같은 책, 146쪽 참조.

9 같은 책, x쪽.

10 같은 책, 103쪽.

11 같은 책, 같은 쪽.

린다."[12] 이러한 디지털 기술은 하이퍼리얼리티를 넘어 버추얼리얼리티를 탄생시켰으며, 현실은 그것에 의해 삼켜지고 있는 중이다.

2.2 디지털 공간, 디지털 시장이란 무엇인가

보드리야르에 따르면, 20세기 후반의 경제와 그 이전의 경제를 구분하는 특징은 경제 활동의 중심이 사용가치에서 기호가치로 이동한 데 있으며, 디지털 기술의 거대한 확산 역시 여기서 촉발된 결과라고 한다. 이러한 보드리야르의 논의는 20세기 후반 이후의 경제를 파악하는 새로운 패러다임을 열어준다. 그러나 여기에는 과거의 경제로부터 벗어나게 된 20세기 후반의 획기적인 사건들에 대한 고찰과 디지털 공간의 공간성에 관한 고찰이 빠져 있어 현재의 경제위기의 원인을 진단하는 데 역부족이다. 디지털 경제의 문제를 진단하기에 앞서 이 부분들을 먼저 짚어볼 필요가 있다.

디지털스페이스의 공간적 특징

디지털네트워크 곧 '비트'와 '네트'라는 두 가지 특징을 핵심으로 하는 디지털스페이스에 대해서는 어지러울 정도로 복잡한 논의가 있다. 그러나 연장성(延長性)을 중심으로 살펴보면 디지털스페이스의 특성을 비교적 쉽게 밝혀낼 수 있다. 우선 비트로 이루어진 디지털스페이스를 물리적 공간과 비교해 보면, 물리적 공간에서 그토록 확고한 특성으로 인정

12 같은 책, 152쪽.

받던 연장성 자체가 의심에 처한다. 논의의 편의를 위하여 간단한 예를 들어보자.

책과 같은 물리적 실체에 정보를 담을 때 거대한 건물 크기의 연장성이 요구되는 정보량도, 비트로 변환되어 실리콘에 옮겨질 경우 연장성이 거의 없는 것이나 마찬가지라고 할 정도로 극소화된다. 예컨대 단 한 장의 연장 공간을 점하는 CD롬에 20만 장 분량의 장편소설을 담을 수 있는 것을 감안하면, 공간의 연장성은 디지털화된 스페이스 상에서 20만분의 1로 축소되는 것이다. 더구나 이러한 연장의 극소화가 디지털 기술의 발전 속도에 따라 기하급수적으로 가속화되고 있는 상황에서 그 한계가 어디인지조차 알 수 없다. 이제 이것을 근거로 디지털스페이스의 연장도가 거의 0이라고 말한다면 너무 과장된 말일까? 디지털스페이스란 공간의 연장성이 부재하는 공간이며, 그 공간은 어디에도 없는 것이나 마찬가지라 표현한다 해도 지나친 과장은 아닐 것이다. 왜냐하면 디지털스페이스에서 공간의 연장성은 개념상 무한히 최소화될 수 있으며, 따라서 그 존재론적 위상을 상실하기 때문이다. 디지털스페이스는 연장성이 지배하는 공간이 아니다. 이러한 의미에서 그것은 문자 그대로 '유-토피아'(no-place)이다.

비연장적인 디지털스페이스의 존재 양상은 이미 완성된 공간으로 존재하는 것이 아니라, 노드와 접속으로 끝없이 새로운 공간을 만든다는 데 그 특징이 있다. 이때 노드 간 접속의 속도가 광속에 근접한다는 사실을 고려하면 이 공간의 특성은 더욱 독특한 것으로 드러난다. 우선 접속이 광속으로 이루어지면 이루어질수록 디지털스페이스에서의 거리는 부재한다. 거리가 부재하면 시간의 지체가 증발하고, 시간의 지체가 증발하면 동시성과 즉시성이 실현될 수 있다. (따라서 디지털페이스에서는 동

시성과 즉시성을 향해 시차가 급속히 지워지고 있다.)

물론 현재의 IT는 디지털스페이스의 즉시성과 동시성을 완벽하게 실현시키기에는 아직 미흡하다. 광케이블을 통한 정보의 전달 속도가 아직 광속에 이르지 못하고 있기 때문이다. 그리고 정보저장 매체나 전달매체가 하드디스크나 광케이블 같은 물리적 실체인 이상 디지털스페이스는 물리적 조건과 물리적 시간의 제약을 완전히 벗어날 수 없다. 그러나 현재 무선인터넷이나 신소재의 개발 등으로 정보전달 속도가 광속에 최대한 접근해 가는 것은 사실이며, 또 설령 그 속도가 완전한 광속에 이르지는 못한다고 할지라도 실제 공간에서의 시간적 척도로는 거의 동시 또는 즉시라고 해도 무방할 것이다. 디지털스페이스에서 일어나는 사건들은 이처럼 실재 세계에서의 시간적 질서, 연속성 통일성을 깨뜨리며 공시화(synchronization)를 향해 사건 발생의 순차적 연속성을 수축시키고 있다. 따라서 디지털스페이스에서는 순간 이동을 가능하게 하는 동시성과 즉시성으로 인해 장소적 고착성이 그 의미를 상실하는 탈장소화(deplacement) 현상이 일어난다.

그런데 이렇게 탈장소화가 일어나는 디지털스페이스에서는 한 지점이 하나의 존재자에 의해 점유되는 것이 아니라 무수한 지점이 하나의 존재자에 의해 점유될 수도 있고, 거꾸로 하나의 지점이 무수한 존재에 의해 점유될 수도 있다. 예컨대 디지털스페이스에서 한 점을 차지하고 있는 사이트 하나는 그것의 물리적 크기로는 도저히 감당할 수 없는 수만 사용자의 동시 접속을 허용한다. 반대로 하나의 사용자가 동시에 다른 여러 사이트에 접속할 수도 있다. 그렇다면 여기서 또 하나의 문제가 발생한다. 인간의 논리적 사유체계가 근본적으로 의존해 있는 모순율의 원리가 무너진다는 것이다. 일찍이 베르그송은 모순율에 대하여, 한 대

상이 점유하고 있는 하나의 공간은 동시에 다른 것에 의해 점유될 수 없다는 연장공간의 배제성에서 기원하는 것이라고 설명한 바 있다. 그렇다면 동시에 복수 공간을 점유하거나, 복수 대상이 한 공간을 점유하는 디지털스페이스의 특성은 모순율을 위반하는 것이라 볼 수 있다. 모순율을 위반하면 동일률도 적용할 수 없고, 또 동일률이 적용될 수 없으면 배중률도 적용되지 않는다. 따라서 디지털스페이스는 동일성과 타자성이 혼재하는 공간이며 형식논리상으로 용납될 수 없는 상황이 용납되어야만 하고 실제로 용납되어 있다.

이처럼 디지털스페이스에서 모순은 끊임없이 영원회귀하며, 디지털스페이스가 그런 특성을 가지는 한 헤겔이 기대한 바와 달리 모순은 지양되지 않고 끊임없이 확대되며 항상 무엇인가 일어날 수밖에 없는 이벤트 공간을 만든다. 모순은 지양되지 않을 뿐만 아니라 오히려 차이의 생산과정으로 지속되는 것이다. 이러한 차이의 끊임없는 생산과정은 디지털스페이스를 흐름의 공간으로 존속시킨다. 이는 마치 물의 흐름이 높이의 차이에서 발생하고, 대기의 흐름은 기압의 차이, 전기의 흐름은 음극과 양극의 차이에서 발생하는 것과 같다. 이렇게 차이의 생성을 통해 흐름을 발생시키는 모순의 상황이 유지되는 한, 디지털스페이스에서는 형식논리상으로는 허용될 수 없는 현상이 끊임없이 혼재하며 제거되기를 거부한다.

예를 들면 이러하다. 한편으로 디지털스페이스는 애초부터 최첨단 제어기술을 구현하려는 목적이 있었기에 정교한 수리적 통제와 논리적 알고리즘이 최절정에 도달해 있는 공간이기도 하다. 그러나 동시에 다른 한편으로는 차이의 유통을 광속으로 가속화함으로써 즉시성과 동시성을 공간적으로 구현하는 특성 때문에, 한 지점의 미세한 변화조차 순식

간에 전 네트워크로 확산 증폭시키는 나비효과의 가능성을 늘 가지고 있다. 그리하여 디지털스페이스에서는 급격한 변동(volatility)에 따른 불안정이 그 공간의 일상적 양상인 양 흔하게 일어난다.

또한 모순율과 동일률이 적용될 수 없다는 것은 디지털스페이스가 동질성의 공간이 아니라 타자성의 틈입을 허용하는 뒤섞임의 공간(hybrid space)임을 뜻한다. 실재 공간에서 물질은 자기동일성을 견지하며 변화에 저항하는 실체성을 가진 것으로 존재한다. 그러나 디지털스페이스에서 존재하는 존재자들은 그 공간의 특성상 자기동일성과 완벽한 자기경계를 유지할 수 없다. 때문에 이러한 존재자들은 이미지처럼 탈실체화되어 틈이 벌어진 자기 존재의 경계로 타존재자의 틈입을 허용하고 동시에 타존재로 스며듦으로써 상호유통과 유동의 끝없는 변이과정을 만들어낸다. 디지털스페이스에서 혼성잡종(hybrid)과 변이(heterogenesis)가 일상적인 것은 이 때문이다.

나아가 디지털스페이스에는 그 공간을 구성하는 동시적 즉시적 네트워킹에 의해 관계성의 확장, 수축 및 증폭이 급변하는(volatile) 방식으로 달라질 잠재성이 늘 잠복하고 있다. 이때 확장과 수축은 거듭제곱 함수를 따르며, 증폭 역시 산술적이거나 선형적이 아닌 비선형적 양상을 보인다. 이것은 우선 디지털스페이스에 존재하는 모든 존재자는 실체성이 아니라 이벤트로서, 다시 말해서 관계에 의해서만 그 존재 가치가 결정될 뿐 본질적 내재 가치는 인정받을 수 없다는 것을 함축한다. 나아가 네트워크상의 관계를 통해 가치를 결정하는 함수는 접속이 이루어지는 당장의 관계망이 보여주는 방향성에 따르기는 하지만, 순식간의 임의 접속을 허용하는 디지털스페이스의 특성상 이 방향성 역시 어디로 변할지 모르는 것은 여전하다. 때문에 디지털스페이스에 존재하는 것의 가치의

값과 질 그리고 의미는 언제나 불안정을 피할 수 없다. 따라서 디지털스페이스는 안정과 불안정이라는 양극 사이에, 혹은 질서와 무질서의 사이에 펼쳐지는 카오스모스(caosmos)적 공간이다. 이 공간에서는 거기서 일어나는 각 이벤트들의 가치, 의미를 확정하는 것보다는 각 이벤트를 발생시키며 그 의미를 결정하는 네트워크가 어떤 패턴을 보이는가와, 그 패턴의 안정성 또는 불안정성의 정도를 측정하거나 예측하는 것이 더 중요하다.

그런데 이벤트가 발생하는 디지털네트워크상의 각각의 노드는 연장성이 없음에도, 나아가 바로 그 연장성이 없는 덕분에 거의 무제한에 가까운 수의 접속을 동시에 흡인할 수 있는 모나드적 잠재력을 간직하고 있다. 따라서 디지털스페이스의 각 노드는 급격한 변곡을 유발하는 수학적 의미의 '특이점'과 같은 위상을 갖는다고 할 수도 있다. 이 때문에 디지털스페이스의 확장, 수축 및 증폭에 대한 측정이나 예측은 급변하는 변곡의 양상을 보이며, 변곡의 측정법인 미적분을 통해서나 그 패턴을 추정 혹은 시뮬레이션해 볼 수 있을 뿐이다.

이때 중요한 것은, 특정 노드에 대거 집중되어 급격한 변곡을 유발하는 것들은 단순히 수학적 양만을 갖는 데이터가 아니라는 점이다. 그 데이터들은 하나하나가 의미를 함축한 정보들이다. 물론 정보의 집적은 양의 변화로만 해석할 수도 있다. 그러나 양의 변화는 단순한 물리 법칙에서도 강도의 변화를 초래한다. 그리고 이 강도의 변화는 어떤 임계점에 이르면 새로운 차원의 공간으로 창발되어 질적인 혁신을 일으킬 것이다. 그런데 이때의 창발이 각기 특정한 의미를 가진 잠재적 존재자로서의 정보인 이상, 이 질적 변곡은 의미의 변곡을 창발하는 것이기도 하다. 따라서 그것은 항상 해석을 대기하고 해석자의 개입을 촉구한다. 그리

고 마침내 해석자의 개입이 이루어지면 그것은 다시 다른 방향의 접속을 통해 또 다른 정보로 변질되어 새로운 의미를 파생시키면서 네트워크 위를 흘러 다닐 것이다. 한 마디로 말해 접속과 탈속의 불규칙한 순환을 계속하면서 네트워크상에서 끝없이 새로운 의미를 증식 파생시킨다는 것이다.

디지털스페이스의 존재자들

앞에서 살펴본 디지털스페이스의 특성을 몇 가지 키워드로 압축하면 다음과 같다. 디지털스페이스는 동시성과 즉시성이 지배하는 탈실체화되고 탈장소화된 공간이며, 상호유통과 유동의 상태를 끝없이 생성하는 혼성적 변이과정이 일상적으로 창발하는 이벤트적 공간이기도 하다. 그리고 그것은 미리 완성되어 있는 뉴턴적 공간이 아니라 노드와 흐름으로 거미줄처럼 뻗어나가거나 되돌아오는 네트워크이다. 이 확산과 회귀의 과정은 네트워크의 시간이 광속에 가깝게 흐르는 한 거의 동시적으로 이루어지며, 동시적인 상호작용, 동시적인 정(正)과 부(負)의 되먹임 양상으로 실현될 수 있다. 또 네트워크는 이미 열려진 공간 안에서 펼쳐지는 것이 아니라 연결의 양상과 강도에 따라 비로소 공간의 차원이 구성되며 변동하는 특성이 있다.

그런데 여기서 한 가지 덧붙여야 할 특성이 있다. 상호작용과 되먹임은 대칭관계를 이루는 것이 아니라 무작위적으로 일어날 수 있고, 또 각각의 노드 역시 비대칭적으로 어느 하나 혹은 소수에 거의 무한접속에 가깝도록 동시적인 집중을 허용함으로써 결과적으로 허브(hub)를 출현시키기도 한다. 그러나 이러한 허브의 역할조차 끊임없이 다른 것으로 전이되어 노드와 허브의 급격한 자리바꿈이 일어나곤 한다. 사회적 차원

에서 허브와 노드의 급격한 자리바꿈은 몇 년 전 우리도 목격한 바 있다. 바로 금융위기 당시 큰 사회적 파장을 일으켰던 미네르바 사건이다. 이제는 우리 기억 속에서 거의 희미해진 이 사건을 위키피디아는 다음과 같이 보고하고 있다.

"박대성은 2008년 7월, 미네르바라는 필명으로 다음 아고라 경제토론방 글을 게시하기 시작하였다. 7월 14일에 하반기 물가가 오르니 생필품 6개월치를 미리 사두라며 미국의 서브프라임 모기지 사태가 대한민국에도 영향을 줄 것이라는 내용의 글을 시작으로 리먼브러더스의 위기를 예측하는 글을 8월 25일에 올리자 보름 후 리먼브러더스의 파산신청 소식이 들려왔고, 환율의 변동과 주가지수 등 100여 편에 달하는 세계경제와 관련된 또는 한국경제에 대한 예측관련 글의 내용이 실제 경제상황과 맞아떨어지자 누리꾼들의 관심이 높아졌다. 〈추적 60분〉 등 방송 매체에서도 많은 관심을 보이는 보도를 연이어 하였고 사회적 이슈가 되었다. 이후 박대성이 12월 29일자 정부가 주요 7대 금융기관과 수출입 관련 주요기업에 달러 매수를 금지할 것이라는 긴급공문을 전송했다는 글을 게시하자, 기획재정부는 그 내용이 사실무근임을 밝히는 보도자료를 배포하였고, 검찰은 허위사실 유포 혐의로 신원 확인하는 수사에 착수하였다."

이 미네르바 사건은 정보 네트워크의 한 구성자에 불과한 어떤 노드가 순식간에 허브의 역할을 떠맡으면서 그때까지 사회적 허브의 역할을 해왔고 해야만 하는 정부의 지위를 위협했던 사건이다. 정부 발표는 그 물리적 위세에도 불구하고 왜소한 영향력을 보여준 반면, 미미한 사회구

성자의 영향력이 급격히 증폭되며 물리적 권력 관계가 역전되기까지 하였다. 이 사건은 바로 허브와 노드의 관계가 디지털스페이스에서 급변성에 노출되어 있음을 잘 보여준다. 디지털스페이스의 모든 노드는 유클리드 기하학에서의 점이 아니다. 비유하자면 라이프니츠의 모나드적 존재에 가깝거나, 생물학적으로는 홀론(holon)의 개념처럼 부분이자 전체인 존재방식을 갖기 때문에 이러한 사태가 발생하는 것이다.

이제 이상과 같은 특성을 갖는 디지털스페이스는 어떤 존재자들에게 맞는 공간인지 물어야 할 때가 되었다. 우선 탈실체화되어 실체를 지시하지 않고도 존재할 수 있는 존재는 무엇인가? 그것은 지식, 화폐, 기호이다.

지식은 이미 오래 전부터 물리적 실체와는 존재방식을 달리하는 것으로 이해되었다. 지식은 물리적 실체로 구성된 것도, 물리적 실재를 반영하는 것도 아니다. 피히테 이후의 선험철학을 따르거나 아니면 정반대로 생물학적 측면에서 인식의 문제에 접근하는 마투라나에 의거하더라도, 지식은 자기구성적(selbst-konstitutiv)이거나 자기생산적인(autopoetic) 과정으로 물리적 실체의 지배를 받는 현상이 아니다.[13] 지식은 고정적 실체로 존재하는 것이 아니기 때문에 물리적 상태로 보관 소유되는 대상이 아니며, 따라서 항상 전수되고 이해되는 과정에서 유동적인 유통 상태로 존재한다. 이때 전수와 이해는 지식이 자기생산적인 한 하나의 물리적 내용이 그대로 다른 곳으로 이전되거나 수용되는 과정이 아니라, 그 자체가 자기생산적으로 전개되어 또 다른 지식을 탄생시키는 것을

13 마투라나(Humberto Maturana)의 자기생성(autopoiesis) 개념에 대해서는 필자의 논문 「과학, 현상학 그리고 세계—탈근대적 세계를 향한 현상학적 모색」, 『철학연구』 28집(1991), 227-231쪽 참조.

뜻한다. 가다머 식으로 표현하면, 전수와 이해는 그저 재생산에 불과한 것이기보다는 그 자체 이미 생산이며 변형이라는 것이다.

화폐는 화폐로서의 존재 의미가 손상되지 않으면서 여러 물리적 실체를 기반으로 구현될 수 있는 존재자다. 다시 말해서 화폐 가치를 담지하고 있는 물리적 실체는 화폐의 존재를 구성하는 데 본질적인 것이 아니다. 사실 최근의 화폐는 어딘가에 실체로 존재하는 일이 거의 없다. 오늘날의 화폐는 대부분 디지털 상태로 존재하며, 물리적 실체로 구현될 때보다 훨씬 더 탁월한 통화기능을 수행하고 있다. 더 나아가서 화폐는 그 자체 무엇을 재현하는 대리물이 아니다. 처음에 화폐는 실물 교환의 불편을 해소하기 위해서 고안된 실물 가치의 대용물로 생각되었지만 그것은 돈의 존재방식이 아니었다. 화폐는 더 이상 실물을 지시체로 갖지 않는다. 화폐와 물리적 실체 사이의 관계는 20세기 후반 금 본위제도가 포기됨으로써 청산되었다. 니클라스 루만의 주장처럼 "화폐의 마지막 보증 수단을 화폐 바깥에서 찾는 것은 의미 없는 일"[14]이 되었다. 이제 화폐의 가치는 지시체의 부재 상태에서 다른 화폐와의 관계에 의해 상대적으로 결정된다. 세계의 거의 모든 통화는 달러를 기준으로 그 가치가 결정되지만, 달러의 가치는 어떤 궁극적인 실물에 의해서가 아니라 그것에 의해 결정된 다른 통화에 의해서 다시 결정된다. 이와 같이 실물을 지시하지 않는 자기지시적 화폐는 이제 실물에 투자되기보다는 외환, 채권, 주식과 같은 화폐상품 자체에 투자된다. 이 때문에 화폐가 화폐 그 자체로서 자리를 점하고 있는 경제는 본질적으로 머니게임과 전혀 다를 바 없는 것이 된다.

14 Niklas Luhmann, *Wirtschaft der Gesellschaft*, Frankfurt a.M.: Suhrkamp, 1989, 201쪽.

또한 기호에 있어서도 물리적 실체는 비본질적이다. 하나의 기호는 돈과 마찬가지로 그 의미 가치에 전혀 손상을 받지 않고도 다양한 물리적 실체로 구현될 수 있다. 기호는 음성으로, 문자로, 아이콘으로도 얼마든지 구현될 수 있다. 또 기호는 흔히 물리적 실체를 지시함으로써만 의미를 갖는 것으로 생각되었지만, 오히려 구조주의가 명쾌하게 보여준 것처럼 자기지시적 특성을 갖는 존재이다. 하나의 기호는 다른 기호와 관계를 맺으며 그 기호와의 변별성에 의해 자기 의미를 잠정적으로 확보한다. 따라서 기호의 의미화 과정과 해독 및 해석의 과정은 하나의 기호가 지시하는 지시체를 재현 혹은 재생하는 것이 아니라 다른 기호를 만들어내고 그것과의 연관을 통해서 변별을 가능하게 하는 과정이다. 따라서 한 기호의 해석 과정은 또 다른 기호의 생산과정이기도 하다. 이 점을 명확하게 파악한 것은 퍼스였다. 퍼스에 따르면 기호는 사상(事象) 그 자체가 아니라 그 사상을 표현하는 표상과정 자체에서 발생한다. 기호의 해석은 역시 기호를 그것이 지칭하는 사상으로서 이해하는 것이 아니라, 그 사상을 나타내는 또 다른 표상과정에 진입하여 이전의 기호를 다른 기호로 대치하는 것이다. 그러므로 기호를 디코딩하는 과정은 곧 끊임없이 또 다른 기호를 만들어내는 과정이다.[15]

이러한 존재자들은 끊임없이 유동하는 유통의 상태에 있기 때문에 근본적으로 탈실체적인 존재자들이다. 그것들은 탈장소화되어 있기 때문에 물리적 공간의 존재자가 아니라 원래의 탈장소적 공간이 그들의 존재 공간이다. 따라서 이들 존재자에게는 물리적 실재 공간의 원리들이 적용되지 않는다. 그것들은 탈장소적으로 존재하기 때문에 같은 시간에

15 Charles S. Peirce, *Collected Papers II*, ed. Charles Hartshorne and Paul Weiss, Harvard Univ. Press, 1960, 156-57쪽.

다른 곳에 존재할 수 있는 동시성과, 순식간에 이곳에서 저곳으로 유통될 수 있는 소통성을 갖고 있다.

그런데 이런 존재자들의 존재방식이 디지털스페이스의 공간적 특성과 만났을 때 어떤 일이 벌어지는가? 그것을 알아보기 위해 우리는 우선 디지털 시장의 작동원리를 주목해야 한다.

디지털 문화경제의 출현

지식, 화폐, 기호라는 탈실체적 존재들은 현재 디지털 공간으로 이주하고 있는 것이 분명하며, 시장이야말로 그 이주를 주도하는 힘이라는 것 역시 틀림없는 사실이다. 이 사실에 주목하면 다음과 같은 점이 분명해진다. 시장화의 형태로 진행되는 디지털 공간으로의 이주는 그 시장에서 거래하기에 가장 적합한 상품을 먼저 선택하는 식으로 전개되고 있으며, 그 상품들은 이미 그 자체로 탈장소적 존재방식을 갖는 존재자들, 바로 화폐, 기호, 지식이라는 사실이다.

여기서 특히 주의해야 할 부분은 이러한 존재자들은 탈실체화되어 있기 때문에 물리적 제한성을 가지지 않는다는 점이다. 이 점이 왜 중요한가 하면 물리적 제한성이 없다는 것은 경제학적으로 획기적인 의미를 지니기 때문이다. 즉 그것은 상품의 가치를 결정하는 핵심요소인 희소성이 없다는 것을 뜻한다.[16] 기존의 경제활동이 상품의 희소성에 근거하고 있고 상품의 가치가 그 희소성에 따라 결정되며 소비 역시 그에 의존하는 함수라고 한다면, 사이버 시장의 경제활동은 가장 기본적인 경제원리의 위배를 그 기능적 원리로 삼고 있는 셈이다. 돈, 기호, 지식은 물리적

16 N. Luhman, 같은 책, 203쪽 참조.

제한성 즉 희소성이 없으며, 희소성에 의해서 가치가 결정되지도 않는다. 따라서 지식, 기호, 화폐와 같은 상품[17]의 가치는 그것을 희소하게 만들고 더 이상 소모되지 않도록 보존하는 방식으로는 창출될 수 없다. 이들 상품은 소유가 아니라 끊임없는 유통 속에서 다른 것으로 생산될 때 비로소 가치를 갖는다. 그것은 보존을 통해서가 아니라 많이 사용되면 될수록 가치가 높아지는 상품들인 것이다.

나아가 이들 상품의 소비자는 소비양태 면에서도 실물 상품의 소비자와 근본적인 차이점을 가진다. 누차 언급한 바와 같이 지식, 기호, 화폐라는 사이버 상품의 소비자는 상품을 소모시키지 않는다. 실물 상품의 소비자는 고유기능이 완성된 완제품을 제공받아 그 상품을 수동적으로 사용하는 데 머물지만, 지식이나 기호와 같은 상품은 완성된 상태로 소비자에 공급되는 것이 아니라 소비자 스스로에 의해 해석되고 이해되어야 하는 것이다.[18] 그런데 하나의 기호는 다른 기호와 연결됨으로써 비로소 의미를 발생시키고, 하나의 지식도 원 상태의 보존보다는 다른 지식들과 결합하고 유통 변이하여 이해의 맥락을 구성할 때 비로소 지식으로서의 사용가치를 갖는다. 화폐 또한 소유보다는 통화와 유동성의 존재로서, 아직 검증되지 않은 미래가치를 정당화하는 지식담론에 따라 유통됨으로써 그 가치가 증감된다. 결국 이들 상품의 소비자는 완성된 상품을 그저 수동적으로 소비하며 상품을 소모하는 것이 아니라, 완성되지 않는 상태로 주어진 상품을 다른 기호와 연결시키거나 활용 맥락을 열어주는 일종의 생산활동을 함으로써 비로소 소비활동에 진입하고 있는 것이다.

17 여기서 사이버 상품이란 돈, 지식, 기호와 같이 본래 비실체적 존재방식을 갖는 것이 상품화된 경우를 말하는 것이지 온라인에서 거래되는 실물 상품을 가리키는 것이 아니다.

18 Pierre Levy, *Becoming Virtual: Reality in the Digital Age*, Da Capo, 1998, 85쪽 참조.

여기서 간파할 수 있듯이 디지털 공간을 기반으로 형성되는 디지털 시장에서는 생산과 소비의 엄격한 구분이 사실상 불가능하다. 이 시장에서는 모두가 어떤 형태로든 생산활동을 하고 있으며 또 그런 생산활동을 해야만 시장이 지속된다. 그렇지 않으면 디지털 시장은 거품이 꺼지듯 급속히 위축될 것이다. 정보는 원래 소유가치가 없으며, 따라서 정보를 생산적으로 소비할 능력이 없는 단순 소비자에게는 지불가치를 가지지도 않는다. 한때 닷컴들이 무료서비스만으로는 더 이상 수익성을 올릴 수 없게 되자 정보 유료화를 시도한 적이 있다. 그러나 정보의 소비자가 동시에 정보의 해석자로서 해석학적 마인드를 갖고 생산활동을 할 수 없는 한 이러한 수익모델은 실패할 수밖에 없었다. 기존의 상품 판매방식을 수익모델로 한 정보의 유료화는 소비자들에게 정보해석 능력이 결여되어 있는 한 수익창출을 할 수 없다. 소유가치가 없는 정보를 이들 소비자들이 구매할 이유가 없기 때문이다.

여기서 우리는 매우 중요한 사실을 발견한다. 2000년대에 들어서면서 엄청난 소문을 양산해냈던 이른바 '신경제'는 금융, 기호, 지식의 생산과 소비를 주축으로 이루어진 것이었고, 이 산업들은 서로 간의 유사한 존재방식 때문에 상호 수렴하는 현상을 보여준 바 있다.[19] 즉 금융, 지식, 상징의 경계가 희미해지면서 서로 스며드는 양상을 보이는 것이다. 그리고 디지털 공간의 시장에 참여해 있는 소비자와 생산자는 소비의 순간에서조차 궁극적으로는 생산자로서의 해석학적 마인드를 갖추어야 한다. 디지털 시장에서 상품의 소유가치는 급격히 빈곤화되는 반면 상품

19 지식과 기호의 긴밀한 유사성은 구조주의가, 화폐와 언어의 긴밀한 유사성은 이미 18세기 언어학자 하만이 간파한 바 있다. Johann Georg Hamann, *Schriften zur Sprache*, Frankfurt a.M.: Suhrkamp, 1967, 97쪽 참조.

의 가치는 다른 것으로 생산될 수 있는 방식으로 끊임없이 해석되고 이해될 때 유지 가능하기 때문이다. 아울러 중요한 것은, 바로 그렇기 때문에 디지털 경제에서 생산자와 소비자가 생산하고 소비하는 활동은 단순히 기존과 같은 방식으로 상품을 생산하고 소비하는 것이 아니며, 따라서 종래의 입장에서 보면 경제활동을 하는 것이 아니라는 점이다.

그러므로 디지털 시장에서 일어나는 일은 시장경제가 아니라 사실상 의미와 지식이 이해되고 해석되는 끊임없는 문화적 소통과정이다. 머니게임으로 전개되는 경제 영역에서도 그 투자를 정당화하는 지식담론의 생산이 필수적이다. 사실 오늘날 투자는 투자분석가들의 시장 전망에 관련된 보고서와 기업가치의 분석 같은 보고서의 전달 경로를 따라 움직인다. 그리고 이때에도 실물적 현재가치보다는 아직 실현되지 않은 미래가치라는 가상의 가치가 투자 결정의 주요 근거로 채택된다.[20] 따라서 이들 보고서는 검증될 수 없는 토플러식 미래 사변(speculation)을 기초로 가설적으로 양식화되어 있으며, 또 불특정 다수의 투자자들에게 소통될 수 있도록 담론화되어 투기(speculation)를 유혹한다. 이로부터 디지털페이스에서는 희소성에 기반한 경제 원리가 수축되어 버리고 오히려 지식, 이해, 표현, 소통 등의 인간 활동이 확장되고 있다는 사실이 도출된다. 이러한 활동들은 하버마스에 따르면 시장이라는 체계가 아니라 생활세계나 문화의 영역에 속하는 활동이다.[21] 결국 디지털스페이스는 문화적 활

20 이미 언급한 바와 같이 이러한 미래가치는 결코 그 예측대로 입증되지 않는다. 투자시장에서 예측한 미래가치는 설득력을 얻으면 얻을수록 선물이나 현물투자에 대한 현시점의 투자행위에 결정적 변수로 작용, 현시점에 되먹임 효과를 가져옴으로써 결국 미래를 처음 예측과 다른 방식으로 전개되도록 만들기 때문이다.

21 J. Habermas, *Theorie des kommunikativen Handelns*, Bd. 2, Frankfurt a.M.: Suhrkamp, 1981, 209쪽 이하 참조.

동이 확장되는 공간이다.

2.3 디지털 경제의 내파

그런데 이처럼 문화의 또 다른 확장으로 볼 수도 있는 디지털 경제가 내파의 위기를 맞고 있는 까닭은 무엇인가? 이미 우리가 목격한 바와 같이 2008년의 경제위기를 촉발한 것은 금융위기였다. 따라서 디지털 경제가 내파로 치닫게 된 이유를 파악하기 위해서는 디지털 공간과 금융산업의 관계를 좀 더 깊이 있게 살펴보아야 한다. 이를 위해서는 금융산업과 디지털 공간이 처음 관계를 맺게 된 시점으로 거슬러 올라가 그때부터 전개된 상황을 구체적으로 짚어볼 필요가 있다.

디지털스페이스로 옮겨간 금융산업

20세기 후반의 경제를 그 이전의 경제와 불연속적인 것으로 나누는 결정적 시점과 사건은 무엇일까? 대공황 극복의 돌파구가 된 케인스주의 경제정책은 1960년대 말 미국을 덮친 불황 앞에서 더 이상 효용을 발휘할 수 없게 된다. 정부 주도의 유효수요 창출도 민간 수요의 하락을 막기에는 역부족이었기 때문이다. 이에 대해 경제학자들이 생각해낸 것은 시장 기능의 확대 곧 통화를 늘리는 방법이었다. 경제 불황의 타개책을 통화 확대에서 찾음에 따라 세계경제는 1970년 기존 세계경제질서의 토대였던 브레튼우즈 협정으로부터 그 핵심조항인 화폐의 금 본위제도를 폐기한다.[22] 이는 경제학적으로 두 가지 매우 중요한 단절을 의미한다. 하나는 케인스적 국가개입주의의 단절이다. 그러나 그보다 더 중요한 단

절은 화폐가 화폐로서의 가치를 갖기 위해 근거하고 있던 물리적 토대와의 관계를 끊었다는 것이다. 보드리야르 식으로 말하면 이 시기에 화폐는 그 가치의 지시체를 상실하고 '시뮬라크룸'이 되어 떠돌기 시작했다.

그런데 여기서 보드리야르가 빠뜨린 또 하나의 중요한 사건이 일어난다. 시뮬라크룸이 되어 떠도는 화폐가 그 시기에 시작된 금융산업의 정보화를 통해 이제 막 출현하기 시작한 디지털스페이스로 급속히 이주하기 시작했다는 것이다. 아울러 주목해야 할 사실은 디지털네트워크가 가장 먼저 구축된 영역이 바로 금융시장이라는 점이다. 이는 20세기 후반 정보화라는 문명사적 사건을 사실상 선도한 것이 금융시장이며, 그것에 의해 디지털 공간이 급격한 팽창과정에 진입했다는 것을 의미한다. 이 시기에 역사상 처음으로 세계적 통신사 로이터에 의해 세계 각 주식시장의 정보가 실시간 제공되는 주식시장의 네트워크화가 이루어지기 시작했으며, 또 나스닥(NASDAQ)이 출현하여 금융산업의 활동이 디지털스페이스로 빨려들어 가게 되었다. 그리고 오늘날 거의 모든 거래가 디지털스페이스에서 이루어지기에 이르렀다.

그런데 왜 금융산업이 선도적으로 디지털스페이스로 이주한 것일까? 그 이유는 이러하다. 교환의 수단으로서 화폐는 실물의 가치를 대리하는 것이지만, 단순히 쌍방이 아닌 무작위의 다자 사이에서 거래가 진행될

22 국제적인 통화제도 협정에 따라 구축된 국제통화체제로서, 2차 대전 종전 직전인 1944년 미국 뉴햄프셔주 브레튼우즈에서 45개국이 참가한 가운데 빛을 보게 되었다. 협정에 따라 국제통화기금(IMF)과 국제부흥개발은행(IBRD)이 설립되었고, 통화가치 안정, 무역 진흥, 개발도상국 개발, 환율 안정 등을 주요 목표로 삼았다. 또한 미국 달러화를 기축통화로 하는 금 본위제도를 실시해 금 1온스를 35달러로 고정시키고, 그 외에 다른 나라의 통화는 달러에 고정시켰다. 그러나 베트남전쟁 등으로 미국의 국제수지 적자가 발생하고, 전쟁비용 조달을 위한 통화량 증발로 인해 인플레이션과 달러 가치의 급락 사태가 벌어지자 일부 국가들이 금태환을 요구하였고, 결국 1971년 8월 닉슨 대통령의 금태환 정지 선언으로 이 체제는 붕괴되었다.

때는 실물보다 화폐가 보편적 가치측정과 가치저장, 그리고 보편적 교환 수단으로 더 잘 추상될 수 있기 때문이다. 그리하여 화폐는 말 그대로 숫자의 체계가 되어 비물질적 존재로 디지털화될 때 화폐로서 최적의 기능을 수행할 수 있다. 이 최적의 기능은 다음 두 측면에서 두드러진다.

(1) 지시체가 사라진 상황에서 화폐를 디지털화하면 거래 비용을 획기적으로 절감할 수 있고, 이를 통해 유동성을 더욱 증가시킬 수 있다.

(2) 자본수익률이 총수익을 기간으로 나눈 것(M-M'/t-t')이라면 자본 이동의 광속화를 통해 회전 기간을 획기적으로 단축함으로써 수익률을 극대화시킬 수 있다.

그런데 금융시장이 디지털스페이스로 이동했다는 것만 가지고 과연 과거와 단절된 변화의 과정이 시작되었다고 볼 수 있을까? 이 점을 확실히 하기 위해서는 디지털스페이스의 공간적 특성을 다시 상기해볼 필요가 있다. 왜냐하면 어떤 공간의 공간적 특성이 변화하면 그 안에서 벌어지는 행태도 달라지기 때문이다. 이는 스킨스쿠버 다이버가 바다 속의 공간에서 지상의 공간과는 전혀 다른 방식으로 행동하는 것과 같다.

앞에서 살펴보았던 디지털스페이스의 공간성을 항목으로 정리한다면 다음과 같다.

(1) 변곡의 흐름을 특징으로 하는 공간. (2) 비연장적 공간으로서 경계가 없으며 무한의 깊이와 폭을 가짐. (3) 모순율의 위반 위에서 존재하는 패러독스 공간(곧 합리성과 비합리성 제어와 예측불가능성, 경쟁과 협력이 양립하고 상생하는 공간). (4) 안정과 불안정의 급변성. (5) 급격한 증폭과 수축의 파동 공간. (6) 창발성. (7) 예측이 불가능한 불확실성의 공간. (8) 모든 노드마다 무한 집중이 잠재적으로 가능한 모나드적 공간. (9) 증폭, 과잉반응과 집단쏠림이 상시적인 공간. (10) 선천적인 중심의 부재 속에서 순간

적인 중심 형성과 중심 증발이 일어나는 공간. (11) 규제 및 통제가 불가능한 감독 불능의 무정부적 공간.

디지털스페이스의 이런 공간적 특징들은 결국 이 공간이 위험의 잠재성을 상시적으로 지닌 하이리스크 공간이라는 사실로 수렴된다.

그런데 이러한 디지털스페이스의 공간적 특성이 1973년 이후의 금융산업에서 갖는 의미는 무엇일까? 자명한 사실은 금융시장이 디지털스페이스로 이주한 후 그것의 공간적 특성이 금융시장을 속속들이 지배하게 되었다는 것이다. 이것은 금융시장의 작동원리가 디지털 공간의 공간성과 연동되는 조건에서만 실행되기 시작했다는 것을 의미한다. 이때 가장 핵심적인 것은 디지털스페이스의 다양한 공간적 특성이 결국 하이리스크라는 특성으로 수렴된다는 사실이다. 이는 금융시장의 다양한 비즈니스 행위 역시 결국은 하이리스크에 대응하는 데 집중될 수밖에 없음을 함축한다. 즉 금융시장은 디지털스페이스로 이주한 후 급변성과 불확실성이라는 미래에 노출되어 있으며, 따라서 금융시장은 미래의 리스크에 울타리(hedge)를 치는 파생상품을 필연적으로 요구한다.

그런데 이렇게 미래의 리스크를 '헤지'하기 위한 파생상품들은 레버리지 효과를 발생시킨다는 점에서 매력적이다. 파생상품은 기초자산(underlying asset) 자체가 아니라 그 기초자산을 소유할 때 발생하는 미래의 리스크만을 구매하며, 그럼으로써 파생상품은 기초 금융자산이 가진 가격의 일부분에 불과함에도 손익은 그 기초 금융자산에 투자할 때와 같기 때문이다. 따라서 기초자산으로부터 파생되는 파생상품은 다시 투기적 거래의 대상으로 전환되며 가상 금융시장에 유입된다. 이를 통해 아직 실현되지 않은 미래의 리스크가 다시 거래의 대상이 됨으로써 또 다른 미래의 미실현 리스크를 발생시키고, 이는 또 다른 리스크 헤지를 위

한 파생상품의 출현으로 끝없이 이어진다. 이 과정을 보드리야르의 시뮬라크룸 이론으로 설명한다면, 금융자산 자체가 이제 시뮬라크룸이 되고 있다고 말할 수도 있을 것이다.

하지만 보드리야르 역시 제대로 간파하지 못한 부분이 있으니, 그것은 금융자산의 시뮬라크룸화 과정 내부에서 일어나는 사건이다. 즉 금융자산의 시뮬라크룸화에서 단순히 자산의 기표화와 기표의 운동만 일어나는 것이 아니라는 점이다. 이 과정에서 기초자산에 잠복하고 있는 미실현 미래 리스크는 기초자산으로부터 분리되어 그 자체로 가상화되고, 또 그 가상화가 급격히 거듭 증식됨으로써 금융시장의 깊이는 거의 지수함수적으로 심화된다. 이 과정은 동시에 금융시장의 위험도가 그만큼 급속히 증가되는 과정이기도 하다. 이런 진단은 단순히 논리적 추론에서 나오는 것이 아니라 파생상품의 역사로부터 입증된다. 이를 잠시 되돌아보자.

원시적 형태의 파생상품은 이미 4천 년 전부터 존재한 것으로 알려져 있다. 그러나 1973년 이후 금융시장의 네트워크화를 통해 금융시장이 디지털 공간에 흡수되기 시작하면서 파생상품의 종류와 거래량은 그 이전과는 비교가 무의미할 정도로 팽창하였다. GDP의 1퍼센트였던 미국 내 금융거래액 규모는 지난 25년 사이 두 배 이상 증가했고, 2006년까지 모든 미국 기업수익의 40퍼센트가 금융거래에서 발생했다. 이 25년 동안 파생상품, 증권화, 뮤추얼펀드, 헤지펀드, 사모펀드, IPO(기업공개), M&A, 상장지수 펀드, 401K(기업퇴직연금) 등의 분야가 폭발적으로 성장했다. 이러한 사실은 디지털스페이스와 파생상품이 같은 존재방식을 공유하고 있음을 시사하는 것이다. 즉 금융시장은 디지털페이스로 이주하면서 파생상품을 통해 그 존재방식을 활성화하는 최적의 공간을 발견함

으로써 급속히 그 존재 영역을 팽창하였다. 그리고 그에 따라 디지털페이스도 동시에 수평적으로 확장되고 수직적으로 깊어지는 글로벌리제이션 과정에 돌입하였던 것이다.

위험을 먹고 자라는 시장

20세기 후반에 나타난 글로벌리제이션은 디지털 금융산업에 의해 견인되었다는 특성을 지니고 있다. 그리고 이 독특한 특성의 핵심은 그것이 위험을 지수 함수적으로 증식시키는 과정이었다는 데 있다. 그런데 여기서 간과되어서는 안 될 또 다른 중요한 사실은 위험 증식의 공간적 조건을 제공한 디지털 공간이 복잡계 이론의 총아인 세포자동자(CA, Cellular Automata)를 디지털 금융시장에 도입할 필요성을 높였다는 것이다.

복잡계 이론은 양자물리학, 확률론, 유전공학, 인지과학 등의 융합으로 가능해진 이론으로서, 이 이론이 다루는 복잡계는 다른 것들과 동시에 상호작용하는 수많은 요소들로 이루어져 있다. 즉 복잡계 이론에 따르면 실재는 서로 분리된 상태로 독립적으로 존재하다가 추후적으로 관계를 맺는 구성자들의 집합이 아니라, 상호작용을 통해서 비로소 실재성을 얻는 존재라는 것이다. 결국 복잡계 이론에서 말하는 실재란 복합적인 상호 연결 작용으로 진행되는 동적인 그물망이다.[23]

그런데 디지털 네트워크 공간에서 행위자 간의 상호작용에 의한 무작위적 창발 현상들은 복잡계 이론이 다루는 창발 현상과 유사한 양태를

23 따라서 복잡계로 이해된 실재에서 모든 것은 모든 것에 대해 주체인 동시에 객체가 되며, 따라서 복잡계의 구성자는 서로 타자가 취하는 행태에 따라 행동하는 동시적 되먹임의 관계를 갖고 있다. 그리하여 복잡계를 지배하는 법칙은 미리 주어진 것이 아니라 이러한 구성자들의 상호작용 속에서 규칙이 적응이나 배움의 어떠한 과정에 의해 계속해서 재형성되는 양상을 보인다. 따라서 복잡계는 곧 복잡적응계(complex-adaptive system)이기도 하다.

보인다. 이 복잡한 패턴을 파악하기란 무척 어려운 일이지만 CA를 시뮬레이션하면 파악이 불가능한 것도 아니다. 왜냐하면 복잡계를 인공생명 분야에서 모델링한 것이 바로 CA이기 때문이다. CA의 작동원리를 가장 단순한 예를 통하여 설명하면 다음과 같다. (이 책의 1장 5.1절 '인공생명 기술의 기본 원리' 참조.)

컴퓨터 프로그램을 통해 컴퓨터 모니터 화면을 격자판으로 나누어 그 격자판 한 칸을 하나의 세포로 취급하면, 우리는 각 세포에게 주어진 현재조건과 인접한 이웃 세포들의 조건이 결합되는 경우의 수를 따질 수 있고, 그것을 일정한 규칙(유전정보)으로 기술할 수 있다. 그리고 그런 결합들이 활성화되고 세포 시스템으로 발전해 가는 것을 지켜보면, 규칙들에서 무작위적 변화(돌연변이)의 가능성이 구체화됨을 볼 수도 있고 시스템의 행위에서 진화를 기대해 볼 수도 있다. 이렇게 모델화한 세포 시스템은 실제 생명에 비해 훨씬 단순하지만, 생명과 놀랍도록 닮은 수많은 행위 패턴을 보여준다.

구체적으로 말해서 각 세포자동자는 단순한 유한 상태의 기계로서 작동하는데, 이때 CA는 (켜짐 또는 꺼짐의) 초기 조건과 함께 작동방식을 명령하는 규칙과 각 순간마다 그것에 이웃한 세포의 상태에 따라서만 상태가 결정된다는 것이다. 예컨대 한 그룹의 CA에 대한 규칙이 인접한 두 개가 켜져 있을 때는 켜짐, 그 외에는 꺼짐이라 하자. 각 세포는 이 규칙에 따라 각 인접 세포의 상태를 점검할 것이며, 그 결과 켜짐 혹은 꺼짐의 상태로 변화하게 될 텐데, 동시에 그 인접 세포도 같은 규칙에 따라 자신의 입장에서 인접 세포의 상태를 점검하며 자신의 상태를 갱신해 가리라는 것이다. 이러한 방식으로 세포의 격자는 여러 세대를 거칠 것이며, 결국 수백 세대 이후가 되면 CA들 간의 상호작용에서 자발적으로

창발하는 수백 가지의 극도로 복잡한 패턴이 형성될 것이다.

이러한 CA의 작동원리는 금융시장의 행태를 파악하는 데 CA가 도움이 된다는 것을 보여준다. 왜냐하면 금융시장과 CA 간에 뚜렷한 구조적 동형성이 발견되기 때문이다. 금융시장은 디지털 네트워크를 통해 상호 연결된 무수한 독립적 참여자들로 형성되는데, 이 참여자들은 각자 자기들이 입수한 시장관련 정보에 따라 거래활동을 함으로써 엄청나게 복잡한 국지적 상호작용을 활성화한다. 더욱이 이 상호작용은 어떤 전체적 패턴으로 창발되기도 하고, 또 이렇게 창발된 패턴이 다시 혼돈에 빠짐으로써 새로운 상호작용을 야기하기도 한다. 즉 금융시장은 각 투자자들이 CA의 각 세포처럼 상대방이 사용하는 규칙에 적응할 수 있는 규칙에 따라 행동하고, 또 다양한 국지적(local) 상호작용을 통해 네트워크를 이루기도 하면서, 결국 시장의 거시적(global) 질서 패턴을 창발하는 시스템으로 해석할 수 있다는 것이다. 이렇게 하여 금융시장은 CA가 구현하는 유전공학적 패턴을 창발하는 또 하나의 과정으로서 존재한다. 예컨대, CA에서 각 세포는 다른 투자자들의 경험과 투자 히스토리로부터 자기 학습능력을 키운 개개의 투자자를 표상한다. 그리고 각 세포에 해당하는 투자자들이 가질 수 있는 상태는 매도, 매수, 관망이며, 각 세포의 상태를 결정하는 상호작용의 규칙은 낮은 가격에 매수하여 높은 가격에 매도한다는 것이다.

그러나 금융공학에 CA 모델을 적용하는 것의 더욱 중요한 의미는, CA에 의한 금융시장의 시뮬레이션이 미래의 리스크를 대비한 파생상품의 위험도를 측정 가능한 것으로 보이게 하고, 그 측정치를 시장에서 가격으로 번역하여 거래할 수 있게 한다는 점이다. 이런 효과는 미래의 불확실성에서 기인하는 위험과 그에 대비한 파생상품의 관계에 급격한 변

화를 일으킨다. 이제 파생상품은 위험에 대비하여 안전성을 제고하는 존재자가 아니라 위험이 없으면 존재할 수 없는, 즉 위험이 자원이 되어 가공되는 상품으로 그 존재방식을 탈바꿈하는 것이다.

1980년은 파생상품의 존재양상에 큰 변화가 일어난 기점이다. 그때부터 위험은 더 이상 방지하고 제거해야 할 장애물로 여겨지지 않게 되었다. 위험은 오히려 금융시장의 확장 심화를 위한 자원으로서 끊임없이 발굴하고 확대 공급함으로써, 그것을 헤지(hedge)하는 파생상품으로 설계 가공해야 하는 것이 되었다. 실물경제에서는 석유가 마치 혈액처럼 끝없이 증산 공급되어야 하듯이, 디지털 금융시장에서는 미래의 리스크가 자원이며 이 자원이 계속 확대 공급되어야만 금융산업도 발전할 수 있게 된 것이다. 그리고 이제는 금융시장이 발전해야 실물경제 수요도 확대되어 원자재를 발굴 가공함으로써 그 뒤를 따라 발전할 수 있는 것이다. 결국 금융시장이 디지털스페이스로 이주한 후 인류가 누린 그동안의 경제 호황은 위험을 자원으로 발굴하고 계속 확대 공급함으로써 이룩된 성과이다. 그리하여 금융위기 발생 전까지 파생상품의 일 거래량이 전 세계 실물 거래량의 수십 배를 초과하는 이해하지 못할 상태에 이르기까지 하였다. 통계에 따르면 금융위기 발생 직전 세계시장에서 거래되는 파생상품의 규모는 600조 달러에 이르는데, 이것은 세계 GDP의 9배를 상회하는 규모다.

그런데 디지털 금융시장의 자원인 위험을 가공하는 것은 자연자원을 가공하여 사용가치 나아가서 기호가치를 창출하는 것과는 달리, 위험을 증폭시킨 후 위험을 분산시켜 도처에 잠복시키는 것이다. 즉 시장 곳곳에 위험을 분산시킴으로써 어느 한 곳에 위험이 집중되어 임계점에 도달하는 것을 유보하는 방식이다. 특히 1차 파생상품들 간의 분해와 복합

을 통한 2차, 3차… n차 파생상품의 출시는 파생상품을 고안하는 데 최근 가장 많이 사용되었던 방식으로, 상이한 시장부문들을 연결시키는 결과를 낳았다. 스와프와 옵션거래를 재조합한 스왑션(swaption), 혹은 옵션거래를 다시 옵션화한 복합옵션(compound option)은 그 대표적 예이다. 그러나 그것은 동시에 확률이론과 양자역학적 측정과 CA 시뮬레이션을 따라 증식되어 가는 위험을 시장 도처에 산포시키는 가장 대표적인 기법이다.

그런데 이렇게 도처에 분산되어 잠재화된 위험은 거래를 통해 네트워크를 타고 흘러 다니다가 디지털스페이스의 공간적 특성상 어떤 노드에서 급격히 집중될 우발성을 항상 잠복하고 있다. 이 우발성이 현실화되고 또 그것이 과잉 증폭되면 역시 디지털스페이스의 공간적 특성 때문에 시공간의 지체 없이 급격히 임계점(critical point)에 도달한다. 그리고 마침내 임계점을 초월하는 순간 그 우발성은 더욱 증폭되어 네트워크를 타고 모든 곳에 전파된다. 이와 함께 디지털 금융시장은 급격한 변곡에 휘말리면서 시장이 내파되기 시작한다. 이를 좀 더 상론하면 다음과 같다.

파생상품은 이미 말한 바와 같이 거듭제곱으로 진행되는 복합화를 통해 다른 시장과 자산 그리고 시장 참여자를 복잡하게 상호 연결시키는 새로운 장을 출현시킨다. 이러한 복잡한 다중적 상호연결에는 극도로 복잡하게 퍼져나갈 수 있는 파급력이 잠복하고 있으며, 언제든지 현실화될 수 있는 리스크의 불투명성이 존재한다. 그리하여 시장 전체에 팽배해 있는 구조적 리스크가 증가하게 된다. 보다 정확히 말하면 파생상품은 시장의 위험을 시장, 신용, 그리고 구조적 리스크와 합성하여 전이시키는 것이다. 이렇게 증식된 위험은 다른 금융시장 영역은 물론 파생상품

을 애초에 파생시킨 기초자산 시장으로까지 파급된다. 그리하여 기초자산 시장에 옮겨온 불안정성은 다시 증식하여 그로부터 만들어진 파생상품 시장으로 반사되어 온다. 그런데 이 위험의 상호 반사작용은 다지적이고 복합적으로 순환되며 동시에 디지털스페이스에서는 그 속도 역시 엄청나게 빠른 양상을 띠고 진행된다. 더구나 이러한 불안정성은 디지털스페이스의 본질적 증폭효과 때문에 과잉 반사효과로 나타나다가, 어떤 특이점으로 집중되면 그 위험을 기하급수적으로 증폭시키면서 마침내 파국을 일으킨다.

디지털 경제의 희망 찾기 / 3

3.1 출구는 어디에?

역사상 처음 마주친 위험

지금까지 우리는 디지털스페이스로 이주한 경제가 그 공간의 특성상 상시적인 불안정성과 파국의 잠재성을 안고 있으며, 본질적으로 리스크를 자원으로 운용되는 하이리스크 경제일 수밖에 없음을 다각도로 살펴보았다. 물론 이 경제는 20세기말 '신경제'(new economy)라는 기대감 섞인 용어로 불리기도 했고, '지식기반 경제'(knowledge-based economy)라는 용어로 포장되기도 했다. 하지만 이 지식기반 경제는 핵심에 있어서는 결국 위험을 증폭하고 분산시키는 지식을 기반으로 한 경제임이 드러났다.

이런 의미에서 가상금융경제를 펀더멘털로 하는 현대 경제는 시장경제에 대한 기존의 정의를 무력화한다. 그것은 고전경제학이 말한 '보이지 않는 손'이 작용하는 경제도 아니며, 하이에크를 필두로 한 오스트리아학파가 주장하듯 자기균형 시스템(equilibrium system)도 아니다. 20세기말 학문의 융합을 통해 최첨단 이론을 개발해온 산타페연구소(SFI)에 따르면, 오히려 그것은 복잡적응계(complex-adaptive system)에 가깝다. 그러

나 디지털 금융경제를 통해 지탱되는 현대 경제는 복잡적응계로만 기술할 수 없는 또 다른 차원의 특징을 보여준다. 즉 그것은 복잡적응계를 실행하는 CA와 같은 컴퓨터프로그램처럼 작동하지만, 결국은 위험을 증산하고 소비하며 분산시키기 위한 시스템인 것이다. 그리고 이 시스템을 통해 운영되는 현대라는 시대의 내면은 위험의 증폭을 통해 번영을 구가하는 위험하기 그지없는 시대이다.

그런데 우연일까? 20세기의 한 철학자는 테크놀로지에 의해 주도되는 현대를 이미 '최고 위험'(höchste Gefahr)이라 부른 바 있다. 그리고 그 최고의 위험이 '전회'(Kehre)를 불러일으킬 것이라고 예고했다. 이 철학자는 다름 아닌 하이데거이다. 하이데거는 물론 그 위험을 폭로하는 데 있어서 우리와 똑같은 길을 가지는 않았으며, 그가 위험이라고 부른 것도 내용에서는 다소 차이가 있다. 그러나 우리 시대가 위험을 증식시키고 자원화해서 경제를 운영해온 유일한 시대라는 점에서, 그리고 인간이 아닌 디지털 기술과 CA 같은 테크놀로지가 그것을 작동시켜 왔다는 점에서, 하이데거의 말대로 '최고 위험의 시대'라고 부를 수 있지 않을까? 위험을 방지하는 수많은 솔루션 프로그램들로 무장하고 있지만, 그 솔루션들 자체가 위험인 시대 말이다. 그리고 그 위험의 폭발로부터 현재의 위기가 초래된 것이라면, 이제야말로 위험의 증식을 통해 지속해온 경제로부터 전회가 이루어져야 하는 것 아닐까?

그런데 그 전환은 케인스도, 하이에크도, 마르크스도 예견할 수 없었던 전혀 다른 곳으로 우리를 인도할 것이다. 왜냐하면 그들이 씨름했던 대상은 디지털 공간으로 이주가 시작되기 전의 공간에서 영위되던 경제였지 디지털 공간에서 위험을 기반으로 급속히 팽창해온 가상금융경제가 아니었기 때문이다. 그 공간은 처음부터 '보이지 않는 손'이 존재할 수

없는 공간이다. 왜냐하면 디지털 공간의 특성상 그곳은 중심이 부재하는 무정부적 공간일 수밖에 없기 때문이다. 또한 리스크의 증산으로 지탱되는 이 경제는 노동에 의해 지탱되는 공간도 아니다. 결국 보이지 않는 손으로, 또는 국가의 개입으로, 아니면 노동으로 이 디지털 공간을 장악한다는 것은 불가능한 일이다. 바로 그 때문에 디지털 금융시장으로부터 발생한 위기의 핵심은 케인스, 마르크스, 하이에크 그 누구라 해도 정확하게 파악하기 어려울 것이다. 따라서 경제위기 이후 닥쳐올 전회는 어디에서부터 일어날 것인지, 어디로 향할 것인지, 경제학자들은 과연 그것을 예견할 수 있을지 우리는 두려움과 기대로 지켜볼 수밖에 없다. 그렇다고 해서 다가올 파국을 앉아서 지켜볼 수만은 없다. 그래서 우리는 묻는다. 어디로 가야 할 것인가?

물론 당장 급한 것은 앞으로 닥쳐올 문제가 살상적 위협으로 악화되지 않도록 하는 일이다. 이를 위해서는 우선 파생상품을 규제함으로써 위험 증산을 통한 디지털 경제의 급속한 팽창을 조절해야 한다. 아울러 디지털 공간의 공간적 특성에 무방비 노출되어 있는 금융산업이 위험을 증폭시키는 방식이 아니라 금융의 원래 목적, 즉 실물경제의 현금 흐름을 돕는 역할을 할 수 있도록 행위를 제한하고 규칙을 만들어야 한다. 물론 자유로운 경제 활동을 제한하는 규칙에 대해서는 많은 반발들이 있을 것이다. 그러나 오스트리아학파를 필두로 한 신자유주의자들이 우려하는 바처럼 제한과 규칙이 반드시 자유로운 창의성을 가로막고 억압으로 귀결되는 것만은 아니다. 오히려 제한과 규칙은 새로운 것이 창발하는 필수조건일 수 있다. 마치 끝없이 펼쳐진 초원에서 공을 차거나 던지던 놀이가, 그 공간에 금을 긋고 규칙을 세움으로써 축구나 야구와 같은 훌륭한 스포츠로 거듭난 것처럼 말이다. 그러므로 현재 시급한 것은 디

지털스페이스로 이주하면서 그 공간적 특성에 휩쓸려 무차별적 확장과 심화 그리고 위험의 증폭을 거듭해온 금융산업의 활동 영역을 어디까지 어떻게 제한하고 어떤 규칙을 만들어 줄 것인가이다. 우선 생각해볼 수 있는 조치로는 다음과 같은 것들이 있다.[24]

(1) 디지털스페이스로 이동한 금융산업이 그 공간의 급변성에 무기력하게 휩쓸려 들어가는 것을 중화시키기 위해서 자본의 급격한 유동화를 제어해야 한다. 이를 위한 정책들로는 은행 전체에 대하여 자기자본 비율을 높이는 등의 규제 장치를 마련하고, 예전처럼 레버리지 효과를 이용한 과도한 차입이나 채권을 증권화하는 식의 자산유동화(securitization)를 더 이상 허용하지 않는 것 등이 있겠다.

(2) 기업 주주들의 의식과 행위의 변화도 필요하다. 주주들은 금융자산의 단기적 차익 거래를 통한 고수익성만을 좇는 행태로부터 벗어나야 한다. 특히 주주들은 적절한 임금 상승과 양립 가능한 연기금의 수익성을 정할 수 있어야 한다. 위기를 계기로 기업 지배구조가 바뀌어야 한다는 뜻이다.

(3) 중앙은행의 역할도 달라져야 할 것이다. 중앙은행의 역할이 단지 물가 안정에만 치중되어 있어서는 안 된다. 중앙은행은 호황기에 신용 확대가 자산 가격의 급등으로 치닫지 못하게 할 거시적인 정책수단을 개발해야 한다. '동태적인 자본 비축'(dynamic provision of capital), 다시 말해 거품이 심화될 가능성이 클 때에는 은행으로 하여금 더 많은 자본을 비축하도록 하는 제도가 효과적인 정책수단이 될 수 있다.

24 이하는 금융위기 이후 국내외에서 거론된 처방들을 필자가 정리한 내용.

아포리아에 빠지다

그런데 이상과 같은 방법으로 급한 불을 끈다 해도 과연 위기가 극복될 수 있을까? 만일 디지털 금융시장을 정체 내지 축소시키는 방법이 디지털 금융과 금융경제를 거슬러 다시 실물경제로 되돌아가는 길밖에 없다면, 이 길은 결코 위기를 극복하는 길이 아닐 것이다. 20세기 후반의 기호 경제를 넘어 21세기 디지털 금융경제로 진화한 경제는 바로 20세기 전반의 총수요 부족으로 한계에 도달했던 실물경제의 위기를 극복해온 과정의 종착역이었기 때문이다. 실물경제 그 자체, 즉 사물의 사용가치에 의존하는 생산과 소비로는 더 이상의 수요를 창출할 수 없다는 것이야말로 현재의 금융산업을 탄생시킨 20세기 전반의 문제 상황이었다. 그렇다면 다시 실물경제로 되돌아간다고 해도 우리는 같은 과정을 되풀이할 수밖에 없을 것이다.

그리고 과연 어디까지가 실물인지 이제는 그 경계마저 불분명해진 것이 사실이다. 왜냐하면 20세기 후반 디지털 금융경제의 급속한 팽창은 과거에는 실물의 영역에 속할 수 없는 새로운 실물들을 출현시켰는데, 이 실물들을 지탱하는 존재론적 토대는 매우 역설적으로 그 실물들이 거품이라 부르는 가상의 금융경제이기 때문이다. 이제 실물 영역은 거품이라 불리는 가상경제가 꺼져도 남을 수 있는 그런 영역이 아니라, 그것을 지탱하는 기반과 함께 붕괴하는 영역이 되어버렸다. 이런 사정은 통계적으로도 확인된다. 연간 세계 외환거래량 800조 달러에서 실물과 연관된 것은 3퍼센트 이내에 불과하다. 97퍼센트 이상이 금융시장의 단기 차익 거래다.

그러나 여기서 어떤 이들은 독일, 핀란드 등의 경제를 예로 들어 반박할지도 모르겠다. 실물의 고유영역을 고수하며 제조업을 기반으로 견실

한 실물 경제를 운용하고 있는 이들 국가들의 경제체제야말로 앞으로의 경제가 가야 할 방향이라고 주장할지 모른다. 실로 이들 경제체제의 탁월함은 월스트리트를 기반으로 위험의 투기를 활성화함으로써 경제를 유지해온 미국식 경제체제에 비하면 존경할 만하다. 그러나 독일 경제를 선두에서 이끌어온 벤츠와 BMW 등 고급자동차를 구매한 소비층은 과연 누구였는가? 또 디지털 공간의 출현으로 크게 성장한 휴대폰 산업 없이 핀란드가 그 경제를 유지할 수 있었을까? 이러한 문제를 깊이 생각해본다면, 실물로 돌아가서 제조업을 다시 부활시켜야 한다는 주장은 부분적 타당성 이상을 보장받기 힘들 것이다. 고급 자동차와 거기 연관된 기계금속산업의 수요를 촉진시킨 것도, 휴대폰의 생산과 소비를 진작시킨 것도, 모두 금융산업이 디지털 공간에서 팽창과 심화를 거듭하면서 창출한 가상수요였기 때문이다.

결국 실물과 기호를 넘어 리스크 기반 경제로 치달아온 인간의 경제활동은 리스크 기반 경제가 내파에 처했다고 해서 디지털 경제를 떠날 수도 없고, 그렇다고 디지털 금융경제를 지금과 같은 방식으로 계속 팽창시킬 수도 없게 되었다. 만일 지금처럼 리스크의 증산을 통한 경제성장 방식을 지속한다면, 그것은 언젠가는 쓰나미의 두 번째 파도처럼 엄청나게 위험을 증폭시켜 더욱 치명적인 재난으로 현실화될 것이다. 인간의 경제활동은 이제 어디로 가야할 지 모르는 막다른 궁지 곧 아포리아로 들어선 것이다. 이 아포리아는 경제적으로 성장의 퇴조나 침체로 나타날 것이다. 그리고 우리는 앞으로 상당 기간 동안 이러한 아포리아에서 살아야 할지 모른다.

3.2 새로운 희망—협력적 소비와 공유경제

그러나 이렇게 앞길이 아득한 아포리아의 상황에서도 희망이 없는 것은 아니다. 희망의 빛은 다른 곳이 아니라 위기의 진원지였던 디지털 기술로부터 비쳐 들어오기 시작했다. 이 기술로부터 위기를 타개할 새로운 기기가 만들어졌던 것이다. 그 기기란 바로 금융위기가 닥친 그 시점에 세상에 출현한 스마트폰이다. 유비쿼터스 컴퓨팅의 구현을 본질로 하는 이 기기는 한편으로는 아이폰과 아이패드에서 보듯 HCI의 혁신을 가져왔고, 다른 한편으로는 이른바 소셜미디어의 시대를 열었다. UC는 그 개념이 처음 만들어질 당시부터 이미 스마트폰, 탭, 패드와 같은 UC를 구현할 디바이스를 요구하고 있었다. 그리고 이런 디바이스가 본격적으로 사용되기 시작하자마자 UC는 그 제안자 마크 와이저가 기대한 바와 같이 가상현실로 일탈했던 우리를 다시 우리가 몸담고 사는 친숙한 공간으로 귀환시켰고 그곳에서 다양한 사람들을 만날 수 있는 기회를 열어주었다. 이 기회는 이제 SNS를 통해 곳곳에서 제공되고 있다. 그리고 SNS는 경제 영역에까지 확산되어 특히 소비 영역에서 혁신을 일으키고 있다. 이른바 협력적 소비(collaborative consumption)가 바로 그것이다.

협력적 소비는 기존의 소비와 다음과 같은 점에서 구별된다. 기존의 소비는 각 개인들이 제품을 소유함으로써 자신을 과시하는 데 목적이 있는 소비행위이다. 이러한 소비행위는 소비를 유혹하는 생산자의 기호(sign) 생산 마케팅에 소비자가 매료되어 자신의 실제 수입 이상을 기호소비에 습관적으로 지출하는 과잉소비의 경향을 늘 띤다. 따라서 이 소비는 결국 소비자들로 하여금 가상의 신용, 즉 현재 지불능력이 없을지라도 미래에는 지불능력을 가질 것이라는 가정 하에서 부채를 생산하게

하는 활동이다. 그러나 2008년 신용 붕괴와 함께 닥쳐온 경제위기는 소비자들로 하여금 이러한 기호가치의 과잉소비가 결국 감당할 수 없는 부채로 인한 파국적 결과를 부른다는 사실을 깨닫게 했다. 그리하여 사람들은 이제 소유를 목적으로 한 종래의 소비에 수반되는 고비용과 부채의 덫에서 벗어나기 위해 공유의 지혜를 발휘하기 시작했다. 소비의 목적이 제품을 소유하는 데 있는 것이 아니라 필요시 제품에 접근하여 그것을 사용, 체험하는 데 있다는 쪽으로 사고를 혁신하기 시작한 것이다. 사실 개인이 가진 제품들은 그것들을 소유하고 있다고 해서 반드시 항시적으로 사용하는 것이 아니다. 오히려 대부분의 소유물은 사용하는 시간보다 그저 보관하는 시간이 더 많다. 자가용차의 경우 그것을 운전하는 시간보다 주차해 두는 시간이 훨씬 길다. 따라서 자동차 구입시 공동구매로 비용을 나누고, 내가 사용하지 않는 시간에 필요한 사람이 그것을 사용한다면, 각 개인은 소유에 따르는 비용을 절감할 수 있다. 또 제품을 효율적으로 사용함으로써 제품의 비효율적 사용에 따르는 자원 낭비를 줄일 수 있다. 소비자가 협력하여 제품을 구매하거나 필요시 교환 혹은 임대해 사용한다면, 소비자 각 개인에게 경제적 이익을 가져다줄 뿐더러 자원 절약을 통한 환경보존에도 이바지할 수 있다.

그런데 중요한 것은 이러한 혁신이 유비쿼터스 기술의 발전에 의한 소셜미디어의 출현으로 비로소 실현될 수 있게 되었다는 사실이다. 소셜미디어는 경제위기로 전 세계가 신음하고 있던 시기에 때마침 등장함으로써, 신용에 의존하던 과잉소비에 대한 반성이 새로운 소비행동으로 이어지는 데 결정적인 역할을 했다. 개인을 가상과 익명의 세계로 도피시켰던 20세기 후반의 인터넷과 달리 현재의 인터넷은 유비쿼터스에 기초한 스마트 미디어를 통해 개인을 다시 골방에서 나오게 하는 특징이 있

다. 개인과 개인을 실명으로 연결시키고 있는 것이다. 또한 유비쿼터스 컴퓨팅이 추구해온 맥락인식 기술과 매립 기술은 무선인식 기술(RFID, radio frequency identification)에서 성공적으로 실용화되어 GPS 서비스와 함께 언제 어디서 누구에게 수요가 있는지를 정확하게 파악하여 필요한 재화를 적재적소에 제공하는 것을 가능케 했다.

자동차 공유 서비스를 제공하는 미국 업체 집카(Zipcar)는 유비쿼터스 기반 스마트 미디어가 어떻게 협력적 소비를 실행하는지 잘 보여준다. 시내 중심가나 터미널, 주택가의 주차장에 차를 세워놓으면 다른 회원이 GPS 기능을 가진 스마트폰으로 근처에서 쓸 수 있는 자동차를 검색하여 즉시 이용예약을 할 수 있다. 차 앞에 도착해 무선인식 칩이 들어있는 회원카드를 앞 유리에 갖다 대면 문이 열린다. 회원이 되려면 가입비 25달러와 연회비 60달러만 내면 된다. 요금은 시간당 7달러 정도이며 여기에는 보험료와 기름 값이 포함되어 있다. 이 가격은 렌터카보다 저렴하다.

이런 사례에서 보듯이 소셜미디어는 필요한 물품의 공동구매나 각자의 필요에 따른 교환을 최소의 거래비용으로 할 수 있게 하고, 불규칙하게 발생하는 수요들을 시간적으로 정밀하게 배열, 조절하게 해준다. 이를테면 수요의 쏠림에 따른 가격 상승이나 이로 인한 사재기 등의 가수요를 피할 수 있게 해주는 것이다.

그런데 21세기의 협력적 소비가 주목을 받는 것은 사실 20세기의 경제를 지탱하던 것과는 다른 가치가 창출될 수 있다는 기대 때문이다.

20세기 경제는 유효수요 창출이라는 지상 목표를 위해 각 소비자에게 최대한의 소유 능력을 확보할 것을 요구하였으며, 따라서 최대한의 경

제적 부를 축적하도록 요구했다. 그리고 이러한 부의 축적은 화폐 축적이라는 형태로 물질화되었다. 20세기 경제는 개인주의와 물질주의라는 사실상의 반(反) 공동체적이고 몰가치적인 생활양식을 강요하고 그것을 통해 지탱되었던 것이다. 그러나 소셜미디어를 기반으로 한 21세기 협력적 소비에서는 이 소비활동에 참여하려는 소비자 각각에게 상호간의 신뢰라는 가치를 축적할 것을 요구한다. 이것은 어떻게 이루어지는가?

소셜미디어로 연결된 소비자의 행동은 온라인에 항상 흔적을 남기게 되어 있다. 이 흔적을 통해 해당 소비자는 공동구매, 교환, 사용 등에 있어서 어떤 행태를 보여 왔는지를 투명하게 드러낼 수밖에 없다. 소셜미디어의 이런 특성은 협력적 소비자로서의 신뢰성 축적이라는 관점에서 소비 참여자들에 대한 평가를 가능하게 해준다. 이렇게 하여 좋은 평판을 축적한 소비자는 그것을 자산으로 더 많은 협력적 소비에 참여할 수 있게 된다. 따라서 협력적 소비에서는 평판유동성(reputation currency)이라는 전혀 새로운 통화 개념이 등장한다.

협력적 소비에서 쓰이는 통화와 자본은 이제 물질적 자본이 아니라 평판유동성과 같은 가치 자본이다. 20세기 경제에서는 사실상 가격만 있었을 뿐 가치는 실종되어 있었다. 부채 상환능력을 수학적으로 계산하는 신용평가는 있었지만 인간과 인간 사이의 신뢰는 없었다. 그러나 이렇게 사라져버린 가치는 21세기 경제에서 다시 생성되고 있다. 이제 경제는 더 이상 단순한 가격체계(price system)가 아니라, 인간과 인간 사이에서 만들어진 신뢰라는 가치를 통해 자원을 공급하고 배분하는 사회 운영체제로 변화하고 있는 것이다.

소비 행태의 변화에서 이러한 조짐을 포착한 레이철 보츠먼(Rachel Botsman)은 종래의 소비와 미래의 소비를 다음과 같이 대비시키고 있다.[25]

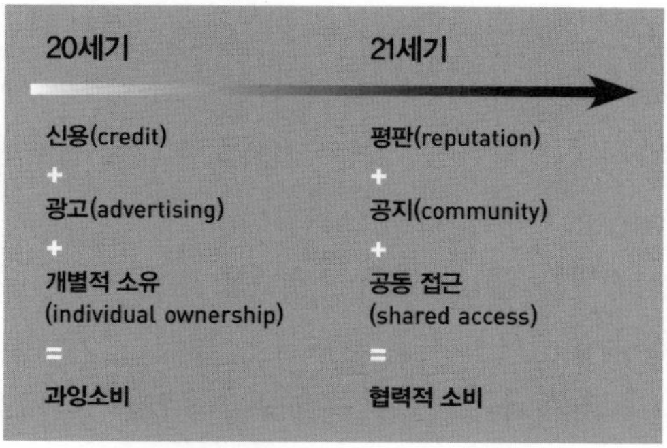

소비의 변화

그리고 희망적인 것은 실제로 이러한 협력적 소비에 참여했던 소비자의 상당수가 만족감을 표시하고 있다는 사실이다. 미국에서 실시한 한 조사연구는 다음과 같은 결과를 보여준다.[26] 협력적 소비에 참여한 적이 있는 응답자 가운데 75퍼센트가 향후 5년 안에 물품과 공간의 공유가 더 증가할 것이라 내다보았다. 또 응답자 가운데 78퍼센트는 온라인상의 소통으로 낯선 사람들과 공유하는 이념에 대해 더욱 개방적이 되어가고 있으며 소셜미디어가 불신의 장벽을 허물고 있음을 느낀다고 했다. 그리고 85퍼센트는 웹과 모바일 기술이 대규모의 공유공동체가 형성되는 데 결정적 역할을 할 것이라고 믿는다고 답했다.

물론 협력적 소비가 활성화되어 과잉소비가 사라지면 장기적으로는 수요 부족으로 이어져 기업의 생산 활동이 냉각되고, 결국은 경제의 위축이라는 결과를 낳을지 모른다는 우려가 있는 것도 사실이다. 그러나

25 http://member.iftf.org/node/3631

26 Latitude Research and Shareable Magazine, "The New Sharing Economy." http://latdsurvey.net/pdf/Sharing.pdf

협력을 통한 가치 경제의 출현은 새로운 경제 부문을 확대하고 활력을 불어넣는 효과도 있다. 기업 활동의 중심이 제품 생산에서 서비스 지향적으로 바뀌어 서비스 영역이 확대되고 이 영역에서 활발한 경제활동이 일어난다는 것이다. 좀 더 구체적으로 말하면, 협력적 소비에 의한 가치 경제의 출현은 새로운 사업모델을 활성화할 것이다. 기업은 협력을 레버리지하는 방향으로 사업 방식을 바꾸게 될 것이다. 기업은 고객에게 물건이나 서비스를 개별적으로 팔기보다 제품에 대한 접근을 가능하게 하는 데 집중할 것이고, 고객들로 하여금 협력적으로 그 서비스와 제품을 소비할 수 있도록 하는 플랫폼을 갖추려 할 것이다. 또 렌트 사업을 강화하거나 자사 제품을 구매한 소비자에게도 그것을 다른 사람에게 렌트할 때 더 이익이 되게끔 하는 플랫폼을 갖추려 할 것이다.

이미 미국과 캐나다 그리고 유럽에서는 아직 초보적이지만 협력적 소비에 방향을 맞춘 비즈니스 모델이 출현하고 있으며 빠른 속도로 성장하고 있다. 대표적 사례를 소개하면 다음과 같다. '집카'(Zipcar)와 같이 자동차를 공유하는 서비스 업체는 이미 소개하였고, 개인들이 소유하고 있는 중고품의 임대를 중계하는 사이트로 '지록'(Zirok)이라는 사이트가 급성장하고 있다. 그리고 호텔을 대신하는 협력적 소비도 등장했다. '에어비앤비'(Airbnb)는 대표적인 경우다. 여행에 관심 있는 사람들에게 너무나 잘 알려져 있는 이 공유 숙박업체는 웹사이트를 통해 개인들이 자신의 집에 남는 방을 서로 빌려주는 소규모 사업으로 출발했다.

이 가운데서도 대표적인 성공 사례는 앞에서 소개한 '에어비엔비'와 '집카'이다. 현재 에어비앤비의 사업 영역은 직접 소유한 호텔 건물은커녕 방 한 칸 없이도 전 세계의 개인 소유 주택은 물론 빌라, 농장 등을 비교적 저렴한 가격에 빌려주는 숙박시설 공유사업으로 확대되었으며, 힐

튼이나 하얏트 같은 기존 거대 호텔체인을 위협하는 규모로 성장했다. 집카는 미국, 캐나다 및 유럽에 걸쳐 자동차 공유사용 서비스를 제공하는 기업으로, 이미 2009년에 1억 3천만 달러의 매출을 기록하고 있다.

또 다른 희망적인 예로는 '조파'(Zopa)라는 온라인 대출 사이트가 있다. 조파는 금융거래 관계에 변혁의 가능성을 기대하게 하는 사례로 관심을 끈다. 조파는 거대 금융산업 대 개인 사이에서 이루어지는 종래의 금융거래와는 달리 개인들의 협력으로 형성되는 금융거래이다. 보증이나 담보 또는 신용도 대신 평판에 근거하여 대출이 이루어진다. 주목할 사실은 온라인상에서 서로 알지 못하는 개인들 간에 대출이 이루어지기 때문에 연체율이 높을 것을 예상되지만 실상은 그 반대라는 것이다. 조파의 대출 연체율은 10퍼센트에 이르는 신용카드 연체율과 비교해 보면 대단히 낮은 연체율이라 할 수 밖에 없는 0.65퍼센트에 불과하다. 이는 개인들 간의 협력에 의한 새로운 금융사업의 가능성을 시사한다.

이와 같은 형태의 기업 활동과 그에 기초한 새로운 협력 경제는 이미 언급한 대로 인간과 인간 사이의 협력을 자연스럽게 습관화한다. 이런 경험들은 사람들 사이의 공동체적 연대를 질적으로 향상시키는 결과를 가져올 것이다. 아울러 과잉소비의 쇠퇴에 따른 자원 절약으로 날로 심각해지는 환경 문제에도 긍정적인 효과를 가져올 것이다. 이러한 가치 경제의 도래는 도덕적 엄숙주의자들이 위로부터 대중을 계몽함으로써 거둔 결과가 아니다. 이 경제는 유비쿼터스에 바탕을 둔 소셜미디어의 출현과 더불어 일반 사용자들이 자발적으로 참여함으로써 이뤄낸 것이다.

3.3 공유경제의 타락

협력적 소비는 초기의 발아기를 벗어나 어느덧 공유경제(sharing economy)라는 아름다운 이름으로 불리며 본격화되는 단계에 진입하고 있다. 하버드대의 요하이 벤클러는 금융위기가 일어나기 전인 2006년 이미 공유경제를 디지털네트워크가 가져올 수 있는 긍정적 미래 경제로 예견한 바 있다.[27] 그는 디지털 공간 안의 분산되고 느슨한 사회적 관계와 그에 기초한 사회적 공유경제가 자율성과 효율성을 증진시킴으로써 전통적 공유경제의 치명적 문제점을 극복할 수 있다고 보았다. 사회주의와 같은 전통적 공유경제도 취지와 동기에서는 윤리적 가치를 인정받을 수 있지만, 결과적으로 개인의 자율성과 경제 운영의 효율성을 저해함으로써 지속가능성을 담보할 수 없었다. 그러나 디지털 네트워크로 연결된 생산과정의 분산화는 개인의 사회관계에서 자율성을 발휘할 여지를 확보해준다. 또 느슨한 사회관계는 재화의 배치나 이동에 있어서 유동성을 제고하고 참여자의 자율성을 증진시킨다. 그럼으로써 대규모 참여자들의 기여와 노력을 역동적으로 변화시켜 경제적 효율성을 달성할 수 있다는 것이다.

이처럼 협력적 소비에서 기대하던 새로운 경제는 벤클러에 의해 '공유경제'로 정식화되었지만, 유감스럽게도 아직 실현되지 않고 있다. 오히려 공유경제는 그 이름이 함의하는 바와는 다른 현상을 낳고 있다. 가장 문제시되는 부분은 공유경제를 실질적으로 실행하고 있는 플랫폼 기업들이 생겨나면서 엄청난 규모의 자본이 순식간에 축적되고 집중되는 현

27 Yochai Benkler, *The Wealth of Networks: How Social Production Transforms Markets and Freedom*, Yale Univ. Press, 2006 참조.

상이 발생하고 있다는 사실이다. 그 대표적인 사례가 자동차공유 플랫폼 기업인 우버(Uber)이다.

우버는 종업원도 설비도 자본투자도 거의 없는 상태에서 막대한 수익을 올리는 데 성공함으로써 공유경제를 실현한 선구적 플랫폼 기업으로 각광을 받고 있다. 우버의 사업 모델은 확실히 제조업을 기반으로 한 기존의 초국적기업과는 전혀 다른 것으로, 기존의 기업활동 패러다임을 혁신하는 새로운 모델이라는 예찬까지 쏟아지고 있다. 그러나 이러한 예찬은 사태에 대한 표면적 관찰에서 나온 것일 뿐이다. 전통적으로 기업 활동이 추구해온 가장 이상적인 상태는 최소의 비용으로 최단기간에 최대 수익을 창출하는 것이었다. 단기간에 폭발적인 자본 증식을 실현한 기업 활동은 우버만이 아니라 이미 근대자본주의 초기부터 있었다.

기술철학자 루이스 멈퍼드는 근대 자본주의 초기에 새롭게 일어난 광업이라는 기업 활동에 대해 다음과 같이 쓰고 있다. "자본 증식의 측면에서 광업은 자본주의의 주요한 추동력이었다. 15세기 상업적 기업들은 안정적으로 현금이 들어오는 선박, 작업장, 갱도, 부두, 기중기 같은 산업에 필수적인 자본재를 공급하는 데 혈안이 되어 있었다. 유럽의 광산은 멕시코와 페루의 광산이 돌아가기 전까지 이런 자본의 공급지였다. 좀바르트(W. Sombart)는 15세기와 16세기 독일의 광산이 당시의 무역 패턴으로 100년간 벌어들여야 할 돈을 단 10년 만에 벌었다고 추정했다. 근대의 가장 큰 부가 석유와 알루미늄에서 나온 것처럼, 16세기 푸거 가문의 황금알을 낳는 거위는 스티리아, 티롤, 스페인의 은과 납 광산이었다."[28]

이러한 관점에서 우버를 보면, 우버는 최소의 자본으로 최대의 자본

28 L. Mumford, *Technics and Civilization*(1934), 문종만 옮김,『기술과 문명』, 책세상, 2013, 125쪽.

증식을 추구해온 근대자본주의가 이상화한 기업 모델을 충실히 따르고 있는 기업에 불과하다. 우버는 다른 새로운 혁신적 가치, 예를 들면 경쟁 대신 협력이나 공유와 같은 가치를 창조한다기보다는 기존의 기업 활동 행태를 최적화된 방식으로 수행하고 있는 것이다. 사실 우버가 주목받는 이유도 따지고 보면 창업한 지 불과 몇 년 만에 천문학적 기업 가치를 갖는 거대 초국적기업으로 등극했다는 데 있다.

관심과 기대를 모았던 집카의 경우도 처음 기대했던 바와는 다른 방향으로 나아가고 있다. 집카는 공유경제로서 기대하던 새로운 가치를 창출하지 못한 채 에이비스(Avis)라는 기존의 글로벌 렌터카 기업에 인수됨으로써 기존의 경제체제에 흡수되고 말았다.

이러한 사례들 때문에 공유경제는 새로운 기회를 열기보다는 기존 경제의 구도 속에 포획됨으로써 오히려 기존 경제가 야기했던 사회적 양극화를 심화시킨다는 비판을 받고 있다. 실로 우버 같은 공유경제 플랫폼 기업의 창업자들은 엄청난 규모의 부를 단시간에 축적하는 데 성공했지만, 그 플랫폼에서 노동과 서비스를 제공하는 사람들은 단순 일용계약직으로 경제적 위상이 추락하여 일시적 노동에 따른 미미한 수입만을 올리고 있을 뿐이다. 공유경제가 오히려 기존의 안정된 일자리를 시간제 일자리와 저임금의 임시직으로 대체하는 결과를 낳고 있는 것이다.

이런 현상은 노동과 관련하여 또 다른 심각한 위험을 낳는다. 플랫폼 기업에서 일거리를 얻는 이들 대부분은 정규직원이 아니요 따라서 단체 노동권도 인정받지 못한다. 이로 인해 공유경제는 오히려 그 이름을 배반하며 초기 자본주의의 폐단을 부활시키는 경제로 퇴행할 위험이 있다. 공유경제라는 용어 자체에 문제를 제기하고 그 용어의 허위성을 폭로하는 사람들이 늘고 있는 것도 이러한 우려 때문이다. 현재 플랫폼 기업을

중심으로 출현한 경제는 공유경제라는 이름으로 위장해서는 안 되며, 사실상 비정규 임시 노동자를 가리키는 프레카리아트(precariat) 경제로 불러야 한다는 비판이 높아지고 있다. '프레카리아트'는 불안을 뜻하는 '프리케리어스'(precarious)와 '프롤레타리아트'(proletariat)의 합성어로, 늘 실직의 불안에 시달리며 일시 노동을 하는 저임금 노동자를 가리킨다.

공유경제는 프레카리아트를 양산한다는 사실 외에도 또 다른 문제점을 가지고 있다. 그것은 개인 대 개인의 거래를 실시간으로 매개하는 플랫폼과 어플리케이션이 우리가 소유한 모든 사적 소유물을 거래로 유인한다는 데 있다. 물론 여기에는 유휴자원의 활용이라는 긍정적 의미도 있다. 그러나 다른 한편으로는 우리 사적 삶의 미세한 부분까지 자본에 나포됨으로써 마지막 사적 자원인 시간과 여유마저 시도 때도 없이 호출되는 저임금 노동 속으로 사라져 갈 위험을 낳고 있는 것이다.

게다가 이렇게 직업의 안정성과 지속성을 파괴하며 우리의 사생활의 미세한 부분까지 시장화하는 플랫폼 프레카리아트 경제는 과거보다 더 악마적인 측면이 있다. 기존의 기업에서는 자본이 어떻게 노동을 관리 통제하며 수익을 창출하는지가 가시화되어 있다. 이를테면 기존 기업에서는 노동 효율의 극대화로 인건비를 절감함으로써 수익을 창출하려는 목적으로 노동자의 작업시간을 관리 감시하는 감독자나 처벌의 주체가 노출되어 있다. 따라서 이렇게 눈에 보이는 관리통제 방식의 수용 여부를 두고 경영진과 노동자가 대립하는 갈등 상황이 필연적으로 발생한다. 하지만 이러한 노사갈등은 노와 사가 협상을 통해 상호간의 입장을 조율하여 각자의 권익과 역할을 보장하는 과정으로 나아가기도 한다. 또한 노동권이나 인권의 심각한 침해가 일어나면 쟁의를 벌일 수도 있고 협의를 통해 타협으로 나아갈 수도 있다.

그러나 현재 운영되고 있는 디지털 플랫폼 기업에서는 이러한 노사 간의 협상과정 자체가 불가능하다. 플랫폼 기업에서는 단체협상 파트너로서의 정규직 고용노동자 자체가 존재하지 않기 때문이다. 존재하는 것은 오직 일용계약직들뿐이며, 또 일용계약직을 관리 통제하는 방식 역시 관리의 인격적 주체 없이 지극히 미세하고 비가시적으로 이루어진다. 그들은 플랫폼의 알고리즘과 계약하고 그 알고리즘에 의해 관리되며 평가받는다. 그 대표적 사례가 역시 우버이다. 우버는 '피플랭크'라는 시스템을 통해 우버 기사들을 관리한다. 이 시스템은 우버 기사의 모든 정보를 알아낸다. 즉 피플랭크는 주행 습관에서 승객에 대한 서비스에 이르기까지 우버 기사의 행동을 실시간으로 추적하여 데이터로 저장한다. 그리고 이런 데이터는 우버의 알고리즘에 계속 반영된다. 우버는 이렇게 우버 기사들의 노동 현장에 보이지 않는 감시자로 스며들어 그들의 노동을 관리 통제하고 있는 것이다. 만일 피플랭크 알고리즘에 저장된 어떤 우버 기사의 행동 데이터를 분석한 결과 우버가 요구하는 노동 규율에 어긋나는 것으로 평가될 경우, 그 기사가 우버와 맺은 개별 계약은 자동 해지되는 것이다.

3.4 다시 희망을

2008년 세계는 디지털 기술과 금융의 결합으로 이뤄진 위험기반 경제가 어떤 위기를 초래하는지에 대해 뼈저린 경험을 얻었다. 그 위기는 쉽게 벗어날 수 있는 것이 아니었지만, 다행스럽게도 바로 그 디지털 기술에서 소셜미디어라는 새로운 발전의 터전을 발견했고, 이로부터 협력적

소비라는 새로운 희망의 싹도 자랄 수 있었다. 하지만 협력적 소비는 공유경제라는 아름다운 이름에도 불구하고 기대와는 다른 방향으로 발전할 조짐을 보이기 시작했다. 기존 경제의 치명적 약점이었던 부의 불평등을 심화할 뿐만 아니라 직업의 안정성 자체를 파괴하고 사람들을 '프레카리아트'라는 저임금 임시노동자로 전락시키면서 우리 삶의 모든 것을 상품화할 위험성을 보여주기 시작한 것이다.

독일의 유명 주간지 『슈피겔』의 기술관련 블로거 자샤 로보 같은 이는 공유경제가 사실상 "플랫폼 자본주의"의 한 전개양상일 뿐이라고 주장한다.[29] 디지털 금융이 초래한 2008년의 경제위기 이후 디지털 경제의 새로운 희망으로 떠올랐던 공유경제는 그것이 기반을 두고 있는 플랫폼의 문제로 인해 공유경제라는 이름마저 박탈당할 처지에 놓이게 된 것이다. 하지만 이러한 절망은 다른 한편으로는 무늬만 공유경제인 현재의 플랫폼 경제를 진정한 공유경제로 다시 설계하려는 노력으로 전환되고 있다. 그런 노력 가운데 하나가 바로 플랫폼 조합주의이다.

플랫폼 조합주의—플랫폼 지배에서 벗어나기

플랫폼 조합주의는 플랫폼이 행사하는 막강한 위력을 부정하지 않는다. 그리고 플랫폼이 이미 경제의 구조를 바꾸고 있다는 점에도 주의를 기울인다. 물론 이러한 변화가 기대와는 달리 사회경제적 모순을 심화시키는 결과를 초래하고 있음은 앞서 살펴본 바와 같다. 그러나 인터넷의 최근 발전과정을 보면, 바로 그 인터넷이 아니었으면 출현하지 못했을 긍정적인 변화도 목격된다. 잘 알려진 바와 같이 위키피디아나 리눅스를

29 Sascha Lobo, "Auf dem Weg in die Dumpinghölle," in *Spiegel Online*, 2014. 9. 3일자 참조.

변형한 데비안(Debian) 프로젝트는 협력, 결정, 책임이라는 요구사항을 제3자의 개입 없이 스스로 수행하는 방향으로 발전하고 있다. 인간들이 지구적 차원에서 협력할 수 있는 가능성을 보여주고 있는 것이다. 또한 벤클러가 전망한 바와 같이, 이러한 협력에 기초한 디지털 공유경제는 전통 공유경제와는 달리 개인의 자율성과 경제적 효율성을 동시에 증진시키는 공유경제로 나아갈 잠재력을 갖고 있다.

그러면 왜 이러한 긍정적 잠재력이 지금까지의 플랫폼 기업에서는 실현되지 않았을까? 그 이유는 플랫폼의 소유형태와 지배구조에 있다. 사실 플랫폼은 그 소유형태에 따라 일하는 양상, 인간들이 연결되는 양상, 그리고 인간으로부터 수집되는 정보의 질과 양에 지배적인 영향을 미친다. 현재의 공유경제가 사실상 기만적인 공유경제로 전락하고 있는 것도 사실은 플랫폼의 소유형태에 문제가 있기 때문이다.

우버나 아마존과 같은 플랫폼 소유 기업은 근로자들에게 일자리를 주선해주는 중개 과정에서 플랫폼에 근로자들을 종속시키는 노동생태계를 전 지구적으로 구축해 간다. 그리고 이를 통해 그들의 근로소득으로부터 전 지구적 범위로 수수료를 편취한다. 우버 같은 플랫폼 기업이 머지않아 천문학적 규모의 수익을 거두리라 기대되는 이유도 여기에 있다. 그럼에도 이 기업들의 정규직 직원은 매출에 비하여 극소수에 지나지 않고 설비도 거의 필요 없는 까닭에 수익 대부분이 창업자와 투자자들에게 전유된다. 이처럼 공유경제는 사회 구성원을 플랫폼을 소유한 소수와 플랫폼에 종속된 다수 프레카리아트로 양극화함으로써 그 성장속도만큼이나 빠르게 사회적 모순을 증폭시킨다.

우버와 같은 플랫폼 기업이 보여주는 공유경제의 문제와 그에 대한 비판은 구글, 페이스북, 아마존과 같은 기업에 있어서도 예외일 수 없다.

비록 이들 기업이 개방 플랫폼을 표방하고 있다고는 해도 사실상 이 개방 플랫폼이 거의 천문학적 시장가치를 자랑하는 기업에 의해 소유, 지배되고 있는 한 우버와 다를 바 없는 것이다. 물론 구글이나 페이스북의 플랫폼은 사용자들에게 무상으로 서비스를 제공하는 듯 보이기도 한다. 그러나 여기에는 사용자들의 존재방식을 교묘하게 변화시키는 전략이 숨어 있다. 사용자는 이들 플랫폼을 사용하는 순간 더 이상 사용자로 존재하는 것이 아니라 플랫폼이라는 기제에 의해 생산되는 상품으로 그 존재방식을 바꿀 수밖에 없다. 즉 사용자의 플랫폼 사용 활동은 사용자들이 관심을 갖는 것, 그들의 생활습관, 취향, 소비행태, 사회적 태도, 나아가 교우관계까지 사용자의 거의 모든 행위를 데이터로 생산하는 과정이기도 하다. 그리고 이 데이터들은 다시 플랫폼 사용자들이 소유하기를 원하는 상품으로 가공되어 사용자의 소비를 유도한다. 결국 구글과 같은 플랫폼 기업이 제공하는 각종 무상 서비스는 자선활동이 아니다. 오히려 플랫폼의 사용자들은 그 사용 행위를 통해 구글 같은 플랫폼 기업에게 일종의 데이터를 생산하는 노동을 해주고 있는 셈이다. 이렇게 위장된 노동은 더구나 무상으로 제공되고 있다.

이 문제를 좀 더 천착해보자. 디지털 세계와의 접속은 대개 HTML로 기술된 하이퍼텍스트를 받아 화면에 보여주는 웹브라우저를 통해 이루어진다. 웹브라우저 역시 하나의 프로그램인데, 우리는 이 프로그램을 컴퓨터에 설치해야만 인터넷 공간으로 진입할 수 있다. 이러한 의미에서 웹브라우저는 디지털 세계의 관문이다. 문제는 이 관문이 탈영토화되어 있는 공간인 디지털 세계로 진입하는 데 사실상의 제한을 가한다는 사실이다. 관문을 장악하는 것은 결국 디지털 세계를 장악하는 것이고, 플

랫폼 기업들 간에 웹브라우저를 독점하려는 전쟁이 치열하게 벌어지는 것도 이 때문이다.[30]

이 전쟁에서 아직까지 우위를 점하고 있는 것은 익스플로러이다. 과거에 비해 점유율이 줄어든 것은 사실이지만 익스플로러는 여전히 다른 웹브라우저들보다 높은 점유율을 유지하고 있으며, 이러한 경향은 특히 우리나라에서 두드러지게 나타나고 있다.

디지털 세계는 물리적 공간과 다르기 때문에 물리적 공간을 나누는 것과 같은 방식으로 디지털 세계를 구획하거나 차지할 수는 없다. 그러나 디지털 세계를 간접적으로 장악할 수 있는 가능성조차 없는 것은 아니다. 디지털 세계 자체가 아니라 디지털 세계로 연결되는 통로를 장악함으로써 디지털 세계를 지배할 수 있는 것이다. 마이크로소프트사의 웹브라우저인 익스플로러는 바로 이러한 영토적 전략 속에서 그 영향력을 지금까지 견지하고 있다. 이러한 관점에서 보면 디지털 세계는 여전히 영토성을 갖는 세계이다. 그리고 이러한 영토적 지배는 물리적 지배로 이어지고 있으며, 이 전략은 또한 다른 플랫폼 기업에서도 그대로 이어지고 있다.

베스트셀러 『구글드』(*Googled*)를 펴낸 칼럼니스트 켄 올레타는 '서울디지털포럼 2010'에 참석하여 이렇게 말한 바 있다. "구글이 나온 뒤 기존에 일하던 방식과 성공방식이 근본적으로 달라졌다는 의미에서 '우리가

30 웹브라우저를 두고 벌어진 최초의 전쟁은 넷스케이프사의 브라우저 '넷스케이프'와 마이크로소프트사의 '익스플로러' 간에 벌어진 전쟁이었다. 90년대 말 이 전쟁에서 익스플로러가 승리함에 따라 MS사는 이후 10년 간 웹브라우저 시장을 거의 독점하게 된다. 2000년대 들어 MS 사의 독점에 대항하는 웹브라우저들이 앞 다퉈 등장하는데, 모질라사의 '파이어폭스'와 '게코', 애플의 '사파리', 구글의 '크롬', 오페라소프트웨어의 '오페라' 등이 현재도 익스플로러와 전쟁을 벌이고 있다.

알던 세상의 종말'이라고 본다. 하지만 모든 곳을 자유로이 항해하고자 하는 구글에 있어 최대 위협은 애플이나 사회관계망 서비스인 페이스북처럼 이용자를 자신만의 세계에 묶어두려는 서비스가 커나간다는 사실이다."[31]

켄 올레타의 발언은, 디지털 세계가 허용하는 한계 없는 자유의 이면에는 구속과 지배의 기제가 서비스라는 위장된 방식으로 여전히 작동하고 있다는 얘기다. 그리고 이러한 문제는 최근 일고 있는 스마트폰의 닫힌 소프트웨어 논란과 연장선상에 놓여 있다. 닫힌 소프트웨어 논란은 애플, 구글 그리고 MS 등이 각기 다른 운영체제를 탑재함으로써 사용자들의 선택권을 제한한 것을 말한다. 이런 제한은 MS사가 익스플로러를 윈도에 기본 탑재하여 이용자의 선택권을 제한하는 정책을 세웠을 때부터 늘 제기되어 오던 문제이다. 그럼에도 동일한 문제가 반복되는 것은, 스마트폰의 닫힌 소프트웨어 논란이 이전의 익스플로러 때와 마찬가지로 여전히 영토성의 문제를 재생산하고 있기 때문이라고 할 수 있다.

물론 서로 다른 기기에 서로 다른 운영체제(OS)를 장착하는 것이 무슨 문제냐고 반박할 수도 있다. 그러나 디지털 미디어를 통해서만 우리가 네트워크상의 소통과 상호작용에 진입할 수 있고 디지털 세계의 현실을 체험할 수 있다는 사실을 고려하면 문제는 심각해진다. 이러한 진입과 체험이 서로 다른 OS에 대한 제한적 선택에 따라 이루어지는 한, 이것을 사용하는 행위자와 그 행위자들 간의 관계 방식도 선택된 운영체제의 통제를 따르지 않을 수 없기 때문이다. 캔자스대의 낸시 베임은 이렇게 말한다. "서로 다른 기술적 플랫폼들은 그 스스로에게 각기 다르게 형성

31 Ken Auletta, http://www.hani.co.kr/arti/economy/it/420495.html

된 부류의 집단들을 낳고, 디지털 지원들 상의 차이들은 집단행동 상의 차이들로 연결된다."[32]

베임이 지적하는 것처럼, 플랫폼 기업들은 디지털 세계의 진입로인 디지털 기기들의 운영체제를 독점하는 플랫폼 기술을 개발함으로써 이 플랫폼을 통하지 않으면 접근할 수 없는 폐쇄된 디지털 영토를 구축하고 그 영토를 시장화한다. 또한 그들은 사용자들을 '접속'이라는 방식으로 나포하고, 사용자들의 온라인 활동을 '플랫폼'으로 포박하여 화폐화한다. 이런 행태는 얼핏 보기에 봉건적 경제 권력의 작동 방식과 유사하다. 그러나 공간적 규모와 심도, 그리고 지배 방식에서는 중세의 봉건적 경제 권력과 비교가 되지 않는다.

전 세계에 퍼져 있는 사용자들은 극도로 짧은 매 순간마다 자신의 삶을 플랫폼에 로그인함으로써 스스로 감시망에 걸려든다. 플랫폼은 심지어 독과점의 방식으로 사용자들의 자유로운 상호작용과 공유 활동을 제한하는가 하면, 나아가서는 사용자들이 그 플랫폼에서 얻는 콘텐츠와 그로부터 발생하는 경험을 조작하기도 한다. 따라서 사용자들은 스스로를 사용자로 여기며 플랫폼을 사용하는 주권자의 위치에 있는 듯 오인하지만, 사실은 자신들의 사용 활동을 통해 플랫폼 기업에 데이터라는 원자재로 공급되고 있는 것이다.

이런 사용자들에 대해 플랫폼 기업이 하는 일은 그들을 적절한 시장 가치를 갖는 상품으로 가공해내는 것이다. 즉 플랫폼에서 작동하는 딥러닝 인공지능들은 사용자의 사용 활동으로부터 그들의 기호, 취향, 라이프스타일을 패턴으로 파악하여 사용자의 소비 욕망을 자극하는 광고로

32 Nancy K. Baym, *Personal Connections in the Digital Age*, Polity Press, 2010, 74쪽.

다시 제공한다. 이 광고들을 접하는 순간 사용자는 마치 아바타와 같은 수동적 소비자로 존재양식이 탈바꿈된지도 모른 채 온라인 주문 버튼을 누른다. 봉건 경제에서 농노의 존재방식은 농업 생산을 담당하는 역할에 머물렀고, 노동의 착취 방식 역시 노출되어 있었다. 반면 플랫폼 기업에서는 사용자의 사용 활동이 원자재로 제공되어 상품으로 가공되며, 동시에 소비자로서 유도되고 있다는 사실이 사용자에게 숨겨져 있다.

나아가 플랫폼 기업들이 보여주고 있는 경제 활동은 중세의 그것과는 비교가 불가능할 정도로 집중화된 봉건적 지배양식을 띠고 있다. 디지털 공간은 누구에게나 열려 있는 전 지구적 공간이지만 소수의 플랫폼 기업들은 자신의 플랫폼을 통해 그 공간을 기업의 소유로 영토화하고 초제국적 지배력을 행사한다. MS 사는 윈도라는 운영체제를 통해 PC에 연결된 디지털 공간을 지배하는 초제국적 플랫폼 기업이다. 구글은 검색 플랫폼으로 디지털 공간을 지배하는 초제국적 기업이며, 최근에는 안드로이드 운영체제를 통해 모바일 접근로를 장악함으로써 디지털 공간에 지배적 영역을 구축하고 있다. 페이스북은 사회적 관계를 매개하는 플랫폼을 구축하여 디지털 공간에 초제국적 지배 영토를 확보하고 있다. 아마존은 생산자-소비자 간의 직구 소매시장을 디지털 공간에 구축하여 역시 초제국적 지배 영토를 확보하였다.

이 기업들은 디지털 공간과 그 공간에 연동된 현실 공간에 대한 지배력을 통해, 사실상 거의 디지털 공간으로 위상 변환된 세계시장에 독과점적 지배력을 행사하게 된 기업이라 할 수 있다. 그리고 이러한 초제국적 지배력은 이들 기업의 지배구조상 창업자와 투자자들의 부를 극대화하는 데만 매몰되어 있는 것도 사실이다. 결국 문제의 해결은 플랫폼의 지배구조를 민주화하고 플랫폼의 소유형태를 사용자의 소유로 전환하

는 데 있다. 플랫폼을 현재와 같은 기업 형태가 아니라 플랫폼 사용자들의 소유로 혁신하는 것이 불가피하다.

이를 위해서는 두 가지 방식이 있다. 하나는 플랫폼의 지배구조를 공공화하는 것이다. 예컨대, 지방자치단체가 플랫폼의 사용자인 주민들을 위해 적극적으로 플랫폼을 구축하고 운영하는 것이다. 지방자치단체가 플랫폼을 소유, 운영하는 경우 공공성의 증대를 통해서 사용자의 권익을 향상시킬 수 있다. 지방자치단체 소유 플랫폼은 그 수익이 지역경제로 재순환되어 지역경제를 활성화시킬 뿐만 아니라 자치단체의 재정에도 도움을 줄 것이다. 이렇게 플랫폼을 공공화하려는 시도 가운데 하나가 '무니비앤비'(Munibnb) 방식이다. 무니비앤비는 각 지방자치단체들이 협력하여 단기 주택임대를 위한 플랫폼을 개발하는 사업이다. 지방자치단체들은 행정적 권한을 동원하여 에어비앤비와 같은 사기업형 플랫폼 임대사업을 규제하고 영업이익을 플랫폼 사용자인 주민의 공공이익을 위해 사용한다. 또 '올비앤비'(Allbnb) 방식도 가능하다. 올비앤비는 자치단체 소유의 플랫폼 사업에서 발생하는 이익을 모든 주민에게 분배하는 방식이다.

다른 하나는 플랫폼의 지배구조를 사용자 공유를 통해 직접 조합화하는 것이다. 이렇게 플랫폼이 조합의 소유형태로 운영되어 사실상 사용자에 의해 공유되면, 사용자가 곧 운영자가 됨으로써 사용자의 입장을 적절히 반영할 수 있는 시스템 디자인이 가능하다. 물론 이때에도 근로자가 도덕적 해이에 빠질 위험을 관리하고 근로 윤리를 향상시키기 위한 관리감독 시스템은 필요할 것이다.

현재 디지털 공간에서는 플랫폼 조합주의로 가기 위한 여러 가지 법률적, 기술적 혁신이 다각도로 일어나고 있는 중이다. 조합주의는 공동

의 경제적, 사회적, 문화적 필요성과 이상을 구현하기 위해 결성된 자율적 조직체로서 공동 소유와 민주적 운영방식, 그리고 자발적 봉사, 자율적 책임의식, 평등, 연대, 공평성 등의 가치에 근거한다. 물론 플랫폼 경제에 조합주의를 도입하려는 혁신적 시도는 아직 발아 단계에 불과하지만 미래에 대한 훌륭한 전망을 제시한다. 플랫폼 조합주의를 통해 우리는 디지털 공간의 시장 종속성을 극복하고 그 공유성을 더욱 증진시킬 미래를 꿈꿔볼 만하다.

블록체인의 꿈

그러나 플랫폼 조합주의에 대한 기대에도 불구하고 디지털의 공유성을 지속가능한 사회적 자산으로 유지하는 데는 상당한 어려움이 있는 게 사실이다. 조합주의의 실현을 가로막는 중요한 장애는 아이러니컬하게도 조합주의의 근간에 자리 잡고 있다. 그것은 바로 평등한 공유이다.

평등한 공유의 문제점은 소유권이 참여자 모두에게 균등하게 분산되어 있다는 데서 나온다. 이럴 경우 소유권이 중앙집중화되어 있는 경우처럼 조직을 집중 관리할 수 없고 따라서 책임 있는 운영이 이루어지지 않는다. 물론 조합원이나 공유 참여자 모두가 운영에 참여할 수 있다면 이런 문제점은 쉽게 해소될 것이다. 그러나 공유 참여자의 규모가 커지면 커질수록 소유의 분산 범위는 확대되고 참여자의 숫자도 증가하여, 참여자 모두가 운영과 합의 과정에 직접적으로 참여하기란 현실적으로 불가능해진다. 이러한 문제 때문에 공유의 규모가 커지면 커질수록 집중 전담 관리자에게 운영을 위탁할 수밖에 없다. 그런데 집중 전담 관리자를 임명할 경우, 관리자에 대한 견제 및 감독 역시 조합의 본질적 구조상 전 조합원으로 분산 산란된다. 관리자는 이러한 감독 소홀의 기회를 활

용하여 운영을 불투명하게 하고 사적 이익을 추구할 위험이 있다. 이러한 위험은 결국 조합 운영의 신뢰성 문제로까지 비화하여 공유에 기초한 조합의 지속가능성을 해치게 된다.

그러나 이런 문제를 해결할 수 있는 새로운 세대의 혁신적 기술이 출현하고 있다. 그 기술은 다름 아닌 블록체인 원부(ledger)이다. '블록체인'은 한때 기존의 화폐 개념에 일대 충격을 가져온 '비트코인'의 핵심 기반이기도 하다.

블록체인은 기본적으로 P2P 거래시스템에 참여하고 있는 모든 노드들 간의 거래(transaction) 정보와 히스토리를 담고 있는 기록원부(Ledger)를 말하는 것으로서, 일종의 데이터베이스이다. 그러나 기존의 데이터베이스와의 결정적 차이점은 그 DB가 중앙의 서버에 저장되는 것이 아니라 P2P 시스템에 참여하고 있는 모든 노드들에 분산 저장된다는 점이다. LG CNS는 블록체인의 원리를 다음과 같이 설명한다.

1. 거래(Transaction) 단계: A라는 소유자가 B라는 사람과 일정 액수의 금액을 거래하는 단계.

2. 암호화(Block) 단계 : 이 거래와 관련된 내용들은 블록 하나에 저장되는데, 이때 블록은 암호화 처리가 되어 쉽게 풀어낼 수 없다.

3. 상호연결(Chaining) 단계: 블록들이 순서대로 서로 묶인다. 거래들이 모여서 블록 A를 생성하는데, 이 블록들은 순서에 따라 이전 블록 B, C와 연결되어 하나의 거대한 관리대장이 된다.

4. 분산저장(Propagation) 단계: 이렇게 서로 사슬처럼 연결되어 있는 블록들은 하나의 중앙 컴퓨터에 저장되는 것이 아니라, 거래에 참여한 여러 대의 컴퓨터들이 각자 장부의 일부를 가짐으로써 전체 장부를 공유

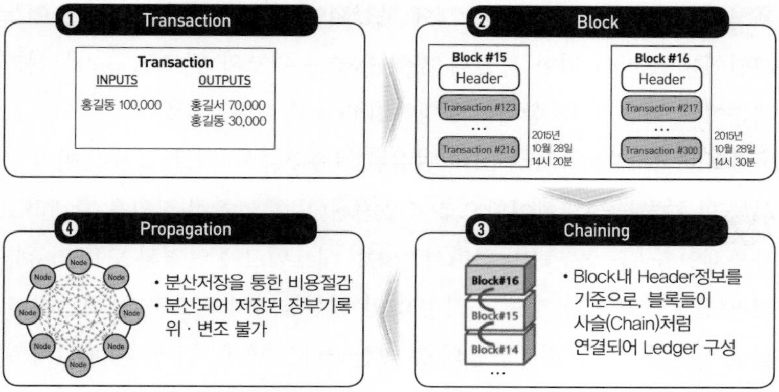

블록체인의 원리

하는 방식으로 저장된다.[33]

블록체인은 기존의 화폐 거래와 그 관리 방식에 거의 혁명적인 변화를 일으키고 있다고 해도 지나치지 않다.

우선 블록체인은 탁월한 신뢰성을 발휘한다. 블록체인은 모든 거래에 대한 최종 인증이 중앙집중적 관리시스템에 의해서가 아니라, P2P 시스템에 참여하고 있는 노드들 가운데 일정 숫자 이상의 노드가 합의(consensus)를 하면 자동으로 이루어지도록 만든 합의 시스템이다. 달리 표현하면 블록체인은 모든 거래의 궤적을 추적 보존하는 온라인 원부가 광범위하게 분산된 동료 네트워크에 의해 영구적으로 유지 관리됨으로써 작동하는 시스템이다. 이러한 방식은 우선 중앙화된 위치에 데이터를 저장하는 것보다 거래의 보안성을 훨씬 높여준다. 왜냐하면 비트코인의 경

33 이 내용은 LG CNS 블로그에 실린 블록체인에 대한 보고문을 일부 수정 인용한 것이다. 백찬혁, "LG CNS 블록체인 전문가를 만나다." http://blog.lgcns.com/979

우처럼 네트워크의 무수한 노드에 분산되어 있는 데이터는 사실상 어느 개인이나 조직에 의한 특권적 지배는 물론 위조와 변조도 불가능하기 때문이다. 이를 좀 더 상세히 설명하면 다음과 같다.

블록체인은 P2P 네트워크에 연결된 컴퓨터들이 '채굴'(mining)이라 불리는 암호화 작업에 참여함으로써 유지된다. 이 암호화 작업을 방해하고 블록체인을 위·변조하기 위해서는 P2P 네트워크에 연결된 모든 컴퓨터의 연산능력을 합한 것보다 더 뛰어난 연산능력이 필요하다. 예컨대 비트코인에 참여하는 컴퓨터들의 총 연산능력은 세계 1위에서 500위에 랭크된 슈퍼컴퓨터의 연산능력을 합한 것보다 크다고 알려져 있다. 사실상 위변조가 불가능한 것이다. 블록체인은 해킹이 불가능한 DB라는 점에서 금융권도 주목하고 있다.

이러한 탁월한 보안성과 함께 블록체인이 갖는 혁신성은 블록체인 플랫폼을 통해 제3자의 개입이 없이 참여자 상호간의 관계 형성이 가능하다는 점이다. 거래 관계의 성립에는 거래 참여자들 각각의 신용과 거래 대상의 진본 인증이 결정적이다. 그런 까닭에 이들의 신용을 보장하고 인증을 담당하는 기관의 개입은 지금까지 불가피한 것이었다. 그리고 그 기관은 거래를 성립하게 하는 각종 유료 서비스를 제공하면서 수익을 창출해왔다. 예를 들어 보자.

거래가 이루어질 때는 지불 행위가 따른다. 물물교환과 같은 거래의 경우를 제외하고 현대 경제에서 지불은 직접적으로 이루어지지 않고 지불을 보증 대행하는 제3자를 통해 이루어진다. 대표적인 예가 신용카드이다. 신용카드사는 고객 및 상점과 각각 계약을 맺고 고객이 현금 지불 없이 상품 구매를 할 때 그 결재를 거래 쌍방 간에 보증해줌으로써 보증 수수료와 거래에 수반되는 리스크 관리 수수료를 받는다. 그러나 블록

체인은 신용카드 회사와 같은 제3자의 보증 없이 구매자와 판매자 간에 (peer-to-peer) 직접 결제를 하는 방식이다. 이렇게 제3자의 개입이 필요 없게 되면 거래 비용이 거의 제로에 가까워진다. 그리하여 기존의 지불 보증 서비스에 비해 매우 저렴한, 다양한 형태의 비트코인 기반 지불서비스(예를 들어 Bitpay)가 가능하다.

그런데 거래 비용의 감소보다 더 중요한 블록체인의 기능은, 그것이 탈중앙적 협력 조직을 구축하는 데 결정적 기반이 될 수 있다는 것이다. 참여자들 간의 거래가 이루어지기 위해 반드시 거쳐야 하는 중앙의 매개 시스템이 더 이상 블록체인에서는 필요하지 않기 때문이다. 블록체인의 이러한 장점은 공유를 바탕으로 한 협력 조직인 조합주의의 취약점을 극복할 수 있는 가능성을 열어준다.

조합 운영에 블록체인을 도입할 경우, 중앙집중화된 제3자의 개입이 불필요해지기 때문에 조합원들에 의한 직접 운영이 가능하다. 여전히 직접 운영이 어렵다고 할지라도 위탁운영자의 운영 행태를 투명하게 관리 감독할 수 있는 조건을 확보할 수 있다. 이미 언급한 바와 같이 블록체인은 모든 거래의 궤적을 추적 보존하는 온라인 원부가 광범위하게 분산된 동료 네트워크에 의해 영원한 기록처럼 유지 관리되는 방식으로 작동한다. 이를 조합 운영에 적용하면 조합 운영진의 모든 행태와 그들이 수행한 일련의 모든 상호작용 및 거래가 추적 보존되고 이 저장된 내용들이 모든 사용자의 컴퓨터에 저장되어 투명하게 공개된다. 게다가 조합원들이 의사결정을 해야 할 사안이 발생하여 투표가 필요할 경우, 위변조의 위험 없이 즉각적인 투표에 의한 합의 도출이 가능하다.

디지털 기술은 아무리 그것이 여러 문제를 안고 있다 해도 현존하는 기술 중에서는 인간과 인간의 협력을 기술적으로 증진시킬 수 있는 잠

재력을 가장 크게 지닌 기술이다. 특히 블록체인은 인간들에게 중앙집권적 시스템의 개입 없이 탈집중적으로 상호간의 신뢰를 구축하며 협력할 수 있는 기반을 가져다줄 기술로 주목을 모으고 있다. 블록체인에 의해 유연하게 탈중앙화된 조직은 현재 중앙집권적 위계적 구조를 대체하여 공유재에 기반한 공동체가 신뢰성과 투명성을 가지고 효율적으로 작동할 수 있게 해줄 것이다. 다시 말해서 블록체인은 기존의 하향적 의사결정 구조에 의존하지 않고도 사용자의 평등한 참여 아래 공동체의 집단지성을 활성화함으로써 중앙의 개입 없이 책임성을 확보하고 그 성취를 평가할 수 있는 가능성을 열어준다.

이미 2008년 금융위기에서 경험한 바와 같이 제3자의 관리감독은 거기에 아무리 사회적 권위를 부여한다 해도 늘 심각한 문제를 일으킬 소지를 안고 있다. 왜냐하면 감독의 역할을 맡은 그 감독자를 감독할 방법이 없기 때문이다. 중앙집권적 지배는 관리감독과 집행의 효율성을 명분으로 내세우지만 언제나 부패의 위험을 안고 있는 게 사실이다. 이와 달리 블록체인에서는 참여자가 동시에 운영자의 역할을 맡는다. 이것이 가능한 것은 블록체인 알고리즘이 참여자들 사이의 상호작용을 책임과 감독이 동시에 수행되는 형태의 상호작용으로 매개하기 때문이다.

그러나 현재의 블록체인은 아직 풀어야 할 숙제를 안고 있다. 블록체인의 개념과 기술을 가장 먼저 실용화한 비트코인은 유감스럽게도 시장수익의 확보라는 목적성에서 자유롭지 못해 투기의 대상으로 전락하고 있고, 블록체인 기술에 잠재되어 있는 사회적 기술로서의 발전가능성마저 훼손되고 있다. 따라서 우리는 블록체인 기술에서 이러한 투기성을 제거하고 협력적 창의성을 증진시킴으로써 사회적 자본의 확충을 구현하는 기술로 조심스럽게 발전시킬 필요가 있다.

Ⅳ장

협력과 융화의 과학기술을 위하여

위기에 처한 과학기술 / 1

우리는 앞 장에서 디지털 기술에 의해 출현한 디지털 경제가 어떤 희망과 절망의 굴곡을 겪었는지 살펴보았다. 그리고 다시 희망적인 미래를 기대하기 위해서는 블록체인 기술을 플랫폼 조합주의의 기반 기술로 발전시킴으로써 이 기술의 사회적 가치를 증진시켜야 한다는 결론에 도달하였다. 그러나 이러한 방향 설정이 블록체인 기술에만 해당하는 것은 아니다. 미래에 대한 희망을 다시 찾기 위해서는 과학기술 전반이 지금까지 지켜왔던 개념적 전제와 그로부터 설정했던 방향들을 다시 검토하고 반성할 필요가 있다. 그 개념은 무엇일까? 오늘의 세계를 가능케 한 근대적 과학기술 개념의 핵심으로는 이른바 가치중립성을 먼저 꼽을 수 있다. 우리는 여기서부터 문제의 원인을 짚고 새로운 방향을 모색할 수 있을 것이다.

1.1 두 번의 위기

근대 이후 과학기술 발전의 역사는 위대한 성취의 역사였다. 과학기술

이 인류에게 전 지구적 범위의 문명과 경제적 번영을 선사했으며, 오늘날 인간 실존의 가장 중요한 조건이 되었음은 부인할 수 없다. 그러나 최근 우리는 과학기술의 성취를 비판적으로 볼 수밖에 없도록 하는 거대한 사건을 경험했다. 그것은 금융위기와 일본의 후쿠시마 원전 사태이다. 두 사건은 국지적으로 시작되었지만 전 지구적인 규모의 결과를 가져왔으며, 또 파장이 언제 끝날지 모른다는 점에서 어쩌면 세계사적 위기를 암시하는 것인지도 모르겠다.

2008년 갑자기 전 세계를 강타한 금융위기의 발생 원인에 대해서는 다양한 경제학적 진단이 나와 있다. 이 위기가 첨단 금융공학에서 비롯된 가상의 파생 경제가 내파를 일으킨 결과라는 점에는 반론이 없을 것이다. 그러나 이런 결과가 열역학, 브라운 운동, 컴퓨터 시뮬레이션, 복잡계 이론 등 최신 과학기술 이론에 기반하고 있는 금융공학으로 인해 일어났다는 점에서는 과학기술에 대해서도 책임을 완전히 면제하기 어렵다. 또한 2011년 일본 동해에서 일어난 쓰나미는 자연재해가 어떻게 후쿠시마 원전 사고라는 과학기술의 재앙으로 증폭되는지를 충격적으로 확인시켜 주었다. 인류의 번영을 가능하게 한 과학기술이 인간은 물론 생명 자체를 존폐의 위기로 몰고 갈 수도 있음을 깊게 반성토록 했던 것이다. 물론 학계에서는 이미 오래 전부터 과학기술에 관한 도구주의적 논의, '구성주의'라 불리는 과학기술의 사회문화적 결정론, 과학기술과 사회문화의 공진화 이론 등 과학기술의 본질에 대한 다양한 논의들이 경합하고 있다. 그러나 최근 사태는 과학기술이 어떤 식으로든 사회문화의 존립에 개입하고 있으며 개입의 결과가 반드시 경제적 번영으로 나타나지는 않는다는 것을 인간의 실존 문제에 관련된 증거들을 통해서 보여주고 있다.

한국에서도 상황은 마찬가지이다. 그간 우리나라는 경제성장의 동력이라는 과학기술의 도구적 가치에만 집착하여 과학기술의 급속한 발전을 지상 목표로 하는 정책으로 일관하여 왔다. 그런 가운데 경제성장의 동력이라는 도구적 측면 이외의 가치는 과학기술에서 소외되거나 심지어 배척되는 상황까지 벌어지고 있다. 이는 2008년부터 천문학적 예산이 투입되어 시행되고 있는 WCU[1] 사업에서도 목격된다. 사업 시행계획서를 보면 지원 분야는 "국가 발전을 견인할 수 있는 신 성장동력 창출 분야"로 명시되어 있고 신 성장동력 분야는 "창의적 지식과 혁신적 기술을 개발할 수 있는 분야로서 미래 우리나라의 부가가치를 향상시킬 수 있는 분야"로 정의되어 있다.

물론 과학기술 후진국이었던 한국이 오로지 과학기술 발전을 하나의 정책적 목표로 추진함으로써 속도와 효율 면에서 빠르게 선진국을 추격할 수 있었던 것도 사실이다. 그러나 앞에서 언급했듯이 최근 벌어진 사태들은 경제성장 일변도로 추진된 기존의 과학기술 발전 정책에 대하여 지속가능성을 묻지 않을 수 없게 하고 있다.

이러한 상황은 과학기술의 정체성, 역할, 의미를 재정립할 것을 요구한다. 과학기술은 이제 더 이상 독자적으로 발전할 수 있는 중립지대가 아니라, 정치, 사회문화 및 자연과의 관계에서 자신의 정체성과 역할을 찾아야 한다.

1 World Class University, 즉 세계 수준의 연구중심대학 육성사업의 약칭으로, 2008년부터 32개 대학 130개 사업단이 선정되어 사업을 추진하고 있다.

1.2 어디로 갈 것인가

과학기술은 태생적으로 자신의 존재방식에 대한 사회적·문화적 성찰을 할 수 없는 인식론적, 존재론적 한계를 가지고 있다. 근대 이래로 과학과 그 실용적 응용인 기술은 연구 대상과 학문 영역에서 가치 판단과 사회적 연관성을 방법론적으로 완벽하게 제거하였다. 이를 통해 과학기술은 소위 '인식의 객관성'이라는 학문적 성취를 이룬 것처럼 보인다. 그러나 이러한 제거를 통해 획득한 객관성이란 후설이나 아도르노가 이미 밝힌 바와 같이 인과론, 계산주의, 유물론이라는 특정 관점에서 실행되는 도구적 이성이었을 뿐이다. 그리고 이 도구적 이성은 가치와 의미 그리고 사회적 문제에 대한 비판적 성찰의 퇴화라는 인식론적 리스크를 피할 수 없었다. 나아가 이 인식론적 리스크는 과학기술로부터 몰가치적 권력과 체제에 대한 성찰적 저항력을 빼앗는 사회윤리적 리스크로 전화되기도 하였다. 과학기술은 언제나 객관성과 가치중립성을 표방해왔지만 객관적 정당성을 갖지 못한 권력에 의해 실로 너무나 쉽게 도구화된 역사를 갖고 있다.

그러나 이런 일들은 지나간 과거가 아니다. 시장의 지배력이 엄청나게 강화된 오늘날 과학기술은 시장이 야기하는 사회적·문화적 역기능에 오히려 능동적으로 이용당하는 취약성을 노출하고 있다. 이 점은 앞에서 언급한 두 사건에서 이미 목격한 것이기도 하다. 여기서 과학적 지식의 생산과정을 추적하기 위하여 장기간 실험실에 체류하며 구체적인 인류학적 연구를 수행한 브뤼노 라투르(Bruno Latour)의 입장에 주목할 필요가 있다. 그에 따르면 과학이 가치중립성을 견지하여 어떤 가치에도 경도되지 않은 객관적 사실을 발견한다는 것은 허구이다. 오히려 과학적

지식은 실험실에 동원되는 연구자, 실험도구, 실험재료, 기입장치, 확산 유포기제들의 연결을 통해 '제조'되는 생산품이다.[2] 그러나 라투르의 설명에 동의하면서도, 오늘날 이렇게 제조되는 과학기술 지식은 단순한 생산품으로만 볼 수 없는 부분이 있다. 즉 그것은 시장에서 소비되는 생산품의 결정적인 부가가치로서 생산되는 것이기도 하다. 때문에 과학적 탐구는 사실상 시장으로부터 막대한 연구비 지원을 얻을 수 있는 연구 영역을 우선 설정하는 것에서부터 상품으로서 최종 소비되는 단계까지 지속적으로 자본의 추구와 유착되어 있음을 고발하지 않을 수 없다. 그 적나라한 사례가 바로 금융공학과 핵물리학이다.

장 보드리야르가 명쾌하게 보여주었듯이 현대 시장경제는 끊임없는 과잉소비(hyper-consumption)를 통해 작동하며, 이는 무엇보다 에너지 과소비를 촉진하는 역기능을 야기한다. 그런데 과학기술은 원자력을 에너지화하여 과소비 경제의 동력으로 제공함으로써 이 역기능을 증강시키고 있으며, 그럼으로써 울리히 벡이 지적한 바와 같이 사회 전체를 '위험사회'로 변이시키고 있다. 이러한 변이는 결국 후쿠시마 원전 폭발로 그 진상을 드러내고 말았다. 게다가 더 공포스러운 것은 그 파장의 끝이 어디인지 모른다는 점이다. 다른 한편으로 과잉소비에 기초한 시장경제는 가상 금융경제로 진화하여, 금융자본에게 파생상품을 수단으로 한 무절제한 탐욕을 허용함으로써 사회를 양극화하는 기현상으로 치달았다. 이 과정에서 과학기술은 스스로를 금융공학화하여 시장에 제공함으로써 이 기현상을 증폭시키는 데 결정적인 역할을 담당하였다. 이런 기현상이 결국 금융위기로 폭발한 것은 앞서 말한 바와 같다. 이런 과정을 거치며

2 Anders Blok, Torben E. Jensen, *Bruno Latour: Hybrid Thoughts in a Hybrid World*, Routledge, 2011; 황장진 역, 『처음 읽는 브뤼노 라투르』, 사월의책, 2017, 71-91쪽 참조.

한층 심화된 사회적 양극화는 '점령하라'(Occupy) 시위에서 보듯이 세계 곳곳에서 충돌 양상을 띠며 사회적 위기로 악화되고 있다.

이러한 사태들을 겪으면서 우리는 그 책임의 일단이 과학기술의 맹목성과 무비판적 응용에 있음을 깊이 인식하게 되었다. 그렇다면 과학기술은 앞으로 어떤 방향으로 진로를 수정해야 할까?

과학기술의 발전 방향을 유도하는 데 가장 중요한 역할을 하는 것은 국가의 정책이다. 아무리 시장의 힘이 국가를 넘어섰다고 해도 국가는 여전히 시장을 하부 기능으로 가지고 있는 상위 차원의 포괄적 구성체이기 때문이다. 현대 국가는 완전한 자유방임 국가가 아닌 한 시장의 순기능과 역기능을 동시에 조절하면서 시민의 삶과 사회문화의 질을 향상시켜야 할 과제를 안고 있다. 따라서 국가의 과학기술 발전정책은 과학기술을 인문적 가치 및 사회의식과는 무관한 연구와 개발의 고립된 영역 안에서 보호하는 방식이어서는 안 된다. 그러한 고립으로 얻을 수 있는 것은 과학의 객관성이 아니라 오히려 제거를 통해 잔존하는 편벽성뿐이기 때문이다. 또 그것은 가치중립성이라기보다 가치판단의 무능력에 불과한 것이다. 국가는 과학기술에서 시장의 역기능을 치유할 수 있는 능력을 찾아내고 그러한 발전 방향을 마련해 주어야 한다. 국가와 시장의 역할은 바로 이 점에서 뚜렷이 구분된다.

부가가치 극대화를 목표로 한 과학기술의 발전 전략은 이미 시장이 맡아왔고 앞으로도 맡을 것이다. 반면 국가는 시장이 할 수 없는 일을 해야 한다. 국가가 발전시켜야 할 과학기술은 '시장과 소비자'를 위한 과학기술이 아니라 '인간과 사회문화'를 위한 과학기술이 되어야 한다. 시장 논리에 포박된 과학기술의 한계를 벗어나도록 국가가 지원해야 한다는 것이다. 이때 중요한 역할을 하는 것이 가치지향적 성찰과 비판 의식

을 학문적 생명력으로 하는 인문학과의 협력이다. 이 협력을 통해 과학기술은 사회와 문화를 구성하는 인간들 간의 융화를 증진하는 과학기술로 거듭날 수 있다. 사회 및 문화적 융화를 지향하는 과학기술은 물질 일변도의 경제성장이 아니라 문화의 질적 발전을 배려하는 성장에 기여할 것이고, 압축적인 고성장보다는 지속가능한 녹색성장, 그리고 사회적 불평등을 심화하는 성장이 아닌 포용적 성장에 기여하게 될 것이다.

융합이란 무엇인가 / 2

과학기술을 밀폐된 연구실과 가치중립의 굴레에서 해방하여 사회문화적 맥락 안에서 책임과 가치를 부여하려는 시도는 여러 방향에서 펼쳐지고 있다. 그 가운데 하나가 바로 다른 학문 분야와의 융합이다. 정책적인 차원에서 과학기술을 타 분야 학문과 융합시키려는 계획은 이미 추진되고 있다. 문자 그대로 '융합 과학기술'이라는 이름을 달고 있는 정책이 그것이다. 이런 정책들을 통해 기존의 과학기술은 새로운 첨단기술로 발전하고 있으며, 융합의 범위도 과학기술을 넘어 타 분야까지 급속히 확대되고 있다.

그러나 현재의 융합 과학기술 정책은 과학기술의 사회적 책임성과 공공성을 구현하기 위해 타 학문 특히 인문학과 함께 연구를 수행해나가기에는 근본적인 결함을 지니고 있다. 게다가 융합의 개념, 양상, 방향성 등 모든 것이 불분명한 상태에서 급속히 확산되고 있는 융합은 오히려 여러 가지 혼란을 야기하고 있는 것이 사실이다. 따라서 현재 통용되고 있는 융합 개념의 유래와 그 내용을 명료화하여 과학기술의 발전 방향을 새롭게 정향하는 연구가 필요하다.

결론부터 말하면, 현재 우리나라에서 통용되고 있는 융합기술 개념은

그 기원을 추적해볼 때 '수렴'의 오역이다. 그리고 각각의 학문을 하나로 수렴하여 연구하는 방식은 이미 여러 학문이 상호협력 아래 연구를 수행해온 방식과 특별히 다른 것도 아니다. 그럼에도 수렴이 '융합'으로 오역되고 또 이런 방식의 연구가 유일한 협력 연구 방식인 것처럼 연구 유형을 독점화함으로써, 다양한 형태의 협력 연구 방식이 추방되거나 수렴 연구로 획일화되는 부작용이 나타나고 있다. 나아가 우리나라 융합기술에는 그 원형이 되는 미국 NBIC 수렴 연구의 몰가치적인 성장이데올로기, 또 우생학적 인간 개조주의의 최신 버전인 트랜스휴머니즘 등 인문학적으로는 후진적인 가치관이 은폐된 형태로 전이되어 있다는 혐의도 지우기가 어렵다.

2.1 '융합'의 진짜 의미

현재 학계, 산업계, 교육계를 망라하여 전 분야에서 유행하고 있는 융합 개념이 언제부터 본격적으로 사용되었는가를 추적해 보면 2002년 이후인 것으로 추정된다. 이전까지만 해도 특히 학문 영역에서는 복합학문, 복합연구라는 용어가 주로 사용되었다. 그러나 2002년부터 급격히 융합이란 용어의 사용 빈도수가 증가한다. 이 2002년은 미국 과학재단에서 인간 성능 향상을 목적으로 한 보고서가 출간된 해이다. 이 보고서에서 비로소 'Convergence'라는 개념이 미래 기술의 패러다임으로 화려하게 등장했다.

2002년 미국 국가과학재단(NSF)에서 나온 보고서의 정확한 제목은 「인간 성능 향상을 위한 융합기술」(Convergent Technologies to Improve Hu-

man Performance)[3]이다. 물론 이 보고서의 'Convergent'라는 표현을 '융합'으로 옮기는 것이 타당한지는 앞서 언급한 바와 같다. 어쨌든 이 단어를 잠정적으로 융합으로 옮기면, 이 보고서에서 주로 다루는 관련 융합기술 분야는 (1) 나노과학과 나노기술, (2) 바이오기술과 바이오의학 및 유전공학, (3) 정보 · 컴퓨터과학 및 미디어이론과 기술, (4) 인지신경과학 및 인지과학기술 등이다. 제목이 보여주는 바와 같이 이 보고서는 기술의 발전이 인간의 미래를 어떻게 바꾸어 나가는가에 대해 도전적인, 나아가 도발적인 전망을 제시하고 있다. 이 책 1장에서 이미 소개했지만 그 내용을 다시 한 번 구체적으로 열거하면 다음과 같다.

- 21세기 내에 나노 수준으로부터 인간의 두뇌에 이르는 물질의 구조와 행태의 포괄적인 이해에 기초한 '새로운 르네상스'가 도래할 것이다.
- 세계 평화, 전 지구적 번영, 그리고 공감과 성취가 높은 수준으로 진화할 것이다.
- 인간 삶의 전 영역에서 증강된 삶을 누릴 수 있다.
- 문화와 인간의 본성에 대한 전혀 새로운 종류의 엄밀한 연구, 그리고 자연과학 · 사회과학 · 인문학의 결합(combining)에 의한 지식의 통합(unification)이 이루어질 것이다.
- 수십억 인류의 글로벌 네트워크 사회가 마치 하나로 연결된 두뇌나 생물학적 유기체의 확장된 형태로 간주될 수 있을 정도로 발전할 것이다.
- NBIC 기술 발전을 기초로 사회적 행위에 대한 예측과학과 진보된 행동교정 프로그램이 발전한다. 이는 타인에게 해를 입힐 수 있는 행동

3 "Convergent Technologies to Improve Human Performance", edited by Mihail C. Roco, William Sims Bainbridge, 2002, NSF.

을 억제하고 사회적으로 유익한 행동을 고무할 것이다.

이러한 전망이 실제로 가능할지, 혹은 그저 단순한 희망일지의 여부는 일단 차치하고, 융합기술의 발전과 그러한 발전에 기초한 미래상을 담은 보고서들을 검토해보면 다음과 같은 내용들이 눈에 띈다.

첫째, 융합기술이라 할 때 융합의 대상이 되는 기술의 범위는 비교적 정확히 규정되어 있다. 융합의 범위를 이렇게 비교적 정확하게 규정할 수 있는 까닭은 현재 논의되고 있는 융합이 컨버전스의 원래 의미 즉 '수렴'의 의미를 강하게 지니고 있기 때문이다. 물론 여기서 말하는 '기술'은 각기 다른 영역들에서 이미 활용되고 있는 기술이지만, 그 영역의 물리적 구성자는 나노 수준의 물질로 환원될 수 있다는 가정 아래에서 수렴이 시도되고 있다. 예컨대 인간의 인지작용은 뇌의 활동으로 환원되고, 뇌는 결국 뉴런들의 상호작용으로 환원되며, 이 뉴런들의 작용은 생화학적 현상이지만 이 생화학적 현상은 결국 분자물리학으로 환원되며, 나아가 이 분자물리학은 최근 발전하고 있는 나노기술을 통해 분자적 차원에서 연구되고 기술적으로 조작될 수 있다는 것이다.

둘째, 미국의 NBIC 수렴적 융합에는 환원주의적 형이상학 혹은 동일성의 존재론이 암묵적으로 작동하고 있다. 즉 실재는 다양성의 과정이 아니라 동일성의 영역이며, 이 동일성의 실질적인 기반은 나노 스케일의 물질이라는 것이다.

셋째, 비록 융합기술을 통해 자연과 인간, 그리고 사회와 문화에 대한 새로운 이해에 도달할 수 있을 것이라고 예상하지만, 이 새로운 이해가 목표로 하는 것은 전통적인 의미의 진리가 아니라 기술적이고 도구적인

지식이라는 점이다.

넷째, NBIC를 주축으로 하는 기술 수렴이 성공적으로 이루어지면, 인간의 성능이 획기적으로 증강되어 유토피아적 미래가 펼쳐질 것이라고 예측한다. 여기서 드러나듯이 수렴 개념에는 '테크노퓨처리즘'이라는 맹목적 기술지상주의가 암암리에 전제되어 있다.[4]

2.2 오역과 혼란

한국은 미국 과학재단의 NBIC 융합보고서가 발표된 지 1년이 지난 무렵부터 이미 융합기술의 중요성을 인식하였다. 그리고는 매우 신속하게 이 개념을 수용하여 융합기술에 대한 논의를 시작했으며, 그리 오래지 않아 상당한 수준의 구체성을 가진 융합기술의 방향과 목록을 제시하였다. 그러나 한국에서 채택한 융합 개념은 원형인 미국의 융합기술보고서와 비교할 때, 나노, 바이오, 정보 분야만을 융합이 가능한 영역으로 정의하고 인지과학(cognitive science) 분야를 누락한 문제점이 있었다. 이후 그것을 본격적인 정책으로 추진하는 시점이 되자 한국의 융합 정책이 그 원형인 NBIC 융합을 왜곡된 방식으로 적용하고 있다는 비판이 인지과학 분야에서 제기되었다. 이러한 문제제기는 곧 수용되어 우리나라에서도 융합 연구대상에 인지과학을 포함하기에 이르렀다.

그러나 이토록 발 빠른 수용과 방향에 대한 논란에도 불구하고 그 기

4 구글은 2011년 7월 19일 도쿄에서 시연한 행사에서 구글의 사업이념이 '증강 인류'(Augmented Humanity)를 실현하는 데 있다고 선언하였다. 이는 트랜스휴머니즘이 구글의 미래 사업비전에까지 깊이 침투해 있음을 보여준다.

술의 사용자이자 수혜자인 인간이 그로 인해 어떤 형태의 삶을 살아가게 될지에 대해서는 유감스럽게도 아무런 성찰도 이루어지지 않았다. 융합 개념의 원형을 제공한 NBIC 융합 보고서에서도 사정은 마찬가지이다. NBIC 융합을 인문학적으로 성찰해보면, 이념적 측면, 방법론적 측면, 목적성 측면에서 상당한 문제점을 안고 있음을 알 수 있다. 이 문제들은 구체적으로 다음과 같이 정리할 수 있다.

(1) 이념적 퇴행: NBIC 융합은 이념적 측면에서 공학적 연구들을 바탕으로 한 융합이기 때문에 학문관 자체가 이미 도구주의적이며 몰가치적이라는 함정에 매몰되어 있다. 또한 모든 것을 나노 수준의 물질로 수렴하여 조작할 수 있다는 유물론적 환원주의의 형이상학에 침윤되어 있다. 나아가 이 융합은 인간을 기술적으로 개조함으로써 인간의 결점을 극복한 인공적 존재자로 거듭나게 할 수 있다는 트랜스휴머니즘의 이상을 맹목적으로 추종하고 있다. 트랜스휴머니즘은 자연인이 지닌 불완전한 부분을 찾아내어 이를 인공지능이나 장기로 대체함으로써 완전성을 향해 개조된 새로운 존재, 즉 트랜스휴먼을 생산할 수 있다는 비전을 제시하고 있다. 결국 이러한 비전의 밑바탕에는 임의적 조작을 가해 완전한 인간을 만들어낼 수 있다는 우생학적 인간관과 다를 바 없는 인간 이해가 자리 잡고 있는 것이다. 이러한 인간관은 NBIC라는 첨단기술의 외피를 입고 있을 뿐 유감스럽게도 나치 시대에 이미 경험했던 인종개량이라는 프로젝트의 최신 버전에 지나지 않는 것이다. 인문학은 2차 대전 이후 우생학적 인간관의 허구성을 비판하고 그것을 극복하려고 노력한 지 오래이다. 따라서 이러한 구시대적 우생학을 바탕으로 하고 있는 NBIC 융합을 무분별하게 추구하는 것은 역사를 오히려 퇴행시키는 일

인지도 모른다. 인문학의 성찰이 인간을 생물학적인 굴레에서 해방시키려는 노력이었다고 한다면, 인간을 트랜스휴먼으로 개조한다는 전략은 오히려 이것에 역행하는 시도일 것이다.

(2) 오역과 혼란—'수렴'과 '협력'의 차이: 융합 개념에 관한 오해와 혼란은 잘못된 번역에서 비롯된 점도 크다. 여기서 특히 강조해야 할 사실은, 융합이란 말이 원래의 의미처럼 '다양한 기술의 수평적 결합'을 뜻하기보다는 '나노기술을 플랫폼으로 하는 수렴'을 특별히 가리킨다는 것이다. 확실히 'convergence'를 '융합'으로 번역한 것은 불행한 사건이었다. 이 일은 단순한 오역에 그치지 않고 융합을 학제적(interdisciplinary) 연구와 같은 포괄적 개념으로 오인하게 만드는 원인을 제공했으며, 어떤 경우에는 퓨전(fusion), 결합(composition), 조합(combination) 등과 혼동을 일으켜 여러 가지 부작용을 초래하기까지 하였다. 더 큰 문제는 '수렴'으로서의 융합이 협력적 연구(collaborative research)와 어떻게 구별되는지도 불분명하게 되었다는 점이다. 두뇌, 생명, 데이터, 문화 등 각각의 연구 대상을 나노 스케일의 물질로 수렴하여 연구하는 방식은 여러 분야가 협력하여 연구하는 방식중의 하나일 뿐이다. 그럼에도 수렴이 융합으로 오역되고 또 이 수렴 방식의 연구가 유일한 협력 연구 방식인 것처럼 여겨지면서 과학기술과 인문학 등의 협력적 연구는 축소되거나 '융합' 연구에서 추방되는 부작용을 낳고 있다. 이러한 부작용이 과학기술 정책이나 교육 정책에까지 전이된다면, 이들 정책의 목적과 방향 전체가 혼란에 빠질 위험이 있다.

(3) 학문적 혼란: 더욱 심각한 것은 현재 대학에서조차 융합이 면밀

한 이론적 검토가 없는 상태에서 유포, 남발되고 있다는 점이다. 이런 경향은 협력 연구의 토대마저 붕괴시킬 위험성을 가진다. 지금 대학에서는 각 학문의 존재 이유에 대한 학문이론적 성찰 없이 융합이라는 이름을 내세워 학과 통폐합 등의 구조조정을 추진하고 있는 것이 현실이다. 오로지 시장의 요구에만 전적으로 부응하여 학문간 융합을 꾀하고 있는 것이다. 단기적 시장 수요나 유행에 따라 급조된 융합 학과의 설립은 숙성 과정이 없는 학문의 난립과 소멸이라는 악순환을 몰고 올 위험성이 높다. 결국 이런 시도는 진정한 협력 연구의 기반이 되어야 할 기초 전공학문 단위의 붕괴라는 결과를 초래할 것이다.

'융합'을 넘어 '융화'로 / 3

우리가 아는 융합 개념이 정확하게는 '수렴'에 지나지 않고, 단지 공학적 관점에 기반을 둔 통합적 연구만을 의미한다면, 진정한 협력적 연구는 어떤 것이어야 할까? '수렴'이 단지 협력 연구의 하위개념에 불과하다면 협력적 연구의 다른 유형들로는 어떤 것이 있을까? 협력 연구는 방법이나 대상 등 참여 학문들이 공유하는 측면에 따라 여러 양상으로 구분할 수 있고, 나아가 그것이 추구하는 목적에 따라서도 여러 유형으로 구분할 수 있다. 먼저 협력 연구의 유형과 양상을 살펴보면 다음과 같다.

3.1 협력 연구의 유형별 구분

록펠러 아카이브 센터의 선임 연구원 로젠필드는 학제간 연구에 관한 논문에서 협력 연구의 유형을 4가지로 구분한 바 있다. 단일학문, 다중학문, 상호학문, 초학문적 연구 유형이 그것인데, 그 핵심 내용과 사례는 다음과 같다.[5]

단일학문

단일학문적 연구(unidisciplinary approach)는 한 개 분야의 연구자들이 함께 연구하여 공동의 연구 문제를 다루는 과정을 말한다.

사례: 약리학자 한 팀이 같은 연구실에서 니코틴 소비와 인슐린 대사의 관계에 대해서 공동 연구한다.

다중학문

다중학문적 연구(multidisciplinary approach)는 다양한 분야의 연구자들이 독립적으로 작업하는 연속적 과정이다. 그 연구자들은 각자의 분야에 특화된 관점으로 작업하며, 최종적 목표는 이러한 노력들을 종합해서 공동의 연구 문제를 다루는 것이다.

사례: 약리학자, 건강 심리학자 그리고 신경학자가 여러 저자들이 참여하는 원고에서 각각의 섹션을 맡는다. 이 원고는 니코틴 소비, 니코틴에 의해 유발된 뇌화학적 변화와 열량 섭취, 그리고 육체 활동 단계 사이의 연결을 밝혀내기 위해 각각의 분야에서 이루어진 연구를 다룬다.

상호학문 또는 간(間)-학문

상호학문 혹은 간-학문적 연구(interdisciplinary approach)는 연구자들이 연합하여 작업하는 상호작용적 과정이다. 연구자들 각각의 분야에 특화된 관점에서 공동의 연구 문제를 다룬다.

사례: 약리학자, 건강 심리학자, 그리고 신경학자가 니코틴 소비, 뇌 화

5 Patricia L. Rosenfield, "The potential of transdisciplinary research for sustaining and extending linkages between health and social science," in *Social Science &Medicine*, 1992: Vol.35, Iss.11, 1343-57쪽 참조.

학, 열량 섭취 그리고 육체 활동 단계의 패턴들 간의 상호관계를 규명하기 위한 협력 연구를 진행한다. 그들의 연구는 연구자들 각각의 분야로부터 나온 개념적 그리고 방법론적 접근을 통합하도록 설계된다.

초학문

초학문적 연구(transdisciplinary approach)는 연구자들이 협력 연구를 진행함에 있어서 함께 공유할 수 있는 개념적 틀을 개발하고 사용하기 위한 통합적 연구 과정을 말한다. 이렇게 만들어진 개념적 틀은 각 학문에 특화된 이론, 개념, 방법 혹은 세 가지 모두를 통합하고 확장한다. 이리하여 공동의 연구 문제를 다루기 위한 새로운 모델과 언어를 만들어낸다.

사례: 약리학자, 건강 심리학자, 그리고 신경학자가 니코틴 소비, 뇌 화학, 열량 섭취 그리고 육체 활동 단계의 패턴들 간의 상호관계를 규명하기 위한 협력 연구를 진행한다. 이 연구 결과에 기반하여, 그들은 담배 소비, 뇌화학, 인슐린 대사, 육체 활동 그리고 비만 사이의 연결에 대한 신경-행동적 모델을 개발한다. 이 결과는 연구자들 각각의 분야에서 나온 개념과 방법들을 융합하고 확장한다.

3.2 협력 연구가 공유하는 것들

협력 연구는 참여 학문들이 무엇을 공유하며 연구를 진행하는가에 따라 적어도 4가지 협력 양상으로 구별할 수 있다. 그것은 아래와 같다.

- 대상 공유적 협력 연구

- 방법 공유적 협력 연구
- 이론 공유적 협력 연구
- 문제 공유적 협력 연구

먼저 대상 공유적 협력 연구는 연구 대상의 존재론적 전제를 공유한다. 예를 들어 정신분석학과 뇌과학이 협력 연구를 하는 경우를 상정해 보자. 이러한 협력 연구가 이루어지기 위해서는 우선 정신분석학과 뇌과학 모두 '무의식'이라는 연구 대상의 실재성을 인정해야 한다. 오직 그러한 전제 위에서만 정신분석학과 뇌과학은 공동으로 정신분석학에서 주장하는 무의식 현상이 뇌 차원에서 어떠한 신경생리학적 작용으로 물질화되는지 연구할 수 있다. 그러나 사르트르처럼 무의식의 존재 자체를 인정하지 않는 경우가 있는데, 이런 입장에 서게 되면 위와 같은 연구 자체가 성립할 수 없다. 또 NBIC 수렴처럼 생명체, 인간, 물질이 모두 나노 스케일의 물질로 수렴될 수 있다는 존재론적 동일성을 주장할 경우, 생명체를 탐구하는 학문, 인간을 탐구하는 학문, 물질을 탐구하는 학문은 연구 대상의 상이성에도 불구하고 그것들이 최종적으로는 나노 스케일 물질이라는 전제를 공유해야 한다. 이런 대상 공유적 융합의 대표적 사례가 나노 생명공학(nano-biotechnology)이다.

두 번째로, 방법 공유적 협력 연구는 연구 대상의 실재성에 대한 입장과는 상관없이 방법을 상호교환하며 연구하는 경우이다. 예를 들어 생체공학(bionics)의 경우를 보면 상이한 연구 분야들 곧 생물학과 공학의 방법론을 상호 교환하며 연구를 수행한다. 생체공학은 최적의 기계를 만들기 위해 생물학적 연구방법으로 자연을 관찰한 후, 그 결과를 기계 제작에 응용한다. 한편 생물 현상에 대한 관찰은 관찰의 정확성과 효율성을

위해 생물체의 행위를 공학적으로 모델링한다. 이렇게 생체공학에서는 공학과 생물학이 순환적 방식으로 방법을 공유하고 있다.

세 번째로, 이론 공유적 융합은 동일한 이론으로 다양한 학문 영역에 속한 현상을 설명하는 경우이다. 복잡계 이론이 대표적이다. 복잡계 이론은 상호작용과 패턴의 비약적 창발을 핵심으로 하는 이론 모델을 제시한다. 이 모델은 미시적 물리현상을 설명하는 데 사용되기도 하며 거시적 사회현상을 설명하는 데 사용되기도 한다.

마지막으로, 문제 공유적 융합은 각기 다른 존재론과 인식론, 그리고 방법론을 갖고 있지만, 어떤 사태를 문제로 인식하는 데 동의하는 경우이다. 예컨대 에너지 과소비를 심각한 환경문제로 인식하는 데 입장을 같이 하면서도, 자연에 대해서는 기계론, 생기론, 심미론 등 각기 다른 존재론의 관점을 가지고 이해하면서 환경 문제를 함께 해결해 나가는 경우가 그것이다.

3.3 목적에 따른 협력 연구

목적의 측면에서 보자면 NBIC 수렴 연구는 성과 지향적 연구에만 집착하는 탓에 협력 연구 목적의 다양성에 대한 인식을 결여하고 있다. 협력 연구는 목적에 따라 다음과 같이 구분된다.

- 진리 발견을 위한 협력
- 기술 및 산업적 활용을 위한 협력
- 공공적 활용을 위한 협력

- 문화 발전을 위한 협력

물론 이러한 목적들에 따라 협력 연구의 범위, 방법론, 협력의 수준도 다를 수밖에 없다. 가령 시장에서 잘 팔리는 제품을 만들기 위한 기술 개발을 목적으로 하는 연구와 순수하게 사물의 원리나 진리를 발견하기 위해 수행하는 연구는 협력의 방법, 절차 및 범위에서 서로 다를 수밖에 없다.

3.4 융화의 과학기술

협력 연구의 성공 여부는 그 연구의 유형, 방법, 목적들을 잘 구별할 수 있을 때 가늠할 수 있을 것이다. 또 실패의 경우에도 원인을 밝히기 위해 이 구별이 필요하다. 예컨대 연구 대상을 공유하는 두 분야가 있더라도 목적을 공유하지 못할 때 협력은 성공할 수 없다.

문화콘텐츠학과 실증역사학이 조선시대라는 연구 대상을 공유하고 협력 연구를 시도하는 경우를 예로 들어보자. 이때 문화콘텐츠학은 잘 팔리는 한류드라마를 만드는 데 목적이 있을 것이고 역사학은 조선시대를 사실 그대로 밝혀내는 것이 목적일 것이다. 문화콘텐츠학은 당연히 조선시대의 역사에서 대중들의 흥미를 유발할 수 있는 사실만을 발굴하고, 거기에 역사적·상업적 가치를 부여하려 할 것이다. 또 그렇게 발굴된 사실들이 상업적 가치를 생산하기에 미흡하면, 사실에 적절한 허구를 가미하여 사실 왜곡을 시도할 수도 있다. 반면 실증역사학은 역사의 사실성을 있는 그대로 과학적으로 밝혀내는 것이 목적이므로 실증 가능한

사료만을 선택할 것이며, 그러한 사료간의 인과적 관계만을 추론하려 할 것이다. 결국 실증역사학과 문화콘텐츠학의 협력 연구는 사료의 선택과 또 해석 방법에서 지속적으로 마찰을 빚을 수밖에 없다. 여기서 분명히 알 수 있듯이 실증역사학과 문화콘텐츠학은 연구 대상만을 공유할 뿐 목적과 이론을 공유하지 못하기 때문에 협력적 연구의 성공을 기대하기 어렵다.

반면 문화콘텐츠학이 포스트모던 역사학과 협력 연구를 시도할 경우 상황은 또 달라진다. 이 경우 문화콘텐츠학은 문화산업적 응용을 추구하고 포스트모던 역사학은 순수 학문성을 추구한다는 점에서 목적이 다르다. 하지만 포스트모던 역사학은 후기구조주의 이론 등을 바탕으로 역사 의미에 대한 깊은 이해를 위해 역사에 대한 실증적 접근보다는 역사에 대한 서사적 접근을 선호한다. 따라서 포스트모던 역사학이 실증 역사학보다는 문화콘텐츠학과 협력 연구를 할 수 있는 이론을 더 많이 공유하고 있다.

이러한 예에서 분명해지듯 협력 연구를 시도할 때 참여 연구자들은 어떤 유형의 협력 연구를 선택할 것인지를 결정해야 한다. 그리고 무엇을 공유하고 어떤 목적에서 협력을 시도하고 있는지 잘 분별할 수 있어야 한다. 이러한 분별을 할 수 있을 때 비로소 협력 연구의 성공 또는 실패의 이유도 가려낼 수 있을 것이고, 협력 연구 그 자체도 더 진화할 수 있을 것이다.

그러나 협력 연구가 더 발전하기 위해서는 연구의 유형을 분별하고 공유의 대상을 명확히 하는 것만으로는 부족하다. 여기에 더하여 융합의 개념을 공공적 가치의 관점에서 재검토하고 그 결과를 정책 결정의 기준으로 삼는 것도 필요하다. 나아가 융합 연구를 포함, 협력 연구 참여자

들이 가져야 할 의식의 측면 역시 무시할 수 없다. 이런 요구들을 정리하면 다음과 같다.

(1) 융합 개념이 수반하는 학문과 정책상의 혼란을 방지하고 다양한 유형의 협력 연구를 활성화하기 위해 '융합'(converging) 대신 '융화'(harmonizing)란 용어를 도입한다.

융합 개념 안에는 그 자체 탈가치적인 물리주의가 팽배해 있는 까닭에 여러 학문이 참여하는 연구의 가치 정향을 어렵게 한다. 반면 융화는 단순한 물리적 모임이나 융합이 아니라 그 자체 이미 타자 지향적인 인문적 가치와 공공 지향성을 함축하고 있다.

(2) 협력 연구의 유형을 분류하고 그 유형의 내용과 특징을 명료화한다.

연구의 목적 그리고 기대하는 성과에 따라 적절한 유형을 구별하고 선택하는 것이 필요하다. 현재 한국에서 추진하고 있는 융합 정책은 이러한 구별의 중요성을 인식하지 못한 채 막연하게 융합의 필요성만을 주장하는 게 현실이다. 융합의 내용과 실체에 대한 성찰 없이 그 확산만을 맹목적으로 추구한다면, 융합이란 미명 아래 무분별한 연구들이 남발될 위험이 있다.

(3) 트랜스휴머니즘으로 경도될 수 있는 현 과학기술 '융합' 정책을 휴머니즘을 지향하는 '융화'의 과학기술 정책으로 재정립한다.

트랜스휴머니즘과 인간 성능 증강이라는 도구주의적 인간관을 은폐하고 있는 융합 연구로부터 과학기술의 발전 방향을 돌려 휴머니즘과 사회적 융화로 전환시켜야 한다. 이미 누차 언급한 바와 같이 트랜스휴

머니즘은 인간을 과학기술로 개조하여 자연인으로는 상상할 수 없는 성능을 가진 초인간을 만드는 데 목적이 있다. 이러한 기술은 엄청난 개발 비용을 필요로 하는 기술이며, 또한 그것을 향유할 수 있는 소수의 고소득자에게만 혜택을 주는 기술이다. 따라서 트랜스휴머니즘의 미래 비전에는 사회가 극단적으로 양극화될 위험이 잠복하고 있다. 사회의 최상층부에는 스스로를 고성능 인간으로 개조하여 죽지 않는 트랜스휴먼으로 탄생시킬 경제적 능력이 있는 계층이 위치할 것이고, 그 아래는 비용을 감당할 수 없어 자연적 성능이 다하면 죽어야 하는 다수의 인간들로 채워질 것이다.

반면 휴머니즘에 기반을 둔 과학기술은 트랜스휴먼을 향한 인간 성능의 급속한 증강이 아니라, 아직도 인간 이하의 상황에 처해 있는 서브휴먼(subhuman)에게 인간다운 삶을 제공하는 기술을 목적으로 한다. 이러한 기술은 보다 적은 개발 비용으로 많은 사람들에게 혜택을 줄 수 있는 사회적 기술이다. 사회적 기술은 당연히 사회적 격차를 극복하고 사회적 융화를 지향하는 기술을 목표로 한다. 고비용 기술은 필연적으로 사회적 격차를 심화할 수밖에 없지만 후자의 기술은 그러한 격차를 완화시키는 기술이 될 것이다.

(4) 앞에서 제안한 '융화'의 과학기술을 발전시키기 위해서는 협력적 창의성(collaborative creativity)의 증진이 필수적이다.

과학기술자들이 지금까지 과학기술의 사회문화적 역할에 둔감했던 것은 한편으로는 자신들의 연구를 가치중립적 도구로만 이해해 온 데 이유가 있고, 다른 한편으로는 시장 지향적 연구를 수행함에 있어 금전적 대박의 환상과 경쟁의 압박감에 의해 동기를 부여받은 데도 이유가

있다. 협력 연구는 바로 이런 현실을 개선하는 기회가 될 수 있다. 협력은 그 자체 이미 타자와의 호혜적 관계를 지향하는 융화의 사회적 의식이기 때문이다. 그리고 다양한 형태의 협력 연구는 연구 참여자들 사이의 호혜적 협력 마인드가 형성될 때만이 실질적인 성과를 기대할 수 있다. 나아가 과학기술의 발전에 필수적인 창의성은 또한 협력을 통해 증진될 수 있다.

인간의 미래를 여는 연구들 / 4

현재 과학기술 분야의 융합 연구가 안고 있는 문제는 앞서 지적한 바와 같이 크게 두 가지로 요약할 수 있을 것이다. 첫째는 NBIC 융합에서 엿볼 수 있듯이 인간의 실존적 삶과 사회적 조건에 무관심한 몰가치성을 기반으로 하고 있다는 점이고, 둘째는 시장이 요구하는 성과주의와 경쟁주의로부터 연구의 동기를 부여받고 있다는 점이다.

그러나 서로 이질적인 학문들 사이의 협력 연구는 과학기술에 한정하지 않더라도 또 다른 미묘한 과제들을 안고 있는 것이 사실이다. 왜냐하면 협력 연구는 무엇보다도 특정한 지식 체계들, 그리고 매우 추상적인 지적 활동들을 연결 짓고 통합하는 고도의 활동이기 때문이다. 이런 지식 체계들 사이의 관계를 어떻게 설정하고 평가하느냐에 따라 협력 연구의 성패가 좌우될 것이고 정책적 운영도 달라질 것이다. 그렇다면 협력 연구의 운영 원리와 제도는 구체적으로 어떻게 설계되어야 할까?

4.1 창의적 연구를 위한 제도적 방안

협력 연구를 위한 정책은 그 연구로부터 나온 창의적 결과를 단순히 노획하는 데 그치지 말고 무엇보다 과정 자체가 창의적 협력 과정이 되도록 디자인되어야 한다. 경쟁을 통해 최고로 평가된 연구의 결과를 노획하는 방식은 더 이상 창의적 정책이 아니다. 창의적 연구 정책은 연구과정 자체를 창의적으로 디자인하는 것이다. 즉 정책 집행과정 자체가 자발적인 연구 교류 및 지식 순환을 통한 호혜적 신뢰성을 촉진하여 협력적 창의성을 발현시킬 수 있도록 디자인되어야 한다는 것이다. 이를 좀 더 자세히 설명하면 다음과 같다.

지금까지 연구 개발 정책은 특정 평가기준을 설정하여 경쟁을 통한 선발과 탈락을 운영원리로 하는 '푸시 앤 드라이브'(Push and Drive) 정책이었다. 이러한 정책을 통해 해당 부서는 관리, 감독, 평가의 권력을 행사하며 최고의 결과를 징수하는 기관으로 군림해왔다. 그러나 오늘날의 지식은 그 우열을 구분하는 것이 무의미할 만큼 이질적이고 다양한 모습들을 띠고 도처에서 태어나고 있다. 또 이것들은 서로 활발하게 소통 합류하면서 스스로 창의적 결과로 창발하고 있다. 따라서 사실상 객관적 평가기준을 마련할 수 없는 이들 이질적 지식들을 평가 서열화화는 것은 오히려 협력을 통한 창의적 지식 창발을 가로막는 일이 될 가능성이 높다. 그러므로 연구개발 정책은 다음과 같은 방식으로 혁신을 이룰 필요가 있다.

우선 정책 패러다임을 생태계와 자율발생(ecosystem and autopoiesis)의 패러다임으로 전환하여 결과가 아니라 과정에서 창의성이 발현되도록 디자인해야 한다. 협력적 창의성은 개인적인 능력 혹은 잠재적인 창의

성을 작품 혹은 제품 등의 결과물을 통해 실현하거나 발현하는 데서 나타나는 것이 아니다. 그보다는 과정 자체가 창의적이기 때문에 얻어지는 것이다. 이렇게 지식의 순환과 교류 그리고 협력을 통한 지식의 합류를 활성화하는 과정이 정착되면, 협력의 생태계는 저절로 조성되어 협력적 창의성을 자율 발생시킬 것이다. 다시 한 번 강조하면, 천재를 선발하는 정책이 아니라 그 과정에 참여한 사람 누구나 자신의 잠재적 천재성을 발휘할 수 있게 하는 정책이 되어야 한다. 여기서 먼저 이해해야 할 점은, 개인이 지닌 창의적 역량이란 것 역시 몇몇 고독한 천재가 세계와의 투쟁 또는 자기 자신과의 싸움을 벌이는 데서 어렵게 탄생하는 것이 아니라는 점이다. 오히려 협력이야말로 이질적인 개인들 간의 상호관계를 가능케 함으로써 누구나 가진 서로 다른 창의적 역량을 끌어내게 하는 바탕이 된다.

그렇다면 이러한 협력 연구의 창의적 측면을 자극하기 위해서는 어떤 제도적 지원책이 필요할까?

1. 협력 연구의 각 유형에 최적화된 지원책

현재의 융합 정책은 '수렴' 연구에 특히 지원을 집중하고 있는 탓에 다른 유형의 협력 연구를 배제할 소지를 안고 있다. 그러나 협력 연구의 각 유형은 서로 선순환하며 다른 유형의 연구를 성공시키는 데 기여할 수 있다. 예를 들면 앞서 소개한 상호학문적(interdisciplinary) 연구는 초학문적(transdisciplinary) 연구를 위한 선행 단계로서의 역할을 할 수 있다. 상호학문적 연구는 연구자들이 연합하여 작업하는 상호작용 과정으로서 연구자들 각각의 분야에 특화된 관점을 가지고 공동의 연구 과제를 다룬다. 다시 말해서 각 학문이 독자성을 유지하면서 연구를 수행하는 방

식의 협력 연구이다. 그러므로 이 유형에서는 각 학문이 각기 다른 방법론, 존재론, 목적성을 유지하면서 공동의 주제의식 아래 연구를 진행한다. 이러한 상호학문적 연구는 각 분야들이 가진 서로 다른 방법론, 연구대상, 이론적 프레임워크를 통합하여 수행하는 초학문적 연구를 위해서는 반드시 거쳐야 하는 예비적 협력 연구로서의 역할을 한다.

그러나 상호학문적 연구는 초학문적 연구와는 또 다른 독립된 협력 연구의 유형으로서 의미를 갖기도 한다. 상호학문적 유형의 연구는 각 학문이 독자적인 연구 방법론 및 목적성을 유지하면서 수행되므로, 타 학문의 방법론적, 존재론적 문제점을 발견할 수 있고, 또 목적성의 문제점을 발견하여 해당 학문의 발전에 기여할 수 있다.

한편 상호학문 또는 초학문적 연구가 성공하기 위해서는 그 협력 관계를 구성하는 개별학문들이 튼실해야 한다. 즉 개별학문들의 연구역량과 그에 의해 창출된 지식들이 충분히 확보되어 있어야만 그것을 바탕으로 상호학문 나아가 초학문적 연구가 실질적으로 가능해진다. 개별학문의 연구역량 확보는 개별학문 내에서 세분화된 전문 분야의 협력 연구를 통해서 가능해진다. 이런 점에서 단일학문적(unidisciplinary) 연구 역시 협력 연구의 유형들에서 뺄 수 없는 위치를 차지한다.

이처럼 다양한 유형으로 수행되는 협력 연구를 증진시키기 위해서는 연구교류의 활성화를 통한 연구 과정과 결과의 순환이 필수적이다. 또 단일학문적, 다학문적, 상호학문적, 초학문적 연구가 서로 선순환함으로써 각 유형의 연구에 긍정적으로 작용하는 연구 환경 혹은 생태계 조성이 절실하다. 융합연구 정책을 협력 연구 지원정책으로 개편하여 다양한 유형으로 지원 프로그램을 세분화하여 실행해야 한다는 것이다.

2. 경쟁이 아닌 협력의 체제

현재 연구생산성 제고를 위한 명목으로 무분별하게 도입된 연구 경쟁 체제는 연구교류의 활성화를 통한 연구 과정과 결과의 순환에 부정적으로 작용한다. 경쟁체제는 연구자들 또는 연구그룹들 간의 상호신뢰를 붕괴시켜 상대에게 도움이 되는 지식의 공개를 기피하는 폐쇄적 연구, 또 승패를 지향하는 상호견제 내지 상호적대성을 수반하는 연구만을 자극할 수 있다. 이는 협력을 통한 창의성의 발현을 질식시키는 결과만 초래할 뿐이다. 따라서 생산성 증가를 목적으로 한 경쟁체제는 협력에 기초한 창의성 증진 체제로 전환되어야 마땅하다. 우선 연구자 개인을 경쟁 상황으로 유인하는 현 연구비 지원정책 대신 호혜성에 기초한 공동연구를 장려해야 한다. 또 공동연구팀 간의 경쟁을 유도하여 연구팀 간의 우열 구조를 생산하는 대신 연구팀 간의 연구교류를 장려함으로써 또 다른 협력 연구를 파생시키는 지원책을 강구해야 한다.

3. 인문학, 자연과학, 공학 등 학회들 간의 교류 및 지식순환의 활성화

1990년대 이후 우리 학계의 주목할 만한 현상으로는 학문의 전문화가 상당 수준으로 이루어지고 또 다양한 전문 학회들이 창설되었다는 점을 꼽을 수 있다. 그럼으로써 각 분야별 연구 및 교육수준 역시 질적으로 향상되었고, 그 덕분에 협력 연구의 기반도 상당 수준 확충된 것이 사실이다. 문제는 이 전문화된 학회들 간의 연구교류 및 지식순환이 여러 가지 제도적 이유로 활발하지 못하다는 점이다. 게다가 최근 불어 닥친 융합 열풍으로 인해 이러한 전문 학회들의 학문적 가치가 전공 이기주의 등으로 폄훼되며 오히려 배척되는 경향까지 나타나고 있다. 이러한 상황은 협력 연구의 기반과 생태계 조성 그리고 그 안에서 자율 생성되는 협력

적 창의성의 창발에도 불리하게 작용한다. 따라서 전문 학회의 존재가치를 인정하고 학회 간의 연구교류와 지식순환을 진작하는 정책이 필요하다. 특히 인문학과 과학기술 학회 간의 연구교류와 연구모임을 적극 활성화하는 지원책 마련이 시급하다. 그것은 다음과 같은 방식으로 이루어질 수 있을 것이다.

- 인문학 관련 학회와 과학기술 관련 학회의 연합학술대회 개최 지원
- 인문학과 과학기술 연구자들의 협력 연구그룹 및 지원책
- 연구 결과의 다양한 발표 및 출판 지원
- 앤솔로지 형식의 공동저서 발간 장려

4. 협력 연구를 저해하는 전통적 지식전달 체계 혁신

위키피디아 방식의 온라인 학술지 창간

현재 동료연구자 리뷰(peer review) 방식으로 게재가 결정되는 학술지 중심의 지식 소통체계는 타 분야와의 협력 연구 및 교류를 촉진하는 데 그리 효과적이지 못하다. 기존 학술지는 연구 결과의 순환이 동료연구자 리뷰→ 수정 요구 → 재수정 등의 과정을 거치며 정체되거나 지체되는 문제점이 있다. 그리고 예컨대 인문학, 예술, 공학 등의 협력 연구로 전혀 예기치 못한 창발적 결과물이 산출된다 해도 이 결과물들을 기존의 어떤 학술지에 기고해야 할지 모르는 경우도 많다. 그러나 이런 연구들은 기존의 평가기준으로는 그 가치를 측정할 수 없는 도발성을 지니곤 한다. 따라서 연구재단에서 일정 기준을 마련하여 그 기준에 따라 연구력이 인정된 학자들을 중심으로 협력 연구를 진행하는 온라인 학술지를

창간하도록 적극 장려할 필요가 있다. 이 학술지들은 위키피디아와 같은 운영방식으로 문제의식을 공유하는 여러 분야의 연구자들에게 자발적 참여 기회를 제공할 것이다.

전자책 출판 시스템의 구축

앞에서 설명한 공동 집필 및 저술 또는 앤솔로지의 발간을 장려하고 또 출판에 따르는 비용과 시간을 절약하기 위해 연구재단 산하에 전자책 출판 시스템을 구축하여 운영한다. 이를 통해 기존 학술지에 게재될 기회가 없는 협력 연구의 결과물들이 널리 알려질 채널과 기회가 확보될 것이다. 이렇게 위키 방식으로 운영되는 개방형 온라인 학술지와 연구재단이 운영하는 전자책 출판 시스템은 다음과 같은 장점을 가진다.

(1) 위키피디아 방식을 채택하면 연구 결과가 다수 전문가의 참여 아래 신속하게 수정되어 지속적으로 완성도가 제고된다.

(2) 다수가 참여하여 이루어지는 협력이 더 효율화될 수 있다.

(3) 독자 접근성이 비약적으로 확대된다.

5. 협력적 창의성을 진작하기 위한 교육개혁의 추진

최근 발표된 국제적 교육 평가에 따르면, 수학 과목에서 한국 학생들이 보여준 학업 성취도는 2위에 랭크되었지만 흥미와 관심에서는 최하위에 머물렀다고 한다. 더욱 충격적인 것은 시간투자 대비 성취도 또한 최하위권이라는 사실이다. 이 결과가 보여주는 것은 결국 한국 학생들의 학업 성취도는 강압적인 장시간 경쟁교육에 의한 훈련의 결과일 뿐 자발성과 창의성은 사실상 퇴화되어 있다는 것이다. 그렇다면 자발성과 창의성을 자극하는 교육과정은 어떤 것일까?

서열화 기제의 제거

현재의 창의성 교육은 고전적 창의성과 신비적 영재관에 입각한 특수교육을 지향하고 있다. 또 학생들의 수월성 향상도 실질적으로 장시간 주입식 학습과 개별 경쟁을 통한 개인의 역량 강화라는 방식으로 실행되고 있다. 이렇듯 교육현장에서는 명시적, 묵시적으로 경쟁 및 서열화 기제들이 끊임없이 작동하고 있다. 이러한 기제들은 학생들 간에 격차와 차별을 조장하고, 극소수를 제외한 대다수의 학생들을 좌절의 늪과 분노의 도가니에 몰아넣을 위험이 있다. 결국 한국 교육현장의 곳곳에서 작동하고 있는 서열화 기제들은 학생들의 잠재능력을 자발적으로 동기화하고 서로를 인정하는 차이의 포용을 통해 발휘되는 협력적 창의성의 창발을 저해한다. 따라서 현재의 교육제도와 교육과정에서 협력적 창의성 교육에 방해적인 요소를 과감하게 제거하는 정책 추진이 절실히 요구된다. 특히 현재의 학력평가 시스템은 개인의 차등화를 노골적으로 조장하는 악의적인 측면까지 가지고 있다. 이 시스템은 다수의 학생을 열등생으로 호명한 다음 창의적 활동에서 추방하는 결과로 이어지고 있다. 이러한 학력평가 시스템은 하루빨리 코칭 시스템으로, 다시 말해 학생들 간의 협력을 장려하고 개인 잠재력을 최적으로 발휘할 수 있는 시스템으로 전환시킬 필요가 있다. 그리고 초등학교부터 협력을 통한 창의적 글쓰기 교육 프로그램을 개발하여 교수자와 학습자가 공동으로 참여하는 공동 프로젝트 수행 방식의 수업을 활성화하는 것도 필요하다.

고등학교 교양교육의 내실화

여러 형태의 고등학교 중에서도 특히 대학 진학을 목표로 하는 인문계 고등학교 교육에서는 실질적인 대학 수학능력인 교양 수준을 확보하

는 것이 필요하다. 대학에서 교양을 재교육하는 시간을 복수전공의 확대로 바꿔나가야 한다는 것이다. 한 사람이 여러 분야의 전문가가 되는 것은 사실상 불가능하다. 현재 대학 교육에서 융합을 내세워 다양한 분야를 무질서하게 섭렵하도록 하는 교양교육은 전문 분야의 심층적 교류에 입각한 융합 학문의 발전에 큰 도움이 되지 못하므로 재고되어야 한다. 대학 교양교육은 인문학, 자연과학, 사회과학 등의 가장 기초적인 학문 교과와 각 영역의 기초사고 방법에 대한 이해를 고양시키는 핵심역량 증진에 집중되어야 한다. 즉 대학의 교양교육은 인문, 공학, 사회과학에 관계없이 철학, 수학, 물리학, 예술학을 필수화하고 고급화함으로써 철학을 통해서는 성찰력, 수학을 통해서는 수리적 추리력, 예술학을 통해서는 영감적 상상력을 배양하는 방식으로 다시 설계되어야 한다.

6. 기초 인문학과 응용학문의 복수전공을 통한 인재 양성

앞에서 지적한 것처럼 다양한 유형의 협력 연구를 수행하기 위해서는 학문적 정체성이 뚜렷하고 그 사회문화적 필요성이 역사적으로 검증된 세분화된 기초학문들을 협력 연구의 토대로 삼는 것이 필수적이다. 하지만 기존의 융합 연구 정책은 연구교류와 지식 순환의 생태계라는 협력적 창의성 발현의 기반이 부재하는 상태에서 급속히 추진되었다. 이는 학문적 정체성이나 정당성에 대한 성찰 없이 유행에 편승하여 이목을 끌 수 있는 브랜드 아래 기존 학과를 물리적으로 통폐합하여 소위 융합학과를 급조 양산하는 결과만을 낳았다. 나아가 이들 학과들에서는 교육과 연구의 세계화를 표방하며 외국학자들을 성급히 참여시키고 있다.

이렇게 교육과 연구의 실질적 협력기반이 숙성되지 않은 채 물리적 융합으로 졸속 설립된 학과들은 교육과정의 타당성이나 학문적 지속가

능성 모두가 의문시되는 실정이다. 불과 몇 년 전 당시 시대 상황에 따라 급히 설립된 학과들 중 벌써 폐과되는 학과들이 속출하고 있다. 반면 산업적 수요가 직접적으로는 확인되지 않는 기초학문 학과들은 구조조정이라는 이름으로 추방당하는 경우가 점차 확산되고 있다. 이는 장기적으로 모든 학문의 파산은 물론 협력 연구 자체를 불가능하게 만들어버릴 위험마저 있다. 문제는 여기에 그치지 않는다. 가장 우려되는 사실은 이 악순환 속에서 미래를 책임질 학생들이 길을 잃은 학문적 미아가 되리라는 점이다.

이러한 문제를 해결하기 위해서는 적어도 학부에서 기초학문 학과의 존재를 학문적 당위로 인식하고 학생들이 실용 혹은 응용학문과 기초인문학을 복수전공하도록 적극 장려하는 제도를 마련해야 한다. 특히 협력 연구의 성공을 위해서 각 분야 전문가가 자기 분야 이외의 1개 타 분야에 자기 분야에 버금가는 전문성을 확보하도록 강제하는 것이 필수적이다. 따라서 복수전공이 실질적으로 복수 분야에 전문성을 확보한 전문가 양성을 목표로 체계화되고 강화되어야 한다. 그러나 현재 복수전공은 단수전공에 비해 각 전공에서 요구하는 학점이 적기 때문에 해당 분야에 대한 피상적 학습으로 그치고 있는 것이 다반사이다.

여기서 한 가지 꼭 지적해야 할 점이 있다. 현재와 같이 과학기술이 높은 수준으로 발전하고 있는 상황에서는 과거처럼 다방면에 뛰어난 레오나르도 다빈치형의 인재 양성이 사실상 불가능하다는 점이다. 다방면에 능통한 인재라 해도 현대와 같은 고도 전문 지식사회의 기준으로는 상대적으로 피상적인 교양 차원에 머물 수밖에 없다. 이런 인재들이 수십 명 모인다 해도 현재와 같은 융합 연구의 수준에서 예상할 수 있는 결과물은 피상적 수준에 그칠 것이다. 이 점은 다음과 같은 상황을 떠올려보

면 쉽게 이해할 수 있다.

여러 가지 악기를 아마추어 수준으로 연주하는 연주가 수십 명이 있다고 하자. 이들이 모여 연주를 한다고 해도 제대로 된 하모니는 이루어지기 어려울 것이다. 또는 피상적인 수준에서 영어, 독일어, 이태리어, 스페인어, 한국어를 구사하는 사람들이 수십 명 달라붙어 괴테의 파우스트를 한국어로 번역한다고 하자. 과연 훌륭한 번역이 나올 수 있을까? 그보다는 독일어와 영어만을 완벽하게 구사하는 사람, 그리고 영어와 한국어만을 완벽하게 구사하는 사람 이렇게 두 사람만 있는 것이 각 언어의 중계를 거쳐 파우스트를 상당 수준으로 번역하는 데 훨씬 도움이 될 것이다.

이러한 사실을 원용하면, 2개 분야에서 전문성을 확보하고 있는 연구자들이 협력 연구를 할 경우, 서로 중첩되는 부분에 있어서 전문화된 각 학문의 단절 상황이 순조롭게 극복될 수 있을 뿐만 아니라 상당히 심화된 수준에서 시너지 효과를 산출할 수 있다. 예를 들어 심리학과 철학 복수전공자, 심리학과 분자생물학 복수전공자, 철학과 문학 복수전공자가 함께 협력 연구를 할 경우, 문학과 분자생물학은 상당히 먼 학문적 거리에도 불구하고 중간 복수전공자들의 지식매개 과정을 통해 순조롭게 순환되며 합류하여 새로운 연구영역을 개시하고 특출한 연구결과를 창출할 수 있다.

복수전공의 내실화는 기존의 학제를 파괴하지 않고도 심층횡단을 통한 협력 능력의 배양이 가능하다는 장점이 있다. 즉 현재의 학과 제도가 각기 세분하여 이룩해 놓은 지식의 숙성도와 잠재력을 훼손시키지 않으면서 또 기존 제도의 폐쇄성을 극복할 수 있는 방법이다. 지식의 숙성과정을 거치지 않고 급조된 융합 학문은 문화적 역사적 임상실험을 거치

지 않은 것으로 상당한 위험성을 내포할 수도 있다.

4.2 무엇을 연구할 것인가

'푸시 앤 드라이브' 방식의 경쟁체제 대신 협력 연구를 정책적으로 지원함으로써 얻을 수 있는 효과는 한두 가지가 아니다. 그렇다면 이런 협력 연구는 주로 어떤 연구 과제들에서 그 장점을 발휘할 수 있을까?

1. 중앙에서 지역으로, 집중에서 분산으로

NBIC 수렴 연구를 추동하는 잠재적 이념은 앞서 밝힌 바와 같이 트랜스휴머니즘이다. 이 미래주의적 트랜스휴머니즘에는 아이러니컬하게도 자연을 조작의 대상 그리고 자원의 저장소로만 보는 근대적인 도구주의적 자연관이 은폐되어 있다. 그리하여 자연을 아무 의미도 없는 물질 상태로 보는 이러한 트랜스휴머니즘은 자연의 질적 차이성을 인지할 능력이 없으며 따라서 자연의 장소적 독특성에 대한 감수성도 마비되어 있다. 이것은 20세기 이후 전 지구의 지역적 고유성을 말소시킨 세계화의 물결을 과학기술이 무비판적으로 관철시켜 온 사정과도 맞닿아 있다. 특히 나노기술과 같은 초자연적이고 초인간적 기술은 사실상 인간 인식의 한계를 넘어서는 불가지적(noumenal) 기술이기 때문에 그로부터 어떤 결과가 빚어질지 원리적으로 예측 불가능하다는 문제점을 안고 있다.

그러나 다른 한편에서는 이러한 획일적 세계화에 대한 반성과 함께 지역과 장소의 차이성을 인정하는 새로운 지역의식이 싹트고 있는 것도 사실이다. 이러한 지역의식의 표출은 다방면에서 확인된다. 로컬 푸드

운동, 도시농업, 분산형 에너지개발, 농업 개념을 건축디자인에 도입한 애그리텍처(Agritecture), 지역공동체 기반의 창의경제 등이 대표적인 경우이다. 농업에서 에너지를 거쳐 건축 그리고 경제에 이르기까지 새로운 각성을 일으키고 있는 이러한 의식과 철학은 기존의 물질 조작을 통한 고효율 대량생산 기술이나 나노기술 같이 초자연적, 초인간적 기술과는 다른 성격의 과학기술을 필요로 한다. 그리고 이러한 과학기술을 생산수단으로 하는 경제는 사회주의와 신자유주의 실패에서 보여주는 것 같이 근대적 경제와는 동일화될 수 없는 경제를 향한 진화를 예고한다. 물론 현실은 여전히 기존의 경제 틀 내에서 문제를 해결하려고 노력할 것이다. 그러나 이미 역사적으로 판명이 난 사회주의의 실패와 최근 뚜렷해지는 신자유주의의 실패는 이들 둘과는 다른 경제를 향하는 미래 시나리오를 준비하도록 요구하고 있다.

이러한 이유에서 식품과 식량 부문, 또 도시 부문, 건축 부문, 에너지 부문 등 각기 다른 영역에서 출현하고 있는 이 새로운 현상을 미래를 향한 새로운 비전으로 정립하기 위한 협력 연구가 절실하다.

2. 24시간 근무로부터 벗어난 창조적 공동 공간(sympoietic village)의 조성

스마트폰의 보급으로 촉발된 스마트워킹(smart working)과, 이 스마트워킹으로부터 가능해진 재택근무는 우리나라에서는 역설적 상황으로 변질되고 있다. 원래 스마트워킹은 "Work smart, not hard!"라는 표현에서 드러나듯 과도한 노동으로 인간적 삶과 창의성이 피폐해지는 근대적 노동경제를 넘어서 삶의 질과 창의성을 고양하는 경제로 나아가자는 선언이었다. 그리고 실제로 유비쿼터스 개념을 채용하여 태어난 스마트폰

은 그 기술의 창안자가 선언하였듯이 인간을 집으로 돌려보내는 기술을 구현하기 위한 디바이스였다. 그러나 현재 드러난 스마트 시대는 스마트하게 일하는 환경보다는 언제 어디서나 쉴 새 없이 일해야 하는 환경을 만드는 쪽으로 변질되고 말았다. '언제 어디서나'에는 집도 예외가 아니다. 스마트워킹은 직장과 집을 분리시킨 근대 산업사회의 문제를 재택근무로 극복할 수 있게끔 기대하게 했으나, 결국은 집에서도 계속 일해야 하는 상황으로 오히려 악화되고 말았다. 따라서 스마트 시대가 원래 기대하였던 인간적 창의력의 가능성을 열기 위해서는 재택근무 시간을 제한하고 집과 거주지 공동체를 기반으로 한 창의적 여가활동을 증진시키는 정책이 강구되어야 한다. 이를 통해 진정한 의미의 스마트워크가 이루어지고 인간의 삶이 집으로 돌아올 수 있게 된다면, 인간의 주거문화에도 커다란 변화가 일어날 것이다.

3. 상호창조적 도시의 건설

오늘날 과학기술의 견인차는 IT이며 IT는 현재 스마트 기술과 클라우드 컴퓨팅을 결합시킨 스마트 클라우드 컴퓨팅(smart cloud computing) 시대를 향해 발전하고 있다. 이 최첨단 기술은 철학이나 인문학과의 협력 연구를 통해 앞서 우리가 다룬 '융화'(harmonizing)의 과학기술로 발전할 수 있는 가능성을 갖고 있다. 스마트 기술에는 이미 스티브 잡스가 암시한 과학기술의 인문학적 해석의 가능성이 담지되어 있다. 잡스가 명쾌하게 밝히지는 않았지만, 애플의 스마트 기기들이 가진 인간-컴퓨터 상호작용(HCI) 기능과 클라우드 컴퓨팅 개념을 지식고고학적으로 추적해보면 마크 와이저가 창시한 유비쿼터스 컴퓨팅(UC)의 개념에 이른다는 것을 알 수 있다. 그런데 UC의 개념이 '실존론적 도구 존재론'이라는 이론

을 현상학과 공유하고 있다는 것은 이 책 2장에서 이미 살펴본 바 있다. 와이저가 창안한 원래 의미의 유비쿼터스 개념에는 실존 존재론적 도구, 풍경 개념과 관련된 인문학적 성찰, 그리고 인간-컴퓨터 상호작용이라는 첨단기술 연구가 가로지르고 있기 때문이다. 그리고 UC를 구성하고 있는 이른바 '심는 기술'(embedding technology), 상호연결 기술(interconnecting technology) 및 맥락인식 기술(context aware technology)은 실존론적 도구 존재론이 밝혀낸 도구의 존재론적 특성에서 파생하는 기술이다.

이러한 사실을 주목하면, UC 기술과 실존론 현상학은 상당 부분 이론을 공유하고 있으며 따라서 협력 연구가 실질적으로 진행될 수 있는 기반을 이미 이루고 있다. 현상학을 철학적 기초로 한 건축학자 C. 노르베르크 슐츠(C. Norberg-Schulz)에 따르면, 실존적 공간은 궁극적으로 존재의 근본 분위기인 풍경이며, 이 풍경은 인간의 거주와 건축을 통해 그 의미를 드러내는 것이다. 따라서 유비쿼터스 기술의 심층에는 풍경과 건축이 상호창조적으로 관계를 맺고 있다는 성찰이 매개되어 있다. 결국 UC와 현상학 그리고 건축은 상호창조적으로 협력 연구를 할 수 있는 기반과 방향이 이미 형성되어 있는 것이다. 그간 기술 중심으로 수행된 UC와 스마트 기술 연구는 이제 기술과 인간이 상호창조적으로 서로를 완성해 가는 융화 과학기술 모델을 제시할 수 있다.

이렇게 UC와 현상학 및 건축의 협력 연구를 통한 융화기술의 개발은 U-City의 개념을 상호창조적 도시(Sympoietic City)의 개념으로 한 차원 더 승화시킬 것이다. U-City는 도시에 UC를 적용하는 새로운 도시 개념으로서, 한국이 선도적인 위치를 차지하고 있었다. 그러나 부산, 송도 등 여러 신도시들에서 한때 봇물 터지듯 채택하였던 U-City는 어느 날 사라져 버리고 지금은 황량한 벌판에 건설이 중단된 초고층 건물들

로 남게 되었다. 이러한 사태의 원인은 U-City 개념의 근간이 되는 UC에 함축되어 있는 인문학적 의미를 고찰하지 않고, 오직 기술 중심적으로 UC를 적용시킨 데 있다. 하지만 앞에서 밝힌 바와 같이 U-City의 근간이 되는 UC를 그 본래적 의미에 따라 이해하면 이미 U-City가 어떤 방향으로 나아가야 할지가 시사된다. 즉 U-City 개념의 심층에 자리 잡고 있는 근본 전제를 심층횡단 방법을 통하여 살펴보면, 이미 그곳에는 인간과 인간, 그리고 인간과 자연이 풍경을 매개로 상호창조적 융화하는 방향성이 내재되어 있음이 밝혀질 것이다. 다시 말해 기술 주도적으로 추진하던 U-City를 철학, 건축, UC 공학자들의 협력 연구로 돌릴 때 인문적이고 친자연적이며 미학적인 가능성을 실현하는 새로운 도시 비전, 곧 'Sympoietic City'의 발전이 가능할 것이다.

4. 기술, 디자인, 건축, 철학을 결합시킨 도시디자인의 구현

한국은 자타가 공인하는 IT 강국이자 이 기술을 적용한 디스플레이(DP) 분야에서도 선도적 위치에 있는 나라이다. 이 기술들은 정보나 이미지와 관련된 기술이기 때문에 사실상 문화기술의 영역에 속한다고 할 수 있다. 이러한 사실을 반영하듯 IT와 DP 기술은 현재 우리나라에서 서로 융합하며 도시디자인 영역에 적극 도입되어 도시 미관의 새로운 방향을 만들어 가고 있다. 서울역 버스환승센터, 강남역의 미디어폴, 그리고 유명 건축물들을 이용한 미디어 파사드 등이 대표적인 경우이다. 도시디자인에서 일어나고 있는 이러한 사건들은 어쩌면 그동안 세계 다른 도시들에 비해 도시미학적으로 볼품없었던 우리나라 도시들을 새로운 정체성과 풍경으로 탈바꿈시키는 계기가 되고 있는지도 모른다.

도시는 사람들이 사는 공간이지만 그 자체가 이미 엄청난 부가가치를

생산하는 관광상품이기도 하다. 이러한 사실을 고려하면 도시를 탈바꿈시키는 일의 중요성을 간과할 수 없다. 그러나 유감스럽게도 현재 우리나라 도시에서 급속히 추진되는 어반 미디어(urban media)의 도입은 첨단기술 그 자체를 과시하는 방식으로 추진되고 있다. 그런 탓에 경우에 따라서는 도시의 미학적 품위, 장소적 정체성, 풍경의 예술성을 훼손하는 경우도 종종 발생하고 있다. 새로운 기술로부터 탄생하는 도시의 시설물들은 그 자체가 도시에 새로운 물성을 부여하고 외피를 입히는 것이다. 이는 전기가 발명된 후 도시에 설치된 가로등이 단순히 조명시설물이 아니라 도시에 새로운 아우라를 선사하였던 것과 같다. 그리하여 바르셀로나 같은 도시에서는 가로등이 가우디와 같은 건축가에 의해 그 도시풍경을 머금으며 승화시키는 예술품으로 디자인되었다. 그런 의미에서 우리나라 도시에 새롭게 출현하는 어반 미디어들 역시 단순히 정보나 이미지를 전달하는 도구가 아니라 도시에 존재하며 도시의 풍경을 이루는 사물이다.

그런데 현재 어반 미디어들의 이미지들은 어떤 풍경을 만들어낸다기보다는 도시의 외피를 시시각각 현란하게 변하며 쏟아져 나오는 이미지들로 덮어버림으로써 도시가 가진 원래의 풍경과 사람들이 만들어내는 소통의 공간을 시각적 혼란과 착란으로 덮어버리곤 한다. 이러한 어반 미디어의 기반시설물들이 도시 풍경의 새로운 물성을 구성하는 것에 대한 성찰이 없으면, 도시에 단순히 기능적 시설물을 설치함으로써 도시에 머금어져 있는 풍경의 미학이 파괴될 위험이 있다. 도시가 머금고 있는 풍경의 미학을 파괴하고 단순한 기능적 시설물을 설치하는 결과만 낳을 위험이 있다.

그 예가 최근 강남에 설치된 '미디어폴'이다. 미디어폴은 도시의 풍경

을 첨단 IT와 DP 기술을 통해 시시각각으로 예술적 이미지로 장식함으로써 도시에 문자 그대로 새로운 이미지를 선사하는 것이다. 그러나 그것을 구현하는 시설물 자체가 거대한 철근 빔의 형태를 취함으로써 이미지들이 빛을 발하지 못하는 낮에는 도시의 풍경을 살풍경하게 파괴하는 문제점을 가지고 있다. 따라서 어반 미디어라는 새로운 기술과 도시 디자인의 융합으로 전개되는 현재의 도시 디자인은 장소성의 건축과 철학의 성찰을 심층적으로 융합할 것을 요구한다.

5. 인간의 대체가 아닌 인간과 협력하는 과학기술

기존의 과학기술은 효율 향상과 성능 증강이 그 유일의 목표였다. 이러한 목표를 갖는 기술은 발전의 발전을 거듭한 끝에 인간의 지적 성능마저 능가하는 로봇 기술의 등장을 예고하는 단계에까지 이르렀다. 그리고 이미 많은 부분에서 과학기술은 인간을 대체하여 인간을 불필요한 존재로 전락시키는 방향으로 발전하고 있다. 그러나 이러한 방향의 발전은 경제와 사회문화적으로 상당한 문제점을 야기하고 있다. 즉 과학기술의 발전과 그에 의한 경제성장이 오히려 실업자를 양산하여 빈곤층을 증가시키는 역설을 낳고 있는 것이다. 따라서 과학기술은 이제 인간을 대체하는 것이 아니라 인간과 함께하는, 나아가 인간과 협력하는 기술로 발전 방향을 재조정해야 한다.

예를 들면, 노령화에 대비하여 노인을 돌보는 로봇을 개발하는 연구는 재검토되어야 한다. 이러한 연구는 인간과 인간과의 관계에서만 가능한 '돌봄'이라는 실존적 행위를 왜곡할 뿐만 아니라 일자리를 빼앗는 결과를 가져온다. 따라서 과학기술은 복지사와 노인의 관계가 보다 배려적인 관계로 발전할 수 있도록 복지사의 육체적 노역을 덜어주는 스마트

기구의 개발을 목적으로 해야 할 것이다. 이를 통해 기계와 인간의 협력 관계를 발전시키는 동시에 돌봄이라는 인간적 일은 인간이 맡도록 해야 한다. 이렇듯 과학기술이 어떻게 인간을 일자리에서 추방하느냐가 아니라 어떻게 일자리를 만들어줄 것인지를 연구하는 것이야말로 협력적 과학기술의 주요 과제가 되어야 한다.

후기

2014년 8월 15일이었을 것이다. 인간의 미래를 탐색하는 이 책의 원고를 쓰기 시작한 날은. 그날 나는 어디선가 빛이라도 내린 듯 힘을 얻었다. 그리고 이 책의 원고를 최종 탈고한 날이 2017년 8월 15일. 묘한 우연이다.

3년이라는 시간은 깊은 사색을 담은 한 권의 책을 출판하기에는 그리 길지 않은 시간이다. 그럼에도 이 책을 쓰는 과정은 한없이 길게 느껴졌다. 나의 천학 때문이겠지만 끝 모르는 항해 같았다. 포스트휴먼과 인간에 관한 존재론적 논의에서 항해를 시작했지만, 그 후 항로는 첨단기기들에 대한 철학적 평가를 거쳐 디지털 경제혁명의 좌절과 희망을 배회하다가 과학기술의 새로운 발전방향을 모색하는 쪽으로 나아갔다. 그리고 항해는 미래의 청사진으로 제시된 4차 산업혁명과 독일의 관련 정책을 살펴보는 데까지 이르렀다. 그런데 이즈음 독일의 역사를 다시 들여다보자 또 다른 문제의 바다가 펼쳐지고 있었다.

독일은 1차 대전의 패배로 인해 국가라 할 수도 없을 만큼 엉망진창의 상태에 처해 있었다. 그러나 1933년 나치가 집권하면서 상황이 급변한다. 나치는 20세기 전반 그들이 이룩한 과학기술의 성과를 총동원하다시피 하며, 엉망이 된 독일을 불과 집권 7년 만에 전 유럽을 상대로 전쟁

을 치를 만큼 강력한 국가로 재건했다. '부국강병'의 시각으로 보자면 나치는 초효율적인 기술 체제였을 것이다. 그러나 그 체제는 평범한 사람도 악인으로 바꾸는 끔찍한 전체주의였고, 결국 인류에게 참혹한 죄악을 저지르는 쪽으로 나아가고 말았다. 그런 독일이 2차 대전 이후에는 지속적인 사회혁신을 통해 과거를 청산하고 정치 민주화와 경제 번영을 동시에 이룬 모범 국가가 되었다. 또한 독일의 사회혁신은 '사회적 시장경제'와 같이 협력적 창의성을 진작하는 민주적 토양을 일궈내기도 했다. 1940년 당시 독일의 미래가 오늘날처럼 되리라 누가 예상했을까? 가장 효율적으로 죽음을 생산하던 아우슈비츠라는 공장까지 건설한 독일이 말이다.

나는 '4차 산업혁명'이라는 세간의 구호를 접할 때마다 현재 그것을 선도하고 있는 독일의 과거사가 떠오르고, 또 다른 문제의 바다로 들어서는 나 자신을 발견한다. 독일의 오늘은 인간의 미래를 탐색하는 우리의 작업에 어떤 교훈을 던져주는가? 4차 산업혁명에 뒤처질지 모른다는 우려 때문에 또다시 빨리빨리 조급증에 빠지고 있는 우리의 현재를 돌아보지 않을 수 없다. 4차 산업혁명의 실체는 무엇인가? 정부와 기업들이 말하는 대로 ICT를 중심으로 한 과학기술의 가속적 발전으로 4차 산업혁명을 성공시킨다 해도, 그 미래란 과연 바람직한 것인가? 사회는 그러한 미래를 실현할 과학기술을 도와주고 시장자본 축적을 지원하는 기반으로만 존재하는 것인가?

다시 생각하면 4차 산업혁명 자체가 중요한 것이 아닌지도 모른다. 그것을 가능케 하는 과학기술을 사회적으로 선용할 수 있게 하는 사회적 혁신이 훨씬 중요할지 모른다. 그래서 우리도 독일의 사회적 시장경제와 같이 시장과 사회를 포괄하는 민주적 토양을 마련하는 게 4차 산업혁

명보다 더 긴요한 일 아닐까? 만일 그러하다면 어떠한 제도와 법으로 이 토양을 다지고, 어떤 교육을 통해 그 토양에서 성장할 미래 세대를 양성할 것인가?

하지만 이처럼 큰 문제를 제대로 다루기 위해서는 또 몇 년의 항해가 필요할 것이다. 나는 잠시 멈출 수밖에 없다. 그런 점에서 이 책은 결국 완결되지 못한 책이고, 다른 책들처럼 쉽게 결론을 맺을 수가 없었다. 대신 나는 본문에서 쓰지 못한 말을 이 '후기'에서 조금 자유롭게 털어놓고 싶다.

여기서 고백해야 할 사실이 있다. 인간의 미래에 대한 철학적 성찰을 중심으로 하는 이 책은 보통의 학문이 갖추어야 할 기본 덕목인 객관성을 주장하지 않는다. 그러나 그 이유는 객관성을 포기해서가 아니라 인간에 관한 한 객관적 접근방식이란 일정 정도 허구라고 보기 때문이다. 또한 철학교수로서 인간에 관한 수많은 이론들을 연구하고 가르치면서도 나 역시 구체적인 한 인간으로 살면서 얻은 생생한 체험들을 부정할 수 없기 때문이다. 아무리 객관성을 표방하는 이론일지라도 그것을 나 그리고 나와 관계 맺고 있는 구체적 인간들에게 적용했을 때 구체적으로 존재하는 그 인간들이 실종되는 경우를 수없이 체험하였다. 거리에서 만나는 3자들, 관찰의 대상으로만 존재하는 그 사람들은 나와 같은 인간이라기보다는 그저 탐구의 대상이자 설명해야 할 객체들일 뿐이다. 그런데 나와 직접적인 삶의 인연을 맺고 함께 살아가는 사람들은 그런 대상들이 아니다. 내가 현실의 인간으로 살면서 만나는 '너'들은 모두가 다르고 모두가 고유한 자신으로서 존재한다. 결국 인간은 어떤 보편성을 주장하는 이론으로도 접근 불가능한 존재들인 것이다.

이런 이유에서 책을 쓰는 동안 나는 한 가지만큼은 잊지 않으려 했다. 이 책은 오늘을 살아가는 사람들 모두의 문제가 되어버린 인간의 미래 운명에 대한 철학적 사유이다. 따라서 이 책에서는 철학자나 과학자가 자신의 연구실 또는 실험실에서 인간을 대상화하여 객관적 언어로 기술하면서 망각하곤 하는 사실, 하지만 너무나 당연한 사실 하나를 끊임없이 기억하고자 했다. 그것은 인간이 다른 어느 누구와도 바꿀 수 없는 그 자신으로 존재한다는 사실이다.

2015년 크레타로 가는 비행기 안에서 우연히 〈이미테이션 게임〉이라는 영화를 보게 되었다. 천재 수학자 앨런 튜링의 드라마틱한 일생을 그린 영화였다.

튜링은 컴퓨터 또는 인공지능이라는 새로운 존재의 이론적 토대를 최초로 마련한 인물로 평가받고 있다. 이런 공로로 "인공지능의 아버지"로 불리기도 한다. 튜링은 특히 '튜링 테스트'로 인공지능의 기준을 제시한 것으로도 유명하다. 그는 기술의 발전으로 인간을 능가하는 인공지능이 출현할 시점이 멀지 않았다고 생각했다. 그리하여 인공지능이 더 이상 인간과 구별되지 않는 지점을 판별하기 위한 테스트를 도입하고자 했다.

튜링의 이런 기대는 21세기 들어 더욱 짙어졌다. 현재 구글에서 인공지능 프로젝트를 총지휘하고 있는 레이 커즈와일은 2000년 초반 기술 발전의 속도를 그래프를 통해 계산했다. 그 결과 튜링 테스트를 통과하는 인공지능의 탄생 시점이 2025년이 될 거라 예측하였다. 그런데 알파고와 이세돌의 바둑대결에서도 보았듯이 그 시점은 훨씬 빨리 도래하고야 말았다. 가령 알파고라는 존재가 인공지능임을 숨겼으면 어땠을까? 사람들은 틀림없이 이세돌을 능가하는 실력자가 나타나 그를 이긴 것으

로 받아들였을 것이다. 알파고는 '인간과 구별되지 않음'이라는 튜링 테스트의 기준을 이미 통과한 인공지능이었던 것이다.

그런데 나는 이 테스트를 제안한 튜링에게 묻고 싶다. 만일 이 시험을 튜링 자신에게 적용하면 어떻겠느냐고. 가령 안을 들여다볼 수 없는 방에 튜링과 그의 목소리를 똑같이 흉내 내는 컴퓨터를 넣고, 바깥에 있는 사람들에게 둘과 대화를 하여 구별해보라고 한다면? 그리하여 사람들이 더 이상 컴퓨터와 튜링을 구별하지 못하고 둘을 혼동한다면? 튜링은 과연 이 상황을 어떻게 받아들일까? 튜링은 자신의 테스트가 입증되었다고 기뻐할까, 아니면 내가 바로 튜링 자신이라고 주장하고 싶어할까?

튜링은 이미 죽었고 이 질문에 답을 할 수도 없다. 카뮈가 가장 철학적인 문제라 말한 바 있는 자살을 선택함으로써 그는 스스로의 삶을 마감했다. 그러나 튜링이 자신의 삶을 스스로 되돌아보았다면 다음과 같은 사실을 부인하지 못했을 것이다. 인간이 인간인 이유는 모든 인간이 그 누구 혹은 그 무엇과도 같은 수 없는 자기 자신으로 존재한다는 데 있다. 튜링도 그 점에서는 자기 자신을 뚜렷이 의식하는 인간이었을 것이다.

물론 이런 사실은 일상에서 자주 망각된다. 그러나 삶이 위기에 처하거나 죽음 앞에 섰을 때, 인간의 삶은 원래 다른 누구도 대신해줄 수 없는 자기 자신의 삶이며 앞으로도 계속 그럴 수밖에 없다는 사실을 깨닫는다. 그리고 이러한 인간은 또 언제나 특정한 역사적 상황 안에서 사는 존재이기도 하다. 인간은 역사적 체험으로부터 분리될 수 없다. 인간의 체험은 특정한 역사적 상황에서 이루어지며, 이 체험은 그에게 어떤 방식으로든 체화된다. 그리하여 인간은 역사 곧 시간에 매인 그의 몸을 통해 어떤 삶의 의미를 창조해가는 삶을 산다. 이것이야말로 인간이 거부할 수 없는 삶의 방식이다.

튜링도 어떤 역사를 살았다. 특히 그가 살았던 역사는 2차 대전이라는 참혹한 시대였다. 그 역사에서 튜링에게는 나치에 맞서 지켜내야 할 인간 공동체가 있었을 것이다. 그러기에 그는 나치의 암호를 해독하는 콜러서스(Colossus)라는 최초의 컴퓨터를 만들었던 것이다. 아니면 그는 아무 생각 없이 영국 정보국이 시키는 대로 일했던 기계였던가?

〈이미테이션 게임〉에서 튜링은 자살을 결심하고 실행에 옮기기 전 스스로에게 묻는다. "나는 기계였을까요, 아니면 인간이었을까요?" 물론 이 영화는 '팩션'이고 실제로 튜링이 스스로 이런 질문을 던졌는지 알 수 없다. 하지만 나는 책을 쓰면서 가끔 튜링에게 이 질문을 던져보고 싶었다.

이미 말했지만, 인간을 원래 그 자신으로 사는 고유한 존재자로 밝혀내려 한 철학자는 바로 마르틴 하이데거이다. 그는 인간의 삶을 아직 다가오지 않은 절대적 미래로서의 죽음과 관련시켜 해명하고자 했다. 그에 따르면 인간 존재는 자신의 선택과 무관하게 주어진 역사적, 문화적 상황에 던져지는 방식으로 태어나 결국은 죽게 되는 존재이다. 하지만 인간의 삶은 바로 이러한 사실 때문에 아직 다가오지 않은 삶의 끝 곧 죽음이라는 미래와 현재에 관계하며 어떤 의미를 찾아나간다. 그 의미는 인간이 각자 태어난 그 역사 문화적 상황에 이미 구축되어 있는 것을 남과 같이 그저 답습하는 방식으로 찾을 수도 있고, 아니면 자신을 자신으로 발견하며 자기만의 의미를 찾으려 할 수도 있다.

하이데거는 그래서 필요했다. 우리들 각자의 절실한 문제가 되고 있는 인간의 미래 운명을 철학적으로 성찰하기 위해서 나는 하이데거에 도움을 먼저 청할 수밖에 없었다. 물론 하이데거 한 사람으로는 역부족인 문제들도 많았다. 그런 경우에는 철학사에서 하이데거와 동일한 문제

의식을 공유했던 철학자들, 즉 후설과 메를로퐁티 등이 보여준 현상학적 통찰에서 도움을 얻을 수 있었다. 특히 최근의 첨단기술은 인간이 구체적 일상 속에서 사용하는 도구의 모습을 띠고 다가오는데, 이 도구들과 인간의 관계를 검토하는 데 있어서 두 현상학자의 도움은 결정적이었다.

이 책을 완성하는 데 도움을 얻은 것은 그뿐만이 아니다. 미래를 철학적으로 검토하는 작업은 이미 20년 전으로 거슬러 올라가고, 이후에도 산발적으로 글을 써왔다. 하지만 작업을 더욱 진전시켜 이렇게 책으로 완성할 수 있게 된 결정적 계기는 한국연구재단의 저술출판지원사업 덕분이다. 연구재단에서 시행하는 이 사업은 저술을 꿈꾸는 인문학자들에게는 생명의 젖줄이다. 이 사업으로 더 많은 연구자들이 활발한 저술 활동을 할 수 있기를 바란다.

이 책의 초고는 무수한 오탈자와 난삽한 문장으로 출판에 그리 적합한 상태가 아니었다. 그럼에도 사월의책 안희곤 대표는 기꺼이 출판을 떠맡는 결정을 내렸고, 초고를 성심껏 다듬어 어엿한 책 한 권으로 만들어주었다. 그 역시 한때의 철학도였기에 가능한 일이었을 것이다. 이 자리를 빌려 다시 고마움을 전한다.

보론

4차 산업혁명과 인간의 미래

4차 산업혁명이란 무엇인가 / 1

1.1 4차 산업혁명의 개념

최근 우리 사회에서 4차 산업혁명은 가장 뜨거운 화두가 된 듯하다. 수십 년간 지속되었던 고도 경제성장이 2000년대 이후 크게 둔화되고, 경제성장 동력을 어디서 찾아야 할지 막막한 상황에서 4차 산업혁명은 한국 경제에 새로운 출구를 열어주는 듯하다. 4차 산업혁명은 과연 사람들이 기대하는 대로 우리에게 긍정적 미래를 열어줄 기회가 될 것인가? 이 질문에 앞서 '4차 산업혁명'이 무엇을 의미하는지 먼저 그 개념을 정확하게 짚어볼 필요가 있다.

근대 과학기술은 인류를 빈곤으로부터 해방하여 경제적 번영을 가져다 준 가장 중요한 요인으로 꼽히고 있다. 증기기관을 기반으로 일어난 1차 산업혁명, 그리고 20세기 초 전기를 기반으로 일어난 2차 산업혁명은 경제성장을 이룩하는 데 결정적 역할을 한 것이 사실이다. 또한 20세기 후반 출현한 디지털 기술은 과거의 실물 경제를 디지털 경제로 혁신하는 3차 산업혁명을 촉발했다. 이 3차 산업혁명은 다시 기술과 경제의 영역에서 혁신의 속도와 강도를 증가시키면서 최근 새로운 변곡점에 도

달하였다. 20세기 후반 시작된 디지털화가 현실의 가상화(Virtualization of Reality) 단계를 지나 가상의 현실화(Realization of Virtuality) 과정에 접어들면서 역사적으로 산업과 그것에 기초한 경제의 전면적 변화를 일으키고 있는 것이다. 4차 산업혁명은 가상세계와 현실세계가 상호 침투하는 '사이버 물리시스템'을 통해 더욱 자동화되고 지능화된 생산체제가 경제구조를 급격히 혁신하는 과정이라 할 수 있다. 그렇다면 사이버 물리시스템이란 무엇인가?

4차 산업혁명을 주도하는 기술은 20세기 후반부터 출현한 정보화 기술 즉 IT임이 분명하다. 그런데 중요한 것은 IT가 인간과 인간 사이의 소통을 위해 발전한 정보통신기술 곧 ICT의 단계를 이미 넘어섰다는 점이다. IT는 이제 인간을 포함한 모든 사물에 스며들어 만물의 소통과 조작을 실현시키는 사물인터넷 곧 IoT로 발전하고 있고, 나아가 IoE라로 부르는 '만물인터넷'(Internet of Everything) 단계에까지 진입하고 있다.

만물인터넷은 인적 요소, 기계, 설비, 물류 및 제품이 직접 정보를 교환하고 협력하는 지능형 디지털 네트워크 시스템을 말한다. 즉 기업 간의 생산 및 물류 프로세스를 지능적으로 상호 연결하여 생산을 더욱 효율적이고 유연하게 만들기 위한 시스템이다. 아울러 이 시스템은 제품 아이디어, 개발, 제조, 사용 및 유지보수에서 재활용에 이르기까지 제품 수명주기의 모든 단계를 포함하는 지능형 가치사슬을 만든다. 제품 아이디어에서 관련 서비스를 포함하는 재활용에 이르기까지 고객의 요구를 완전히 반영하는 시스템인 것이다. 이에 따라 기업은 개별 고객의 요구사항을 충족시키는 맞춤형 제품을 생산하고, 고객 개인을 위한 제품의 개별 생산 및 유지보수를 새로운 표준으로 삼을 수 있다. 또 4차 산업혁명이 가져올 미래에는 이런 시스템이 스스로를 업그레이드하며 진화한다

고 한다. 지능화되고 서로 정보를 주고받으며 스스로를 작동시키는 소프트웨어들 덕분이다.

이런 발전은 무엇보다 경제 전반에 영향을 미친다. 왜냐하면 신속하고 합리적인 결정으로 경제 운영의 오류가 감소하고 속도 역시 가속화되기 때문이다. 이렇게 경제 전반이 컴퓨터에 의해 지능화되면, 디지털 기술이 밟아온 거듭제곱의 발전 속도가 경제 영역에서도 실현되어 인간 사회는 그토록 염원하던 경제적 풍요를 이룰 수 있다는 것이다.

1.2 4차 산업혁명과 인간의 위치

그렇다면 4차 산업혁명은 많은 사람들이 기대하듯 우리에게 낙관적 미래만을 약속해 주는가? 기대와 달리 이 혁명은 전혀 낯선 양상으로 전개될지도 모르겠다. '혁명'이란 원래 인간이 원하는 방향으로 역사를 변혁하겠다는 인간의 주체적 의식을 실현하는 사건이다. 인간은 혁명을 통해 과거의 역사를 자신이 원하는 새로운 단계로 이끌었다. 그 단계 가운데 첫 번째로 등장한 것이 '근대'였고, 이때부터 인간은 스스로를 역사의 주인으로 선언하기 시작했다.

이런 관점에서 4차 산업혁명이라는 '혁명'은 어떻게 평가될 수 있을까? 만일 과학기술의 발전이 트랜스휴머니즘의 실현을 예고하고 또 그 방향으로 4차 산업혁명이 추진되는 것이라면, 이 혁명이 실현할 미래는 오히려 인간을 배제하는 미래가 될지도 모른다. 만물인터넷이라는 시스템과 인공지능이 맺게 될 관계 때문이다.

만물인터넷은 인간, 기계, 사물 등 모든 것이 인터넷으로 연결되고 이

모든 것으로부터 무한한 양의 데이터가 광속으로 처리된다는 것, 곧 '빅 데이터'에 사실상의 진리가 있다는 아이디어에서 출발한다. 이 진리를 정확하게 발굴하여 가공하는 것이 만물인터넷의 핵심인 셈이다. 하지만 불행하게도 인간의 능력으로는 이것을 감당할 수가 없다. 무한 규모로 집적되는 빅 데이터 안에 숨겨진 진리는 알파고와 같은 인공지능을 통해서만 파악할 수 있기 때문이다. 만물인터넷과 빅 데이터가 만들어내는 세상에서 이제 인간은 진리가 무엇인지 인식할 수도 없으며, 따라서 무엇을 생산하고 소비할지 결정하는 주체가 될 수도 없다. 인공지능이 사물의 진상을 파악하는 주체가 되어 생산방식과 소비양식을 결정하고, 생산 작업 자체도 사이버 물리시스템으로 대체된다. 인공지능을 탑재하고 네트워크로 연결된 로봇이 생산설비의 운영은 물론 서비스까지 담당하게 되는 것이다. 결국 4차 산업혁명을 실질적으로 지휘하는 두뇌는 인공지능이 될 전망이다.

우리는 알파고를 통해 이미 그 사례를 목격한 바 있다. 알파고와 이세돌의 바둑대결은 4차 산업혁명에서 인간이 처할 미래의 상황을 적나라하게 보여준 사건이었다. 그러나 이 대결에서 인간의 미래를 보여준 것은 알파고도 이세돌도 아니고 오히려 아자황이었다. 비록 일회적인 이벤트였다고는 하나 이 대결에서 아자황이 보여준 상징적 의미는 작지 않다. 그는 대역이라고 하지만 실로 인공지능의 아바타가 된 인간을 예감케 하는 존재였다. 아자황은 자신의 의지와는 무관하게 인공지능의 지시에 따라 행동하는 역할을 맡았고, 따라서 행동하고는 있지만 실로 아무것도 하지 않는 존재였다. 일하고 있지만 일하지 않는 존재였던 것이다. 4차 산업혁명이 현재와 같은 방향으로 추진된다면 우리는 상당수의 인간이 일을 잃고 무의미한 존재로 전락하는 광경을 볼지도 모른다.

물론 낙관적 전망도 있다. 4차 산업혁명이 한편으로는 기존의 일자리에 대한 파괴적 기술 혁신(disruptive technological innovation)으로 진행된다 해도, 다른 한편으로는 새로운 일자리를 창출할 것이라는 예측이다. 과거의 산업혁명이 농업 분야의 일자리를 대대적으로 파괴했지만 공장노동자와 사무직 관리자라는 새로운 일자리를 만들어낸 것과도 같다. 그러나 4차 산업혁명은 이전의 혁명과 근본적으로 다른 점이 있다. 그것은 4차 산업혁명의 근본 성격이 더 이상 인간의 역할이 필요 없는 산업구조를 지향하고 있다는 것이다. 아마도 새로운 기술이 가져다 줄 일자리 수는 그 기술로 인해 사라지는 일자리 수에 턱없이 못 미칠 것이다. 4차 산업혁명 초기인 현재에도 이미 일자리가 급격히 줄어드는 추세가 세계 도처에서 목격되고 있다. 예를 들면 1990년대 초 자동차산업의 메카였던 디트로이트에서는 140만 명의 인력이 고용되었지만, 4차 산업혁명의 발원지인 실리콘밸리에 고용된 인력은 14만 명에 불과하다.

물론 인공지능이 일으키는 4차 산업혁명이 인간을 제조업 등의 노동집약적 일자리로부터 해방시켜 더욱 양질의 일자리로 유도할 것이라는 전망도 있다. 인공지능이 대신할 수 없는 고도의 지적 능력을 갖춘 지식자본가, 인공지능과 로봇을 소유한 물적 자본가 등을 중심으로 이른바 슈퍼스타들의 경제가 출현하기 때문이다. 이들 슈퍼스타들이 천문학적으로 축적한 부를 통해 새로운 소비의 시대가 열리고 새로운 서비스 산업이 촉진될 것이라는 전망이다. 하지만 이것 역시 소박한 기대에 불과하다. 4차 산업혁명은 인간들이 요구하는 서비스조차 인공지능 로봇이나 가상현실로 대신 충족시킬 수 있기 때문이다. 백화점 안내원, 노인 간병, 심지어 섹스까지 인공지능이 담당하는 미래가 다가오고 있다. 이미 일본에서 시판되고 있는 감정로봇 '페페', 그리고 인공지능학자 데이비

드 레비가 주도하는 '로봇 섹스'(Sex with Robot) 프로젝트가 이것을 예견케 한다. 이런 추세가 완성된다면, 우리는 각자 어느 누구도 필요로 하지 않고 그 누구도 나를 필요로 하지 않는 상황을 맞이할 것이다. 그 미래는 나라는 인간도 너라는 인간도 필요 없는, 요컨대 인간의 일이 필요 없는 시대가 될 것이다.

일 없는 미래를 생각할 때 가장 먼저 예상되는 사태는 일을 잃은 사람들이 처하게 될 빈곤 상황이다. 그리고 이런 빈곤이 만연할 경우, 시장에서 소비자가 사라져 결국 총수요 부족이란 경제적 파국을 맞을 수도 있다. 이것을 우려하는 경제학자들은 4차 산업혁명이 실현하는 미래 경제에는 일 없는 사람들에게도 기본소득(basic income)을 주는 정책으로 문제를 해결할 수 있다고 한다. 인간의 일을 로봇에게 위임하는 대신 정부가 기업으로부터 로봇세를 징수하여 기본소득으로 지급한다는 구상이다. 미래는 일이 없는 사회가 아니라 인간을 일에서 해방시키는 사회가 되리라는 것이다.

물론 이들의 생각대로 기본소득은 빈곤으로 인한 사회적 양극화나 총수요 부족을 진정시키는 방안이 될 수 있다. 하지만 이런 생각은 인간과 일의 관계를 '노동'과 '임금'이라는 지극히 일면적인 관점으로 보는 데서 나온 것이다. 일은 시간이나 임금의 단위로 단순 환산할 수 있는 활동이 아니다. 이 책에서 누차 이야기한 것처럼 일은 인간이 살아가는 의미, 인간의 사회적 가치를 실현하기 위한 실존적 처신의 한 양태이다. 그리고 일이 실존의 한 양태인 이상 일 없는 상태는 인간의 실존에 많은 문제를 일으킨다. 일을 빼앗긴 인간에게 임금을 대체할 만한 보상을 아무리 한다 해도 문제가 근본적으로 해결되지 않는 까닭이 여기에 있다. 그렇다면 일을 빼앗긴 인간에게 무슨 일이 일어나는가?

1.3 인간이 일을 빼앗기면

인간이 일을 하지 않을 때 철학적으로 가장 심각하게 나타나는 현상은 인간의 삶을 가능케 하는 실존적 시간성이 병리적 상황에 빠진다는 점이다. 하이데거가 말한 바와 같이 인간은 미래에 대한 기대를 현재에 실현함으로써 살아가는 존재이며, 그런 의미에서 현재에 실존하면서도 그 실존을 끊임없이 벗어나는 탈존적 존재이다. 이런 인간 실존의 특성을 가장 잘 보여주는 것이 '일'이다. 왜냐하면 인간은 일을 통해 과거현재미래로 이어지는 시간성을 현재에서 구현하기 때문이다.

다시 말하지만 인간은 그냥 존재하는 물체와 같은 것이 아니다. 인간은 존재하면서 그의 존재가 문제시되는 존재자라는 독특한 존재 방식으로 살아간다. 인간 존재의 현사실성 즉 인간이 '지금 여기 있음'은 인간이 존재하기 위해 이미 항상 행위(pragma)를 하면서 어떤 일상의 일에 개입하고 있다는 것을 말한다. 따라서 인간은 일이 사라졌을 때는 시간이 지체되거나 멈춰선 기분을 느낀다. 이런 기분은 특히 중독자에게서 나타난다. "중독된 환자들을 치료하면서, 가장 흔하게 관찰되는 것은 그들의 시간성에 문제가 있다는 것이다."[1] 더 나아가 중독자의 기분을 가장 잘 표현하는 것은 "나는 내가 원하는 것을 원하며 지금 당장 그것을 원한다"[2]이다. 중독자의 시간성의 문제는 '지금 당장'에 붙잡혀 있다는 것이다. 여기서 잠시 중독에 대해 살펴보자.

중독은 단순한 질병이 아니다. 그것은 물질적 궁핍이나 감염에서 오

1 Rayn Kamp, "The Temporal Dimension of Addiction," *Journal of Phenomenological Psychology*, volume 40. Brill. 2009, 2쪽.

2 크레이그 네켄, 『중독의 심리학』, 오혜영 역, 웅진지식하우스, 2008, 29쪽.

는 병이 아니다. 중독은 오히려 물질적 풍요를 누리는 인간이 겪을 수 있는 독특한 시간적 질병이다. 정상인에게 미래는 '지금을 살기 위한 계획'(brooding presence)으로서 '변화를 향해 열려 있음'으로 드러난다. 미래는 그냥 시간이 흐르면 도달하게 되는 상태가 아니라 알려지지 않은, 불확실한 변화 가능성으로서 현재에 다가오는 것이다. 하지만 중독자에게는 이런 미래가 없다. 이 점은 중독자가 흔히 보여주는 증상인 충동성에서 알 수 있다.

중독자들의 충동성은 동물의 충동과는 그 성격이 판이하게 다르다. 동물의 충동성은 동물이 그 동물로서 생존하기 위해 갖고 있는 하나의 완성된 능력이다. 동물은 먹어야 할 때 먹이충동이 일어나며, 번식을 해야 할 때 교미충동이 일어난다. 그리고 이 충동에 충실하면 할수록 동물은 성공적으로 생존한다. 그러나 중독자의 충동성은 중독자의 독특한 시간적 존재방식을 보여주는 것으로서 오히려 그의 존재를 위협하는 것이다. 중독자가 보여주는 충동성의 시간적 특성을 가장 잘 표현하는 말이 "나는 내가 원하는 것을 원하며 지금 당장 그것을 원한다"이다. 이렇게 '지금'이라는 순간에 붙잡혀 있다는 것은 인간이 미래로 정향되지 못한다는 것을 의미하며, 인간으로서의 탈(실)존적 삶을 살아가지 못한다는 것을 말해준다. 인간의 시간성은 과거와 미래가 '현재'라는 한 순간에 중첩됨으로써 성립한다. '현재'라는 순간에서 인간은 미래의 가능성을 기투하고, 그 가능성들을 성공적으로 획득하게 되면, 그 현재라는 순간은 자연스럽게 그 다음의 지금이 되는 것이다. 그러나 인간이 미래로 자신의 가능성을 기투하지 못할 때, 인간은 자신의 고유한 시간성을 잃어버리고 '지금'이라는 순간에만 붙잡혀 그 지금이 한없이 늘어지는 지루한 상태에 처하게 된다. 그리고 이러한 상태에 있는 인간은 무슨 일도 의미가 없

는 무기력에 빠진다.

일을 빼앗겨 일이 없어진 경우에도 유사한 상황이 발생한다. 인간은 일을 통해 미래를 준비하고 미래를 향해 간다. 일이 없다는 것은 미래라는 시간과 관계할 수 있는 중요한 능력을 상실했음을 말하는 것이기도 하다. 미래와의 관계가 단절된 상황에 있는 인간은 따라서 현재의 시간이 미래로 흐르지 않는 권태 상태에 빠지게 된다. 아무리 물질적 조건이 풍족하게 갖춰져 있다 해도 일을 통해 자신의 미래를 기획하고 그 기획을 적극적으로 실현시키는 활동을 하지 못한다면, 인간은 좌절하고 권태에 찌들게 된다. 이러한 사례를 대표적으로 보여주는 것이 컴퓨터 게임 중독이다.

흔히 이야기하듯 게임 중독이 게임에 빠진 시간의 양에 비례하여 발병하는 것이라면, 컴퓨터 게임을 오래하면 할수록 게임중독에 빠지게 될 것이다. 그런데 컴퓨터 게임을 아무리 오래 해도 중독에 빠지지 않는 사람들이 있다. 프로게이머들이다. 그 이유는 무엇일까? 프로게이머들에게 컴퓨터 게임은 바로 일이기 때문이다. 그들은 컴퓨터 게임이라는 '일'을 함으로써 아직 오지 않은 자신의 가능성을 향해 탈(실)존하는 삶을 산다. 이를테면 컴퓨터게이머들은 게임이란 일을 통해 미래의 컴퓨터게임 챔피언을 향해 나아간다. 그들은 이렇게 미래를 향함으로써 현재를 산다. 그러나 일이 없는 사람들, 그리하여 아직 오지 않은 자신의 가능성으로 나아갈 수 없는 사람에게는 미래라는 시간이 증발해버린다. 그는 시간이 흐르지 않는 현재에서만 살 수 있기 때문에 떨쳐버릴 수 없는 권태의 상황에 처한다. 컴퓨터 게임으로 이 권태를 잊을 수 있다면 그는 게임 중독자가 되는 것이다.

중독의 근본적 원인은 어떤 약물이나 게임에 지속적으로 노출됨으로

써 발생하는 물리적 생리적 성질에 있는 것이 아니다. 아직 오지 않은 미래의 가능성을 현재로 실현시키는 일을 상실한 상태에서, 미래가 오지 않고 현재가 한없이 늘어지는 지루함 그것이 바로 중독의 근본 원인이다. 대부분의 중독자들이 자신의 고통을 "매일 매일이 똑같다"는 말로 호소하는 이유가 바로 여기에 있다. 중독은 결국 이 지루함, 권태를 마비시키는 수단에 탐닉하는 행위이다. 오직 그 수단만이 권태에서 비롯되는 고통을 마비시키기에 그 수단에 탐닉하는 행위를 반복하는 것이다.

인간의 일과 시간, 그리고 중독 현상을 살펴본 결과 일과 중독은 미래라는 시간성을 매개로 하여 깊은 연관성이 있음을 알 수 있다. 한 실증적 조사에 따르면, 일을 잃은 사람을 일을 하는 사람과 비교할 때 실제로 중독에 걸릴 위험이 두 배로 높아진다고 한다.[3] 이제 우리는 다음과 같이 말할 수 있을 것이다. 인간을 일에서 해방시킨다는 명분으로 인간에게 일을 빼앗는 사회는 중독사회로 가는 길일지도 모른다. 현재의 4차 산업혁명이 지향하듯이 만물인터넷과 인공지능에게 인간의 모든 활동을 위임하는 기술은, 그것이 아무리 생산의 효율성과 정확성을 높인다 할지라도 인간에게서 일을 박탈하는 한 지속될 수 없다. 그런 기술이 지배하는 사회는 그 사회의 구성원들을 미래가 없는 중독의 늪에 빠지게 하여 결국 사회를 병리적 상태로 몰고 갈 것이기 때문이다.

3 Alejandro Badel & Brian Greaney, "Exploring the Link between Drug Use and Job Status in the U.S.," in *The Regional Economist*, July 2013. https://www.stlouisfed.org/~/media/Files/PDFs/publications/pub_assets/pdf/re/2013/c/drug-use.pdf 2쪽 참조.

1.4 인간이 함께하는 4차 산업혁명

이제 일이 인간에게 갖는 의미를 염두에 두고서 인간과 기술의 관계를 다시 한 번 살펴보자. 여기서 중요한 점은 인간만이 일을 한다는 사실이다. 기계는 작동할 뿐 일하지 않는다. 기계 나아가 인공지능이 필요한 것도 인간이 일을 하기 위해서다. 또한 인간의 일이 단순히 생존을 위해 먹이를 구하는 동물의 행동과 다른 차원의 탈(실)존적 처신임은 이미 말한 바 있다. 하이데거의 방식으로 표현하면, 일은 인간이 탈(실)존적으로 살아나가며 자신에게 의미 있는 미래를 성취하는 과정이다.

그런데 여기서 주목해야 할 사실이 있다. 그것은 인간이 이 과정을 아무것도 없는 가운데 자신의 몸만으로 치러낼 수는 없다는 점이다. 탈(실)존적 삶을 몸소 치러내는 인간은 언제나 도구와 기술에 의탁하여 그 삶을 살아낸다. 인간 탈(실)존과 도구의 필연적 의탁관계는 하이데거가 잘 밝혀내고 있다. 하지만 그는 도구를 통해 탈(실)존을 실현하는 몸에 대해서는 큰 관심을 두지 않았다. 인간이 탈(실)존적 몸으로서 살아가는 방식은 또 다른 현상학자인 메를로퐁티에 의해 집중적으로 밝혀졌다. 이 책 2장에서 살펴보았듯이 그의 현상학은 탈(실존)하는 인간의 몸을 그냥 물체나 고깃덩어리가 아니라 살로 살아나는 활동적 지향성으로 밝혀낸다.

이제 하이데거의 도구 존재론과 메를로퐁티의 현상학에 기대어 우리는 이렇게 말할 수 있을 것이다. 인간의 몸은 기술과 함께 일을 함으로써 인간의 삶을 생동적으로 살아가게 하는 주인공이다. 몸이 고깃덩어리에 불과하다면 도구와 기술을 필요로 하지 않을 것이다. 몸이 도구와 기술을 필요로 하는 것은 그 삶을 주체적으로 살아내기 위해서다. 그러나 트

랜스휴먼이 그러하듯이 도구와 기술이 몸을 넘어서 그것을 삶으로부터 배척하면, 몸은 무의미한 사물로 전락하고 결국 그가 실현하려는 삶도 죽어갈 수밖에 없다.

이제 다시 4차 산업혁명을 생각해보자. 4차 산업혁명은 지능화된 첨단 기술을 모든 산업적 생산과정에 스며들게 함으로써 산업과 시장의 모든 구성요소, 즉 산업설비와 생산자와 소비자를 연결하여 지능적으로 운영되는 경제를 이룩하고자 한다. 이때 결정적인 역할을 하는 것이 인공지능이다. 그러나 인공지능으로 운영되는 경제는 인간에게서 일을 빼앗아 미래라는 시간을 증발시키고 몸을 무력화하여 중독의 상태로 몰고 갈 위험이 있다. 이런 위험을 피하기 위해서는 4차 산업혁명을 이끌어갈 미래 기술에 대해 새로운 방향 설정이 시급하다. 미래의 기술이 꼭 인간을 능가하는 지능적 성능을 급속히 증강하는 데 집착할 필요는 없다. 미래 기술은 인간의 삶 그리고 몸과 함께 협력하면서 미래를 향한 인간 삶의 성취가 가능하도록 설계할 수도 있는 것이다.

이러한 기준에서 눈여겨 볼 기술이 적응형 자동화(adaptive automation)이다. 적응형 자동화란 인공지능에 의한 완전자동화와 달리, 인간을 일에서 추방하지 않고 인공지능에 대하여 인간과 기계의 협업을 친인간적으로 조율하는 역할을 부여하는 기술이다.

나는 이 책에서 인공지능의 개발 자체에 대해 반대하는 것이 아니다. 일개 철학자가 그것을 반대한다고 해서 그 개발 동력이 약화될 리도 없다. 그러나 인공지능의 개발 방향이 완전 자동화가 아니라 적응형 자동화와 같은 방향으로 전환이 일어나면, 몸의 활동력을 북돋으며 몸으로 사는 인간에게 일자리를 제공하는 미래의 길이 열릴 수 있을 것이다. 그리고 그 길이 열리면 기술과 인간 그리고 인간의 몸이 서로를 돕는 공동

창조(sympoiesis)의 공간, 기계로의 융합이 아닌 '융화'의 미래도 가능할 것이다.

사회적 창의성을 위하여 / 2

4차 산업혁명이 인간을 배제하는 방향이 아니라 더욱 인간적인 미래를 만드는 방향으로 나아가기 위해서는 또 하나의 해결 과제가 있다. 시장 자본이 이끄는 기술적 성장은 급속한 자본 축적을 가능하게 할지는 몰라도, 사회적 정의, 신뢰, 상호 존중과 같은 사회적 자본을 갖추지 않는 한 급격한 빈부격차와 사회적 갈등만을 심화시킨다는 것이다. 사회적 자본이 빈약한 곳에서 4차 산업혁명은 이런 갈등 상황에 부딪혀 결국 좌절하게 될지도 모른다. 이런 점에서 4차 산업혁명은 '기술적 창의성'만이 아닌 '사회적 창의성'을 요구하는 과정이기도 하다. 그렇다면 사회적 창의성이란 무엇인가?

2.1 시대가 요구하는 창의성

창의성은 시대에 따라 다르게 이해되었다. 고대 그리스에서 창의성은 신적인 영역에 속하는 것이었으며 인간에게는 '영감'의 형태로 주어지는 것이었다. 예컨대 음악의 요정인 뮤즈들이 가진 능력이 창의성이다. 로

마인들은 이러한 창의성 개념을 받아들여 창의성이란 인간에게 숨을 불어넣는 어떤 고귀한 힘, 혹은 영감을 받는 것으로 이해하였다.

창의성이 신적인 영역에 속하는 능력으로부터 벗어나기 시작한 것은 15세기에 이르러서이다. 이 시기에 창의성은 자연을 탁월하게 모방하거나 재창조하는 인간 능력으로 이해되었다. 점차 무르익어 가는 인본주의와 함께 인간의 차원에서 창의성이 재정의된 시대였다. 이런 인간 중심의 창의성 개념은 1800년대에 이르러 '독특성'이나 '새로움'이라는 개념과 결부되기 시작했다. 그리고 이 시기부터 창의성은 예술적 창작뿐 아니라 산업적 고안이나 디자인 작업에 대해서도 붙일 수 있는 특성이 되었다. 이러한 일련의 발전은 당시의 계몽주의 철학이 주창한 천재 미학에 이론적 바탕을 두고서 창의성을 '특출한 인간들이 소유한 전례 없이 새로운 탁월한 능력'으로 정의하는 데 이른다. 그리고 이 근대적 창의성 이해는 19세기 말 모습을 갖추는 심리학에 계승되어 20세기 중반에 이르기까지 지속되었다.

창의성을 연구하는 심리학자들은 창의성을 아인슈타인, 피카소, 모차르트 등과 같이 소위 천재로 불리는 개인들이 천부적으로 타고난 탁월한 능력으로 정의하였다. 그리고 창의성 연구의 방향 역시 이 탁월한 능력의 특성을 규명하고 그것을 어떻게 하면 학습이나 훈련과 같은 후천적 노력으로 습득할 수 있는가에 맞추어졌다. 그러나 20세기말이 되면서 창의성을 바라보는 시각에 커다란 전환이 일어난다. 창의성에 대한 개인주의적, 자아 중심적 접근에서 벗어나 타자적, 민주적, 사회적 접근이 이루어지기 시작한 것이다.

그 자신 특출한 천재 작가로 인정받았던 버지니아 울프는 『자기만의 방』에서 화자를 통해 창의성을 특출한 천재의 탁월한 능력으로 보는 입

장을 전복한다. 이 작품에서 그녀를 대신한 화자는 다음과 같이 말한다. "걸작은 단독으로 고립된 상태에서 탄생하지 않는다. 그것은 수년간 공동의 사유의 결과물이다. 따라서 하나의 목소리 배후에는 대중의 경험이 있다"[4] 자기 자신을 특별한 천재로 부르는 그 시대에 대해 버지니아 울프가 전혀 다른 목소리를 낸 것은 1929년이었다. 그리고 한참이 지난 후 그의 고백에 대한 반향이 학계에서 일어났다.

20세기 후반에 오면 창의성 연구는 개별적 천재의 역할이 지나치게 과장되었다고 비판하며 창의성을 사회적 상호작용의 관점에서 고찰하는 방향으로 나아간다. 존 스타이너(Vera John-Steiner)는 역사상 위대한 창조인으로 추앙받는 인물들, 예를 들면 아인슈타인, 다윈 등의 삶과 그들의 창의적 결과물들에 대해 치밀한 연구를 진행했다. 그 결과 그는 이들의 위대한 작업조차 타인들과의 협력이나 사회적 지원에 의존하고 있다고 주장하기에 이른다. 특히 개인들이 서로 상호작용하고 서로의 일에 적극적으로 참여할 때 그 어느 누구에도 속하지 않는 제3의 영역이 창발한다는 사실은, 새로운 것의 출현에는 개개인 상호 협력이 창의적 결과물의 산출에 필수적인 조건임을 보여준다.

이러한 입장을 키스 소여는 그의 연구서 『집단 천재』에서 밝히고 있다.[5] 그는 창의성이 발휘되기 위해서는 그것을 바라보는 시각에서부터 획기적 혁신이 있어야 한다고 강조한다. 그의 입장을 요약하면 다음과 같다.

1. 우리 모두는 보다 창의적일 수 있는 잠재력을 가지고 있다.

4 Virginia Woolf, *A Room of One's Own*, New York: Harcourt Brace, 1929, 65쪽.

5 Keith Sawyer, *Group Genius: The Creative Power of Collaboration*, Basic Books, 2008, 6쪽 참조.

2. 성공은 행운이나 희귀한 생각의 축복으로부터 오는 것이 아니다.

3. 성공은 많은 작은 스파크를 거쳐 상당 시간의 협력을 통해 이루어진다.

4. 협력은 개인들을 자신들이 기대할 수 없었던 새로운 생각에 노출시키고 멀리 떨어져 있는 생각과 연결시키며 생각의 핵심을 변형시켜 새로운 생각으로 창조한다.

이렇게 창의성을 사회적 상호작용의 결과로 밝혀내는 새로운 시각들은 창의성을 근본적으로 협력의 산물로 보며 창의성을 협력적 창의성, 나아가 사회적 창의성으로 재정의하기에 이른다. 그리고 이러한 입장은 자연히 경쟁과 협력 중 어느 것이 창의성을 증진시키는 데 더 효과적인가를 밝혀내는 연구로 발전한다.

2.2 경쟁인가, 협력인가

경쟁은 서로 다른 생각들이 경계를 설정하여 대결하는 양상으로 일어나기 때문에 생각을 제한할 위험이 있다. 또 경쟁은 생각을 획일적으로 몰아갈 위험이 있다. 경쟁은 필연적으로 평가를 통해 순위를 정한다는 전제에서 출발하는 것이고, 이렇게 정해진 순위가 객관성을 갖기 위해서는 다른 것도 같은 것으로 취급하여 동일한 기준과 척도에 의해 평가해야 하기 때문이다. 이러한 이유 때문에 경쟁은 의도적이건 의도적이지 않건 간에 다양성과 독특성을 억압하고 동질적으로 측정될 수 없는 것을 배제하는 결과를 필연적으로 수반한다. 더욱 심각한 것은 경쟁이 타

자에게 이익에 되는 것을 결코 개방하지 않는 폐쇄적 적대성으로 귀착된다는 점이다. 이처럼 독특성이 배척되고 타자에게 폐쇄되는 환경은 창의성의 발현에 치명적이다.

반면, 협력은 서로 다른 생각들이 합류함으로써 질적으로 다른 생각을 창발할 가능성을 높인다. 협력은 서로 다른 생각, 관점, 방법론, 나아가 서로 다른 전문성을 갖는 개인들에 의해 이루어지는 활동이다. 이렇게 서로 구별되는 독특한 것들의 상호작용은 상호보완, 상호자극, 상호비판의 동적 과정으로 진행되어 협력당사자들에게 지속적인 활동의 동기를 부여하고 각자의 생각을 변화시키는 가운데 새로운 것이 창발할 수 있는 동력을 제공한다. 이와 반대로 경쟁 환경 안에서 경쟁하는 당사자들은 서로에 대해 명시적 혹은 묵시적으로 폐쇄성과 적대성을 보일 뿐만 아니라 평가의 고통에 시달린다. 따라서 경쟁은 경쟁 당사자들의 심리적 안정감과 자유도 제한한다. 그런데 심리적 안정감과 자유는 인간이 자신의 생각을 표현하는 데 결정인 요소이다. 협력은 당사자들을 배려와 도움의 관계로 묶어주기 때문에 심리적 안정감과 자유를 증진시키는 효과가 크며, 이런 점에서 창의성을 증진시키는 데 있어 경쟁보다 효과적이다.

특히 경쟁을 촉발하는 수단으로 많은 곳에서 채택하고 있는 평가와 서열화는 창의성 발휘를 저해하는 주요 요인이다. 이 점은 실증적 연구를 통해서도 입증되고 있다. 협력적 창의성의 발현을 가장 심층적 차원인 감정적 조율의 차원에서 밝혀내기 위해 재즈밴드의 즉흥연주를 사례로 연구한 보고서가 있다.[6] 이 보고서는 프로 재즈밴드와 대학에서 재즈

6 D. Miell & K. Littleton, *Collaborative Creativity: Contemporary Perspectives*, London: Free Association Books, 2004, 76쪽 참조.

를 전공하는 밴드를 창의적인 즉흥연주의 관점에서 비교하였다. 그 결과 프로 연주에서 일어나는 연주자 간의 감정적 조율 현상이 대학 밴드에서는 그렇게 성공적으로 발현되지 않았다. 그 이유는 대학 밴드에게는 평가의 압력이 주어져 있어서 연주자들의 감정적 친화성(congeniality)를 저해하고 안정감과 서로에 대한 신뢰감을 잃게 하여 공동의 위험을 감수하고 도전하는 행위를 막기 때문인 것으로 밝혀졌다.

여기서 과학기술의 발전과 관련하여 노벨화학상 수상자를 인터뷰한 스테판 클라인의 증언은 경청할 가치가 있다. 클라인에 따르면, 44세에 노벨상을 받은 미국의 화학자이자 시인 로알드 호프만은 성공 이유를 묻는 질문에 호기심, 창의력, 분석력 같은 대답 대신에 '협력'이라고 단언했다고 한다. 이런 사례를 들어 클라인은 "우리에게 필요한 전략은 타인을 희생시켜 최대한 많은 이익을 챙기는 것이 아니라 타인과 협력하는 것"이라며, "협력을 고민할 때는 다른 뇌 부위가 활성화되며, 뇌는 타인의 감정을 받아들이고 타인과 공감하여 그의 처지에서 생각할 때 훨씬 더 건설적인 해결책을 발견하게 된다"고 주장했다.[7]

이러한 연구 결과들을 볼 때, 결국 협력적 창의성의 확대를 위해서는 사회적으로 다음과 같은 사고 혁신이 필요함을 알 수 있다.

1. 참여자 개개인을 나름대로 고유한 창의력을 갖고 있는 잠재적 천재로 인정한다.

2. 참여자 간의 서열화를 조장하지 말고 수평적 소통과 협력을 활성화한다.

7 슈테판 클라인, 『이타주의자가 지배한다』, 장혜정 역, 웅진지식하우스, 2011, 111쪽.

3. 비판과 처벌보다는 존중과 격려를 통해 동기부여와 의욕을 강화함으로써 구성원 각자의 고유한 창의적 잠재력이 표출되도록 한다.

4. 구성원을 강도 높은 노동과 효율성으로 압박하는 것은 창의성을 저해한다. 따라서 자유로운 발상과 창의적 여가를 장려한다.

5. 창의성은 행복과 밀접한 관계가 있다. 자신이 하는 일이 즐거울 때 인간은 보다 창의적이다. 따라서 일과 놀이 그리고 행복이 서로 선순환하는 환경을 조성해야 한다.

이와 더불어 협력적 창의성이 발현되기 위해서는 다음과 같은 원리가 준수되어야 한다.

1. 자율성의 원리 : 협력적 관계에 있는 사람들 또는 협력적 조직체에 속한 사람들은 자율성을 갖고 자신의 능력을 자발적으로 발휘할 수 있어야 한다. 이는 협력이 개개인의 잠재적 역량의 이질성을 인정하고 이질적 능력들이 자유롭게 표출되어 상호작용하는 가운데 합류하는 과정을 지향하기 때문이다. 이런 점에서 협력은 참여자들이 동질화되는 협동과 구별된다.

2. 호혜성의 원리 : 경쟁에서 추구되는 이기적 이익과는 다른 상호적 이익이야말로 협력이 성공하기 위한 충분조건이다. 이는 일종의 상호의존임과 동시에 일종의 상보성을 의미하기도 한다.

3. 신뢰의 원리: 신뢰는 협력이 유지되기 위한 접착제와 같은 역할을 한다. 참여자들은 서로에게 도움이 될 것이라는 믿음, 참여자들 각각이 자신의 과업을 성실히 수행할 것이라는 믿음, 타자를 악용하지 않는다는 믿음을 지니고 있어야 한다.

이상과 같은 원칙에 따라 이제 우리는 4차 산업혁명을 추진하는 기본적 운영원리를 세워볼 수 있을 것이다.

- 경쟁력 강화에서 협력 증진으로
- 생산성 증가에서 창의성 진작으로
- 성장 중심의 경제에서 성취 중심의 경제로
- 선택과 집중의 차별 전략에서 포용과 다양성의 생태계 조성으로
- 평가 및 서열화에서 진단 및 치유로

2.3 문제는 교육이다

4차 산업혁명이 사회 구성원 공동의 행복을 증진시키는 방향으로 나아가야 하고, 그러기 위해서는 기술적 창의성만큼이나 사회적 창의성을 촉진하는 운영원리가 필요하다는 데는 누구도 반대하지 않을 것이다. 그렇다면 그런 사회적 운영원리는 어떻게 세워져야 할까? 사회적 창의성을 위한 운영 원리는 미래 세대를 양성하는 교육 영역에서 우선적으로 실현되어야 한다.

최근 발표된 국제교육 평가에 따르면 수학 과목에서 나타난 한국 학생들의 학업성취도는 2위이나 흥미는 최하위권이라고 한다. 더욱 충격적인 것은 시간투자 대비 성취도 또한 최하위권이라는 사실이다. 이는 한국 학생들의 학업 성취는 강압적인 장시간 경쟁교육에 의한 훈련의 결과일 뿐 자발성이나 창의성은 사실상 퇴화되어 있다는 것을 시사한다.

현재의 창의성 교육은 고전적 창의성과 천재주의적 영재관에 입각한

특수교육을 지향하고 있다. 또 학생들의 수월성 향상도 실질적으로 장시간 주입식 학습과 개별 경쟁을 통한 개인의 역량강화라는 방식으로 실행되고 있다. 이렇게 교육 현장에는 명시적, 묵시적으로 경쟁 및 서열화 기제들이 작동하고 있다. 이러한 기제들은 학생들 간에 격차와 차별을 조장하고 극소수를 제외한 대다수의 학생들을 좌절의 늪과 분노의 도가니에 몰아넣을 위험이 있다. 특히 현재의 학력평가 시스템은 개인의 차등화를 노골화함으로써 다수 학생을 열등생으로 호명하고 창의적 활동에서 추방해버리는 악의적 의도마저 숨기고 있는 제도이다. 이 학력평가 시스템은 협력을 장려하고 개인의 잠재력을 최적으로 발휘하도록 하는 코칭 시스템으로 하루빨리 전환하여 한다. 초등학교부터 협력 능력을 배양하는 창의적 교육 프로그램을 개발하여 교수자와 학습자가 공동으로 참여하는 공동 프로젝트 수행 방식의 수업을 도입하는 것도 한 방법이다.

이와 함께 협력에 기반한 창의성의 증진에는 저소득층에 대한 배려가 포함되어야 한다. 4차 산업혁명은 저소득층까지 적극적으로 참여할 수 있는 협력적 창의경제로 설계되어야 한다. 창의경제는 이른바 일부 특출한 창의적 천재들을 특권화하는 선택과 집중 정책을 통해서는 성공할 수 없다. 창의성이 협력의 상호작용 과정에서 창발하는 현상인 한, 진정한 창의경제는 협력에 기초한 포용경제로 추진되어야 한다. 이를 위해서는 우선 사회적 소외계층을 위한 창의성 교육 프로그램의 개발이 필수적이다. 그리고 그들을 협력적 창의경제에 참여시키는 직업루트 개척이 필수적이다.

최근 미국과 영국에서 활발히 추진하는 '이웃기반 창의경제'(Neighborhood based creative economy)는 이러한 맥락에서 주목할 필요가 있다.[8] 펜실

베이니아 대학 교수인 마크 스턴(Mark Stern)이 제안한 이 경제는 도시 빈민지역을 도시 문제지역으로 보는 편견에서 벗어나 그 자체 문화의 창조적 허브가 될 수 있는 잠재지역으로 보는 인식의 전환을 요구한다. 젊은 예술가들의 적극적인 참여를 유도하여 도시 낙후지역의 지역주민 특히 청소년 예술 및 디자인 교육을 맡게 하고, 지역주민 청소년이 참여하는 지역재생 사업을 추진하는 것은 그 대표적 사례다. 이러한 프로그램들은 미국 미니애폴리스 등에서 실시한 낙후지역 청소년들의 협력적 창의성 증진과 지역 재생사업에서 이미 상당히 성과를 보여준 바 있다.

8 Mark Stern, "The Creative Economy and Neighborhood Development", Univ. of Pennsylvania, March 2009. https://www.philaculture.org/sites/default/files/Mark%20Stern%27s%20Presentation%20-%20March%202009.pdf 참조.

독일 4차 산업혁명에서 배우기 / 3

인류는 20세기 말과 21세기에 걸쳐 두 번의 큰 실패를 겪은 바 있다. 첫째는 평등을 추구하다가 결국 억압으로 붕괴되고 만 사회주의의 실패이다. 둘째는 낙수효과를 내세웠지만 거품의 소멸로 내파되고 만 신자유주의의 실패이다. 이제 우리는 4차 산업혁명이라는 또 다른 기회 앞에 서 있다. 우리는 이 기회를 어떻게 맞이해야 할까?

4차 산업혁명은 2016년 1월 다보스포럼의 핵심 의제로 선정되면서 처음 공론화된 개념이다. 그러나 다보스포럼에 훨씬 앞서서 이 흐름을 고민해온 나라가 있다. 독일은 그보다 5년 앞선 2011년에 이미 'Industrie 4.0' 정책을 추진하기 시작했고, 클라우스 슈밥의 '4차 산업혁명'이란 용어도 여기서 나온 것으로 보인다. 독일 정부가 추진하는 '인더스트리 4.0'은 IoT 기술을 통해 생산설비부터 유통에 이르기까지 제조업의 완전 자동화를 구축하고 전체 생산과정을 최적화하려는 목표를 가지고 있다. 그러나 독일이 IoT 기술의 도입만큼이나 관심을 가지는 것이 4차 산업혁명의 사회적 의미이다. 독일이 4차 산업혁명을 어떤 방향으로 기획하고 있는지 알아볼 필요가 있다.

3.1 독일의 '사회적 시장경제'

독일 역시 4차 산업혁명이 사회 전반에 걸쳐 격변을 일으킬 것으로 예상하는 점에서는 크게 다르지 않다. 특히 그들은 4차 산업혁명이 시장자본 축적에서 상당한 성과를 가져올 것이라 기대하면서도, 사회문화적으로는 노동의 미래 등 여러 불안한 위험요소를 수반할 것으로 우려하고 있다. 인공지능과 자동화를 핵심으로 하는 4차 산업혁명이 급격하게 진행될 경우, 일찍이 케인스가 우려했던 '기술적 실업'이 대량으로 발생할 위험이 있으며, 그렇지 않은 경우에도 일하는 양식 자체가 급변하리라는 우려다. 노동자들은 유연하지만 불안정한 고용구조 속에서 실직과 구직의 반복적 악순환에 휘말리거나, 아예 대다수가 영구적 실업 상태에 빠질 수도 있다. 이런 상황은 다시 사회 갈등의 주요 원인으로 작용하여 사회구성원들 간의 신뢰를 붕괴시키고 사회 자체를 파열시키는 결과로 귀착할 수 있다.

독일 정부는 이러한 위험을 미래에 대한 순진한 낙관주의로 은폐하지 않고 진지하게 주목하고 있으며, 그 위험을 극복할 수 있는 잠재력을 사회적 시장경제와 사회적 동반자 관계에서 기대하고 있다. 이런 고민들은 독일 노동사회부가 2015년 발간한 「녹색책자」(Grünbuch)에서, 그리고 이 책자에 대한 각계의 의견을 담아 2016년 11월 발간한 「백색책자」(Weißbuch)에서 확인할 수 있다.

우선 독일이 말하는 '사회적 시장경제'란 무엇인가? 그리고 그것은 4차 산업혁명이 초래할 수 있는 사회적 불안을 어떻게 해결할 수 있는가?

독일은 사회적 신뢰 구축과 그것을 통한 사회경제적 번영의 견인차

역할을 '사회적 시장경제'(Soziale Marktwirtschaft)에서 찾고 있다. 사회적 시장경제는 각기 다른 정치적 이념을 가진 정당들은 물론 각종 연구기관들과 국민 모두가 높은 신뢰를 보내고 있는 개념이다. 사회적 시장경제는 2차 대전 후 독일 우파정당 연합인 기민-기사연합에 의해 기본이념이 정립되었고 1959년 좌파 사민당이 승인한 후 독일 사회구성원이 전반적으로 공유하는 이념이다. 이렇게 사회적 시장경제에 대한 국민의 지지가 높은 이유는 그 개념이 인간을 경제 체제에 부속된 한 요소로 보는 기능적 물질주의 경제관에 매몰되어 있지 않기 때문이다. 오히려 그것이 근거하고 있는 철학적 바탕은 인본주의이다. 이 경제철학에는 경제가 인간들을 물질적 빈곤으로부터 해방시켜 개인의 자유를 증진시킴과 동시에 사회적 연대와 평화를 실현하는 행위여야 한다는 인본주의적 인권 개념이 중심에 자리 잡고 있다. 사회적 시장경제의 창시자들은 이 점을 분명히 밝히고 있다.

사회적 시장경제라는 개념을 창시한 사람들은 알렉산더 뤼스토브(Alexander Rüstow), 빌헬름 뢰프케(Wilhelm Röpke), 알프레드 뮐러-아르막(Alfred Müller-Armack) 등 세 사람이다. 이들은 우선 근대 경제학이 주장하는 '호모 에코노미쿠스'(Homo Economicus)라는 인간 개념을 인정하지 않는다. 뢰프케는 그의 저서 『현대 사회의 위기』에서 '호모 에코노미쿠스'라는 정의가 "합리주의의 그릇된 길"이라고 비판하고 있다.[9] 여기서 알 수 있듯이 사회적 시장경제의 창시자들은 경제학의 편협한 인간관 대신 다층적이고 복합적인 인간관을 지지한다. 인간은 합리적인 동시에 비합리적이고, 개인적이면서 사회적인 존재로서의 도덕을 추구하며, 사회적이

9 Wilhelm Röpke, *Die Gesellschaftskrisis der Gegenwart*, Eugen Rentsch, 1942; *The Social Crisis of Our Time*, Univ. of Chicago Press, 1950, 53쪽 참조.

면서 종교적인 인격체라는 것이다. 그러므로 사회적 시장경제는 인간이 개인으로서 추구하는 자유와 사회적 구성원으로서 가져야 하는 연대의 책임을 동등한 인간됨의 조건(conditio humana)으로 중시한다.

우선 사회적 시장경제는 자유경쟁 시장을 인정한다. 개인은 빈곤에서 해방되어 자신의 삶을 영위하기 위한 물질적 필요성을 스스로 선택하여 자신의 행위를 통해 조달할 수 있는 권리를 갖고 있다. 그리고 이 권리를 행사할 수 있을 때 인간은 자유를 실현하는 조건 가운데 하나를 충족한다. 자유경쟁 시장은 이러한 개인의 권리를 확보해주는 효과적인 기제라는 것이다. 그런데 독일의 사회적 시장경제에서 자유경쟁을 보장하는 이유가 국가적 부의 축적보다는 개인의 자유라는 인권을 우선시하기 때문임을 강조할 필요가 있다. 독일이 나치시대를 거치며 전체주의적 폭정과 군비자본주의(Rüstungskapitalismus)라는 중앙집중식 통제 경제의 억압을 겪은 것은 모두가 잘 아는 사실이다. 이 고통스런 역사적 체험은 독일 사회에 잠복해 있는 구조적 사회악이 무엇인지 각성시키는 효과를 일으켰다. 그리고 이 각성은 전후 독일 국민들로 하여금 독일을 인권과 개인의 자유를 최고의 가치로 존중하는 국가로 탈바꿈시켜야 한다는 공동선의 추구로 나아가게 하였다. 국가 주도의 계획경제나 사회주의 경제가 국가적 부를 이루는 데 아무리 효과적이라 해도, 그것이 개인의 자유를 훼손하거나 인권을 침해한다면 독일에서는 결코 허용되지 않는다. 독일의 시장경제는 경쟁을 위해서라기보다는 무엇보다 개인의 자유를 보장하기 위한 방편으로 선택한 것이다.

그러나 한편으로 자유경쟁 시장은 그 속성상 독점과 약자에 대한 착취로 인해 인간의 또 다른 존재조건인 사회적 연대를 훼손할 위험을 내재하고 있다. 경쟁이 무제한 허용되는 시장에서는 오히려 경제적 권력

독점이 일어나 공정한 경쟁을 저해할 뿐 아니라 시장이 존재하는 사회문화적 환경 자체까지 오염시킬 수 있다. 게다가 자본 독점은 정치권력의 독점까지 부를 수 있다. 따라서 시장의 질서는 경제보다 사회문화적 차원의 정책에 의해 조절되어야 한다. 이런 이유로 독일 정부는 자유경쟁 시장의 장점이 그 단점에 의해 침식당하는 사태를 방지하는 제반 조건을 구비하는 데 정책적 역점을 두고 있다. 이 조건들이야말로 인간의 사회적 연대성을 확보하는 장치임은 물론이다. 사회적 시장경제의 창시자들 가운데 한 사람인 뢰프케는 다음과 같이 단언한다. "시장은 사회적 연대를 바탕으로 하지만 사회적 연대는 시장에서 형성되지 않는다."[10] 이렇게 사회적 연대를 확보하는 장치는 자유경쟁 시장의 순기능을 파괴할 수 있는 내재적 파국 요인에 대한 일종의 내진 설계와도 같은 것이다.

3.2 '사회적 동반자 관계'라는 원칙

자유경쟁 시장의 문제는 경쟁이 진행되면 될수록 우월적 시장 지위를 점하는 집단과 그 집단에 의해 피해를 보는 집단이 나뉘고, 두 집단 간의 갈등이 심화된다는 데 있다. 그리고 이런 갈등은 사회적 파열로 확대되어 사회구성원 간의 신뢰 붕괴로 귀착되곤 한다. 현대 사회에서 이러한 갈등은 집단 간의 대결로 첨예화하곤 하는데, 그 집단들은 바로 시장경제를 지탱하는 두 축인 자본과 노동이다. 자본가와 노동자는 시장에서

10 *Die Soziale Marktwirtschaft ethisch weiterdenken*, hrsg. vom Landeskirchenamt der Evangelischen Kirche von Westfalen, 2009. http://www.evangelisch-in-westfalen.de/fileadmin/user_upload/Angebote/Beratung/gesellschaftliche_Fragen/soziale_marktwirtschaft_ethisch_weiter_denken.pdf에서 간접인용.

각자의 역할을 통해 시장경제를 작동시키지만 동시에 갈등을 겪는다. 하지만 그 시장이 존재하고 있는 시민사회, 특히 민주적 시민사회에서 볼 때는 자본가나 노동자나 다 같은 시민이라는 점에서 평등하다. 이들은 시민으로서 사회적 연대의 책임을 동등하게 지고 민주적 공동체로서의 사회를 유지해야 할 책임과 권리를 갖는다. 그런데 자유경쟁 시장에서 이해관계의 갈등이 잘 조절되지 못하면 시민적 연대의식은 적대적 관계로 변질되고 파국적 대결로 치달을 수 있다. 이 경우 자유경쟁 시장 역시 효율적으로 작동하는 데 큰 지장을 받을 수밖에 없다.

독일의 사회적 시장경제는 자본과 노동의 관계가 자유경쟁 시장의 중추적 구성요소임을 인식하는 동시에 사회적 신뢰 구축의 핵심 영역임을 자각하고 있다. 즉 둘 사이의 관계가 시장 내에서의 관계만이 아니라 동시에 사회적 동반자 관계(Soziale Partnerschaft)임을 강조한다. 그리고 이런 사회적 동반자 관계를 굳건히 할 수 있는 문화 형성에 주력함으로써 사회 전반의 신뢰 구축으로 연결시킨다. 베른트 뤼터스가 주장하듯, 사회적 시장경제와 사회적 동반자 관계는 서로에게 기반이 되는 것이다.[11]

독일에서 사회적 동반자 관계를 가장 잘 보여주는 제도적 장치로는 인본주의적 직장문화와 종업원 참여 공동결정(Mitbestimmung) 제도를 들 수 있다. 자본과 노동이 결합하여 경제 활동을 영위하는 일차적 장소는 직정이다. 따라서 사회적 시장경제는 먼저 직장 문화를 인본주의에 바탕을 두고 설계함으로써 자본과 노동이 서로 신뢰하는 사회적 동반자 관계를 조성하려 한다. 인본주의에 입각한 직장의 의미를 안두순은 다음과 같이 정리하고 있다.[12]

11 Bernd Rüthers, "Vom Wert der Sozialpartnerschaft," in *FAZ*, 6. Januar 2011.

1. 직장은 기술적 및 상업적 단위를 넘어서 하나의 인적 공동체이므로 구성원 간의 '인간적 관계 설정'이 우선되어야 한다.

2. 자본, 기술, 조직 등 어느 것도 직장의 근로자에 우선할 수 없다.

3. 직장은 시장에 종속된 것이므로 엄격한 작업규율과 명확한 경영책임이 보장되어야 하며, 동시에 노사간에 '사회적 동반자 관계'가 형성되어야 한다.

4. 특히 대기업은 사적인 영리 목적 외에 사회경제적 과제를 수행하는 공공적 책임을 진다. 즉 기업인은 자유와 함께 사회공동체적 책임을 진다.

인본주의에 입각한 직장 문화를 통해 조성되는 사회적 동반자 관계는 독일에서 기업 경영에 노동자의 참여를 법적으로 보장하는 공동결정 제도를 통해 명실상부하게 실현되고 있다. 사회적 동반자 관계는 이 공동결정 제도를 통해 각 기업의 내부에 스며들어 있는데, 독일의 거의 모든 기업들은 이 제도에 근거하여 종업원에게 기업 경영에 관련된 중요사안, 특히 근로조건과 관련된 중요 사안을 공동으로 결정한다. 특히 주목해야 할 점은 미국이나 영국에서는 사회적 동반자 관계라는 용어가 생소할 뿐만 아니라 있다 하더라도 개별적으로만 존재하는 데 반해, 독일에서는 사회적 신뢰를 구축하는 과정으로 제도화되어 있다는 사실이다.[13]

인본주의적 직장 문화와 이를 실질적으로 구현하는 공동결정 제도는 독일 시민사회의 사회적 신뢰와 평화를 유지하는 데 결정적인 기여를

12 안두순, "독일의 사회적 시장경제", FES-Information-Series, 1998-01. http://www.kef-plaza.com/labor/cm/welfare_view.jsp?nodeId=130&idx=687&prod_id=2249

13 Michael Fichter & Ian Greer, "Sozialpartnerschaft als Gewerkschaftsstrategie – Beispiele aus 5 Ländern," *WSI Mitteilungen* 9/2003, 541쪽 이하 참조.

함과 동시에 독일의 경제적 성공과도 밀접한 관계가 있다. 이것은 노사 갈등의 국제적 비교에서 독일이 가장 낮은 갈등 수준을 보이고 있는 데서도 입증된다. 또 최근 독일 기업을 이끌어 가는 경영자들을 대상으로 한 조사 결과에 따르면, 80퍼센트의 경영자들이 공동결정 제도를 기업 경영에 긍정적 기여를 하고 있다고 응답하기도 했다.[14] 특히 경제성장이 둔화되거나 역성장하는 경제위기 상황에서 공동결정 제도는 경제 행위의 주체인 자본과 노동이 동반자로서 서로의 이해관계를 절충하여 위기를 극복하는 사회적 탄력성의 모태가 된다.

실제로 독일은 2차 대전 이후 1·2차 오일쇼크, 동서독 통일로 인한 경기침체, 2008년 금융위기 등 몇 차례의 경제위기를 겪으면서도 그 위기를 잘 극복해온 나라로 인정받고 있다. 이 극복의 과정에서 핵심적인 역할을 한 것이 사회적 시장경제의 기저에 자리 잡고 있는 자본과 노동의 사회적 동반자 관계이다. 경제위기가 닥쳤을 때 사회적 동반자 관계는 대체로 다음과 같은 방식으로 작동한다.

- '고용 유지'라는 공동 관심사에 집중한 협상행동
- 해고 절제를 위한 사용자, 노동조합의 공동노력
- 경기부양 및 노동시간 단축 등의 정부지원책
- 기업 회생을 위한 노동자 양보와 고용유지라는 반대급부
- 직업 재훈련과 투자 유인을 위한 시간 확보

14 H.E. Christian-Matthias Schlaga, "Political and Economic Transformation of Germany: Key Drivers of the German Economy," http://www.unam.edu.na/events/public-lecture-political-and-economic-transformation-of-germany 1쪽 참조.

여기서 주목해야 할 점은 사회적 동반자 관계가 매우 특별한 사회적 관계라는 사실이다. 독일의 사회적 동반자 관계는 단순히 사용자와 고용자의 대립적 경제적 이해관계를 조정하는 역할만이 아니라 경제적 이익과 사회적 이익의 균형을 찾아주는 역할을 한다. 즉 독일의 기업가와 노동자는 경제적 이익을 둘러싼 대립이 시민사회의 갈등으로 비화하여 사회적 위해로 발전할 수 있다는 위험을 충분히 의식하고서 시민사회를 유지하겠다는 책임감 위에서 행동한다. 이러한 책임감은 상호신뢰와 상호 간의 양보를 통해 타협을 이루어내는 능력으로 실천된다.

사회적 동반자 관계는 전후 독일경제의 역사를 빛나게 하는 유산일 뿐 아니라 독일의 미래를 위해서도 계승 발전되어야 할 자산으로 인정받고 있다. 사회적 동반자 관계가 국가 경제 및 사회 발전에 기여한다는 생각은 독일에만 국한된 것이 아니다. 오스트리아 정부는 최근 수행한 연구에서 사회적 동반자 관계가 경제 및 사회 문화의 번영에 기여한다고 보고하고 있는데, 그것은 다음과 같이 4가지 항목으로 요약될 수 있다.

- 사회적 동반자 관계는 경제성장률을 높인다.
- 실업률, 특히 청년실업률을 낮춘다.
- 고용률을 전체적으로 높인다.
- 소득분배를 고르게 한다.[15]

15 "Die österreichische Sozialpartnerschaft," *Aktuelle Unterlage* 09/2015 No.82, AWS., 4쪽 참조.

3.3 「녹색책자」

독일 사회가 공유하고 있는 몇 가지 문건을 통해서 사회적 시장경제의 세부 내용을 좀 더 살펴보자. 가장 먼저 참고할 문건은 「녹색책자」(Grünbuch)이다. 독일연방 노동사회부가 발간한 이 책자는 '사회적 시장경제'와 '사회적 동반자 관계'를 다음과 같이 강조한다. 그 내용을 요약하면 다음과 같다.

—

사회적 시장경제의 원리는 사회적 균형(노동과 자본의 사회적 권력균형), 복지, 좋은 삶을 광범위한 국민이 누리는 것이다. 경제는 사회적 문제를 고려하는 한에서 모두에게 기여한다. 복지와 사회적 평화는 소비수요, 기업투자, 기술의 발전이 번영할 수 있는 환경을 형성한다. 사회정책이 경제에 미치는 긍정적 효과는 여러 사례를 통해 입증되고 있다. 사회안전망 시스템은 경제위기시에 자동적인 안정화 장치로 기여한다. 특히 교육과 직업 교육 및 역량 개발은 열악한 출발 조건에 있는 사람들의 경우 기업이 필요로 하는 전문 인력을 제공해주는 기반을 형성한다. 사회적 문제의 해결을 시장에 맡기지 않고 사회안전망을 통해 해결하는 국가 즉 사회적 국가에서 시장과 제도에 대한 신뢰는 강화된다. 따라서 경제적 문제와 사회적 문제의 균형은 계속해서 추구해야 할 과제이다. 그리고 이때 사용자와 노동자는 거의 모든 제도에서 동등한 권리를 갖는 것이 무엇보다 중요하다. 동등한 지위와 권리는 자율 단체협약, 사회적 동반관계, 기업경영법, 고용주와 고용인이 동등한 지위에서 부담하는 사

회복지보험 체계와 같은 제도를 통해 확보되는데, 이러한 제도는 사회적 시장경제의 주축이다.

정부는 특정 집단의 이익과 시장의 실패가 공동의 안녕과 사회정치적 문제와 충돌할 때 수정을 위해 개입한다. 사회 안전망과 다른 사회정치적 수단을 통해 정부는 핵심적 생활 위험에 보호망을 구축하고 경제적, 사회적 참여의 기회를 개선하며 사회적 균형을 성취한다. 사회적 시장경제는 모든 국민을 위한 안정, 안전, 자유 그리고 복지에 대한 약속을 충족시키기 위해 새로운 도전에 응전하면서 진화한다. 이런 사회적 동반자 관계의 핵심적 기반 역할을 하는 것이 기업경영법과 공동결정 제도이다.

—

요약에서 보듯이 독일 노동사회부 장관은 '공동결정'(Mitbestimmung) 제도가 독일의 경제적 성공과 사회적 평화의 초석이라고 선언하고 있다.[16] 노동자의 경영 참여는 기업내 노동자 대변조직인 '종업원 평의회'(Betriebsrat)를 통해 이루어진다. 종업원 평의회가 있는 기업의 생산성이 대체적으로 높고 혁신적이며, 성별 임금격차도 비교적 적고 산재도 낮은 편이다. 종업원 참여를 통해 공동결정이 이루어지는 기업은 두 가지 면에서 건강하다. 기업은 투자자와 자본 시장의 단기적 이익을 지향하는 경향이 있지만, 종업원 평의회는 장기적 전망을 고려하여 지속가능한 투자를 기업에게 요구하는 경향이 있다. 많은 기업은 이러한 장점을 의식

16 *Mitbestimmung—Eine Gute Sache, Alles über die Mitbestimmung und ihrerechtlichen Grundlagen*, hrsg. von Bundesministerium für Arbeit und Soziales (Referat Information, Monitoring, Bürgerservice, Bibliothek), 53107 Bonn, September 2015 참조.

하여 공동결정의 문화를 실질적으로 실행하고 있다. 그리고 이러한 제도는 특히 위기를 극복하는 데 효과적이라고 보고서는 강조한다. 종업원들도 이 공동결정 제도를 환영한다. 이것은 80퍼센트를 상회하는 종업원 평의원 선출 투표율에서도 나타난다. 이 투표율은 국회의원 선거와 같은 정치적 선거에서의 투표율을 현저히 능가한다.

다른 한편 많은 기업은 법제화된 공동결정 이상의 수준으로 참여의 문화를 진작시키려 하는데, 그것이 전문인력을 확보하는 데 효과적이기 때문이다. 법제화된 수준 이상으로 사회적 동반자 관계를 수립함으로써 성공을 거둔 사례는 「노동의 새로운 질을 향한 제언」(Initiative Neue Qualität der Arbeit, INQA)에 수록되어 있다. 종업원이 민주적으로 기업 경영에 참여하는 제도는 고용주와 피고용자의 이해의 균형을 탄력적으로 중재하는 기제가 된다.

또한 「녹색책자」는 사회적 시장경제와 그의 근간이 되는 사회적 동반자 관계의 중요성을 경제의 디지털화라는 미래와 관련하여 강조한다. 그 내용을 요약하면 다음과 같다.

—

독일이 추구하는 사회적 시장경제의 강점은 시장에서 벌어지는 자유롭고 활발한 활동들과 사회적 국가가 특별한 관계를 맺고 있다는 데서 드러난다. 이 특별한 관계는 사회적 동반자들 간의 긴밀한 협연을 통해 전개되는 것이기도 하다. 구체적인 사안에서는 많은 대립이 있음에도 불구하고 광범위한 합의를 바탕으로 구축된 제도들이 사회적 국가의 본질

을 이루고 있다. 그 제도들은 다음과 같다.

노동법(Arbeitsrecht)

종업원과 계약 상대자 간의 권리 관계를 미래적으로 형성하는 데 있어서 노동권은 결정적 역할을 한다. 이때 핵심은 종업원과 사용자의 권력관계의 균형을 유지하는 것이다. 특히 종업원 권리를 보장하는 것이 무엇보다도 중요한데, 종업원의 권리 보호는 디지털화된 노동세계에서도 유지되어야 한다.

경영조직법(Betriebsverfassung)

인간 삶의 상당 부분은 노동의 과정이며 따라서 인간은 자신의 노동조건을 함께 만들기를 원한다. 경영 공동결정은 종업원들이 자신의 일자리에서 직접적으로 해당되는 결정에 집단적으로 참여할 수 있는 장치이다. 5인 이상 사업체에서 종업원이 법적으로 보장된 참여 권리를 갖고 집단적 이익을 대변하는 조직을 결성할 수 있다는 경영조직법(Betriebsverfassung)은 독일의 사회적 시장경제를 지탱하는 본질적 기둥이다. 민주적인 경영을 가능하게 하는 이 법에 따라 해당자들은 참여 권리를 바탕으로 개인 또는 개인화된 계약자로서는 효과적으로 요구할 수 없는 정당한 이익을 주장할 수 있다. 사회적 국가로서의 독일은 이 법을 디지털 시대에도 계속 유지해야 하는 과업을 갖고 있다. 해당자의 책무는 이러한 기회를 이용하는 것이다. 노동조합과 노동자는 맹점을 제거하는 것을 과제로 한다.

단체협상 자율권

다원적 사회인 독일은 헌법 제9조에 근거하여 노동과 경영조건을 사회적 동반자들 간의 협약을 통해 자율적으로 조성하도록 한다. 단체협약체계(Tarifsystem)는 집단적 자율결정 권리를 완성한다. 이는 개인화된 종업원은 기업을 상대로 자신의 정당한 이익을 집단적 방식으로—기업 이상의 차원에서—주장할 수 있다는 인식의 표현이다. 이때 정부는 시민사회의 협상능력을 존중하여 직접 개입하지 않는다. 이러한 사회적 동반자 관계는 사회적 위기를 극복하는 데 중요한 역할을 하였다. 따라서 과거는 물론 미래에도 사회적 동반자 관계를 요청된다.

노동보호, 노동시간법, 기업 건강보호

가치의 창조는 신기술의 도입에 따른 새로운 생산 방식에서 발생한다. 자동화, 연결, 기계와의 협업은 증가일로에 있다. 앞으로의 과제는 이러한 경향을 노동자와 양립할 수 있게 하는 것이다. 한편으로 육체적 과부하와 단조로움이 감소하여 이른바 노동의 인간화를 향한 계기가 마련되고 있다. 하지만 다른 한편으로는 전업과 제한 없는 근무시간이라는 문제점도 생겨난다. 이러한 사태에 대한 대비책을 강구해야 한다. 가치 창조의 변화는 기술적 문제만이 아니다. 사물인터넷은 사람의 인터넷으로 거듭나야 한다.

노동 장려

실업 보험을 포함하는 노동 장려는 독일 사회보장의 핵심이다. 이는 일자리를 찾는 사람을 위한 기본보험을 통해 보완되어야 한다. 실업 시에 재정적 보호 장치와 함께 노동 장려는 실업의 위험을 줄이고 특히 개

인들의 구직능력을 향상시킴으로서 고용구조의 개선에 기여할 수 있다. 고용 안내 및 알선 센터 같은 공공기관은 이미 광범위하게 노동 장려의 과업을 떠맡고 있으며 실업자 중 4분의 3이 기본보험의 혜택을 받고 있다. 앞으로 보장 체계와 지원 체계를 잘 조정하여 노동의 장려가 미래의 도전에 적응할 수 있도록 해야 한다.

예방적 대응

예방적 사고는 이미 커다란 역할을 수행하고 있다. 가치 창조를 향한 변화로 이미 직업과 필요한 역량이 변화하고 있다. 예방적 지원은 실업의 위험뿐 아니라 직업 유연성과 직업을 위한 역량개발의 관점에서도 필요하다. 이러한 도전은 노동 장려 제도와 구직자를 위한 기본보험은 물론 독일의 직업교육과 지속적 심화 및 전업교육 구조에도 해당된다.

법적으로 보장된 연금과 사고보험

여러 종류의 사회보험은 대다수 국민을 삶의 전형적인 위험으로부터 보호하기 위해 도입되었다. 그러나 현재의 직업 변화로 인해 보장의 사각지대가 새로 생겨날 수 있다. 중점적인 검토가 절실한 문제는 새로운 직업활동이 고용인가 하는 점이다. 현재의 보장 시스템은 고용을 기본 개념으로 설계되었기 때문이다. 따라서 보장 범위를 확대하는 것이 필요한가도 검토되어야 한다. 법적인 연금보험과 관련해서 이미 '직업활동 보장'이라는 주제어로 논의가 진행되었다.

미래의 경제는 지속적인 혁신이 일어나는 사회를 요구한다. 날로 치열해지는 국제 경쟁의 상황에서 기업을 설립하고 새로운 사업 아이디어를

시장에서 성공시키는 것은 더 없이 중요하다. 실리콘밸리는 이 점에서 모범이 될 수 있다. 그러나 독일식이어야 한다. 창의성과 리스크에 도전하는 것은 정신적 자유뿐만 아니라 물질적 안전망도 필요로 한다. 실패했을 경우 사회로부터 퇴출되는 것이 아니라 실패를 경험삼아 다시 시작할 수 있는 지지대가 있어야 한다. 창의력은 안정성을 바탕으로 하고 또 안정성은 창의성에 기반한다.

3.4 「백색책자」

앞의 「녹색책자」에서 강조한 종업원 참여 공동결정에 대해 독일에서는 1년간에 걸쳐 광범위한 의견 청취가 이루어졌다. 독일 정부는 그 결과를 2016년 11월 29일 「백색책자」(Weißbuch)로 발간하였는데, 주목할 만한 내용을 정리 요약해보면 다음과 같다.

—

1. 노동자의 포용과 참여의 중요성

「녹색책자」에 대해 의견을 밝힌 다수의 대화 참여자들은 미래의 직업세계를 조성하는 데 있어서 종업원을 포용하고 참여하는 것이 결정적 성공요인이 될 것으로 전망하고 있다. 아울러 협상과정에서 합의에 도달하고자 하는 의지와 능력을 강조하고 있다. 이를 위해서는 한편으로는 그러한 협상을 위한 구조적 전제와 공간, 다른 한편으로는 절충능력과 과거의 협상과정에서 배우려는 의지가 필요하다. 민주적 참여의 다양한

형태와 구조화된 공동결정(verfaßt Mitbestimmung)을 함께 생각할 때 상호 생산적 작용을 일으키며 종업원의 참여 가능성을 증진할 것이다.

경영의 측면에서도 참여 요소의 강화가 필요하다. 최근의 시장은 급변하는 소비자의 요구와 시장상황에 기민하게 대응하기 위한 기민한 결정 과정을 필요로 한다. 이것은 기업 내부의 모든 재능과 관점 그리고 역량을 최적으로 참여시킴으로서만 지속가능하다. 따라서 기업의 잠재력을 현실화시키기 위해서 노동이 공동으로 조직되어야 하며 경영자의 요구와 마찬가지로 종업원의 주장과 필요도 고려되어야 한다.

「녹색책자」의 결과에 대해 의견을 나누는 과정에서 독일 노동사회부는 앞으로 사회적 동반자 의식에 입각한 협상을 통해 유연한 타협을 강화하고 촉진하기 위한 4가지 핵심요소를 확인하였다. (1) 노동협약 구조의 안정화와 강화, (2) 종업원 참여 기반의 확대, (3) 디지털 노동현장의 공동결정을 위한 충분한 권리와 자원의 확보, (4) 기업 공동결정의 표준 마련이 그것이다.

노동현장을 사회적 동반자 관계로 형성하기 위해서는 산별노조와 사용자 연합 사이에 체결되는 독일 단체협약의 구속력을 강화해야 한다. 그리고 산업의 디지털화를 통해 업종과 부문의 경계가 모호해질 것이기 때문에 임금계약의 타당성 범위를 광범위하게 설정해야 한다. 단체협약의 구속력을 강화하는 것은 노동협약을 법률적으로 규제하기 위해 기반을 확대하는 작업이다. 이를 위한 구체적 방안은 사용자 연합 혹은 노동조합 가입을 장려하는 것이다. 또 종업원 평의회는 성공적인 노동조건의 형성을 위해 중요한 의미를 가지며 디지털화를 통해 야기되는 노동현장의 격변에 대해 기업경영진과 공동으로 대응방안을 마련할 수 있는 대체될 수 없는 상대방이다. 따라서 노동사회부는 종업원평의회(Betrieb-

sräte) 설립을 장려한다.

2. 종업원평의회의 지속적 역량 개발 및 전문가 조력의 필요성

디지털 노동현장은 급속한 변화와 고도화되는 복잡성으로 노동자 대변 단체에 대한 요구가 증가할 것이다. 이에 대비하기 위해서 종업원평의회는 기술 발전이 수반하는 조직관련 변화를 올바르게 평가할 수 있어야 하며, 종업원의 이익에 부합하는 단초를 찾아야 하고, 경영진과 함께 해결방안을 찾아야 한다. 따라서 종업원 대표 단체는 한편으로 급격한 발전상황에 대한 파악능력을 스스로 갖추어야 함과 동시에 다른 한편으로는 전문적인 조력을 필요로 한다. 따라서 사용자는 해당 사안에 식견을 갖고 있는 종업원을 종업원평의회에 자문역으로 제공해야 하며, 협약에 따라 외부전문가를 고용할 수 있어야 한다.

3. 기존 공동결정 제도의 계승

기존의 공동결정 기제들을 계승해야 한다는 데 노동자는 물론 사업자들도 동의하고 있다.

4. 사회국가적 성과의 미래지향적 계승

지속적인 재정 확보 : 이 문제의 해결책으로 국민을 보다 광범위하게 안전망에 포용함으로써 연대의 원칙을 강화하고 소득에 따른 과세를 강화한다.

기본소득 문제 : 독일은 기본소득 도입에 대해서 소극적이다. 기본소

득의 도입은 노동사회와의 결별을 의미하고 새로운 사회 분열을 초래할 위험이 있기 때문이다. 즉 직업이 있고 기본소득보다 몇 배 높은 소득을 갖는 집단과, 자의적으로 혹은 불가피하게 기본소득에 의존하는 집단 간의 분열이 그것이다. 기본소득을 주장하는 사람들의 이상, 즉 노동을 소득을 위한 노동(Erwerbesarbeit)에만 국한시키지 않음으로써 모든 사람을 위한 포용적 노동사회를 창조하려는 이상은 정반대로 일자리를 만들어내는 사회적 노력을 포기한 채 대다수 사람들을 일없는 상태로 방치할 수 있다. 국민 중 일부만 일을 하면서 고소득을 누리는 배타적 노동사회로 전락할 수 있는 것이다. 4차 산업혁명의 과정에서 자동화와 인공지능으로 노동이 효율화되고 또 노동의 필요성이 줄어든다면, 해결책은 대다수의 사람들이 노동을 덜하고 높은 임금을 받는 것이다. 그리고 유연하지만 불안정한 고용구조에서도 일을 계속할 수 있도록 직업활동을 지원하는 데 사회정책의 역점이 주어져야 한다.

직업활동의 지원 : 사회적 동반자 관점에서 직업활동을 지원하는 사회정책은 개인 직업활동계좌(persönlichen Erwerbstätigenkontos)이다. 이 계좌는 직업세계에 진입한 모든 시민들이 개설하여 직업활동 전 기간 동안 유지한다. 이 계좌는 3가지 목적을 가지고 있다.

(1) 우선 정부의 관리 아래 노동자의 권리가 사용자가 바뀌는 경우에도 쉽게 인계될 수 있도록 한다. 대표적인 예가 장기계좌(Langzeitkonto)이다. 직업을 갖는 순간부터 이 계좌는 자동으로 개설되는데 소규모 사업장과 하위소득자에게까지도 이 계좌 개설을 확대할 수 있다. 장기계좌는 다음과 같이 작동한다. 종업원 근무시간의 일부에 대한 지불, 혹은 초과근무 수당, 연차수당, 보너스 수당을 유보하여 장기계좌에 기장한다. 이

금액에 대해서는 세금이나 사회보험료가 면제된다. 이렇게 적립된 금액은 여러 가지 목적으로 사용된다. 예를 들면 안식년, 장기휴직 등의 경우 재정적 지원금으로 활용될 수 있다. 구체적인 실행 방식은 가령 55세부터 급여의 1/10을 적립하여 노동 연한을 저축하면, 65세에 이르러 1년의 노동 연한을 찾아 쓸 수 있도록 하는 것이다.

(2) 이 계좌는 노동자들에게 개인적인 자기결정을 통하여 사용할 수 있는 기회를 제공함으로써 노동자들의 자기책임을 증진한다. 예를 들면 계좌에 적립된 자금은 직업활동 기간 동안 명확히 결정된 다양한 목적에, 즉 직업관련 전문교육, 자영업으로의 전환, 교육을 위한 안식년, 가족간병, 조기퇴직의 상황에서 '출발자금'으로 활용될 수 있다.

(3) 이 계좌는 사회적 정의에 기여한다. 특히 불평등한 소득분배가 대물림되고 있는 현재 상황에서 사회적 유산(Sozialerbe)으로 도입된다. '사회적 유산'은 뚜렷한 목적을 갖는 출발자금으로서, 사회적 출신에 관계없이 모든 청년들에게 국가가 제공한다. 이는 분배와 세대간 정의 확보에 기여할 것이다. 이때 차등화가 도입될 수 있다. 예컨대, 국가 세금의 지원 없이 교육을 받은 청년에게는 더 많은 출발자본이 지급된다. 직업 새내기들에게만 이 제도를 적용하는 이유는 이 청년들이 인구 구조적으로 더 많은 부담을 지게 될 것이기 때문이다.

미래를 위한 준비 / 4

4차 산업혁명은 확실히 그 내용에서나 파급력에서나 인간의 미래를 현재와는 전혀 다른 모습으로 바꿔놓을 가능성이 크다. 독일이 4차 산업혁명에 대비하여 노동과 관련한 여러 사회적 장치를 마련하고 있는 것도 이러한 변화가 사회적 위협이 되지 않도록 하기 위해서다. 그렇다면 우리가 지금 해야 할 일은 무엇일까? 4차 산업혁명이라는 기회 또는 위협 앞에서 우리가 해야 할 일은 다음과 같이 정리할 수 있을 것이다.

1. 완전자동화를 목표로 한 인공지능의 개발 방향을 적응형 자동화 개념으로 전환한다.

4차 산업혁명이 추구하는 기술 개발의 방향은 '적응형 자동화'와 같이 인간에게 몸과 함께 삶의 성취를 제공하는 일을 만들어내는 쪽으로 나아가야 한다. 트랜스휴머니즘과 같이 인간 성능을 개조하는 기술을 첨단기술인 양 찬양하는 현재 상황은 기술과 인간 그리고 일의 관계에 대한 본래적 인식을 회복하는 쪽으로 바뀌어야 한다. 기술이 필요한 것은, 인간이 일을 통해 자신을 삶을 성취하려 하기 때문이다. 즉 기술은 인간과 일을 매개하여 인간의 실존적 삶을 미래로 나아가게 할 때에만 비로소

존재 가치를 가질 수 있다. 인공지능도 이 점에서는 마찬가지다. 인공지능은 인간을 대신하기 위해 존재하는 것이 아니라, 일과 인간을 좀 더 바람직하게 지능적으로 중재하기 위해 존재해야 한다.

기계에 탑재된 인공지능은 그 기계로 작업하는 인간의 일하는 방식을 모니터하여 인간의 일에 과부하가 걸리거나 난관이 생겼을 때 기계의 작동방식을 인간에게 유리하게 재조정하는 역할을 할 수 있다. 이렇게 할 때 인간은 기계의 또 다른 부품으로 종속되지 않고 삶을 성취해 가는 과정으로서 일을 계속할 수 있고 자기실현에 몰입할 수 있다.[17] 인공지능과 그것을 활용하는 기술은 인간의 일을 대신하는 것으로서가 아니라 일과 인간의 매개체로서 존재론적 지위를 부여해야 한다는 것이다. 그럴 때만이 인간의 삶, 몸, 그리고 일 사이의 상호작용과 상호 창조과정이 최대한 존중될 수 있을 것이다. 이것이 바로 인공지능에 주어진 윤리적 사명이다. 이러한 맥락에서 로봇의 개념을 코봇(Cobot)으로 바꾸려는 시도는 주목할 가치가 있다. 공장설비의 무인화보다는 인간을 일의 주체로 인정하여 인간을 보조하는 역할로 로봇의 역할을 한정하려는 시도이다.

2. 블록체인 기술을 통해 인간의 사회적 기여를 평가하는 체계를 구축한다.

하지만 불행하게도 지금 진행되고 있는 기술 발전의 방향 전환은 시간을 필요로 한다. 당분간 4차 산업혁명은 생산성의 급격한 향상과 효율성에 따른 비용 절감에 현혹된 나머지 인간을 필요로 하지 않는 방향으로 발전할 것이다. 기술 발전과 인간의 일자리가 반비례 관계를 이루는 '기술적 실업'(technological unemployment)이 불가피하게 찾아올 것이며,

17 니콜라스 카, 『유리감옥』, 이진원 역, 한국경제신문, 2014, 135-142쪽 참조.

일자리를 잃은 사람들은 삶을 유지하는 데 필요한 비용을 감당하지 못할 수도 있다.

기술적 실업은 더 많은 사람들이 고용 외부에서 삶의 의미와 가치를 발견해야 한다는 것을 뜻한다. 따라서 4차 산업혁명은 인간이 인간으로서의 품격과 성취감을 누리고 존중을 받을 수 있는 새로운 사회질서를 만드는 데 기여해야 한다. 기술적 혁신에 머무르지 않고 기존의 경제적 가치 중심의 사회로부터 사회적 가치를 인정하고 보상하는 사회로 이행하는 사회적 혁신을 수반해야 한다. 이러한 사회적 혁신은, 고용되지 않은 상태의 인간도 사회적 성취감과 그에 따른 탈(실)존적 인간으로서의 자존감을 유지하며 한 사회의 구성원으로서 품격을 유지하는 데 필요한 비용을 조달받을 수 있는 방향으로 나아가야 한다.

예를 들면, 사회적 기여에 대한 평가지수를 온라인상에 도입하는 것도 4차 산업혁명이 가져올 기술적 실업을 극복하는 한 방안이 될 수 있다. 이 평가제도는 인간만이 할 수 있는 전통적 육체노동, 자발적 봉사활동, 선행, 노약자 돌봄 등 사회적으로 가치 있는 기여에 점수를 부여하고, 그 점수에 따라 정부가 경제적인 보상을 지급하는 것이다. IT는 이러한 새로운 사회적 인정 시스템을 구축하는 데 긍정적으로 활용될 수 있다. 개인의 행적이 실시간으로 로그인되는 플랫폼이 블록체인 기술과 결합되면, 누군가의 조작이 거의 불가능한 신뢰도 높은 사회적 평가 시스템을 구축할 수 있을 것이다.

3. 사회정책과 경제정책을 통합 조정하는 부처를 설치한다.

정부는 사회적 자본과 시장 자본의 상호증진 정책을 적극 기획해야 한다. 역사적 경험으로 볼 때 사회적 자본이 확충된 사회는 경제 위기를

극복할 수 있는 사회적 탄력성을 갖고 있지만, 시장 자본의 축적에만 집중된 경제 체제는 사회적 양극화를 비롯한 사회 자본의 빈곤화를 초래하여 경제 위기를 자초하는 내파의 위험성을 배태하고 있다. 따라서 경제 정책은 사회적 자본의 확충을 바탕으로 하여 기획, 집행되어야 한다.

4. 4차 산업혁명은 기술 혁명이 아닌 인간과 사회를 위한 진화로 추진되어야 한다.

4차 산업혁명이 파괴적 기술 혁신을 맹목적으로 수행할 경우, 사회적 자본의 급격한 빈곤화와 사회적 자본의 파산 위험이 그만큼 커진다. 따라서 정부는 인간과 사회 나아가 자연을 존중하는 미래지향적인 진화(evolution) 방식으로 4차 산업혁명을 추진하는 정책 방향을 설정해야 한다.

5. 사회구성원들 간의 동반자 관계를 굳히는 학교/직장 문화를 조성한다.

서로 다른 의견을 가졌더라도 그 상대를 존중하고 인정하는 문화는 사회적 통합의 기초가 된다. 이런 문화를 형성하기 위해서는 우선 학교와 직장에서 서로의 입장을 들어주고 이해하는 토론 문화가 정착되어야 하고 그런 문화를 활성화하는 정책 개발이 필요하다. 특히 자본주의 경제에서 경영자와 노동자는 주요한 갈등의 축을 형성하게 마련이다. 그러나 기업의 장기적 이익은 갈등보다는 상호협력과 상호이해에서 확보된다. 이런 의미에서 독일식 공동결정 제도의 도입을 통해 노동자와 경영자의 관계를 사회적 동반자 관계로 재정립하는 정책을 기획하고 장기적 관점에서 추진하는 노력이 절실하다.

6. 사회적 자본의 확충을 해치는 경쟁 및 서열화 기제를 과감히 철폐한다.

우리 사회가 과도한 경쟁 위주의 교육 및 경제 정책으로 인해 매우 빈약한 사회적 자본을 축적하고 있다는 것은 모두가 인정하는 사실이다. 사회적 신뢰 구축에 부정적인 영향을 미치는 이러한 사회 분위기를 탈피하기 위해 정부는 전 부처에 걸쳐 경제 성장의 동력을 협력적 창의성으로 혁신하는 교육정책과 경제정책을 기획하고 추진할 필요가 있다.

7. 협력적 창의성을 증진하는 교육 혁신을 이룬다.

특히 공교육의 최우선 목표를 사회 자본의 확충과 협력적 창의성 증진에 두는 교육과정의 혁신적 개편이 필요하다. 이것을 위해 교육부는 주입식 교육을 지양하고 다양한 의견을 수용하는 협력적 태도를 교육과정에서 학습하도록 해야 한다. 독일처럼 초등학생 때부터 자유토론을 익히는 수업을 개설하여 다른 사람에 대한 공감 능력을 강화하는 정책도 하나의 모델이 될 수 있다.

8. 민주시민 교육과 평생직업교육을 시민의 권리로 법제화한다.

인권 존중, 사회구성원 간의 상호존중과 합리적 의사소통 등 민주적 생활양식을 체화시키기 위해 성인에 대한 민주시민 교육을 활성화해야 한다. 이를 위해 교육부는 독일의 연방 정치교육, 지방 정치교육 제도를 벤치마킹할 필요가 있다. 독일은 1976년 이후 초등학교부터 주 2회 토론수업을 비롯하여 '보이텔스바흐 협약'[18]에 의한 시민교육을 꾸준히 운영, 1990년 독일 통일 후 사회통합에 기여하는 성과를 이루었다. 이와 함

18 1976년 독일의 보수, 진보를 망라한 교육자, 정치가들이 보이텔스바흐(Beutelsbach) 시에 모여 확정한 시민정치교육 지침. 강제성 금지, 토론 권장, 정치적 실천 강화 등의 원칙을 세웠다.

께 4차 산업혁명에 따른 사회 전반의 변화와 직업 현장의 변화에 능동적으로 대처하기 위해서도 노동자의 능력 제고를 지원하고 재교육을 권리로 보장하는 정책을 추진할 필요가 있다.

9. 시민이 능동적으로 참여하는 플랫폼으로 4차 산업혁명의 방향을 설계한다.

4차 산업혁명을 바람직한 미래로 이끌기 위해서는 예컨대 '미래와의 대화'와 같은 시민의 능동적 참여가 가능한 플랫폼을 구축할 필요가 있다. 4차 산업혁명을 기술자본주의의 비즈니스 수단으로 전락시키지 않고 보다 가치 있는 시민사회를 설계하는 기회로 만들기 위해서는 시민들이 주권적으로 참여하는 플랫폼의 구축이 필수적이다. 특히 사물인터넷 시대에 인간관계, 에너지 문제, 기후변화 및 기계와의 협업 등 변화하는 현실에 관한 정보를 시민들에게 원활하게 제공하고, 또 정부 차원에서 생각할 수 없는 아이디어를 시민들로부터 제공받음으로써 시민과 정부의 협력적 창의성을 활성화할 수 있다. 이런 플랫폼이 활성화된다면 정부 정책의 시민 수용력과 실행 가능성도 높아질 것이다.

Ahl, Valerie & T. F. H. Allen, *Hierarchy Theory*, New York: Columbia Univ. Press, 1996.

Badel, Alejandro & Brian Greaney, "Exploring the Link between Drug Use and Job Status in the U.S.," in *The Regional Economist*, No. 3, July 2013, Federal Reserve Bank of St. Louis.

Baudrillard, Jean, *Simulations*, trans. P. Patton, P. Foss & P. Beitschman, New York: Semiotext, 1983.

Baym, Nancy K., *Personal Connections in the Digital Age*, Cambridge, U.K.: Polity Press, 2010.

Benkler, Yochai, *The Wealth of Networks: How Social Production Transforms Markets and Freedom*, New Haven: Yale Univ. Press, 2006.

Bostrom, Nick, *The Transhumanist FAQ*, v. 2.1, Oxford: World Transhumanist Association, 2003.

Bostrom, Nick, "A History of Transhumanist Thought," in *Journal of Evolution and Technology*, Vol. 14, Issue 1, April 2005.

Botsman, Rachel & Roo Rogers, *What's Mine Is Yours: The Rise of Collaborative Consumption*, New York: Harper Business, 2010.

Loco, Mihail C. & William Sims Bainbridge (ed), "Convergent Technologies to Improve Human Performance," NSF, 2002.

Coyne, Richard, *Designing Information Technology in Postmodern Age: From Method*

to Metaphor, Cambridge, Mass.: MIT Press, 1995.

Critical Art Ensemble, *Flesh Machine: Cyborgs, Designer Babies, & New Eugenic Consciousness*, New York: Autonomedia, 1998.

Damasio, Antonio, *Descartes' Error: Emotion, Reason, and the Human Brain*, New York: Putnam, 1994.

Damasio, Antonio, *The Feeling of What Happens: Body and Emotion in the Making of Consciousness*, New York: Harcourt Brace, 1999.

"Die österreichische Sozialpartnerschaft," *Aktuelle Unterlage*, 09/2015 No. 82, AWS(Arbeitgemeinschaft Wirtschaft und Schule).

Dreyfus, Hubert L., *What Computers Can't Do: The Limits of Artificial Intelligence*, rev. ed., New York: Haper and Row, 1979.

Dreyfus, Hubert L., *What Computers Still Can't Do*, Cambridge, Mass.: MIT Press, 1992.

Eldred, Michael, *The Digital Cast of Being: Metaphysics, Mathematics, Cartesianism, Cybernetics, Capitalism, Communication*, Frankfurt a.M.: Ontos Verlag, 2009.

Fichter, Michael & Ian Greer, "Sozialpartnerschaft als Gewerkschaftsstrategie-Beispiele aus 5 Ländern," *WSI Mitteilungen* 9/2003,

Gottdiener, Mark, *Postmodern Semiotics: Material Culture and the Forms of Postmodern Life*, Oxford: Blackwell, 1995.

Habermas, Jürgen, *Theorie des kommunikativen Handelns*, Bd. 2, Frankfurt a.M.: Suhrkamp, 1981.

Hamann, Johann Georg, *Schriften zur Sprache*, Frankfurt a.M.: Suhrkamp, 1967.

Harvey, David, *The Condition of Postmodernity: An Inquiry into the Origins of Cultural Changes*, Oxford: Blackwell, 1989.

Hayles, N. Katherine, *How We Became Posthuman: Virtual Bodies in Cybernetics, Literature, and Informatics*, Chicago: The Univ. of Chicago press, 1999.

Heidegger, M., *Sein und Zeit*, Tübingen: Niemeyer, 1976

Heidegger, M., *Wegmarken* (GA 9), Frankfurt a.M.: Vittorio Klostermann, 1976.

Heidegger, M., *Vorträge und Aufsätze* (GA 7), Frankfurt a.M.: Vittorio Klostermann, 1978.

Heidegger, M., *Denkerfahrungen* (GA 8), Frankfurt a.M.: Vittorio Klostermann,

1983.
Heidegger, M., *Grundbegriff der Metaphysik* (GA 29/30), Frankfurt a.M.: Vittorio Klostermann, 1983.
Heidegger, M., *Zollikoner Seminare* (GA 15), Frankfurt a.M.: Vittorio Klostermann, 1987.
Heim, Michael, *Virtual Realism*, Oxford: Oxford Univ. Press, 1998.
Held, Klaus, "Phänomenologie der Zeit nach Husserl," in *Philosophische Perspektiven* 7, 1981.
Husserl, Edmund, *Ideen zu einer reinen Phänomenologie und phänomenologischen Philosophie Buch II: Phänomenologische Untersuchungen zur Konstitution*, Den Haag: Nijhoff, 1952.
Husserl, Edmund, *Die Krisis der europäischen Wissenschaften und die transzendentale Phänomenologie. Eine Einleitung in die phänomenologische Philosophie*, Den Haag: Nijhoff, 1954.
Husserl, Edmund, *Unveröffentlichte Manuskripte*, Ms. C4, 1955.
Husserl, Edmund, *Erste Philosophie* (1923/4), Zweiter Teil: Theorie der phänomenologischen Reduktion, Den Haag: Nijhoff, 1959.
Husserl, Edmund, *Phänomenologische Psychologie: Vorlesungen Sommersemester 1925*, Den Haag: Nijhoff, 1962.
Husserl, Edmund, *Cartesianische Meditationen und Pariser Vorträge*, Den Haag: Nijhoff, 1973.
Husserl, Edmund, *Analysen zur passiven Synthesis: Aus Vorlesungs-und Forschungsmanuskripten 1918-1926*, Den Haag: Nijhoff, 1966.
Husserl, Edmund, *Zur Phänomenologie des inneren Zeitbewußtseins (1893-1917)*, Den Haag: Nijhoff, 1966.
Husserl, Edmund, *Zur Phänomenologie der Intersubjektivität: Texte aus dem Nachlaß, Erster Teil 1905-1920*, Den Haag: Nijhoff, 1973.
Husserl, Edmund, *Zur Phänomenologie der Intersubjektivität: Texte aus dem Nachlaß, Zweiter Teil 1921-1928*, Den Haag: Nijhoff, 1973.
Husserl, Edmund, *Ideen zu einer reinen Phänomenologie und phänomenologischen Philosophie*, Erstes Buch: *Allgemeine Einführung in die reine Phänomenologie 1*,

Halbband, Text der 1-3, Auflage, Den Haag: Nijhoff, 1976.

Jonscher, Charles, *The Evolution of Wired Life*, Hoboken, NJ: John Wiley & Sons, 1999.

Kamp, Ryan, "The Temporal Dimension of Addiction," in *Journal of Phenomenological Psychology*, volume 40. Brill. 2009.

Kampis, G., & V. Csanyi, "Life, Self-Reproduction and Information: Beyond Machine Metaphor," *Journal of Theoretical Biology* 148, 1991.

Langton, Christopher, "Artificial Life," in *Artificial Life*, (eds.) C. Langton, Redwood City, CA: Addison-Wesley, 1989.

Lanier, Jaron, "Was heißt 'virtuelle Realität?'-Ein Interview mit Jaron Lanier," in *Cyberspace: Ausflüge in Virtuelle Realität*, hrsg. von Manfred Waffender, Hamburg: Rowohlt, 1991.

Levy, Pierre, *Becoming Virtual: Reality in the Digital Age*, New York: Plenum Trade, 1998.

Luhman, Niklas, *Wirtschaft der Gesellschaft*, Frankfurt a.M.: Shurkamp, 1989.

Lobo, Sascha, "Auf dem Weg in die Dumpinghölle," in *Spiegel Online*, Oct. 3, 2014.

Mann, Steve & James Fung, Chris Aimone,, "Designing EyeTap, Digital Eyeglasses for Continuous Lifelong Capture and Sharing of Personal Experiences", CHI(Portland, Oregon), 2005.

Mazis, Glen A., *Humans, Animals, Machines Blurring Boundaries*, New York: SUNY Press, 2008.

Merleau-Ponty, Maurice, "Indirect Language and the Voices of Silence", *Signs*, trans. Richard C. McCleary, Evanstone, IL: Northwestern Univ. press, 1964.

Merleau-Ponty, Maurice, *Die Phänomenologie der Wahrnehmung*, trans. Rudolf Böhm, Berlin: Walter de Gruyter, 1966.

Michael, Heim, *The Metaphysics of Virtual Reality*, Oxford: Oxford Univ. Press, 1993.

Miell, D. & K. Littleton, *Collaborative Creativity: Contemporary Perspectives*, London: Free Association Books, 2004.

Minsky, Marvin, "Why Computer Science is the most important thing that has

happened to the humanities in 5,000 Years," in *Lecture Nara*, Japan, May 15, 1999.

Mitbestimmung-Eine Gute Sache, Alles über die Mitbestimmung und ihrerechtlichen Grundlagen, hrsg. von Bundesministerium für Arbeit und Soziales(Referat Information, Monitoring, Bürgerservice, Bibliothek), 53107 Bonn, September 2015.

Mumford, Lewis, *The Myth of the Machine I*, New York: A Harvest Book, 1967.

Negroponte, Nicholas, *Being Digital*, New York: Knopf Doubleday, 1995.

Peirce, Charles S., *Collected Papers II*, ed. Charles Hartshorne and Paul Weiss, Cambridge, Mass.: Harvard Univ. Press, 1960.

Peter Weibel (1990), 'Virtual Worlds: The Emperor's New Body', in Gottfried Hattinger et al.(eds) *Ars Electronica*, Vol.2: Virtuelle Welten.

Rheingold, Howard, *The Virtual Community: Finding Connection in a Computerised World*, London: M. Secker & Warburg Ltd., 1994.

Robins, Kevin, "Cyberspace and the World We Live In," in *Cyberspace/Cyberbody/Cyberpunk: Cultures of Technological Embodiment*, M. Featherstone & R. Burrows (eds.), London: Sage, 1995.

Rosenfield, Patricia L., "The potential of transdisciplinary research for sustaining and extending linkages between health and social science," in *Social Science & Medicine*, Vol. 35, Iss. 11, 1992.

Röpke, Wilhelm, *Die Gesellschaftskrisis der Gegenwart*, Zürich: Eugen Rentsch, 1942; *The Social Crisis of Our Time*, Chicago: Univ. of Chicago Press, 1950.

Rüthers, Bernd, "Vom Wert der Sozialpartnerschaft," in *FAZ*, Januar 6, 2011.

Ryan, Marie-Laure, "Immersion vs. Interactivity: Virtual Reality and Literary Theory," in *Postmodern Culture* v.5 n.1, 1994.

Salthe, Stanley N., *Evolving Hierarchical Systems*, New York: Columbia Univ. Press, 1985.

Sawyer, Keith, *Group Genius: The Creative Power of Collaboration*, New York: Basic Books, 2008

Schelling, F., *Sämtliche Werke III, Erster Entwurf eines Systems der Naturphilosophie*, 1797.

Searle, John, *Mind, Brains, and Science*, Cambridge, Mass.: Harvard Univ. Press, 1984.

Seebohm, Thomas, *Die Bedingungen der Möglichkeit der Transzendentalphilosophie: Edmund Husserls transzendental-phänomenologischer Ansatz dargestellt im Anschluss an seine Kant-Kritik*, Bonn: Bouvier, 1962.

Silverman, Kaja, *The Subject of Semiotics*, New York: Oxford Univ. Press, 1983.

Simanowski, Roberto, "Cyberspace-einige Window zum Medium der Zukunft," in *Tabula Rasa*, 1995.

Starner, Tad, "Project Glass: An Extension of the Self," in *Pervasive Computing*, published by IEEE CS, 2013.

Stern, Mark, "The Creative Economy and Neighborhood Development," presentation for Social Impact of the Arts Project, March 2009, Univ. of Pennsylvania.

Tweney, Dylan, "Why We Are Obsessed With the iPad", in *Wired*, 1 April, 2004.

Varela, Francisco J., Evan Thompson, and Eleanor Rosch, *The Embodied Mind: Cognitive Science and Human Experience*, Cambridge, Mass.: MIT Press, 1991.

Waldenfels, Bernhard, "Die Abgruendigkeit des Sinnes: Kritik an Husserls Idee der Grundlegung," in *Lebenswelt und Wissenschaft in der Philosophie Edmund Husserls*, hrsg. v. Elisabeth Stroeker, Frankfurt a.M.: Vittorio Klostermann, 1979.

Weibel, Peter, "Virtual Worlds: The Emperor's New Body," in *Ars Electronica* 1990, Vol.2: Virtuelle Welten, Gottfried Hattinger et al. (eds).

Weiser, Mark, "The Computer for the 21st Century," in *Scientific American*, Vol. 265, No. 3, September 1991; in *Mobile Computer and Communication Review* Vol. 3, No. 3, July 1999.

Weiser, Mark, and John Seely Brown, "Designing Calm Technology," Xerox PARC, Dec 21, 1995.

Weiser, Mark, R. Gold and J. S. Brown, "The origins of ubiquitous computing research at PARC in the late 1980s," in *IBM System Journal*, Vol 38, No. 4, 1999.

Weizenbaum, J., "Denken ohne Seele," in hrsg. von J. Joffe, *Zeit-Dossier* 2, München, 1981.

Woolf, Virginia, *A Room of One's Own*, New York: Harcourt Brace, 1929.

김종규,「MEG 영상진단 검사에 관한 연구」,『대한임상검사학회지』 37권 제2호, 2005.
네켄, 크레이크,『중독의 심리학』, 오혜경 옮김, 웅진지식하우스, 2008.
레이브로프, 니콜라스,『가상현실』, 이상헌 옮김, 김영사, 1995.
멈퍼드, 루이스,『기술과 문명』, 문종만 옮김, 책세상, 2013.
박정순,「정보 통신의 문화와 도덕의 정체성 문제」, 한국철학회 1997 춘계학술대회보.
블록, 아네르스 & 토르벤 엘고르 옌센,『처음 읽는 브뤼노 라투르』, 황장진 역, 사월의책, 2017.
아렌트, 한나, 『전체주의의 기원』,, 이진우, 박미애 옮김, 한길사, 2006; Hannah Arendt, *The Origins of Totalitarianism*, 1951.
이종관,「과학, 현상학 그리고 세계—탈근대적 세계를 향한 현상학적 모색」,『철학연구』, 제 28집, 1991.
이종관,「가상현실에 대한 현상학적 도전: 예술의 품안으로 가상현실의 미래를 유혹하며」,『철학과 현상학 연구』, 제12집, 1999.
이종관,「세계화의 위기와 건축의 미래」,『건축』 56호, 대한건축학회, 2012.
이종관,『공간의 현상학, 풍경, 그리고 건축』, 성균관대학교출판부, 2012.
윌슨, 에드워드,『통섭』, 장대익, 최재천 옮김, 사이언스북스, 2005.
카, 니콜라스,『유리감옥』, 이진원 역, 한국경제신문, 2014.
코르데이로, 호세,「인간의 경계: 휴머니즘에서부터 트랜스휴머니즘까지」, 제1회 세계인문학포럼 발표자료집, 2011.
클라인, 슈테판,『이타주의자가 지배한다』, 장혜정 역, 웅진지식하우스, 2011.
하이데거, 마르틴,『이정표』, 이선일 옮김, 한길사, 2005.

온라인 자료

Auletta, Ken, "구글 최대 위협은 애플 같은 폐쇄적 서비스", 한겨레신문, 2010. 5. 12. http://www.hani.co.kr/arti/economy/it/420495.html
Davis, Anna, "Collaborative Consumption with Rachel Botsman," The Future Now Blog, Oct. 27, 2010. http://member.iftf.org/node/3631

Landeskirchenamt der Evangelischen Kirche von Westfalen (hrsg.), "Die Soziale Marktwirtschaft ethisch weiterdenken," 2009. http://www.evangelisch-in-westfalen.de/fileadmin/user_upload/Angebote/Beratung/gesellschaftliche_Fragen/soziale_marktwirtschaft_ethisch_weiter_denken.pdf

Latitude Research and Shareable Magazine, "The New Sharing Economy," 2010. http://latdsurvey.net/pdf/Sharing.pdf

Schlaga, H. E. Christian-Matthias, "Political and Economic Transformation of Germany: Key Drivers of the German Economy," University of Namibia, July 14, 2016. http://www.unam.edu.na/events/public-lecture-political-and-economic-transformation-of-germany

Thompson, J. Walter, "JWT Trendletter," November 2005. https://my.jwt.com/public/jwt_net.nsf/.../$FILE/WIP_Converge_FIN.pdf

Tierra Home Page, http://life.ou.edu/tierra/

문남주, "문남주 건강칼럼—4살 안된 유아에 3D 보여주면 안돼", CNB Journal, 2016. 5. http://m.weekly.cnbnews.com/m/m_article.html?no=108398

백찬혁, "LG CNS 블록체인 전문가를 만나다", LG CNS, 2015. 12. 10. http://blog.lgcns.com/979

서울대학교병원, "MEG", 서울대학교병원 의료기기정보, 2012. 10. https://www.snuh.org/pub/infomed/sub04/sub01/1177388_4044.jsp

아현사랑, "Functional Magnetic Resonance Imaging (fMRI)," 「의료영상정보의 세계」, 2007. 10. 25. http://blog.naver.com/PostView.nhn?blogId=radimage&logNo=140043954915&parentCategoryNo=&categoryNo=&viewDate=&isShowPopularPosts=true&from=search

안두순, "독일의 사회적 시장경제", FES-Information-Series, 1998-01. http://www.kefplaza.com/labor/cm/welfare_view.jsp?nodeId=130&idx=687&prod_id=2249